中等职业教育计算机课程改革规划教材

Flash CS5动画制作任务实训教程

主　编：王小平
副主编：何长健　王明瑞

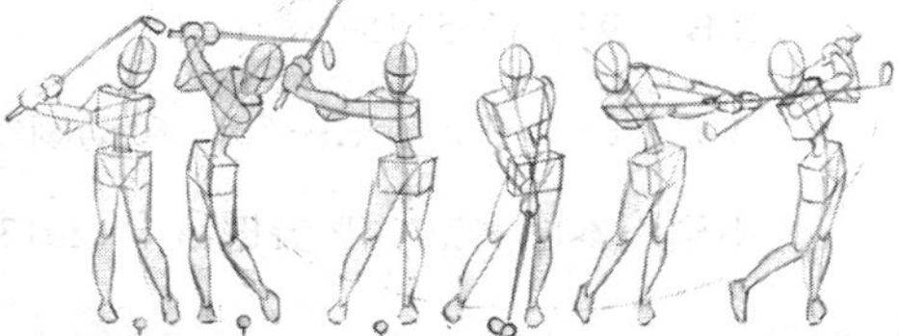

外语教学与研究出版社
北京

内容提要

本书介绍了使用 Flash CS5 进行动画制作的相关知识和行业技能。全书共十三个学习模块，主要内容包括 Flash CS5 基础知识、动画对象的绘制、动画对象的编辑、文本的添加与编辑、元件与素材的使用、时间轴动画的应用、基本动画的制作、视觉特效和骨骼动画的制作、声音与视频的应用、ActionScript 脚本的使用、组件的使用、动画的测试与发布以及综合应用等知识。

本书从任务入手，精心挑选了手机绘制、企业 LOGO 设计、网页 Banner 设计、广告片头和市场调查等众多行业应用中的工作案例，使读者逐渐掌握 Flash 的应用。讲解时每个任务按"工作任务场景 + 行业背景知识 + 工作任务分析 + 制作思路分析 + 操作步骤 + 知识回顾拓展"的结构进行，然后进行上机实训，最后还安排了大量课后练习题，以便于学生课后实践与提高。

本书可供中等职业学校计算机及应用专业以及其他相关专业使用，也可作为 Flash 动画制作的上机辅导用书和 Flash 培训班用书。

图书在版编目（CIP）数据

Flash CS5 动画制作任务实训教程 / 王小平主编. — 北京 ：外语教学与研究出版社，2013.12（2019.8 重印）
ISBN 978-7-5135-3841-1

Ⅰ. ①F… Ⅱ. ①王… Ⅲ. ①动画制作软件－教材 Ⅳ. ①TP391.41

中国版本图书馆 CIP 数据核字（2013）第 290500 号

出 版 人　徐建忠
责任编辑　赵凤轩
封面设计　高　蕾
出版发行　外语教学与研究出版社
社　　址　北京市西三环北路 19 号（100089）
网　　址　http://www.fltrp.com
印　　刷　北京铭传印刷有限公司
开　　本　787×1092　1/16
印　　张　16.5
版　　次　2014 年 1 月第 1 版　2019 年 8 月第 2 次印刷
书　　号　ISBN 978-7-5135-3841-1
定　　价　29.80 元

职业教育出版分社：
地　　址：北京市西三环北路 19 号 外研社大厦 职业教育出版分社（100089）
咨询电话：010-88819475
传　　真：010-88819475
网　　址：http://vep.fltrp.com
电子信箱：vep@fltrp.com
购书电话：010-88819928/9929/9930（邮购部）
购书传真：010-88819428（邮购部）

购书咨询：（010）88819926　电子邮箱：club@fltrp.com
外研书店：https://waiyants.tmall.com
凡印刷、装订质量问题，请联系我社印制部
联系电话：（010）61207896　电子邮箱：zhijian@fltrp.com
凡侵权、盗版书籍线索，请联系我社法律事务部
举报电话：（010）88817519　电子邮箱：banquan@fltrp.com
物料号：238410001

前　言

写作背景

中等职业教育是我国职业教育的重要组成部分，中等职业学校的培养目标是培养具有综合职业能力的高素质技能型人才。随着我国中等职业教育改革的不断发展与创新，以就业为导向、满足职业发展需求并提倡学生全面发展的职业教育理念迅速应用到教学过程中，从而很好地完成了从重知识到重能力的转变。

为了适应中等职业教育课程改革的发展，我们组织编写了本套教材。在编写过程中，我们认真总结已出版的中职教材，取其精华，去其糟粕，并更新了计算机软硬件技术，结合大量实际工作中的案例进行编写，让学生易学、易就业，让老师易教、易拓展。

本书内容

Flash CS5 是由 Adobe 公司推出的一款矢量图形动画制作软件，其具有强大的动画制作、网页设计和二维游戏制作功能，在二维动画、网页广告、动画 MTV、网页设计、小游戏和课件制作等领域都有广泛的应用。

我们编写的这本《Flash CS5 动画制作任务实训教程》将软件功能与行业实际应用相结合，从最基础的知识起步，用大量的案例讲解了 Flash 的动画制作功能与应用，并全面培养读者的动手能力和解决问题的能力。

本书共分为十三个模块，各模块的主要内容如下。

- **模块一：**主要讲解 Flash CS5 的基本操作，包括 Flash CS5 工作界面介绍、Flash CS5 动画制作的基本流程和文档的设置等知识。
- **模块二：**主要讲解使用工具绘制动画对象的相关知识，包括绘制矩形、绘制椭圆、填充颜色、绘制草稿和直线，以及笔触的填充等。
- **模块三：**主要讲解编辑动画对象相关知识，包括使用渐变变形工具调整背景、使用 Deco 工具绘制枫树、使用任意变形工具调整图形，以及图形的合并等。
- **模块四：**主要讲解添加与编辑文本的相关知识，包括输入文本、设置文本属性、设置文本框容器和添加滤镜等。
- **模块五：**主要讲解使用元件与素材的相关知识，包括导入位图、导入分层文件、位图转换为矢量图和编辑 FLVPlayback 组件外观等。
- **模块六：**主要讲解时间轴动画应用的相关知识，包括制作逐帧动画、制作补间动画，以及制作引导动画等。

- **模块七：** 主要讲解制作基本动画的相关知识，包括制作遮罩动画、制作滤镜动画，以及制作 3D 动画等。
- **模块八：** 主要讲解制作视觉特效和骨骼动画的相关知识，包括制作火焰特效、制作烟雾特效、制作蒲公英飘动特效，以及添加骨骼并制作骨骼动画等。
- **模块九：** 主要讲解应用声音与视频的相关知识，包括为文档添加声音、为按钮添加声音、编辑声音和制作视频提示点等。
- **模块十：** 主要讲解使用 ActionScript 脚本的相关知识，包括认识与了解 ActionScript 3.0、添加脚本语句控制动画的播放和制作电子时钟等。
- **模块十一：** 主要讲解使用组件的相关知识，包括使用 TextInput 组件、使用 RadioButton 组件、使用 CheckBox 组件和 UILoader 组件等。
- **模块十二：** 主要讲解测试与发布动画的相关知识，包括优化动画、测试动画、导出图像文件、导出所选对象、导出影片和声音，以及发布动画等。
- **模块十三：** 以"旅游网站"的设计案例介绍 Flash CS5 中网页设计的综合应用。

学习方法

本书的内容安排力求详略得当、注重学以致用，叙述力求通俗易懂、简明扼要。在使用本书时，为了更加轻松地学好 Flash 的相关知识，希望读者能做到以下几点。

（1）要培养对"Flash 动画设计"的兴趣。

Flash 动画设计在实际工作中应用较为广泛，尤其是在动画制作与网页制作领域的应用最为突出，而且可以结合创意与客户需求，制作出各种设计作品。因此，这门课不仅能发挥动手能力，也能够培养读者寻找设计灵感与创意能力。

（2）多观察日常生活中的各种作品，学会举一反三。

通过观察日常生活中的各种动画、小游戏、Banner 和课件等，思考该作品如果使用 Flash 来设计该如何实现，该作品的主题与创意是什么，总之要学会多看、多想，然后再自己动手做，这样才能熟练使用软件。

（3）要边学边实践，自我提高。

书中各模块都讲解了许多案例、实训，并提供有大量练习题（课后习题请到外研社职业教育网下载）。读者应尽可能地在看完书中的操作讲解后自己再动手做一遍，而且可尝试用不同的方法来做，这样才能加深对软件的使用。同时课后可通过访问一些设计网站来获得一些设计经验与方法，达到自我提高的目的。

本书作者

本书由泸州市职业技术学校王小平老师统稿。具体编写分工如下：模块一至模块五由王小平老师编写；模块六至模块九由成都市礼仪职业中学何长健老师编写；模块十至模块十三由江西赣州农业学校王明瑞老师编写。

由于编者水平有限，书中疏漏和不足之处在所难免，恳请广大读者及专家不吝赐教。为了方便教学，可以在外研社职业教育网（http://vep.fltrp.com）下载相关教学资源。

编　者

2013 年 9 月

目　录

模块一　Flash CS5 基础知识

模块简介

在学习如何使用 Flash CS5 制作动画之前，需要对 Flash 的应用领域、工作界面和基本操作等进行了解。只有了解 Flash 的应用领域，才能对 Flash 的功能有更深入的理解；只有熟悉 Flash 的工作界面，才能在使用 Flash 制作动画、广告等内容时快速找到相应的工具；熟练掌握 Flash 的基本操作，则可轻松使用 Flash 中的工具进行绘图等操作。

学习目标

本模块的知识学习目标如下：

- 了解 Flash CS5 的特点、应用领域和制作流程。
- 熟练掌握工作面板的布局和调整方法，以及自定义工作界面的操作方法。
- 熟练掌握动画文档的新建、保存和属性的设置方法。

本模块的技能学习目标如下：

- 能快速地启动和退出软件。
- 能快速对软件的界面进行调整。
- 能熟练地对动画文档的各个属性进行设置和编辑。

任务一　Flash 动画概述

工作任务场景

晓雪到新公司实习，由于没有什么实践经历，她决定先从最基础的开始学起。公司员工老张对她的这种想法很支持，并告诉她首先要了解 Flash CS5 的特点和应用领域等内容。

行业背景知识

Flash是美国Macromedia公司开发的专业矢量图形编辑及动画创作软件，它可以将音乐、声效、动画融合在一起，制作出高品质的动画或动态网页等效果，通过添加ActionScript动作脚本，还能使其实现特定的交互功能。Adobe公司收购了Macromedia公司后，将Macromedia Flash更名为Adobe Flash。此后，Adobe公司在以前版本的基础上推出了功能更为强大和完善的Flash新版本，并受到动画爱好者和专业制作人员的广泛好评。

工作任务分析

本任务的目标是了解Flash的特点和应用领域。Flash伴随着计算机的发展而发展，其应用领域也很广泛，特别是在动画、MTV、导航条和游戏等方面，有着惊人的成绩。了解Flash在各领域的应用，能在以后的学习中帮助读者将学到的知识举一反三地应用到各个领域中。

操作一　Flash 动画的特点

Flash作为一款二维矢量图形动画编辑软件，其特有的优点使Flash在动画爱好者中得到了广泛的应用。

- **矢量图形系统**：在Flash中创建的图形都是矢量的，任意缩放这些图形都不会影响这些图形的质量。
- **具有交互性**：在Flash中可利用ActionScript语句或交互组件，制作出具有交互性的动画，这是传统动画无法比拟的。
- **流式播放技术**：Flash动画使用“流”式播放技术，可以边下载边观看，即后面的内容还未完全下载，也可以开始播放。
- **软件互通性强**：在Flash CS5中可导入多种格式类型的文件，并能在Photoshop和Illustrator等软件中快速进行切换。
- **成本低**：Flash动画的制作与传统动画不同，从脚本的创立到后期的制作，基本上可由一个人独立完成，大大节省了人力和物力。
- **传播方便**：Flash制作的动画输出后体积非常小，可在打开网页很短的时间内播放，且不会对网页的打开产生影响，因此受到很多网站的青睐。

操作二　Flash 的应用领域

Flash以其强大的功能和多元化的交互性赢得了许多用户的喜爱，同时也在许多领域得到了广泛的应用。

1. Flash 动画

使用 Flash 可制作出许多精美的动画，这些动画不仅表现形式多样，且非常适合在网络中传播。这也是广大 Flash 爱好者热衷的一个领域，可以帮助动画爱好者实现他们制作动画的梦想，如图 1-1 所示为使用 Flash 制作的动画。

图 1-1　Flash 动画

2. Flash 广告

由于 Flash 的“流”式播放技术有利于其在网页中快速打开和传播，且使用 Flash 可制作出短小精悍、表现力强的广告作品，因此在许多网页中经常能看到使用 Flash 制作的广告，有些直接嵌套在网页中，有些则是悬浮在网页中，如图 1-2 所示为使用 Flash 制作的广告。

图 1-2　Flash 广告

3. MTV

使用 Flash 制作的音乐 MTV，故事简单明了、画面简洁流畅、画质丰满、色彩明快且音质优美，在一些 Flash 网站中经常有 Flash 爱好者上传自制的音乐 MTV，其中不乏质量上乘的作品，如图 1-3 所示为使用 Flash 制作的音乐 MTV。

4. 网页设计

Flash 以其良好的交互功能和画面表现力，被广泛地应用于网页制作中。通过鼠标的各种动作，可实现动画、声音等多媒体的交互，如图 1-4 所示为使用 Flash 制作的网页。

图 1-3　MTV

图 1-4　网页设计

5．小游戏

利用 Flash 可开发迷你的小游戏，如 4399 和 7k7k 等游戏网站中就存在大量由 Flash 制作的小游戏，将网络广告和小游戏结合在一起，还可增强广告的效果，如图 1-5 所示为使用 Flash 制作的小游戏。

图 1-5　小游戏

6. 教学课件

制作教学课件的工具软件多种多样，如 Powerpoint 和 Authorware 等。与 Flash 相比，Powerpoint 无法制作出丰富的交互效果，而通过 Authorware 制作的课件相对而言比较繁琐，因此，使用 Flash 制作教学课件是众多设计师的不二之选，如图 1-6 所示为使用 Flash 制作的教学课件。

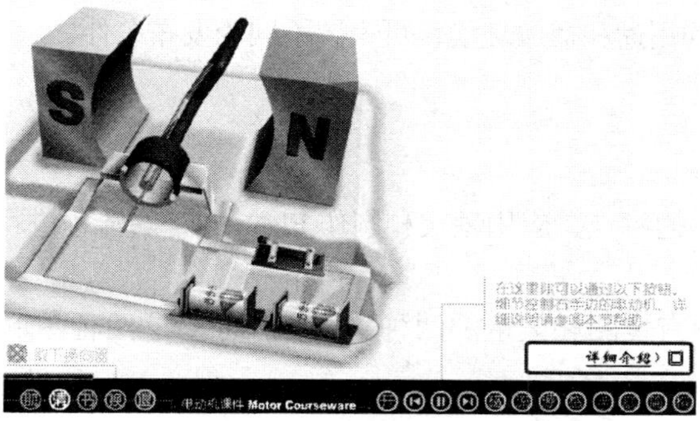

图 1-6　教学课件

操作三　Flash 的制作流程

在制作动画、网页或者课件前，需要对每一个项目的制作过程进行策划。制作 Flash 的一般流程如下。

1. 前期策划

无论做什么工作项目，都需要对这个项目进行预估，并明确其方向。制作 Flash 也一样，首先应明确面向的顾客群、制作的风格和色调等，再根据客户要求制作一套或几套设计方案，以供客户选择，最后可对其中需要用到的人物、背景和音乐等作出具体的安排，为后期制作提供素材。

2. 搜集素材

根据前期策划的内容搜集素材，并对搜集的素材按类进行划分和整理，必要时可对素材进行编辑，以方便动画的制作，节省后期制作时间。

3. 制作动画

制作动画是整个 Flash 制作流程中极为重要的一环，在制作过程中不仅需要从整体观察动画的画面效果，还需要不断地进行测试，发现细节问题，及时对动画中的不足之处进行处理。

4. 后期调试与优化

调试动画主要指观察动画的分镜头和动画片段的衔接，以及声音与画面的同步等环节是否存在问题，并对这些问题进行调整和优化，从而保证动画的最终品质，使其更加流畅。

5. 测试和发布动画

调试并优化后即可对动画进行测试，测试需要在不同的计算机上进行，并根据测试结果对动画再次进行调整，以确保在不同的计算机上均能达到良好的播放效果。测试并调整完成后即可发布动画，根据不同的用途和播放环境，可设置不同的发布条件。

知识回顾拓展

本任务主要对 Flash 的特点、应用领域和制作 Flash 的一般流程进行了介绍，包括矢量图形系统和前期策划等。

Flash 中常用的图形有位图和矢量图两种格式，下面对这两种图形格式的特点和使用进行讲解。

1. 位图

位图亦称为点阵图或栅格图，是由单个像素点组成的图像。当放大位图时，可以看见构成图像的无数个小方块。人们常把位图放大后出现马赛克的现象称为失真，这是因为放大位图只是增大了单个像素点，图像本身并不会发生变化。

2. 矢量图

矢量图中的每一条线段和每一个色块都是由公式计算出来的，存储矢量图形实际上就是存储这些线条和颜色的计算公式，因此当放大矢量图形时，其并不会出现马赛克的失真效果。同时，矢量图形的存储容量也比较小，如图 1-7 和图 1-8 所示分别为位图和矢量图放大后的效果。

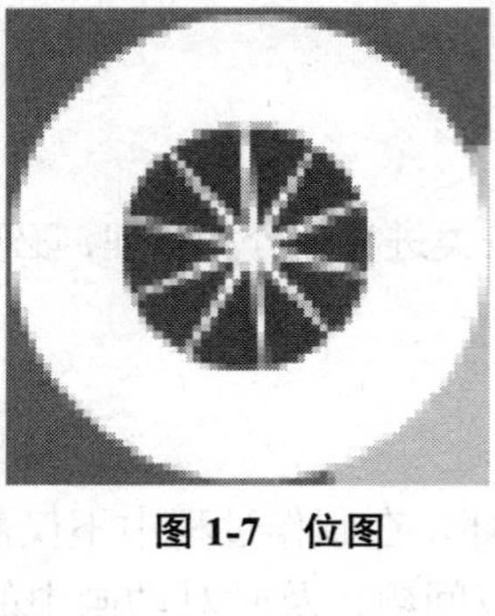

图 1-7　位图

图 1-8　矢量图

任务二　认识 Flash CS5 的工作界面

工作任务场景

晓雪对 Flash 的基础和制作流程有了较深入的认识，于是找到老张，想让他带领自己学习更多的与工作相关的知识。老张把她带到计算机前，打开 Flash CS5 软件，要求她尽快熟悉 Flash CS5 的操作界面。

行业背景知识

不同的智能设备使用和支持的脚本语言也不同，使用 Flash 可制作基于多种不同脚本语言的动画、广告和网页等文件，在 Flash CS5 中还可从模板快速创建文件，从而节省制作时间，并且在 Flash 中还可对脚本语言进行扩展。

在学习这些之前需要对 Flash 的界面布局有一个大致的了解，同 Adobe 公司其他的工具软件一样，新版本的 Flash 在界面布局上有了很大的改变，更加简洁，功能也更加强大。

工作任务分析

本任务需要对 Flash 的界面进行学习，了解各个工具面板所在的位置，以及打开与关闭工具面板的操作方法。学习了 Flash 的工作界面后，在以后的操作中才能快速找到需要使用的工具，提高工作效率。

操作一　Flash CS5 的界面介绍

与老版本的 Flash 相比，Flash CS5 的工作界面更加简洁，且功能更加完善和强大，例如，CS4 中新增的 Deco 工具的功能在 CS5 中得到了提升和改进，下面介绍如何启动和进入 Flash CS5 的工作界面。

1. 启动 Flash CS5

在电脑中安装好 Flash CS5 后，双击桌面上的快捷方式图标，或者选择【开始】→【所有程序】→【Adobe Flash Professional CS5】菜单命令，启动 Flash CS5。启动后首先进入欢迎界面，如图 1-9 所示。

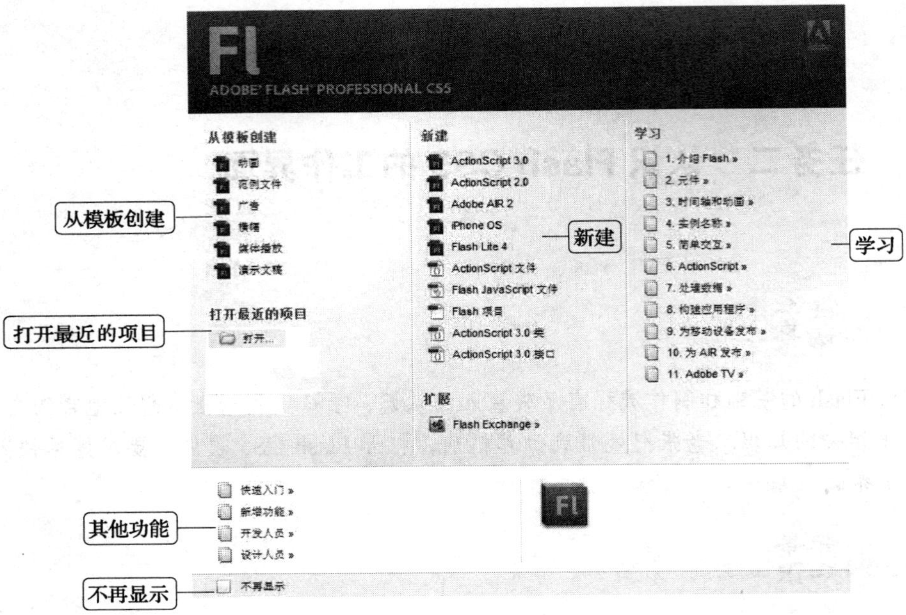

图 1-9　Flash CS5 欢迎界面

- **从模板创建：** 单击其中的任一超链接，将打开“从模板新建”对话框，在该对话框的“模板”选项卡中可选择已有的模板进行创建。
- **打开最近的项目：** 单击“打开”超链接，可打开“打开”对话框，在其中可选择已有的 Flash 文件并将其打开。在该栏中还可显示之前打开过的文件，单击文件名称对应的超链接即可打开相应的文件。
- **新建：** 在该栏中单击相应的超链接可新建基于不同脚本语言的 Flash 文件。
- **学习：** 单击该栏中的任一超链接，可链接到 Adobe 官方网站相应的学习网页，在其中可学习 Flash 中相关工具和命令的用法。
- **其他功能：** 在该栏中可单击相应的超链接，打开 Adobe 官方网站相应的网页，学习 Flash 的基础入门操作和 Flash CS5 的新增功能等。
- **不再显示：** 单击选中该复选框，下次启动 Flash CS5 时将不再显示该欢迎界面。

2. Flash CS5 的工作界面

在欢迎界面中选择一种创建文件的方法，即可进入 Flash CS5 的工作界面。

【详细步骤】

（1）在桌面上使用鼠标左键双击 Flash CS5 的快捷方式图标，启动 Flash CS5。

（2）进入 Flash CS5 的欢迎界面，在“从模板创建”栏中单击“范例文件”超链接，打开“从模板新建”对话框。

（3）在“模板”选项卡的“类别”列表框中选择“范例文件”选项，在“模板”列表框中选择“嘴形同步”选项。

（4）在右侧的“预览”栏中可预览模板动画，在其下的“描述”栏中可提供相应的描述，

单击 确定 按钮，如图 1-10 所示，即可进入 Flash CS5 的工作界面。

图 1-10　“从模板新建”对话框

Flash CS5 的工作界面由标题栏、菜单栏、场景、工具栏、时间轴、属性和库面板，以及面板组组成，如图 1-11 所示。

图 1-11　Flash CS5 工作界面

- **标题栏：**Flash CS5 界面的简化从标题栏就可以体现出来，其 UI 的设计十分用心。在标题栏中除了 按钮，还有 基本功能 按钮、帮助搜索栏和 CS Live 按钮等。单击 基本功能 按钮可对 Flash CS5 的工作界面进行定义和切换；在帮助搜索栏中可输入工具或命令的名称，搜索出相应的使用方法；单击 CS Live 按钮可联机到 Adobe 网站，对 Flash CS5 的注册账户进行管理。

- **菜单栏**：Flash CS5 中的菜单栏位于标题栏下方，包括文件、编辑、视图、插入、修改、文本、命令、控制、调试、窗口和帮助菜单。在制作 Flash 动画时，通过执行相应菜单中的命令，可实现特定的操作。
- **场景**：场景主要由舞台（场景中的白色区域）和工作区（舞台周围的灰色区域）组成，在最终动画中，只显示放置在舞台区域中的图形对象，位于工作区中的图形对象不会被显示。
- **工具栏**：工具栏中包括 Flash CS5 中常用的绘图工具，默认情况下位于 Flash CS5 界面的右侧，选择【窗口】→【工具】菜单命令或按“Ctrl+F2”组合键可打开或关闭工具栏。单击工具栏上面的按钮可收缩工具栏面板，单击按钮可展开工具栏面板。
- **时间轴**：时间轴主要用于创建动画和控制场景中各对象的播放，其左侧为图层控制区，用于控制盒管理图层，右侧为帧控制区，由帧控制区、播放指针、帧和时间轴标尺等组成，用于创建动画并对动画中的帧进行控制和管理。
- **属性和库面板**：在属性面板中显示了当前选中对象的可编辑参数，调节这些参数可对相应的动作进行更改。根据所选对象的不同，属性面板中显示的信息也不同。库面板主要用于存储和管理在 Flash 中创建的各种元件和导入的各种素材文件。
- **面板组**：面板组中堆放了各种功能性面板，如颜色、对齐、变形和代码片段等。单击不同的面板按钮，可打开相应的属性面板，在其中可对选中对象进行相应的控制，如图 1-12 和图 1-13 所示分别为颜色面板和对齐面板。

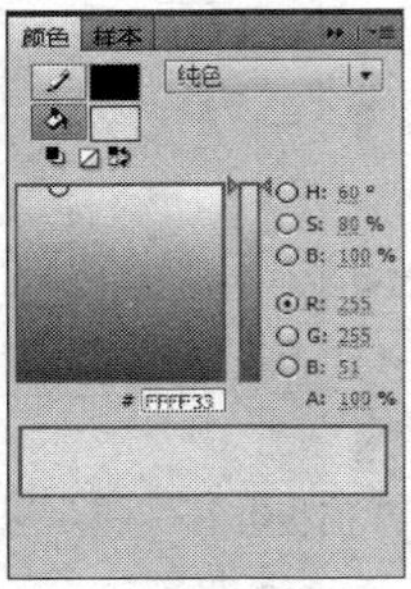

图 1-12 颜色面板

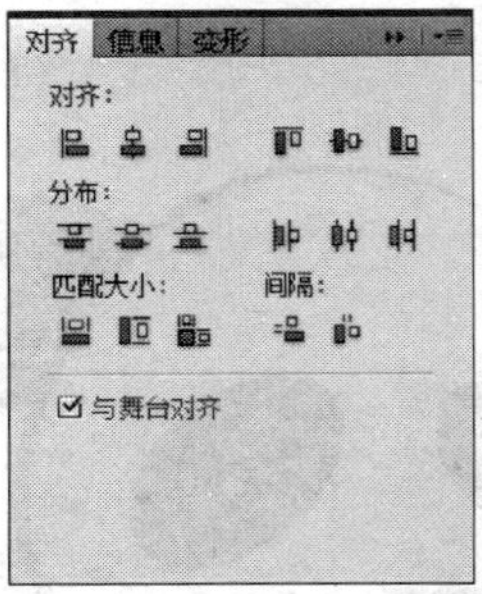

图 1-13 对齐面板

操作二 工作面板布局及操作

Flash CS5 默认的界面可以满足大多数用户的使用习惯，用户还可根据个人需要更改或者自定义工作界面。

1. 更改工作界面

对不同的工作内容，可选择不同的用户界面，具体操作如下。

【详细步骤】

（1）选择【窗口】→【工作区】→【传统】菜单命令，即可将 Flash CS5 的界面更改为传统的模式。

（2）在标题栏上单击 传统 按钮，在弹出的菜单中选择“基本功能”命令，如图 1-14 所示，即可将工作界面更换为默认的模式。

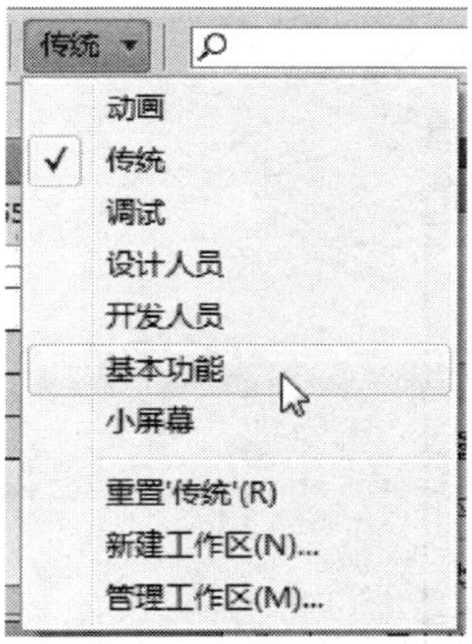

图 1-14　选择基本功能模式

小提示

若在基本功能工作界面下，不小心对界面进行了更改，读者可选择【窗口】→【工作区】→【重置“基本功能”】菜单命令快速找回初始的工作界面，且只能重置当前状态下的工作界面。

2. 自定义工作界面

若 Flash CS5 内置的工作界面不能满足需要，还可自定义工作界面，具体操作如下。

【详细步骤】

（1）单击工具栏上方的按钮，收起工具栏。

（2）在面板组中颜色面板上方的灰色虚线上按住鼠标左键不放，并拖曳到工具栏下方，当工具栏下方出现一条蓝色的横线时，释放鼠标左键。

（3）颜色面板和其下的样本面板即可移动到工具栏下方，如图 1-15 所示。

（4）使用相同的方法将剩余的面板依次移动到工具栏下方，结果如图 1-16 所示。

图 1-15　调整颜色面板位置

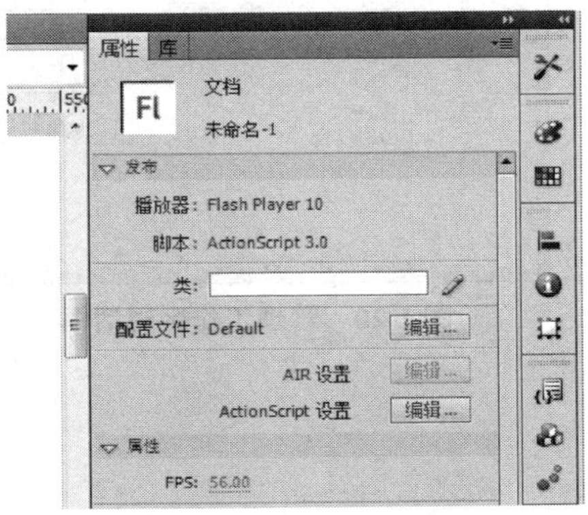

图 1-16　面板位置调整结果

（5）单击 基本功能 按钮，在弹出的菜单中选择“新建工作区”命令，如图 1-17 所示。

（6）打开“新建工作区”对话框，在“名称”文本框中输入“我的工作区”文本，单击 确定 按钮，如图 1-18 所示。

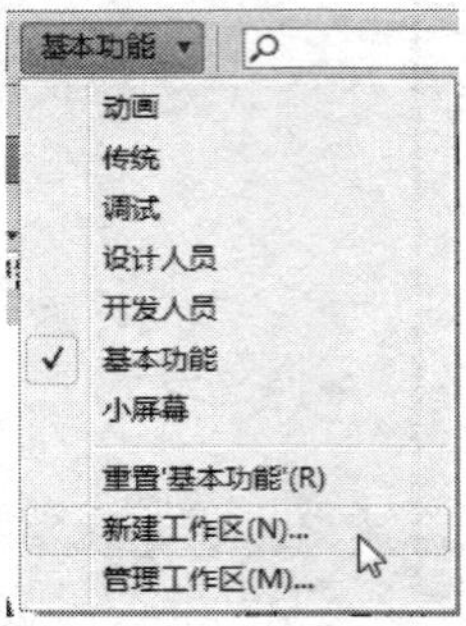

图 1-17　选择“新建工作区”命令

图 1-18　设置新建工作区名称

（7）将标题栏上的 基本功能 按钮更改为 我的工作区 按钮，表示当前工作界面已为新建的“我的工作区”工作界面，单击 我的工作区 按钮，在弹出的菜单中可看到已新加入“我的工作区”命令，如图 1-19 所示。

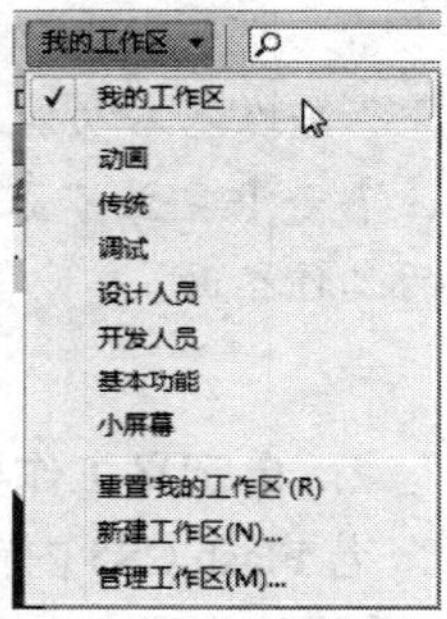

图 1-19　添加的新命令

3. 管理工作界面

自定义工作界面后，还可对该工作界面进行管理，具体操作如下。

【详细步骤】

（1）选择【窗口】→【工作区】→【管理工作区】菜单命令，打开“管理工作区”对话框，如图 1-20 所示。

（2）在左侧的列表中选择“我的工作区”选项，单击 重命名... 按钮，打开“重命名工作区”对话框。

（3）在“名称”文本框中将“我的工作区”更改为“工作区 1”，单击 确定 按钮，如图 1-21 所示。

图 1-20　管理工作区对话框

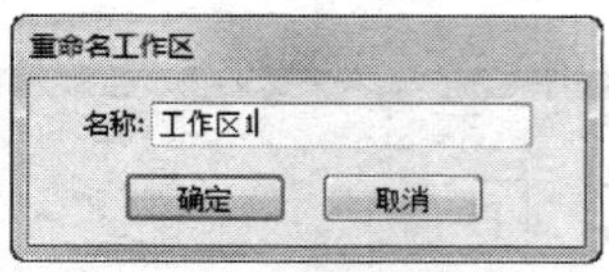

图 1-21　重命名工作区

（4）返回“管理工作区”对话框，单击 确定 按钮即可。

小提示：删除自定义工作区并退出 Flash CS5

在“管理工作区”对话框左侧的列表框中选择不需要的工作区选项，在右侧单击 删除 按钮，可将不常用的自定义工作区删除。选择【文件】→【退出】菜单命令或按“Ctrl+Q”组合键或单击工作界面右上角的 X 按钮，即可退出 Flash CS5。

知识回顾拓展

本任务主要介绍了 Flash CS5 的工作界面，并讲解了如何自定义适合个人的工作区和管理自定义工作区的操作方法。

不同应用领域的动画文档，其文档属性也不同，在文档“属性”面板的“属性”栏中可对整个文档的属性进行设置，具体如下。

- **FPS**：帧频，代表每秒钟播放的帧或图像的数量，常用于电影、电视或视频等影像文件中。不同应用领域的 Flash 动画文档，其帧频也不同，如电影的专业帧频是 24fps，而电视的专业帧频为 30fps。在美国和日本等国家经常使用 30fps 的帧频，称为 NTFS 制式；西欧和中国等国家经常使用 25fps 的帧频，称为 PAL 制式。
- **舞台**：单击其右侧的色块，在打开的颜色面板中可选择一种颜色作为舞台的背景色，单击其中的 按钮，在弹出的“颜色”对话框中可选择其他的颜色。
- **大小**：在“大小”右侧显示了当前文档高和宽的大小，以及单位，其默认为 550×400 像素。单击其右侧的 编辑... 按钮，可在打开的“文档设置”对话框中设置舞台的大小、标尺的单位、背景颜色和帧频等，如图 1-22 所示。

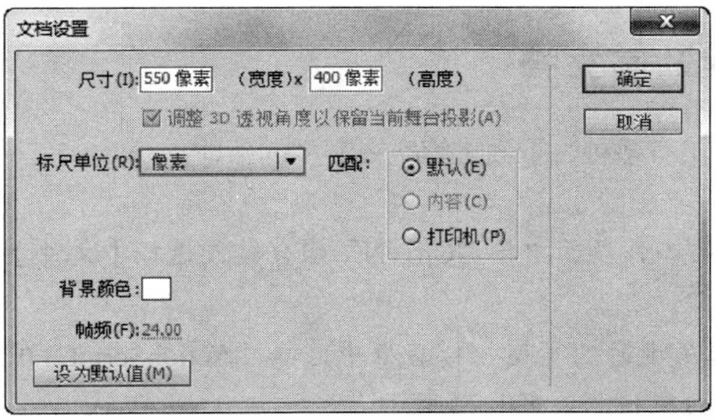

图 1-22　设置文档属性

任务三　动画文档的基本操作

工作任务场景

熟悉了 Flash CS5 的操作界面后，晓雪对 Flash 更加感兴趣，于是老张决定让晓雪慢慢接触 Flash 的实践操作。老张告诉晓雪："只有掌握了 Flash 的各种基本操作，才能在以后的工作中熟练运用 Flash CS5 制作各种动画文件。"

行业背景知识

熟悉 Flash CS5 的基本操作，是使用 Flash CS5 进行动画创作的前提，每一个动画的制作都会涉及新建、设置和保存操作，只有熟悉 Flash CS5 的基本操作，掌握文档属性的设置，才能在制作动画时更加方便、快捷，以提高工作效率。

工作任务分析

本任务首先需要了解新建动画文档的方法，然后学习如何设置动画文档的各种属性，最后对新建的文档进行保存。这些操作是制作 Flash 动画的基础，需要读者认真学习掌握。

素材对应　效果文件\模块一\动画文档属性设置.fla

操作一　新建动画文档

动画文档的新建方法有多种，下面讲解空白文档的新建。

【详细步骤】

（1）在 Flash CS5 的工作界面中按"Ctrl+N"组合键或选择【文件】→【新建】菜单命令，打开"新建文档"对话框。

（2）在"常规"选项卡的"类型"列表框中选择"ActionScript 3.0"选项，单击 确定 按钮，即可新建一个空白文档，如图 1-23 所示。

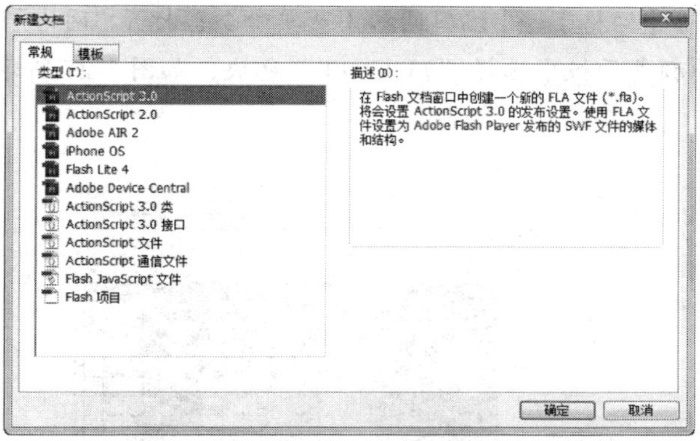

图 1-23　新建空白文档

操作二　设置动画文档属性

空白文档创建好后，即可设置该文档的文档属性。

【详细步骤】

（1）在舞台右上角单击工作区显示比例下拉列表框右侧的 按钮，在弹出的列表中选择“符合窗口大小”命令，如图 1-24 所示。

（2）选择【视图】→【标尺】菜单命令，使“标尺”菜单项前出现 ✓ 标记，此时场景中将显示标尺，如图 1-25 所示。

图 1-24　设置工作区显示比例

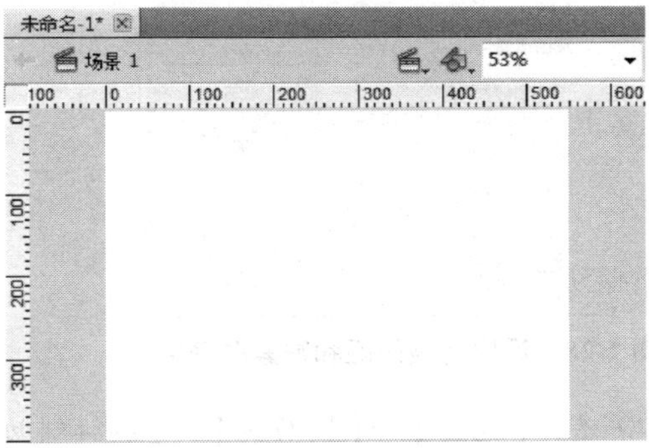

图 1-25　在舞台中显示标尺

（3）选择【视图】→【网格】→【显示网格】菜单命令，使“显示网格”子菜单项前出现 ✓ 标记，此时场景的舞台上将出现细密的网格线，如图 1-26 所示。

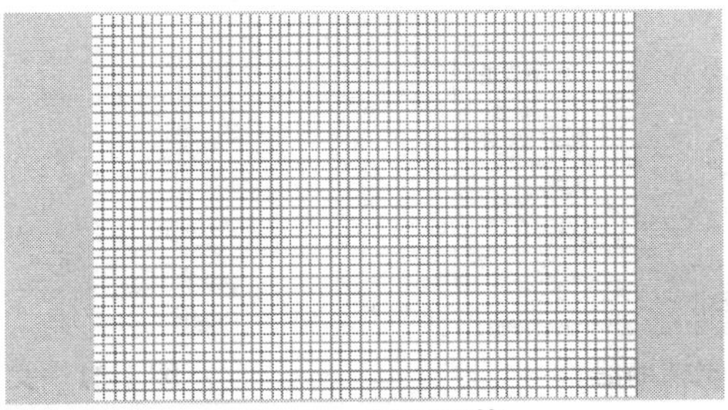

图 1-26　显示网格

（4）选择【视图】→【网格】→【编辑网格】菜单命令，打开“网格”对话框，单击“颜色”右侧的色块，在弹出的颜色面板中选择“#33CCFF”色块，如图 1-27 所示，将网格颜色设置为蓝色。

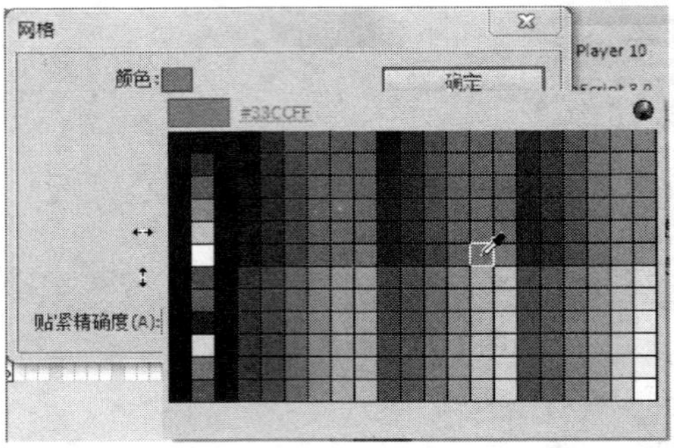

图 1-27　设置网格颜色

（5）设置网格的水平距离和垂直距离均为“50 像素”，在“贴紧精确度”右侧单击 一般 ▼ 按钮，在弹出的列表中选择“总是贴紧”选项，单击 确定 按钮，如图 1-28 所示。

（6）将鼠标指针移至水平标尺上，按住鼠标左键不放并向下拖曳，可添加一条水平的辅助线，使用同样的方法，再拖曳添加一条水平辅助线和两条垂直辅助线，如图 1-29 所示。

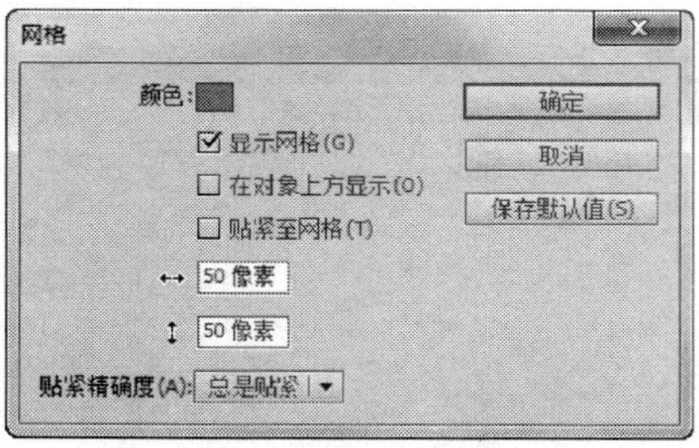

图 1-28　设置网格间距和贴紧精确度

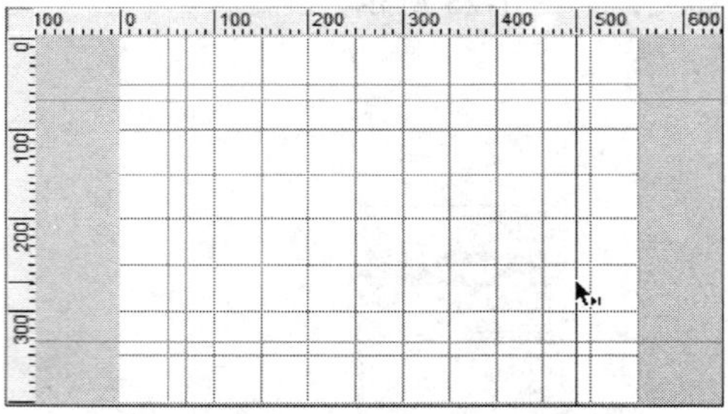

图 1-29　拖曳添加辅助线

（7）选择【视图】→【辅助线】→【编辑辅助线】菜单命令，打开“辅助线”对话框，将“颜色”更改为“#FF3300”，然后单击 确定 按钮，如图 1-30 所示。

（8）选择【视图】→【辅助线】→【锁定辅助线】菜单命令，使“锁定辅助线”子菜单项前出现 ✓ 标记，可避免在以后的制作过程中移动辅助线，结果如图 1-31 所示。

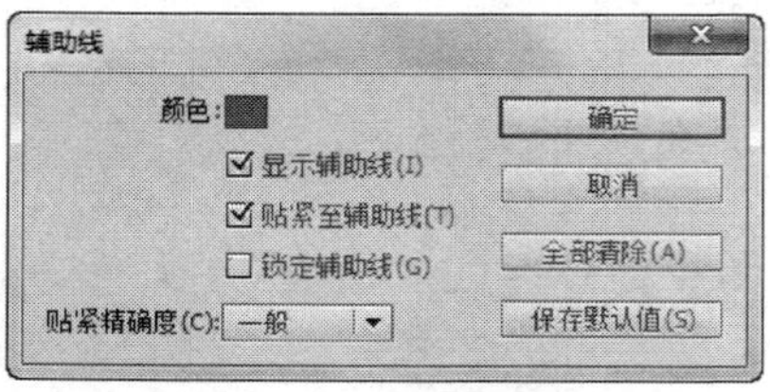

图 1-30　编辑辅助线

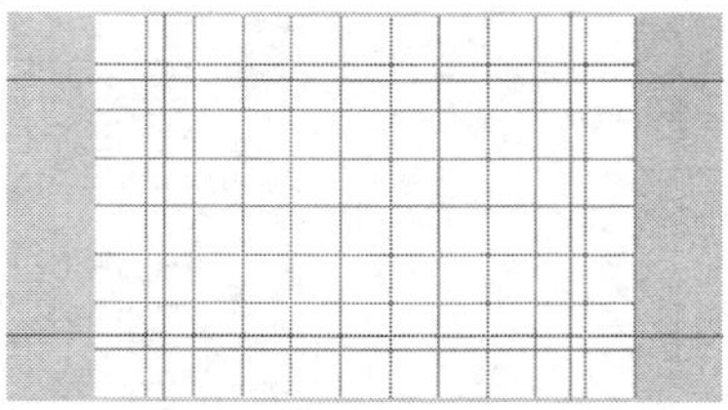

图 1-31　文档属性设置效果

操作三　保存动画文档

设置好动画文档的属性后，即可进行保存，下面讲解保存动画文档的操作方法。

【详细步骤】

（1）选择【文件】→【保存】菜单命令，或按“Ctrl+S”组合键，打开“另存为”对话框。

（2）在“保存在”下拉列表框中选择动画文档保存的地址，在“文件名”文本框中输入动画文档的名称，即输入“动画文档属性设置”，保持保存类型不变，单击 保存(S) 按钮，即可将动画文档保存在指定位置，如图 1-32 所示。

图 1-32　保存动画文档

小提示：另存为文件

保存动画文档后，还需要将该动画文档保存在其他位置，可选择【文件】→【另存为】菜单命令，在打开的“另存为”对话框中选择新的位置进行保存。

知识回顾拓展

本任务主要讲解了动画文档相关的属性设置，包括标尺、网格和辅助线的设置以及编辑等。下面对其他一些动画属性的设置进行补充讲解。

1. 贴紧

选择【视图】→【贴紧】菜单命令，在其子菜单中可选择不同的贴紧方式，使舞台中的图形对象自动对齐到贴紧的辅助线或网格上。在其子菜单中选择“编辑贴紧方式”菜单命令，可打开“编辑贴紧方式”对话框，在其中也可设置对象的贴紧方式。

2. 放大缩小

选择【视图】→【缩放比率】菜单命令，可在其子菜单中设置工作区域的显示比例。使用“Ctrl+=”组合键可快速放大工作区域的显示比例；使用“Ctrl+−”组合键可快速缩小工作区域的显示比例。

实训　创建并设置“电子书”动画文档

实训目标要求

本实训任务为制作电子书，要求高和宽为 700×400 像素，网格线间距的高和宽均为 10 像素，并设置电子书的辅助线。本实训的参考效果如图 1-33 所示。

素材对应　效果文件\模块一\电子书.fla

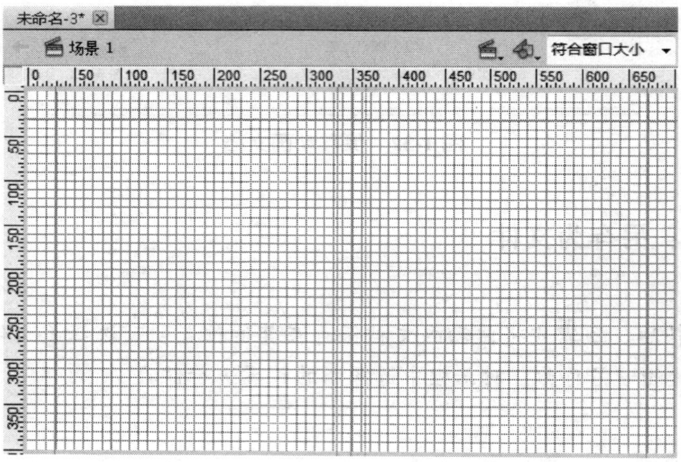

图 1-33　“电子书”动画文档

实训思路分析

电子书同纸质书不同，不必严格遵循固有的尺寸。但为了保证电子书制作的美观性，还是需要遵循一些设计规律，如版块的规划、比例的分割、空白的位置，以及页眉页脚的设计等。本实训可以先创建并设置名为“电子书”的动画文档，然后在新建的动画文档中设置辅助线和网格。电子书的动画文档创建思路如图 1-34 所示。

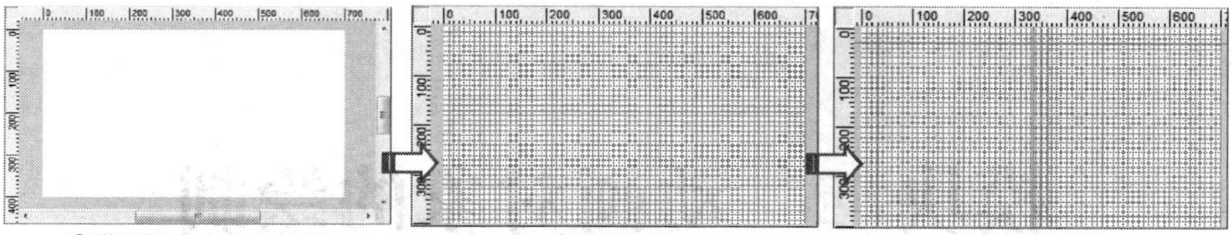

①设置舞台大小和标尺　　②设置网格　　③设置辅助线

图 1-34　“电子书”动画文档创建思路

【步骤提示】

（1）先新建一个空白文档，在文档“属性”面板的“属性”栏中单击 编辑... 按钮，在打开的“文档设置”对话框中将舞台的大小设置为“700×400 像素”。

（2）选择【视图】→【标尺】菜单命令，显示标尺。

（3）选择【视图】→【网格】→【显示网格】菜单命令，显示网格。

（4）新建辅助线，注意辅助线的位置和在舞台上的比例。

（5）保存文档。

模块二　动画对象的绘制

模块简介

动画对象的绘制是 Flash CS5 的基本功能之一，而在 Flash 动画中，矢量图形是必不可少的重要组成部分。利用工具栏中的各个绘图工具，可绘制出各种各样的矢量图形，不仅方便之后将这些绘制的矢量图形转换为元件，也方便将这些图形应用到动画中。本模块将具体介绍 Flash CS5 的工具栏中各绘图工具的使用方法。

学习目标

本模块的知识学习目标如下：

- 了解工具栏中各绘图工具的作用。
- 熟练掌握矩形、圆形和钢笔等绘图工具的使用方法。
- 熟练掌握各绘制工具绘图时参数的设置。
- 掌握填充和编辑图形渐变的方法。

本模块的技能学习目标如下：

- 能快速绘制出需要的动画对象。
- 能协调使用各种工具绘制动画对象。
- 能利用绘制工具绘制整幅场景。

任务一　绘制智能手机平面图

工作任务场景

晓雪刚到公司做设计助理，有很多东西都需要从头开始学。今天一早到公司，就看到设计师老张在浏览图库。看到晓雪进来，老张就交给她一项新任务。原来老张最近在制作一个动画场景，需要用到很多元素，手机就是其中之一，但是公司里原有的手机素材太老了，不能满足客户需求，所以现在需要重新绘制一个。老张把这项工作交给晓雪来完成，并告诉她，客户的要求不是很高，关键是要绘制出最新潮的手机动画对象。

行业背景知识

Flash 动画最早在网络上出现，并随着计算机和网络的发展深入人们的生活。作为可制作矢量动画的编辑工具，Flash 给人们带来的冲击强而有力。Flash 与传统的动画制作不同，传统动画需要经过许多工序才能完成，从前期的设计、分镜、草稿绘制到后期的描线和上色等，都需要手动完成，因此传统动画会耗费许多人力物力，且花费的时间较长。一部 Flash 的制作基本上都是由一个人来完成，其制作动画所耗费的成本相对而言也要低很多。

Flash 动画在许多方面应用都很广泛，如现在热播的《喜羊羊和灰太狼》和网络上流传甚广的《小破孩》等都是使用 Flash 制作的动画。Flash 也可分为商业用途和个人创作，晓雪此次接到的任务就属于商业用途，因此在制作时要与客户相互沟通，了解客户的需求，然后再进行绘制。对于个人创作来说，Flash 可将人们脑中丰富的想象力可视化，从而实现他们天马行空的创意。首先在使用 Flash 制作动画、表达诉求之前，需要对动画的对象进行绘制。

工作任务分析

本任务的目标是绘制一部手机动画对象。作为数码产品中更新换代最快的手机，每一次革新都是一次大的飞跃，手机的外观也发生了巨大的改变。首先要仔细观察素材中原有的老版的手机图片，再参考最近畅销热门的手机，进行对比，找出其共同点。随着智能系统的普及，以及触屏的出现，手机已简化到只剩几个主要功能键，如菜单、返回和搜索等，除此之外，手机上还应有接听电话的听筒和感应器，这些都需要在 Flash 中绘制出来。

本任务的最终效果如图 2-1 所示。要实现该效果，需要掌握以下技术要点。

素材对应　**效果文件 \ 模块二 \ 手机 .fla**

图 2-1　手机平面图绘制效果

（1）掌握矩形工具组中各工具的使用方法。

（2）理解各工具相应“属性”面板中各参数的意义。

（3）了解“属性”面板的功能及作用。

制作思路分析

完成本任务主要包括使用矩形工具绘制外形、使用椭圆工具绘制标志和使用颜料桶工具填充颜色等三步操作。具体思路如图 2-2 所示，操作要求如下。

（1）选择矩形工具，设置参数，在舞台中绘制一个矩形。

（2）绘制其他简单的矩形和圆形。

（3）利用基本矩形和基本椭圆工具绘制手机上的标志。

（4）利用颜料桶工具填充需要更改的图形。

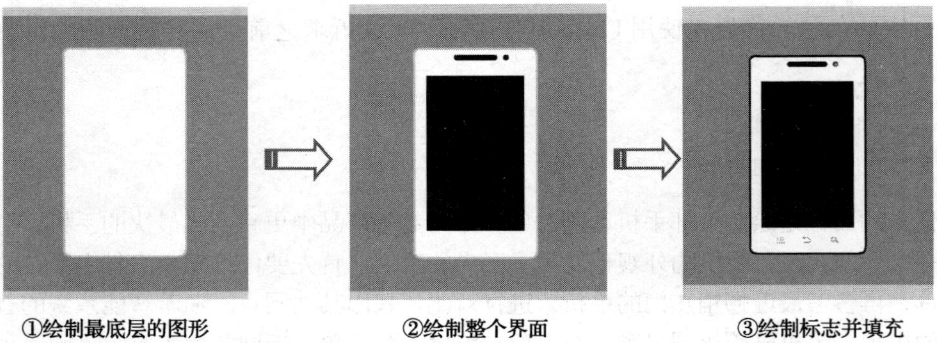

图 2-2　制作思路分析

操作一　使用矩形工具绘制外形

要在前期搜集手机素材并仔细观察，找出要绘制的对象的基本特征，然后保留这些容易辨认的特征，这里可使用矩形工具绘制手机外形。

【详细步骤】

（1）新建一个 ActionScript 3.0 的文档，在右侧的“属性”面板的“属性”栏中单击“舞台”右侧的色块，在弹出的颜色面板中选择“#999999”色块，将舞台背景设置为灰色，如图 2-3 所示。

（2）在工具栏矩形工具 上按住鼠标左键不放，在弹出的列表中选择基本矩形工具 ，如图 2-4 所示。

（3）此时鼠标指针变为 ＋ 形状，按住鼠标左键并在舞台中拖曳即可绘制一个矩形，如图 2-5 所示。

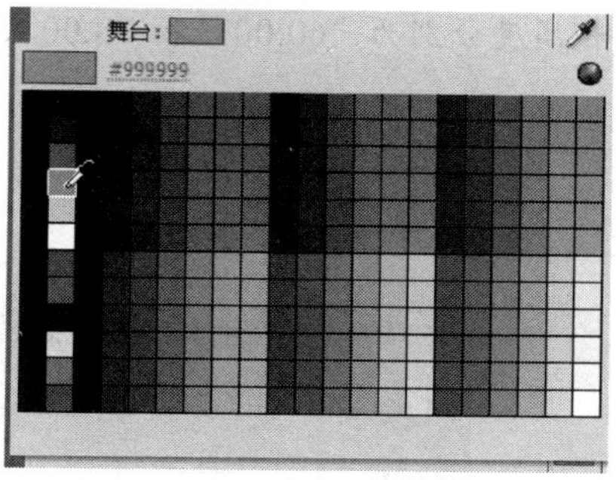

图 2-3　设置舞台背景颜色

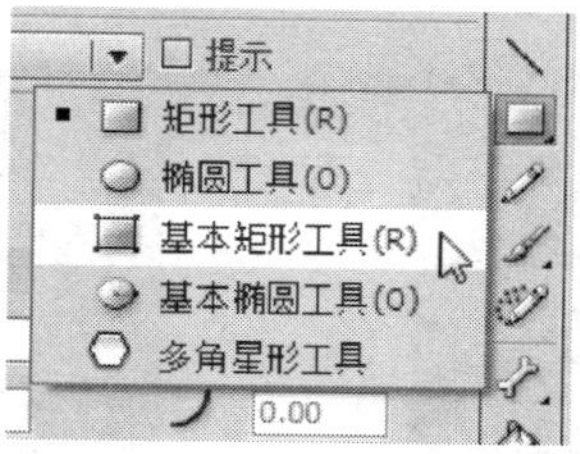

图 2-4　选择“基本矩形工具”

（4）保持该图形的选中状态，在右侧“属性”面板的“位置和大小”栏中，将鼠标指针移至“X”右侧的数值上，鼠标指针变为 形状，单击鼠标使其变为可编辑状态，输入“190.00”。使用相同的方法设置“Y”右侧的数值为“50.00”，然后设置矩形的“宽”为“170.00”，“高”为“300.00”，如图 2-6 所示。

图 2-5　绘制矩形

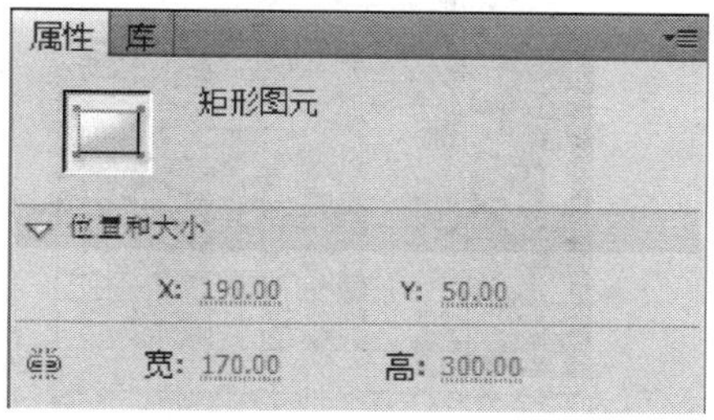

图 2-6　设置矩形的位置和大小

（5）在“属性”面板的“填充和笔触”栏中，向右拖曳“笔触”右侧的滑块 ，或在其右侧的文本框中直接输入“3.00”，设置笔触的大小。在“矩形选项”栏的“矩形边角半径”文本框中输入“10.00”，按“Enter”键即可设置矩形四个边角的半径，如图 2-7 所示。设置效果如图 2-8 所示。

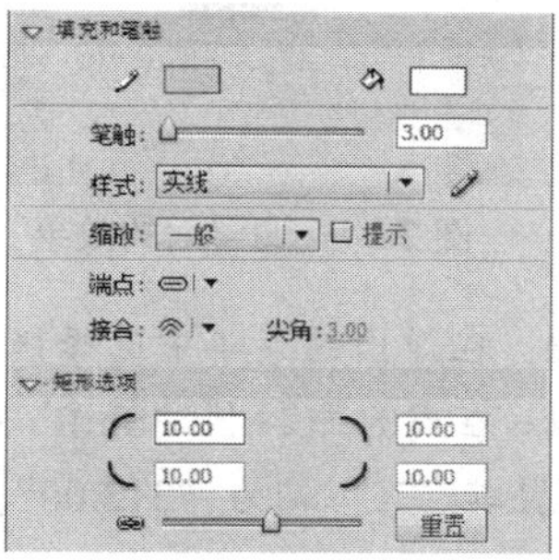

图 2-7　设置矩形其他参数

图 2-8　矩形效果

（6）继续选择基本矩形工具 ，在如图 2-9 所示的位置绘制一个圆角矩形。保持矩形的选中状态，在其右侧“属性”面板的“位置和大小”栏中设置其在舞台上的位置，其中“X”

轴为“245.00”，“Y”轴为“59.00”，设置其宽度和高度分别为“60.00”和“8.00”，如图 2-10 所示。

图 2-9　绘制基本矩形

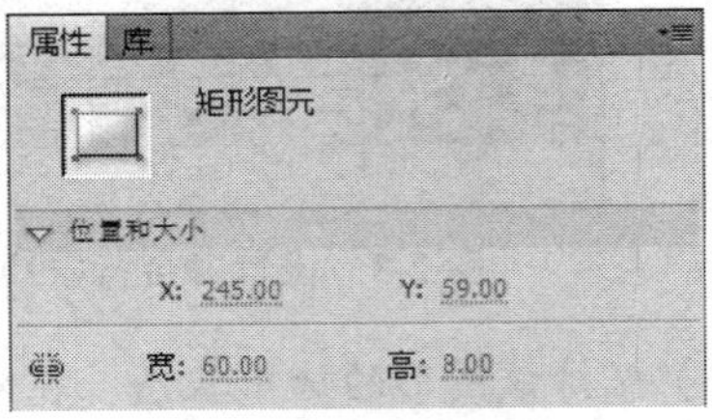

图 2-10　设置矩形位置和大小

（7）在“填充和笔触”栏中，单击“笔触颜色”色块，在弹出的颜色面板中单击 ☒ 按钮，取消其轮廓，如图 2-11 所示。单击“填充颜色”色块，在弹出的颜色面板中选择“#000000”，将其填充为黑色，如图 2-12 所示。

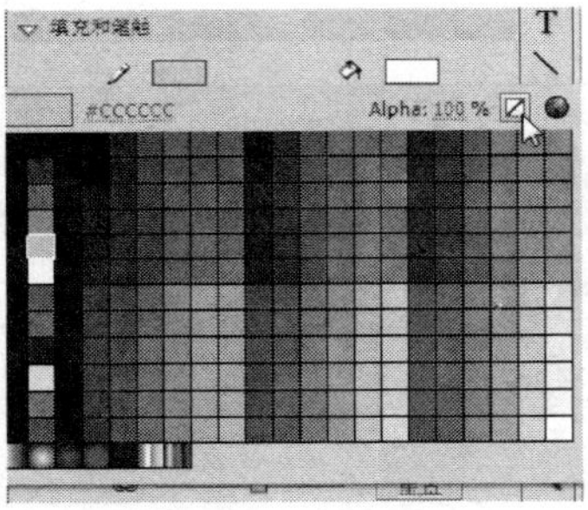

图 2-11　禁用笔触

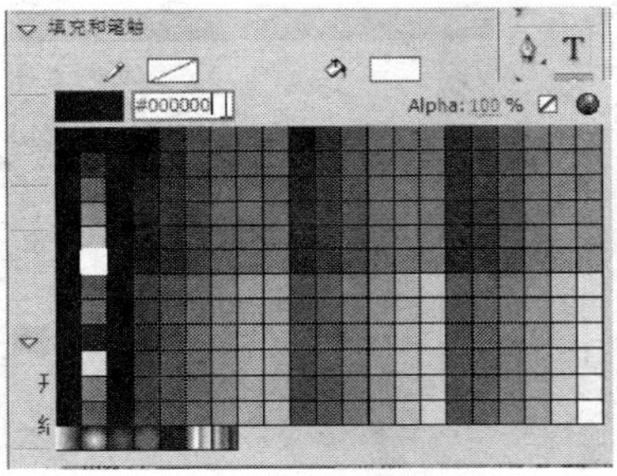

图 2-12　设置填充颜色

（8）在“矩形选项”栏中拖曳“边角半径控件”上的滑块，设置矩形的圆角半径为“10.00”，如图 2-13 所示，调整后的效果如图 2-14 所示。

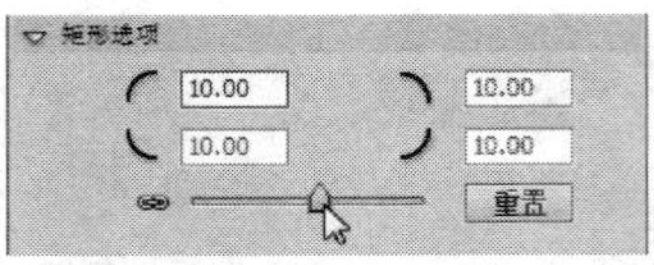

图 2-13　设置矩形边角半径

图 2-14　调整后的效果

（9）在工具栏的基本矩形工具 上按住鼠标左键不放，在弹出的菜单中选择椭圆工具，单击工具栏下方的“对象绘制”按钮，使其呈选中状态。在舞台中按住“Shift”键不放，绘制一个圆形。在其“属性”面板的“位置和大小”栏中设置其“X”轴为“313.00”，“Y”轴为“59.00”，图形的高和宽均为“8.00”。

（10）在“填充和笔触”栏中单击“笔触颜色”色块，在弹出的颜色面板中单击 ☒ 按钮，然后设置“填充颜色”为“#000000”，如图 2-15 所示。绘制结果如图 2-16 所示。

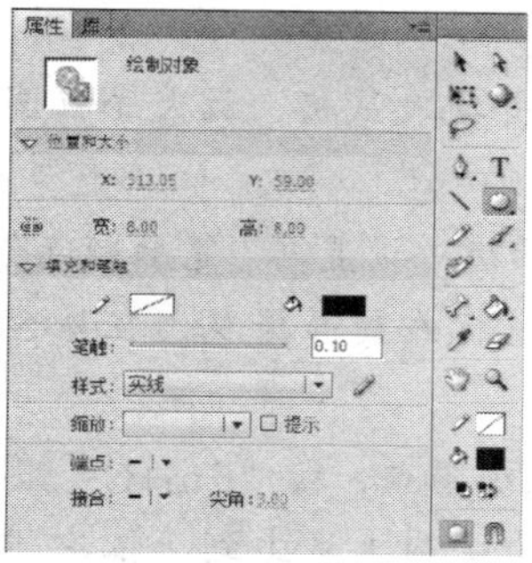

图 2-15 设置圆形的填充和笔触

图 2-16 圆形绘制效果

（11）在工具栏中的椭圆工具 上按住鼠标左键不放，在弹出的菜单中选择矩形工具 。在矩形工具“属性”面板的“填充和笔触”栏中设置“笔触颜色”为“无”，“填充颜色”为“#000000”；在“矩形选项”栏设置矩形圆角半径为“0.00”，如图 2-17 所示。在舞台中绘制矩形，然后在其“属性”面板中设置位置和大小，具体参数如图 2-18 所示，绘制后的效果如图 2-19 所示。

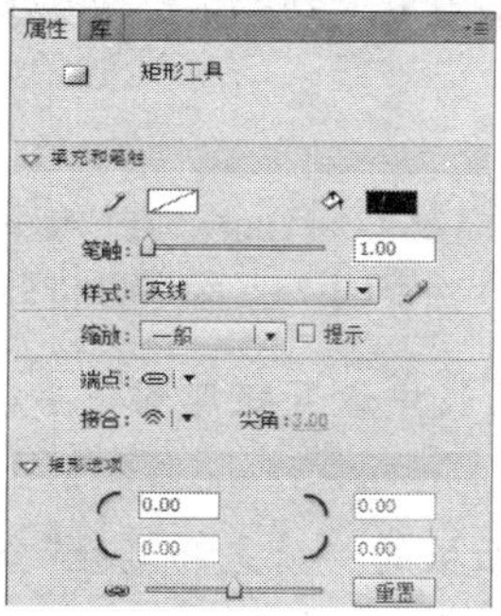

图 2-17 绘制前设置矩形参数

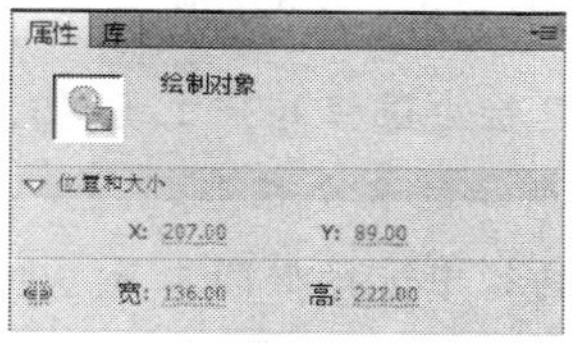

图 2-18 设置矩形位置

图 2-19 绘制后的效果

操作二 使用椭圆工具绘制标志

下面介绍如何利用椭圆工具绘制手机上的搜索和返回等标志。

【详细步骤】

（1）在工具栏中选择缩放工具，在舞台中单击并拖曳鼠标，放大手机图形的底部，如图 2-20 所示。

（2）在工具栏中选择椭圆工具，在其“属性”面板中设置其“笔触颜色”为“无”，“填充颜色”为“#999999”。按住“Shift”键不放，单击鼠标左键并拖曳，在舞台中绘制一个小圆点。

（3）在工具栏中选择选择工具按钮，选中绘制的小圆点，按“Ctrl+C”组合键进行复制，然后按两次“Ctrl+V”组合键进行粘贴，最后将这三个小圆点从上到下依次排列，如图 2-21 所示。

图 2-20　放大图形

图 2-21　绘制并排列圆形

（4）在工具栏中选择矩形工具，在其“属性”面板中设置矩形圆角半径为“3.00”，然后绘制如图 2-22 所示的 3 个矩形。

（5）在工具栏中选择椭圆工具，在其“属性”面板的“填充和笔触”栏中设置其“笔触颜色”为“无”，“填充颜色”为“#999999”，在“椭圆选项”栏中设置“开始角度”为“180.00”，“内径”为“70.00”，如图 2-23 所示。

图 2-22　绘制矩形

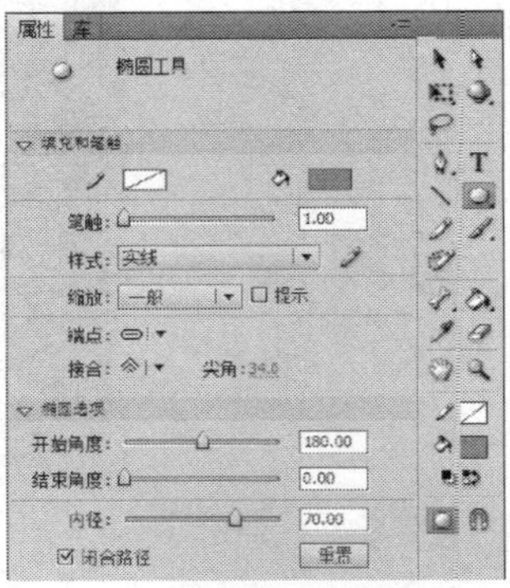

图 2-23　设置椭圆参数

（6）按住“Shift”键不放，单击鼠标左键并拖曳绘制如图 2-24 所示的半圆形，选择【修改】→【变形】→【顺时针旋转 90 度】菜单命令旋转绘制的图形，效果如图 2-25 所示。

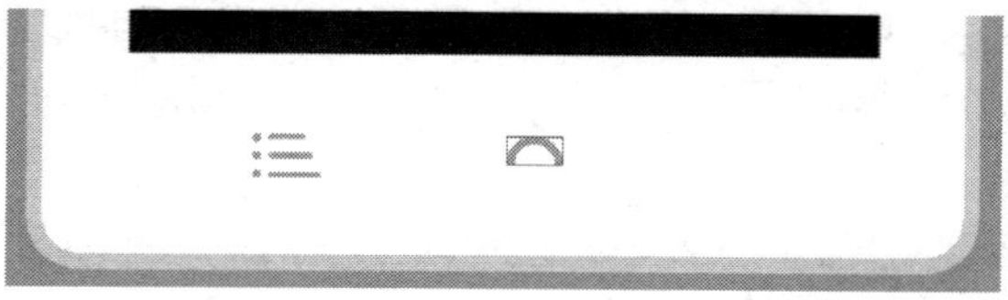

图 2-24　绘制半圆形

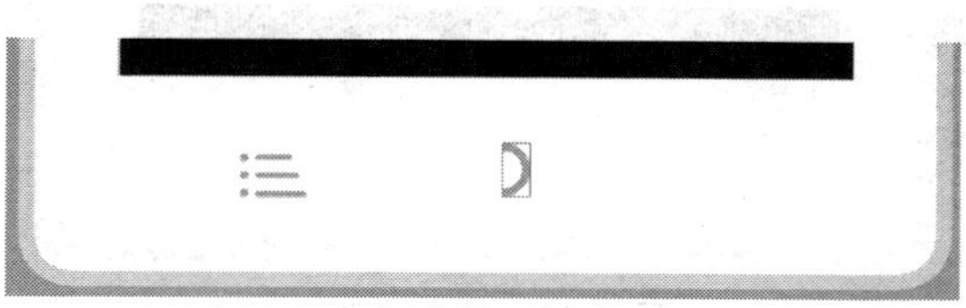

图 2-25　旋转绘制的半圆形

（7）在工具栏中选择矩形工具 ，绘制如图 2-26 所示的两个矩形并调整其位置。选择多角星形工具 ，在其“属性”面板中设置“笔触颜色”为“无”，“填充颜色”为“#999999”，然后在“工具设置”栏中单击 选项... 按钮，如图 2-27 所示。

图 2-26　绘制矩形

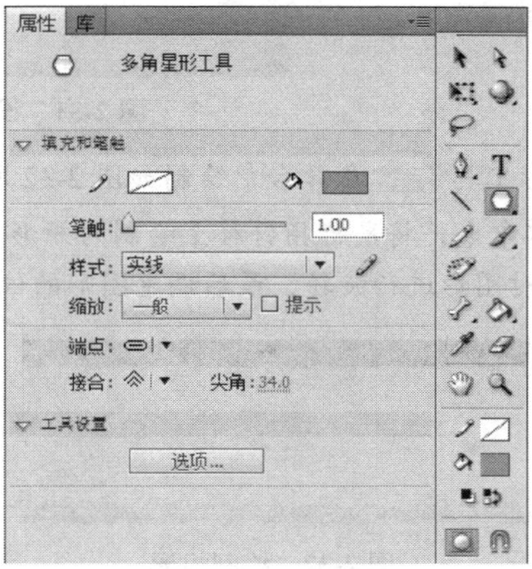

图 2-27　设置三角形参数

（8）打开“工具设置”对话框，在“边数”数值框中输入“3”，单击 确定 按钮，然后按住“Shift”键不放，单击鼠标左键并拖曳绘制如图 2-28 所示的三角形，然后调整其位置。

（9）选择基本椭圆工具 ，按住“Shift”键不放，单击鼠标并拖曳绘制一个圆形，如图 2-29 所示。

图 2-28　绘制三角形

图 2-29　绘制圆形

（10）选中该圆形，在其“属性”面板中设置其“笔触颜色”为“无”，“填充颜色”为“#999999”，在“椭圆选项”栏中设置其“内径”为“60.00”，如图 2-30 所示，图形绘制结果如图 2-31 所示。

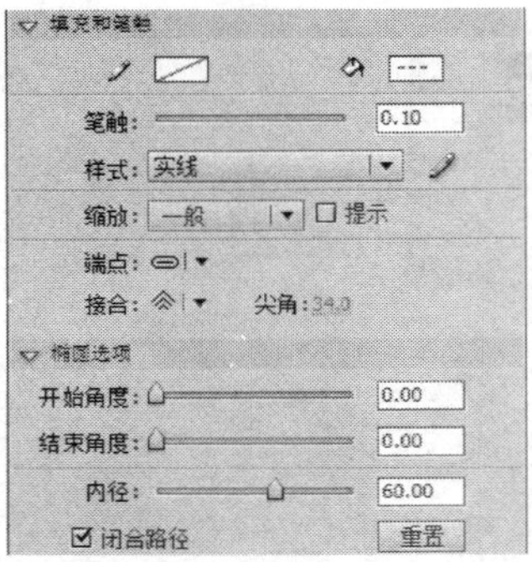

图 2-30　设置椭圆参数

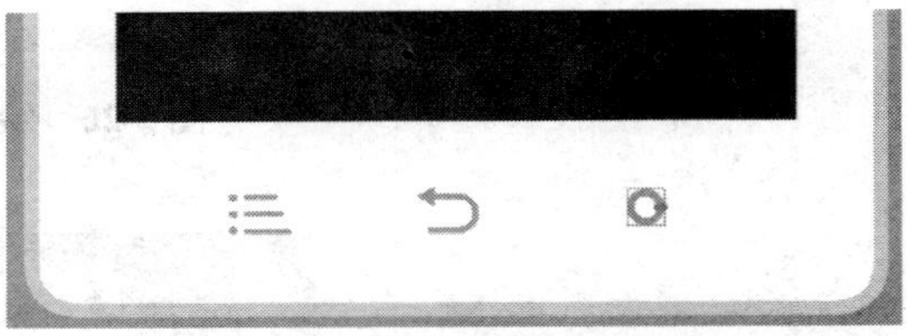

图 2-31　设置参数后的结果

（11）在工具栏中选择矩形工具，在舞台中绘制如图 2-32 所示的矩形。选择【修改】→【变形】→【旋转和倾斜】菜单命令，将鼠标指针移至绘制的矩形周围，当鼠标光标变为形状时，单击鼠标左键并拖曳，对图形进行旋转，最后调整图形的位置，如图 2-33 所示。

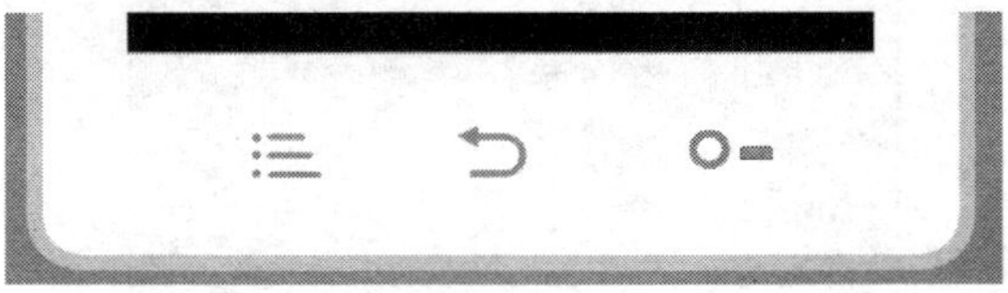

图 2-32　绘制矩形

图 2-33　旋转并调整矩形位置

操作三　使用颜料桶工具填充颜色

使用工具栏中的颜料桶工具，可快速更改已绘制图形的笔触和填充的颜色。

【详细步骤】

（1）在工具栏中选择选择工具，单击舞台中最先绘制的矩形图形，将其选中，如图 2-34 所示。

（2）在工具栏中选择颜料桶工具，然后在工具栏下方设置“笔触颜色”为“黑色”，“填充颜色”为“白色”，舞台中的图形的笔触颜色同步变为黑色，如图 2-35 所示。

图 2-34　选择矩形图形

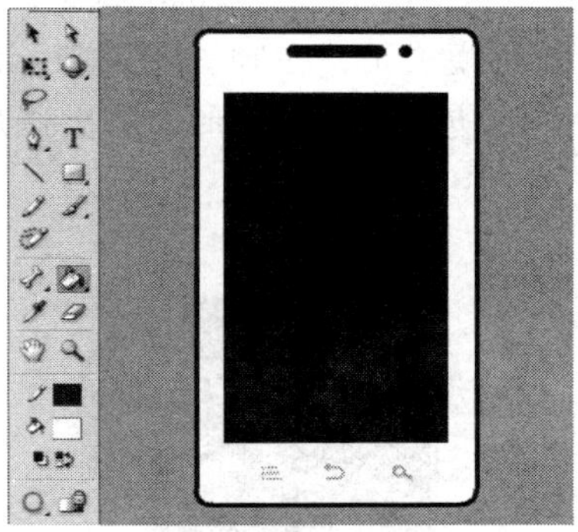

图 2-35　设置笔触颜色后的效果

（3）选中手机图形顶部的黑色小圆形，选择颜料桶工具，在工具栏下方单击“填充颜色”右侧的色块，在弹出的颜色面板中选择“黑白径向渐变”颜色选项，如图 2-36 所示。被选中的圆形的填充颜色也同步变为黑白色的径向渐变，如图 2-37 所示。

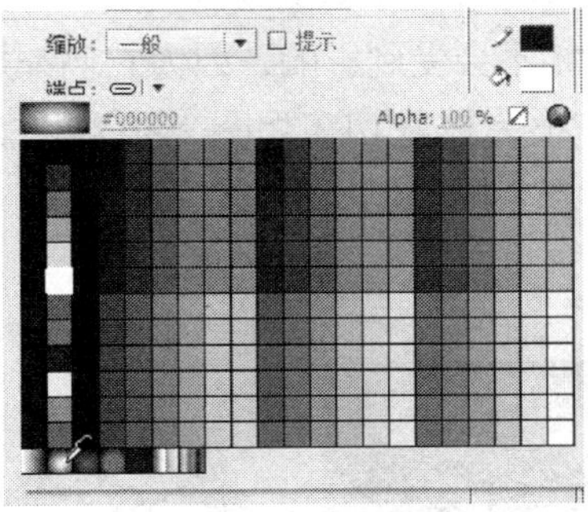

图 2-36　设置径向渐变填充

图 2-37　填充效果

知识回顾拓展

本任务主要使用矩形工具组中的几种绘图工具和颜料桶工具，绘制手机对象。在使用矩形工具和基本矩形工具，以及椭圆工具和基本椭圆工具时要注意，使用矩形工具和椭圆工具在绘制前可设置的一些参数（如矩形工具的边角半径和椭圆工具的开始结束角度等），在绘制完成后，不能再进行更改；使用基本矩形工具和基本椭圆工具绘制的图形对象，在图形绘制结束后，还可对其中的参数进行更改。

另外，在绘制时可能会发现，之后绘制的图形在移动后会将之前绘制的图形剪切，这是由于没有设置绘制模式造成的。Flash 有两种绘图模式，一种是合并绘制模式，另一种是对象绘制模式。

下面对合并绘制模式和对象绘制模式进行讲解。

1. 合并绘制模式

当选择矩形、椭圆、线条和铅笔等工具时，在工具栏的下方会出现一个“对象绘制”按钮，该按钮默认情况下处于未选中状态，表示当前处于合并绘制模式。

合并绘制模式下，在同一图层中绘制多个图形，且图形相互重叠时，互相会受到影响，若上层的图形覆盖下层的图形，那么移开上层图形后，下层图形被覆盖的部分将被剪切，如图 2-38 和图 2-39 所示。

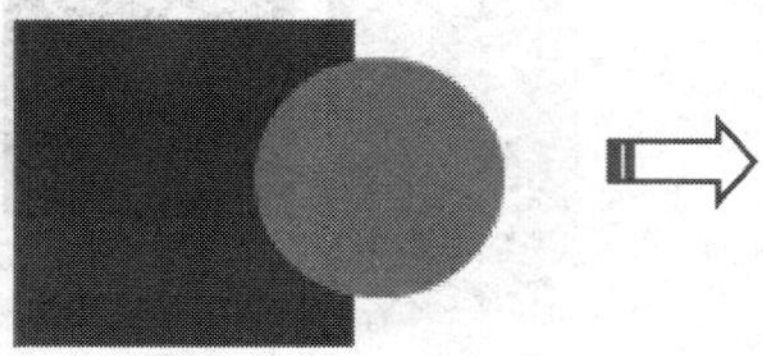

图 2-38　合并绘制图形

图 2-39　移开后的效果

2. 对象绘制模式

在工具栏中，当“对象绘制”按钮呈选中状态时，表示当前处于对象绘制模式。对象绘制模式下，在同一图层中绘制多个图形，且图形重叠时，互相不会受到影响，因为它们都是一个独立的整体；当将重叠的图形移开时，其下层的图形并不会被裁切，如图 2-40 和图 2-41 所示。

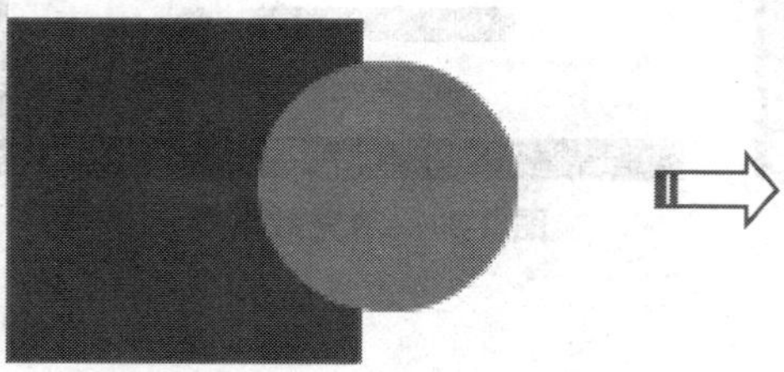

图 2-40　对象绘制图形

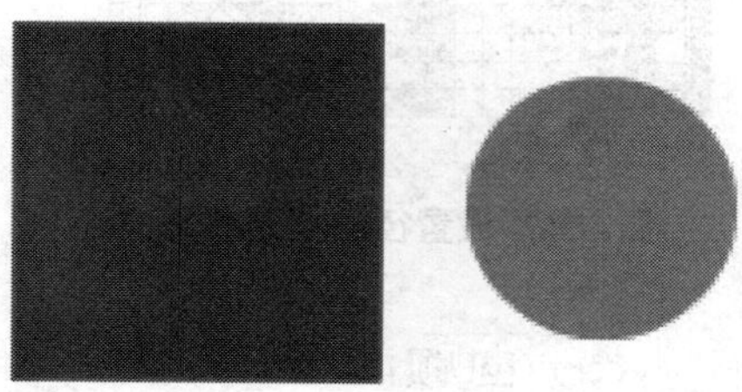

图 2-41　移开后的效果

任务二　绘制卡通形象

工作任务场景

晓雪这两天正在协助老张策划制作节约用水的公益宣传动画，在制作公益动画之前，需要为这部动画设计一个卡通形象大使，由这个形象大使带领大家认识公益、学习公益，使这部动画更加生动有趣，能很快抓住人们的眼球，从而达到公益宣传的目的。老张让晓雪尝试绘制一个卡通图形，并对她说：“制作时可以参考各届奥运会的吉祥物，或者去看一些动画类的公益宣传片，找找灵感，然后再动手制作。”

行业背景知识

在许多活动场合，经常能看见卡通吉祥物标志，这些标志由专业人才设计，代表了不同的理念。越来越多的公司、企业或运动会都采用卡通吉祥物的方式来推广自己，图 2-42 为 2008 年北京奥运会吉祥物。

图 2-42　2008 年北京奥运会吉祥物

小提示：绘图工具有哪些

市面上的绘图软件有很多，但各个绘图软件的功能都有很强的针对性，如 Photoshop 主要用于绘图和修整照片，AutoCAD 主要用于建筑和机械制图，而 Flash 中的绘图主要用于绘制矢量动画图形。

工作任务分析

本任务属于创作类任务，在绘图前需要对其应用的主题进行分析，然后构思一个与主题相契合的动画形象，最后再开始动手绘制。在绘制时需要先做好草稿，再使用钢笔工具进行精细勾画，然后对其进行填充上色。制作完成后的最终效果展示如图 2-43 所示。要实现该效果，需要掌握以下几个技术要点。

（1）掌握如何使用铅笔工具。

（2）掌握钢笔工具描边和调整路径的方法。

（3）掌握刷子工具的使用方法。

图 2-43　卡通形象绘制效果

素材对应　效果文件 \ 模块二 \ 卡通形象 .fla

制作思路分析

完成本任务主要包括卡通形象轮廓的绘制、使用钢笔工具勾边以及使用颜料桶进行填充等三步操作。具体思路如图 2-44 所示，操作要求如下。

（1）使用铅笔工具绘制草稿线条。

（2）使用钢笔工具描边并调整线条。

（3）使用刷子工具对图形进行填充。

①绘制草稿　　②填充颜色　　③柔化边缘

图 2-44　制作思路分析

操作一　使用铅笔工具绘制草稿

使用铅笔工具绘制卡通形象轮廓类似于一个打草稿的过程，草稿打好之后才能进行下一步操作。

【详细步骤】

（1）按“Ctrl+N”组合键，打开“新建文档”对话框，在“常规”选项卡中选择“ActionScript 3.0”选项，单击 确定 按钮，新建一个动画文档，如图 2-45 所示。

（2）在文档“属性”面板的“属性”栏中单击“舞台”右侧的色块，在弹出的颜色面板中设置舞台背景色为“#99FFFF”。

（3）在工具栏中选择铅笔工具 ，单击下方的“对象绘制”按钮 ，使其呈选中状态，将绘制模式设置为对象绘制模式。

（4）单击“伸直”按钮 ，在弹出的菜单中选择“平滑”命令。

（5）将鼠标指针移至舞台中，鼠标指针变为 形状，在舞台中单击鼠标左键并拖曳绘制如图 2-46 所示的草稿。

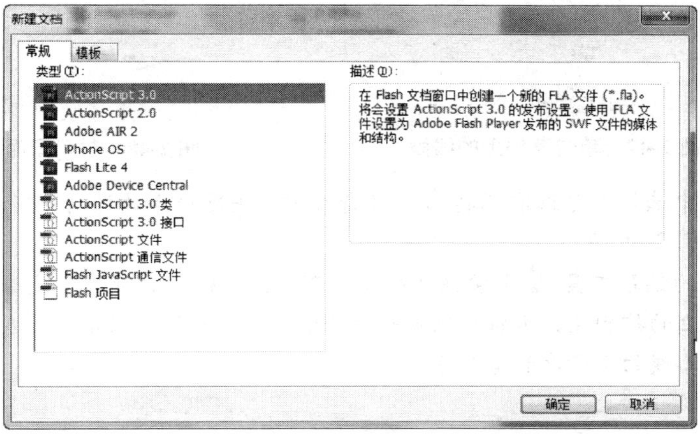

图 2-45　新建动画文档

图 2-46　绘制草稿图

操作二　使用钢笔工具进行描边

草稿设定好之后，便可对其进行进一步调整，首先应勾勒出卡通形象的边框，这一操作可通过钢笔工具实现。

【详细步骤】

（1）选择钢笔工具，在草稿中任意线段上单击，可看见沿着草稿线段的四周出现了绿色的线条和可控制点，如图 2-47 所示。

（2）为了方便以后进行填充，这里需要将图形的各个部分封闭，利用钢笔工具继续绘制线段，使图形封闭，如图 2-48 所示。

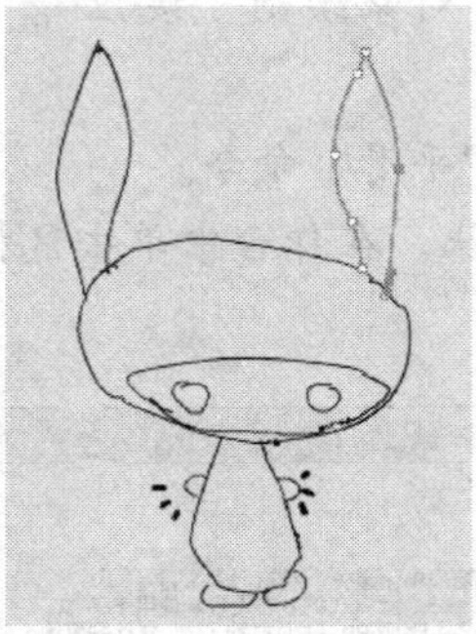

图 2-47　单击草稿上的线段

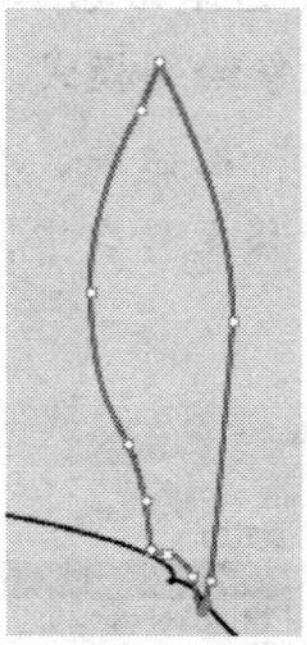

图 2-48　封闭图形

（3）在工具栏中选择部分选取工具，在舞台中单击路径上的控制点不放并拖曳，可调整控制点的位置，如图 2-49 所示。

（4）在工具栏的钢笔工具上按住鼠标左键不放，在弹出的菜单中选择转换锚点工具，在舞台中单击图形上的控制点，可将控制点转换为带有调节杆的贝塞尔控制点，如图 2-50 所示。拖动调节杆可调节曲线的平滑度和弯曲方向。

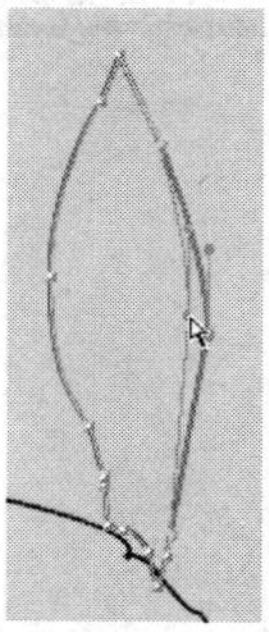

图 2-49　调整线段上的控制点

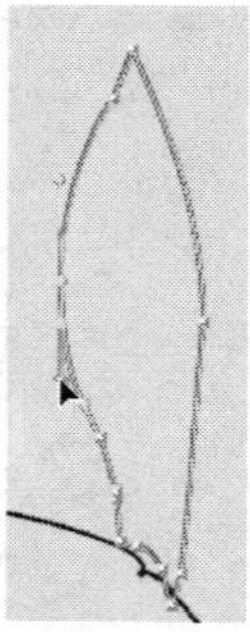

图 2-50　调整曲线

（5）使用相同的方法对整个图形进行钢笔描边，并对图形进行调节。

（6）对图形中比较规则的部分，如头部和眼睛，可直接使用椭圆工具进行绘制，代替原来的绘制效果。在使用椭圆工具绘制头部和眼睛之前，需先在其“属性”面板中将“填充颜色”设置为“无”，完成结果如图 2-51 所示。

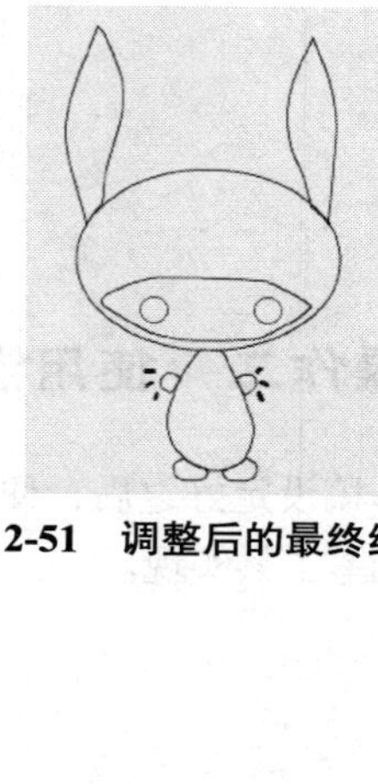

图 2-51　调整后的最终结果

操作三　使用刷子工具填充颜色

使用钢笔工具勾画好卡通形象的轮廓后，即可开始对其上色，这里介绍使用刷子工具填充颜色的操作方法。

【详细步骤】

（1）在工具栏中选择刷子工具 ，在“工具”栏下方单击“刷子大小”按钮 ，在弹出的菜单中选择需要的刷子大小，如图 2-52 所示。

（2）在工具栏中单击下方的“刷子形状”按钮 ，在弹出的菜单中选择一种刷子的形状，如图 2-53 所示。

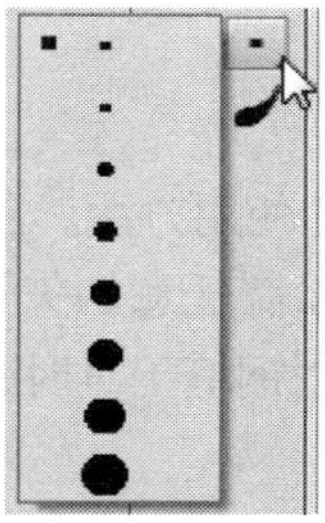

图 2-52　设置刷子大小

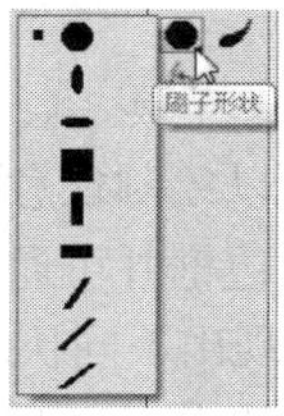

图 2-53　设置刷子形状

（3）在其“属性”面板的“填充和笔触”栏中单击“填充颜色”右侧的色块，在弹出的颜色面板中选择“#00CCFF”，如图 2-54 所示。

（4）使用刷子工具直接在图形中涂抹，为图形填充颜色，如图 2-55 所示。

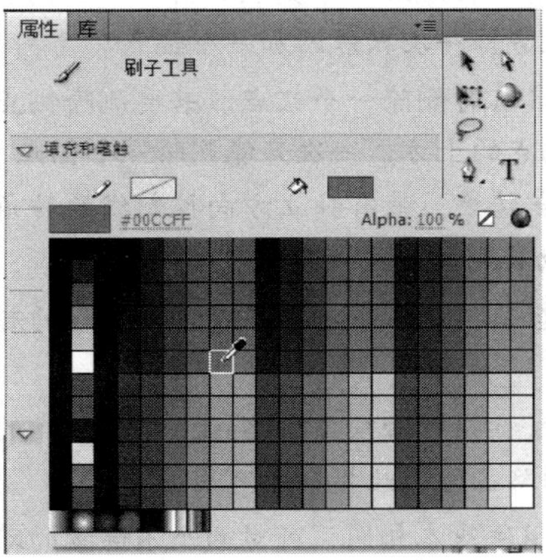

图 2-54　设置刷子颜色

图 2-55　为图形填充颜色

（5）选中其中的一个图形，选择【修改】→【形状】→【柔化填充边缘】菜单命令，打开“柔化填充边缘”对话框，保持其中的默认值，单击 确定 按钮，如图 2-56 所示。

（6）使用相同的方法柔化除手和脚以外的其他图形的线条，效果如图 2-57 所示。

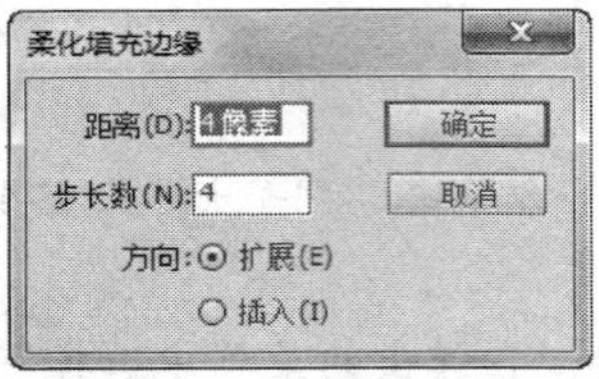

图 2-56　柔化填充边缘

图 2-57　最终设置效果

知识回顾拓展

本任务介绍了铅笔工具、钢笔工具和刷子工具的使用方法。

使用铅笔工具可以绘制任意的线条，通过刷子工具可以绘制任意的矢量色块，利用钢笔工具可以勾勒出图形的边框并可通过调整节点调整图形。在使用钢笔工具时，会发现在不同的情况下，钢笔工具会呈现出不同状态。

下面对这些不同状态下的钢笔指针进行讲解：

- **初始锚点指针**：选中钢笔工具后看到的指针。在舞台上单击鼠标时将创建初始锚点，它是新路径的开始。
- **连续锚点指针**：下一次单击鼠标时将创建一个锚点，并用一条直线与前一个锚点相连接。
- **添加锚点指针**：下一次单击鼠标时将向现有路径添加一个锚点。若要添加锚点，必须选择路径，并且钢笔工具不能位于现有锚点的上方，一次只能添加一个锚点。
- **删除锚点指针**：下一次在现有路径上单击鼠标时删除一个锚点。若要删除锚点，必须用选取工具选择路径，并且指针必须位于现有锚点的上方，一次只能删除一个锚点。
- **转换锚点指针**：将不带方向控制线的转角点转换为带有独立方向控制线的转角点。在使用钢笔工具时，按“Shift+C”组合键可快速切换到转换锚点指针。
- **闭合路径指针**：在绘制路径的起始点处闭合路径。在当前正在绘制的路径的起始锚点处单击，即可将路径封闭。
- **连续路径指针**：从现有锚点扩展新路径。鼠标指针必须位于路径上现有锚点的上方，这样才能激活连续路径指针，且仅在当前未绘制路径时，此指针才可用。
- **连接路径指针**：该指针与闭合路径指针的用法基本相同，可对两个不连续的路径进行连接。该指针必须位于另一路径的起始或结束端点的上方，才会显示出来。有时可能需要选中路径段才能显示，有时也可能不选中路径段就能显示。
- **回缩贝塞尔手柄指针**：当鼠标位于显示其贝塞尔手柄的锚点上方时，该指针才会显示。单击鼠标将回缩贝塞尔手柄，并使得穿过锚点的弯曲路径恢复为直的线段。

任务三　绘制魔方

工作任务场景

前几天公司接了一个动画项目，晓雪也参与了该项工作，虽然没有直接接触动画和场景的制作，但晓雪收获了许多，并且得到了同事的认可。接下来的几天，老张会参与动画的制作，于是他对晓雪说："前几天你绘制的两个图形还是很不错的，作为新人，已经相当优秀了，这几天我会比较忙，你可以研究一下 Flash 的绘图工具栏，熟悉一下以前很少使用的工具，并且制作一个作品给我，让我看看你的水平如何。"晓雪听后，决定制作一个魔方。

行业背景知识

魔方，也称为鲁比克方块，是匈牙利布达佩斯建筑学院厄尔诺·鲁比克教授在 1974 年发明的。它与中国的"华容道"、法国的"独立钻石"一起被称为三大不可思议的智力游戏。它的核心是一个轴，造型也不尽相同，除了常见的三阶魔方外，还有二阶、四阶至十三阶魔方，以及许多异型魔方。如图 2-58 所示为二阶魔方和四阶魔方。

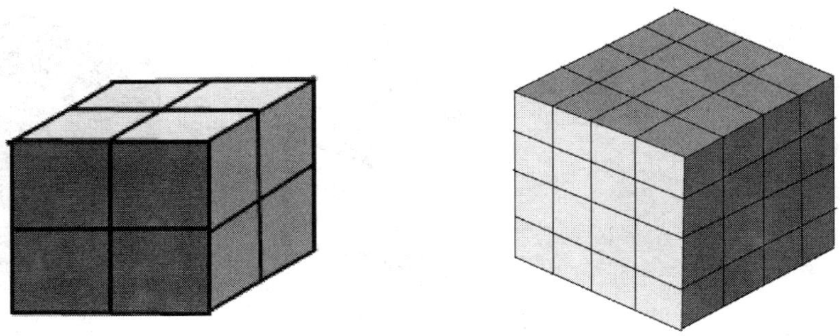

图 2-58　二阶魔方和四阶魔方

工作任务分析

本任务是制作一个三阶魔方。制作相对比较简单，制作完成后的效果如图 2-59 所示。要实现该效果，需要掌握以下几个技术要点。

（1）线条工具的使用方法。

（2）墨水瓶工具的使用方法。

（3）掌握属性面板中各属性的作用。

素材对应　效果文件 \ 模块二 \ 魔方 .fla

图 2-59　魔方绘制效果

制作思路分析

完成本任务主要包括绘制魔方边框、填充色块和填充笔触。具体思路如图 2-60 所示，操作要求如下。

（1）利用线条工具绘制魔方的边线。

（2）使用颜料桶工具为魔方填充不同的色块。

（3）使用墨水瓶工具更改魔方边框的笔触属性。

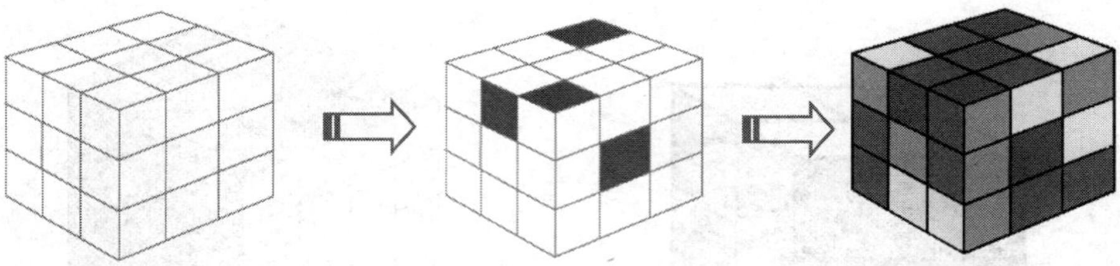

①绘制边线　②填充颜色　③填充笔触

图 2-60　制作思路分析

操作一　使用线条工具绘制直线

下面介绍如何使用工具栏中的线条工具，绘制魔方的边框。

【详细步骤】

（1）按“Ctrl+N”组合键新建一个空白动画文档，在工具栏中选择线条工具，单击工具栏下方的“对象绘制”按钮，将绘制模式设置为合并绘制模式。

（2）单击工具栏下方的“紧贴至对象”按钮，然后在舞台中绘制如图 2-61 所示的边线。

（3）选择颜料桶工具，在工具栏下方单击“填充颜色”右侧的色块，在弹出的色板中设置填充颜色为“#0066FF”。

（4）在魔方上单击，填充如图 2-62 所示的色块。

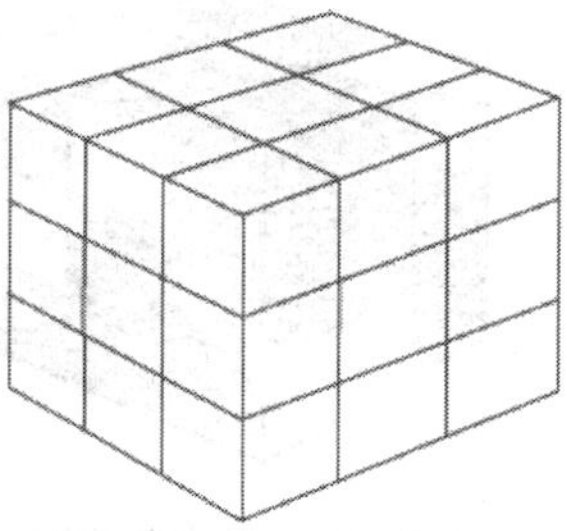

图 2-61　使用线条工具绘制边线

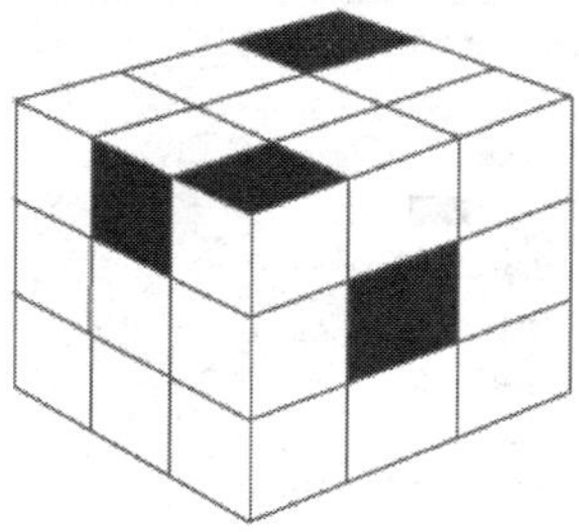

图 2-62　填充选区

（5）更换填充颜色，继续为魔方上色，效果如图 2-63 所示。

图 2-63　魔方制作效果

小提示：绘图工具有哪些

使用线条工具 ＼ 绘制线条的同时按住“Shift”键，可绘制水平、垂直或 45° 的直线。绘制完线条后按住“Ctrl”键，同时将鼠标指针移至线条上，鼠标指针变为形状，此时单击鼠标左键并拖曳线条可将直线变为曲线。

操作二　使用墨水瓶工具填充笔触

使用墨水瓶工具可对图形的笔触进行填充，并且不会影响内部的填充颜色。接下来使用墨水瓶工具填充魔方的笔触。

【详细步骤】

（1）在工具栏的颜料桶工具上按住鼠标左键不放，在弹出的菜单中选择墨水瓶工具，如图 2-64 所示。

图 2-64　选择墨水瓶工具

（2）在墨水瓶工具的“属性”面板中将笔触的颜色设置为黑色“#000000”，笔触粗细设置为“2.00”，如图2-65所示。

（3）单击魔方图形上的笔触，即可对笔触的粗细和颜色进行更改，结果如图2-66所示。

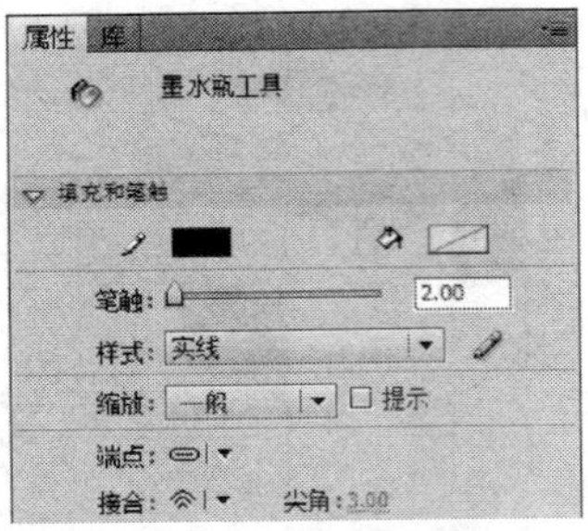

图2-65　设置墨水瓶属性

图2-66　填充笔触

（4）按“Ctrl+S”组合键打开“另存为”对话框，保存绘制的魔方图形。

知识回顾拓展

本任务主要介绍了线条工具和墨水瓶工具的使用，这两个工具的使用方法较简单。

使用线条工具，使“紧贴至对象”按钮呈选中状态，绘制的线条接近另一条线时，在另一条线的端点会出现一个空心圆，它可以使绘制的线段连接在一起。使用墨水瓶工具时，可能会遇到线段不能被编辑的情况，此时可在使用墨水瓶工具之前，先使用选择工具进行选择，若线段能被选中，则可以进行编辑，反之，则不能。

在选择线条工具和墨水瓶工具后，其属性面板中的参数相似。下面简单介绍属性面板中关于笔触的一些属性。

- **笔触颜色：**通过该按钮可以更改笔触的颜色。
- **样式：**单击样式旁的 实线 按钮，在弹出的下拉菜单中还可以选择虚线、点状线和锯齿线等线段样式。单击其右侧的“编辑笔触样式”按钮，可打开如图2-67所示的“笔触样式”对话框，在其中可对笔触的样式进行设置。

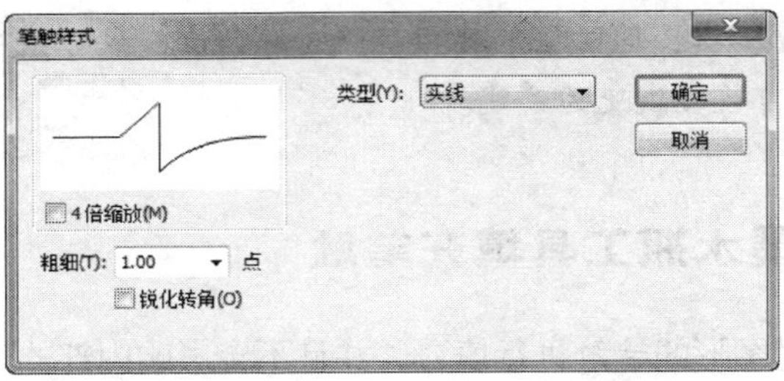

图2-67　“笔触样式”对话框

- **缩放：**用于限制动画中笔触的缩放，单击选中其右侧的“提示”复选框，可防止笔触出现模糊的垂直或水平线。
- **端点：**用于设置线条两个端点的样式，有无、圆角和方形3个选项。

- **接合：**用于设置线条的连接方式，有尖角、圆角和斜角 3 个选项，其中选择尖角时将激活右侧的尖角数值选项。

实训一　绘制花朵

实训目标要求

本实训要求在一个女性产品的宣传广告中绘制一个花朵植物。要求绘制简洁，便于以后用于制作背景或者动画，枝干最好用比较柔和的线条，使其能与女性柔美高雅的气质相符。本实训的参考效果如图 2-68 所示。

素材对应　**效果文件 \ 模块二 \ 绘制花朵 .fla**

图 2-68　花朵绘制效果

实训思路分析

女性产品的主题通常是甜美、可爱、知性、优雅或者高贵，在制作女性主题的设计之前，首先要找准定位，了解产品面向的群体，然后再进行设计制作。在制作花朵时，切忌不能太复杂，以免喧宾夺主。

结合上面的目标和分析，本实训的操作思路如图 2-69 所示。

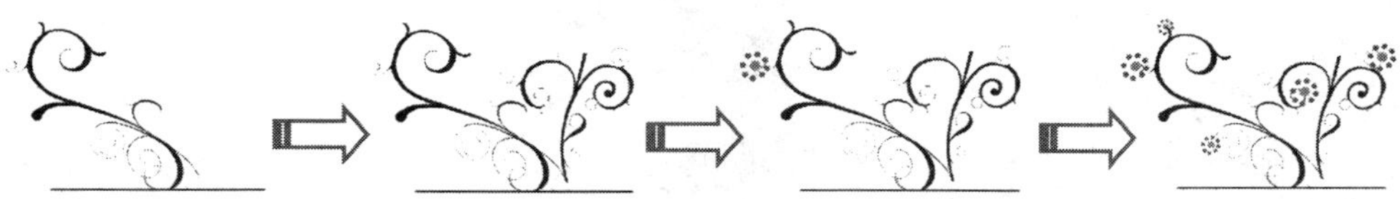

①绘制地面和枝条　②绘制完整的枝条　③绘制花瓣　④复制并完成绘制

图 2-69　花朵绘制思路

【步骤提示】

（1）新建一个空白动画文档，选择线条工具，设置笔触颜色为“#333333”，设置填充颜色为“#1A2B80”，设置笔触粗细为“3.00”，在舞台中拖曳鼠标绘制一条直线表示地面。

（2）选择刷子工具，在工具栏下方单击“刷子形状”按钮，在弹出的菜单中选择第 2 种形状。单击“刷子大小”按钮，在弹出的下拉列表中选择一种较小的笔触形状。在“属性”面板的“平滑”数值框中输入“100”，拖曳鼠标，在场景中绘制一条曲线表示主枝条。

（3）改变刷子的形状和大小，在场景中绘制其他的主枝条。

（4）在“工具”栏中选择铅笔工具，单击“铅笔模式”按钮，在弹出的下拉列表中选择“平滑”选项，在“属性”面板的“笔触高度”数值框中输入“1”，在场景中拖动鼠标绘制细枝条。

（5）选择刷子工具，设置填充颜色为“#FF6600”，改变刷子的形状和大小，在“属性”面板中的“平滑”数值框中输入“0”，在场景中绘制花心。

（6）设置填充颜色为“#FF00FF”，将刷子的形状设置小一点，绘制花瓣。使用不同的刷子大小，绘制大小不同的花朵，最后保存图形即可。

实训二　绘制几何卡通

实训目标要求

本实训要求制作一个几何卡通形象，既然与几何相关，在绘制时就应该使用椭圆、矩形和多角星形工具进行几何图形的绘制。本实训的参考效果如图 2-70 所示。

素材对应　效果文件 \ 模块二 \ 卡通老鼠 .fla

图 2-70　卡通老鼠绘制效果

实训思路分析

本实训绘制的是一只几何卡通老鼠，因此在制作前可先在纸上画出草稿，观察后进行绘制。绘制时应先绘制最下层的几何形状，即先绘制头部，再绘制位于头部的眼睛和嘴巴等图形。

结合上面的目标和分析，本实训的绘制思路如图 2-71 所示。

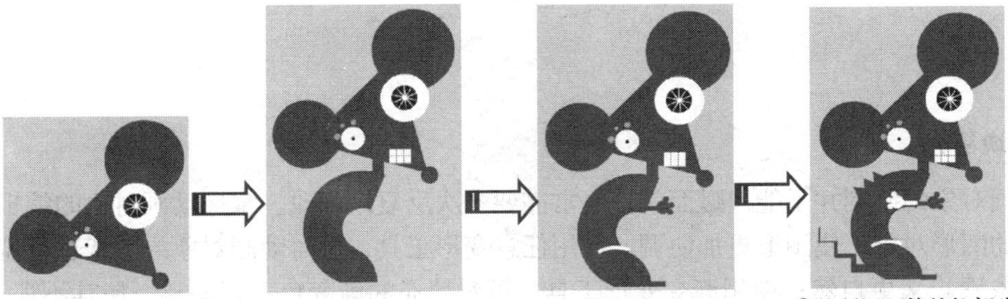

①绘制头部　②绘制身体　③绘制手和脚　④绘制尾巴等其他部分

图 2-71　卡通老鼠的绘制思路

【步骤提示】

（1）选择多角星形工具，单击“对象绘制”按钮开启对象绘制模式，设置多角星形属性，将鼠标指针移至舞台中，然后绘制一个三角形。

（2）选择椭圆工具，通过设置其属性，绘制耳朵、鼻子、眼睛和眉毛。

（3）再次使用多角星形工具，在右侧的眼睛中绘制作为眼球反光的白色星形。

（4）选择矩形工具，在舞台中绘制 6 个白色矩形作为嘴巴。在“属性”面板中修改其填充颜色，然后在头部轮廓下方绘制一个作为卡通颈部的矩形。

（5）选择基本椭圆工具，在卡通颈部的下方绘制一个椭圆。在“属性”面板中调整基本椭圆的起始角度、结束角度和内径数，调整后即可完成卡通身体部分的绘制。

（6）继续使用基本椭圆工具，在身体的下方绘制一个扇形，作为卡通的腿部。用类似的方法在身体和腿部的交界部分绘制一段白色的圆弧。

（7）使用矩形工具，在舞台中绘制卡通的脚部和尾巴图形，使用矩形工具配合椭圆工具，在舞台中绘制卡通的手部图形。

（8）用相同的方法，在卡通的身体区域中绘制白色的手部图形，使用多角星形工具，在卡通身体上绘制 3 个三角形，完成身体的绘制，最后保存文档即可。

模块三　动画对象的编辑

模块简介

动画对象的绘制并不能一蹴而就，经常需要多次反复地修改。掌握动画对象的编辑，可完善绘制的图形对象，使图形更加协调。使用任意变形工具，可对动画对象的形状进行调整，使动画对象看起来更自然；使用渐变变形工具，可对填充的渐变色进行调整，使其不那么死板；在修改菜单中选择排列命令，可更改图形的层叠顺序，使画面变化丰富多彩。本模块将具体介绍 Flash CS5 中关于动画对象的编辑操作。

学习目标

本模块的知识学习目标如下：

- 熟练掌握使用渐变变形工具调整图形渐变填充的操作。
- 熟练掌握使用 Deco 工具快速绘制图形的操作。
- 熟练掌握使用任意变形工具调整图形的操作。
- 掌握在工作区中添加辅助线的方法。
- 掌握在舞台中调整图形的操作方法。

本模块的技能学习目标如下：

- 能熟练掌握在舞台中编辑图形的方法。
- 能熟练掌握相关调整工具的使用方法。

任务一　编辑“秋色”场景文件

工作任务场景

晓雪已经可以独立绘制一幅完整的场景了，但她总觉得绘制出的场景很死板，于是她去请教老张。老张看了她的作品后，说：“你看，你绘制的图形都没有经过调整，因此在颜色过渡和形状上不自然，从而也降低了整个场景的协调性。”于是晓雪立刻向老张请教如何编辑这些绘制的对象，老张给晓雪介绍了可调节图形对象的工具和菜单命令，然后将公司正在做的一个宣传短片场景制作工作交给了她，让她提供素材文件（如图 3-1 所示），完成场景的制作。

图 3-1　场景文件中的素材

行业背景知识

不管是动画、广告，还是 Banner 的制作，都需要提供一个与主题相符的背景场景，然后再将主题内容放置在背景场景烘托出的情境中，使观众能一眼就看明白作者表达的主题。如何设计出优美的场景，是每个设计师需要考虑的主要问题之一。

在制作背景场景时，需要了解与背景绘制相关的知识，如场景的明暗关系以及物体层叠位置等。因此，读者应当多阅读一些美术方面的书籍，了解绘制场景的基础知识，为使用 Flash 制作场景打下基础。

工作任务分析

本任务的目标是绘制一个关于秋天主题的场景，素材文件中已提供了绘制好的两种枫叶，其他对象则需要自行绘制。无论何种场景都需要先从背景开始入手，然后再对场景中的其他物品逐一进行绘制，可按照层叠的关系，从底层的对象开始，绘制一些与主题风格相符的对象，如枫树。

本任务的最终效果展示如图 3-2 所示。要实现该效果，需要掌握以下几个软件技术要点。

（1）掌握渐变变形工具和任意变形工具的使用方法。

（2）掌握组合图形的操作方法。

（3）认识变形面板作用，并掌握图层排列的操作方法。

素材对应　**素材文件 \ 模块三 \ 秋色 \ 编辑“秋色”场景文件、秋色 .fla**
效果文件 \ 模块三 \ 秋色 .fla

图 3-2　“秋色”最终绘制效果

制作思路分析

完成本任务主要包括绘制并调整背景渐变、绘制枫树并组合，以及调整枫叶图形的透视效果等三步操作。具体思路如图 3-3 所示，操作要求如下。

（1）绘制场景的背景，填充渐变色，并调整渐变色。

（2）绘制枫树，并将枫树的各部分组合为一个整体。

（3）复制并调整场景中的枫叶素材。

①绘制背景　②添加枫树　③添加并调整枫叶

图 3-3　制作思路分析

操作一　使用渐变变形工具调整背景

使用工具栏中的矩形工具可直接在舞台中绘制一个与舞台大小相同的矩形背景，通过“颜色”面板和渐变变形工具，可调整背景的颜色。

【详细步骤】

（1）打开“秋色.fla”素材文件，在工具栏中选择基本矩形工具绘制一个矩形，在其“属性”面板中将“位置和大小”栏中的宽设置为“550”，高设置为“400”。

（2）选择【修改】→【对齐】→【与舞台对齐】菜单命令，设置对象的对齐方式，然后选择【修改】→【对齐】→【水平居中】菜单命令和【修改】→【对齐】→【垂直居中】菜单命令，将对象与舞台进行对齐，如图 3-4 所示。

（3）选中矩形背景图形，在“属性”面板的“填充和笔触”栏中禁用笔触，即将笔触设置为“无”，如图 3-5 所示。

（4）在面板组中单击“颜色”按钮，打开“颜色”面板，在其中单击 纯色 按钮，在弹出的菜单中选择“径向渐变”选项，如图 3-6 所示。

（5）双击渐变条左侧的颜色滑块，在弹出的色彩面板中选择淡黄色“#FFFFFF”，如图 3-7 所示。

（6）单击右侧的颜色滑块，在出现的文本框中输入“#FF9900”，将渐变条右侧的颜色更改为橙红色，如图 3-8 所示。

（7）在工具栏中任意变形工具上按住鼠标左键不放，在弹出的菜单中选择渐变变形工具，如图 3-9 所示。

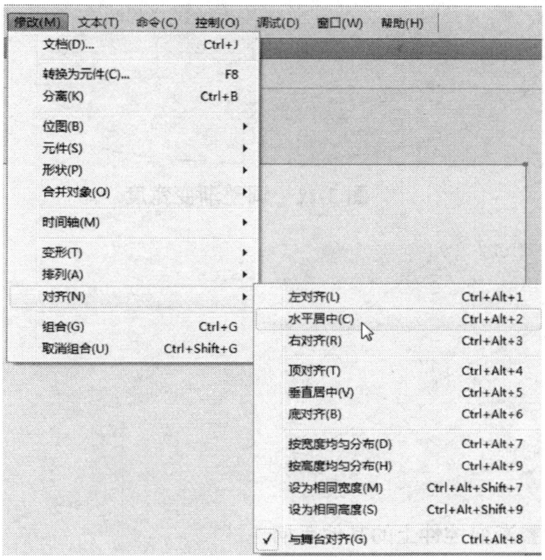

图 3-4　将图形对齐于舞台

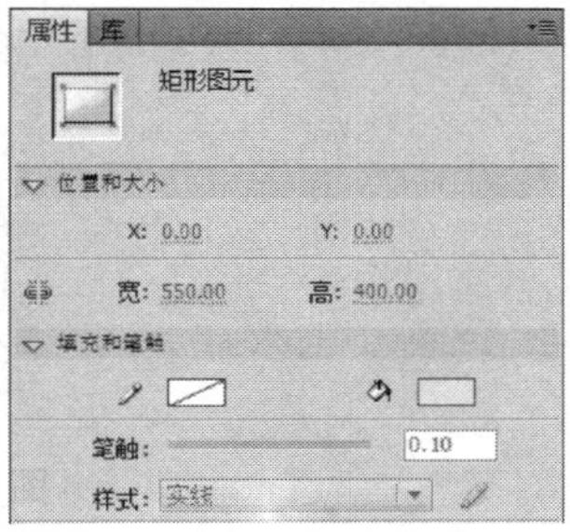

图 3-5　关闭笔触

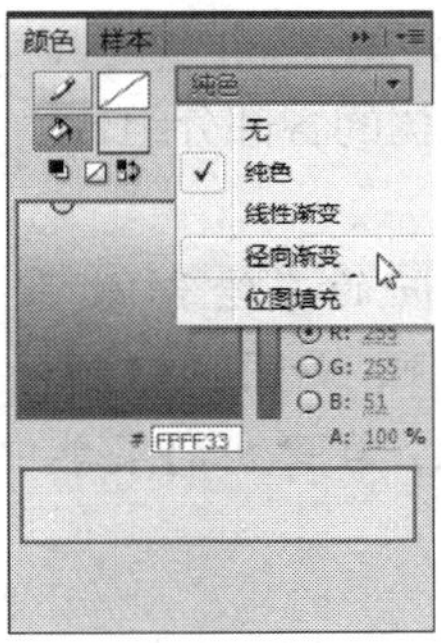

图 3-6　将填充更改为径向渐变

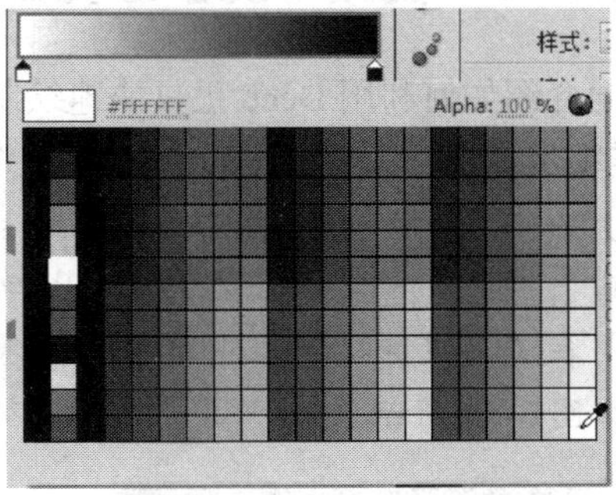

图 3-7　更改左侧的渐变色

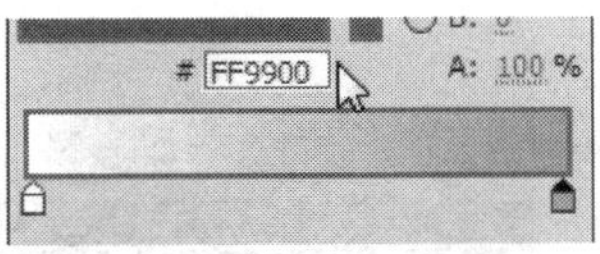

图 3-8　更改右侧的渐变色

图 3-9　选择渐变变形工具

（8）单击背景矩形，此时矩形四周出现放射状渐变控件，按住中心横线上倒三角形的焦点控制手柄▽不放，将其拖曳至左侧，更改渐变焦点的位置，如图 3-10 所示。

（9）按住宽度手柄不放，向右拖曳，更改渐变的宽度，如图 3-11 所示。

（10）按住大小手柄不放并向右拖曳，增大渐变的大小范围，按住旋转手柄不放并拖曳，调整渐变的旋转方向，最后按住中心点不放并拖曳，更改中心点的位置，如图 3-12 所示。

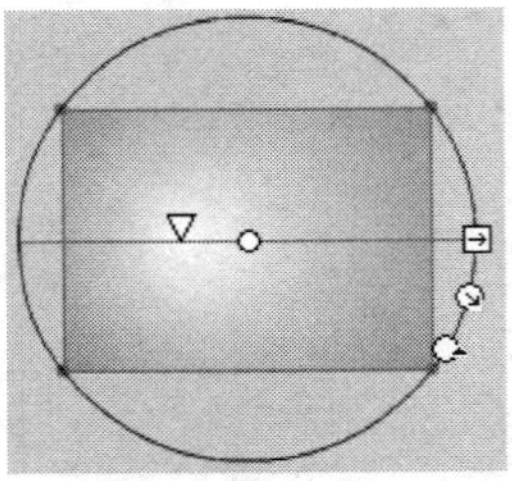

图 3-10　更改渐变焦点位置

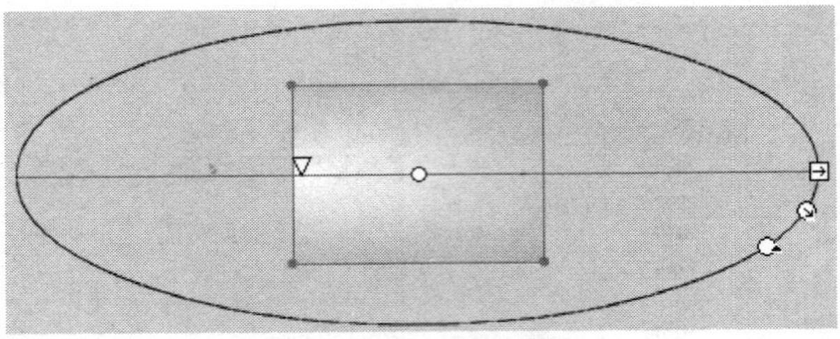

图 3-11　调整渐变宽度

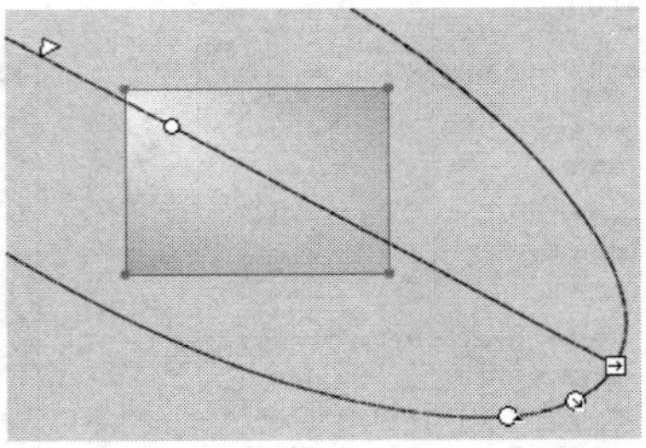

图 3-12　调整渐变控件上的其他手柄

操作二　使用 Deco 工具绘制枫树

下面介绍如何利用Deco工具快速绘制枫树，并将绘制的枫树的各部分组合。

【详细步骤】

（1）在工具栏中选择Deco工具，在“属性”面板的“绘制效果”栏中单击 藤蔓式填充 按钮，在弹出的菜单中选择“树刷子”选项，如图 3-13 所示。

（2）在“高级选项”栏中单击 白杨树 按钮，在弹出的菜单中选择“枫树”选项，如图 3-14 所示。

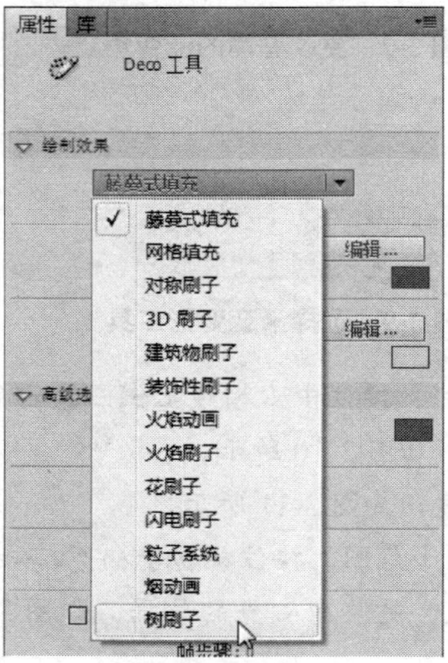

图 3-13　选择绘制效果

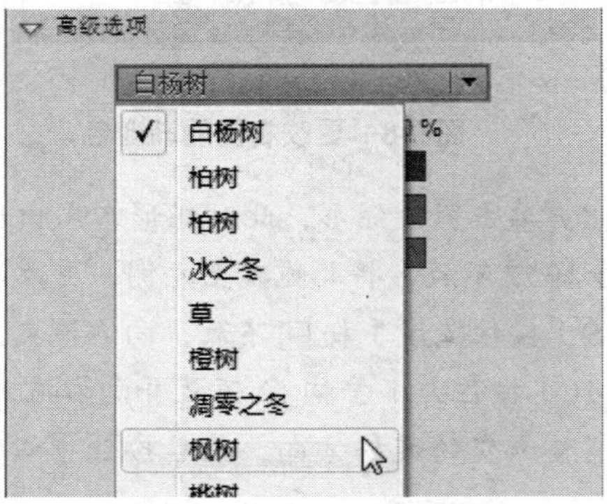

图 3-14　选择树刷子的类型

（3）单击“树叶颜色”右侧的色块，在弹出的颜色面板中选择“#FF6600”颜色，如图 3-15 所示。

（4）将鼠标指针移至工作区中的空白位置，此时鼠标指针变为 形状，按住鼠标左键不放并向上拖曳，依次绘制枫树的躯干和枫树的树枝分叉部分，释放鼠标即可完成绘制，效果如图 3-16 所示。

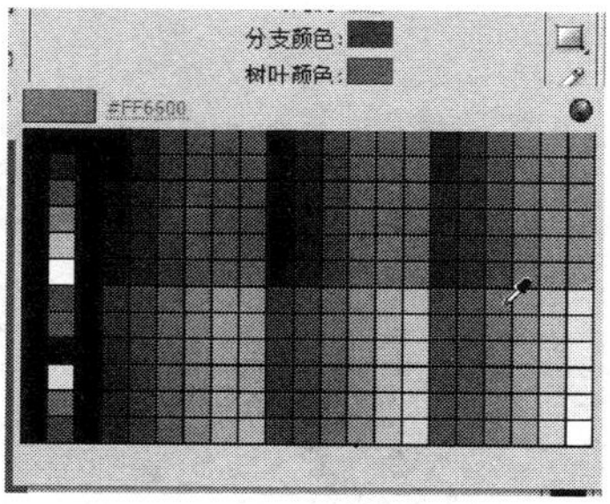

图 3-15　更改树叶颜色

图 3-16　绘制枫树

（5）在工具栏中选择选择工具 ，将选择工具移至工作区中，当选择工具变为 形状时，在工作区中拖曳鼠标选择绘制的枫树图形，如图 3-17 所示。

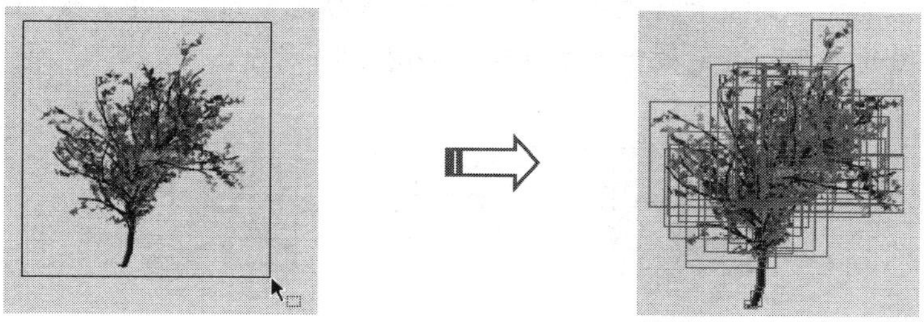

图 3-17　选中枫树中的各组成部分

（6）选择【修改】→【组合】菜单命令，将选中的枫树的各部分组合成一个整体。

小提示：图形的组合与解除组合

按“Ctrl+G”组合键同样可快速地对选中的图形进行组合。若要解除组合，可先选中组合的图形，然后选择【修改】→【取消组合】菜单命令，或按“Ctrl+Shift+G”组合键进行解组。组合后的图形，其“属性”面板中的图形样式会变成 形状。

操作三　使用任意变形工具调整图形

调整图形是指对图形的大小、方向和形状等特性进行调整，改变图形原有的外观。使用任意变形工具可对图形进行调整。

【详细步骤】

（1）使用选择工具选中组合后的枫树图形，按住鼠标左键不放并拖曳，将其放置在舞台左侧。

（2）在工具栏中的渐变变形工具 上按住鼠标左键不放，在弹出的菜单中选择任意变形工具 ，单击组合的枫树图形，此时枫树图形四周出现 8 个控制点，如图 3-18 所示。

（3）将鼠标指针移至右上角的控制点上，当鼠标指针变为 形状时，按住“Shift”键不放，按住鼠标左键并向右上角拖曳，等比例放大枫树图形。

（4）释放鼠标后，将鼠标指针移至枫树图形上，当鼠标指针变为 形状时，按住鼠标左键不放并拖曳，更改枫树的位置，效果如图 3-19 所示。

图 3-18　使用任意变形工具选中枫树图形

图 3-19　放大并调整图形位置

（5）使用任意选择工具将素材文件“枫叶 .png”直接拖曳到舞台中，按“Ctrl+ ↑”组合键，将其调整到背景图的上层，避免被背景层遮住，如图 3-20 所示。

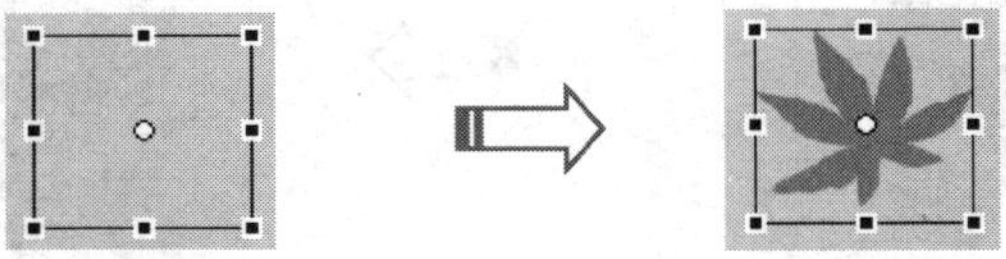

图 3-20　调整图形的层叠位置

多学一招：排列图形位置

选择【修改】→【排列】菜单命令，在弹出的子菜单中，可选择相应的操作，调整图形的层次；按“Ctrl+ ↓”组合键，可使图形一层一层地移动到其他图形对象后；按“Ctrl+Shift+ ↑”组合键或“Ctrl+Shift+ ↓”组合键可将图形直接调整至顶层或底层。

（6）将鼠标指针移至枫叶四个角上的任意控制点上，按住“Shift”键不放，按住鼠标左键并拖曳，等比例缩小枫叶图形。

（7）使用选择工具，选中枫叶图形，按住“Ctrl”键不放，按住鼠标并拖曳可复制枫叶图形，如图 3-21 所示。

（8）拖曳复制的枫叶图形，将其放置在不同的位置，选择任意变形工具 ，将鼠标指针移至四周的控制点上，当鼠标指针变为 形状时，按住鼠标左键并拖动，旋转图形，使用相同的方法，调整枫叶图形的位置和旋转，结果如图 3-22 所示，最后保存文件。

图 3-21　复制枫叶图形

图 3-22　调整枫叶位置和旋转

小提示：复制与粘贴图形

配合“Ctrl”键复制图形后，应当先松开鼠标左键，再松开“Ctrl”键，否则只是将图形移至鼠标所在的位置，并不会复制图形；选择【编辑】→【复制】菜单命令，配合“编辑”菜单中的不同粘贴选项，也可复制图形；在选中的图形上单击鼠标右键，在弹出的快捷菜单中同样可以选择复制和粘贴命令。

知识回顾拓展

本任务主要是运用和变形相关的工具，绘制并调整了场景中的各元素，包括绘制背景、调整背景渐变颜色、绘制枫树、群组枫树并调整枫树大小，以及调整枫叶的大小等。在使用 Deco 工具时要注意控制绘制的力度和方向。

下面对任意变形工具和对齐面板进行讲解。

1. 任意变形工具

选择任意变形工具后，将在工具栏下方激活与其相关的功能按钮，当不单击任何按钮时，可配合快捷键进行任意变形操作，如缩放、旋转、扭曲和封套等操作，这些功能按钮具体介绍如下。

- **“旋转与倾斜”按钮**：当该按钮呈选中状态时，对图形只能进行移动、旋转和倾斜操作。将鼠标指针移至图形的四个控制边框上，鼠标指针变为 ⇋ 或 ⥮ 形状，单击鼠标左键并向左右或上下拖曳，以对面边线为基准进行倾斜，如图 3-23 所示。

图 3-23　倾斜图形

- **“缩放”按钮**：当该按钮呈选中状态时，可对图形进行移动和缩放操作。将鼠标指针移至四个角上进行缩放时，可直接进行等比例缩放；将鼠标指针移至图形水平或垂直方向的任意控制点上，当鼠标光标变为 ↔ 或 ↕ 形状时，按住 Alt 键的同时按住鼠标左键拖曳，可围绕中心点进行水平或垂直翻转。
- **“扭曲”按钮**：当该按钮呈选中状态时，可对图形整体进行扭曲操作。将鼠标光标移动到图形四角的任意一个控制点上，当鼠标光标变为 ▷ 形状时，按住鼠标左键并拖曳可扭曲图形，如图 3-24 所示。

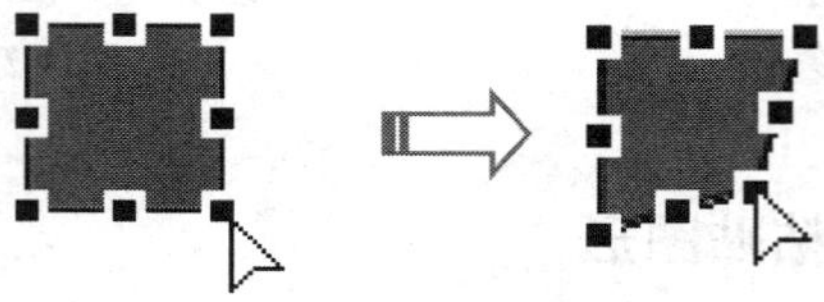

图 3-24　扭曲图形

- **“封套”按钮**：当该按钮呈选中状态时，可对图形的某一部分进行扭曲，且图形四周将出现贝塞尔控制点。将鼠标指针移动到图形的任意一个控制点上，当鼠标变为 ▷ 形状时，按住鼠标左键不放并拖动可扭曲图形，调整贝塞尔点可调整扭曲程度，如图 3-25 所示。

选择【修改】→【变形】菜单命令，在弹出的子菜单中也可选择相应的变形菜单命令进行变形。

2. 对齐面板

在面板组中单击“对齐”按钮，或选择【窗口】→【对齐】菜单命令，或者按【Ctrl+K】组合键，都可打开“对齐”面板。选中图形后，可使用该面板中的选项，使图形按照各种基准位置进行对齐，对齐面板如图 3-26 所示。

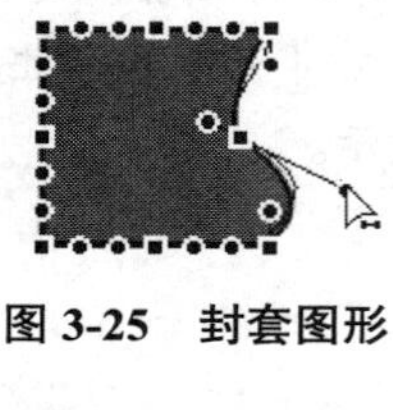

图 3-25　封套图形

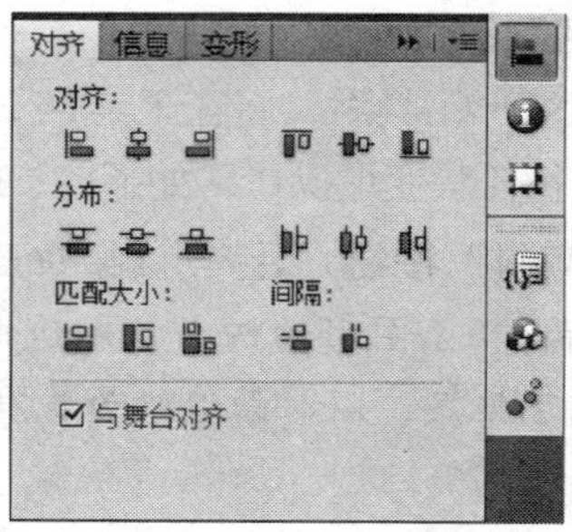

图 3-26　对齐面板

- **“对齐”栏**：单击按钮可使选择的对象左端对齐；单击按钮可使选择的对象沿垂直线居中对齐；单击按钮可使选择的对象右端对齐；单击按钮可使选择的对象顶端对齐；单击按钮可使选择的对象沿水平线居中对齐；单击按钮可使选择的对象底端对齐。

- **“分布”栏**：单击按钮可使选择的对象在水平方向上的顶端间距相等；单击按钮可使选择的对象在水平方向上的中心间距相等；单击按钮可使选择的对象在水平方向上的底端间距相等；单击按钮可使选择的对象在垂直方向上的左端间距相等；单击按钮可使选择的对象在垂直方向上的中心间距相等；单击按钮可使选择的对象在垂直方向上的右端间距相等。
- **“匹配大小”栏**：单击按钮以选择的对象最大宽度为基准，在水平方向上等尺寸变形；单击按钮以选择的对象最大高度为基准，在垂直方向上等尺寸变形；单击按钮以选择的对象中宽度和高度最大的为基准，在水平和垂直方向上同时等尺寸变形。

任务二　设计企业 LOGO

工作任务场景

晓雪这两天接到一个新任务，内容是为一个公司设计 LOGO，晓雪从老张那里了解到，这个公司主要为女性客户服务，各方面成绩和口碑都不错，LOGO 需要体现公司的人文情怀。晓雪参考了很多类似主题的 LOGO，最后决定以心形为主题进行创作。

行业背景知识

LOGO 是徽标或者商标的英文说法，起到对徽标拥有公司的识别和推广的作用，通过形象的 LOGO 可以让消费者记住公司主体和品牌文化。在竞争日益激烈的全球市场上，严格管理和正确使用统一标准的公司 LOGO，将为企业提供一个更有效、更清晰和更亲切的市场形象。

LOGO 具有简洁、明确、一目了然的视觉传递效果。LOGO 作为一种识别和传达信息的视觉图形，以其简约、优美的造型语言，体现着品牌的特点和企业的形象，如图 3-27 所示为世界上著名的 LOGO 图标。

图 3-27　世界著名 LOGO

工作任务分析

本任务需要创作 LOGO，LOGO 的创作要求尤为严格，需要添加辅助线进行绘制，并对绘制的图形进行合并等操作。制作完成的最终效果如图 3-28 所示。要实现该效果，需要掌握以下几个技术要点。

（1）掌握网格和辅助线的调用。

（2）掌握对象合并的操作方法。

（3）掌握工具栏中辅助工具的使用方法。

素材对应　效果文件 \ 模块三 \ 企业 LOGO.fla

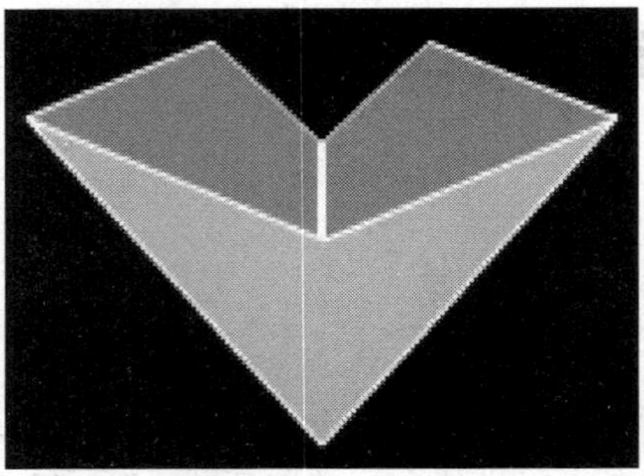

图 3-28　企业 LOGO 效果

制作思路分析

完成本任务主要包括添加辅助线、绘制并合并 LOGO 对象等两步操作。具体思路如图 3-29 所示，操作要求如下。

（1）在“视图”菜单中选择命令添加辅助线。

（2）绘制图形后，对绘制的对象进行合并等操作。

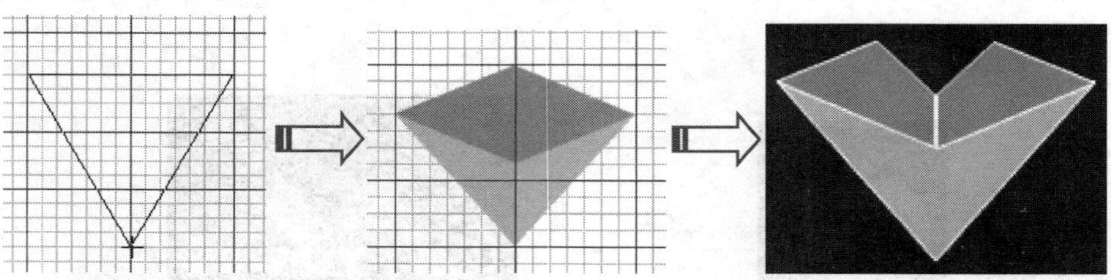

①绘制三角形　②填充颜色　③填充背景并擦除多余部分

图 3-29　制作思路分析

操作一　在工作区中添加辅助线

创作 LOGO 必须要使用辅助线，这样绘制出的 LOGO 才能更精美、精确，下面将介绍如何在工作区中添加辅助线。

【详细步骤】

（1）在 Flash 中新建 AS3.0 文档（即 ActionScript 3.0 文档），按【Ctrl+S】组合键，将其以“企业 LOGO”为名进行保存。

（2）保持工作区的默认设置不变，选择【视图】→【标尺】菜单命令，在工作区中显示出标尺，如图 3-30 所示。

（3）选择【视图】→【网格】→【显示网格】菜单命令，在舞台中显示网格，然后选择【视图】→【网格】→【编辑网格】菜单命令，打开“网格”对话框。

（4）在对话框中单击“颜色”右侧的色块，在弹出的颜色面板中选择值为“#CCCCCC”的颜色作为网格的颜色，单击选中“贴紧至网格”复选框，其余保持不变，单击 确定 按钮，如图 3-31 所示。

图 3-30　显示标尺

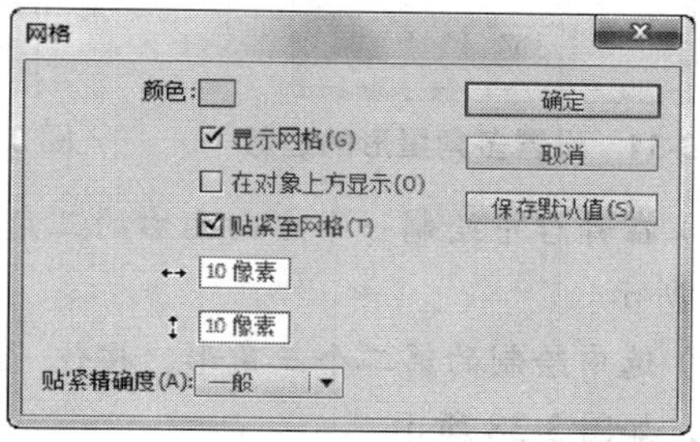

图 3-31　编辑网格

（5）在左侧的标尺上按住鼠标左键不放并向右拖曳，添加一条垂直辅助线，此时鼠标指针变为 形状，将辅助线拖曳到舞台正中的位置，使用相同的方法，从上方的标尺中拖曳添加一条水平辅助线到舞台的中心位置，如图 3-32 所示。

（6）使用相同的方法再添加几条辅助线到舞台中，然后选择【视图】→【辅助线】→【编辑辅助线】菜单命令，打开“辅助线”对话框。

（7）单击“颜色”右侧的色块，在弹出的颜色面板中选择“#006666”颜色，更改辅助线颜色，其余保持默认，单击 确定 按钮，如图 3-33 所示。

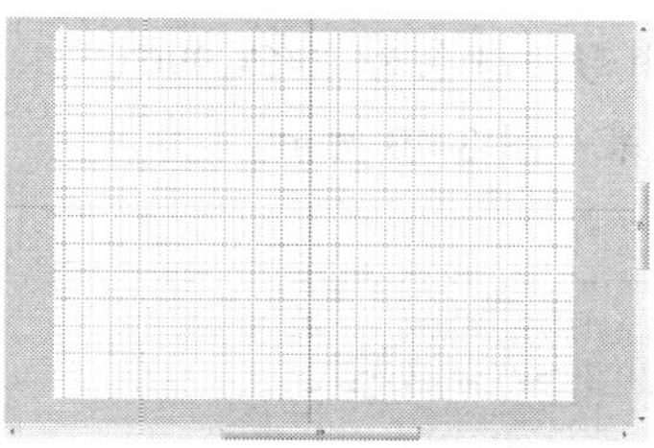

图 3-32　添加辅助线

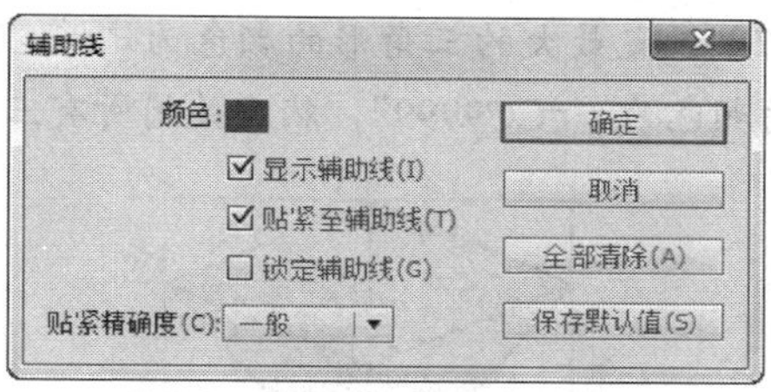

图 3-33　更改辅助线颜色

（8）选择【视图】→【辅助线】→【锁定辅助线】菜单命令，锁定辅助线，防止在之后的操作中由于误操作等更改了辅助线。

操作二　绘制并合并图形

设置好辅助线后，即可开始绘制 LOGO 对象，然后对绘制的对象进行合并等操作，使所有对象组合成一个整体。

【详细步骤】

（1）在工具栏中选择多角星形工具，单击“对象绘制”按钮，将绘制模式更改为对象绘制模式，在“属性”面板的“工具设置”栏中单击 选项... 按钮，打开“工具设置”对话框，在“边数”文本框中输入“3”，单击 确定 按钮，如图 3-34 所示。

（2）将鼠标指针移至舞台中，鼠标指针变为＋形状，将其与辅助线对齐，拖动绘制一个如图 3-35 所示的倒三角形。

（3）使用任意变形工具，调整三角形的高度和宽度，使其与辅助线对齐，如图 3-36 所示。

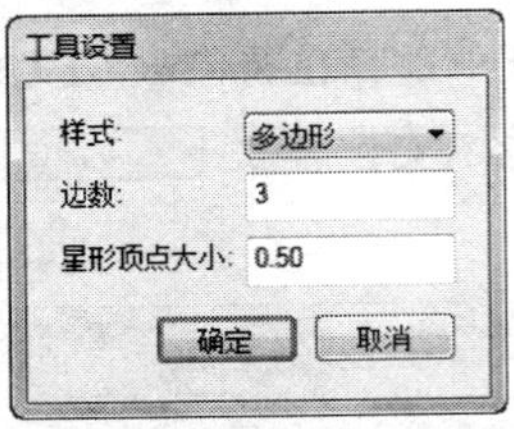

图 3-34　设置多角星形的边数

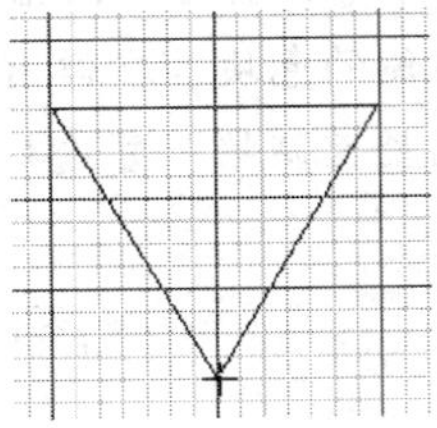

图 3-35　绘制三角形

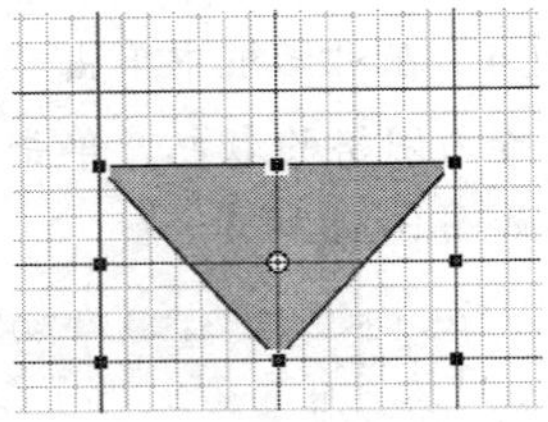

图 3-36　调整三角形

（4）在舞台中绘制一个方向向右的三角形，使用任意变形工具对其进行变形，使其效果如图 3-37 所示。

（5）选中绘制的第二个三角形，按住“Alt”键不放，按住鼠标左键并向左拖曳，复制一个三角形，如图 3-38 所示。

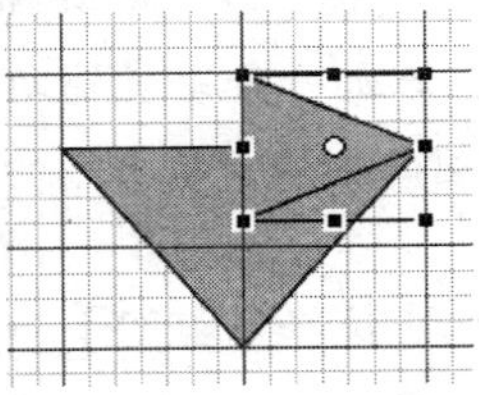

图 3-37　绘制第二个三角形

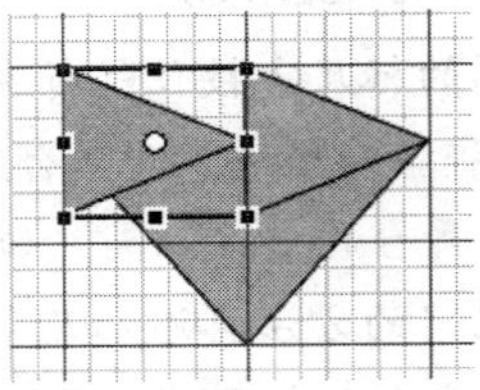

图 3-38　复制三角形

（6）选中复制的三角形，选择【修改】→【变形】→【水平翻转】菜单命令，将其水平翻转，如图 3-39 所示。

（7）设置最大的三角形的颜色为“#CC99FF”，右侧三角形的颜色为“#CC99CC”，左侧三角形的颜色为“#CC9999”，然后关闭所有三角形的笔触，效果如图 3-40 所示。

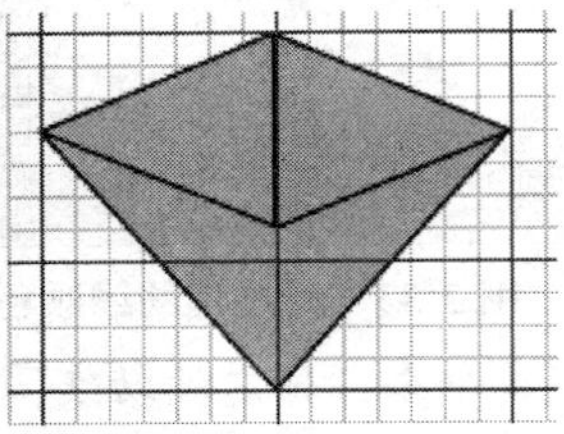

图 3-39　水平翻转三角形

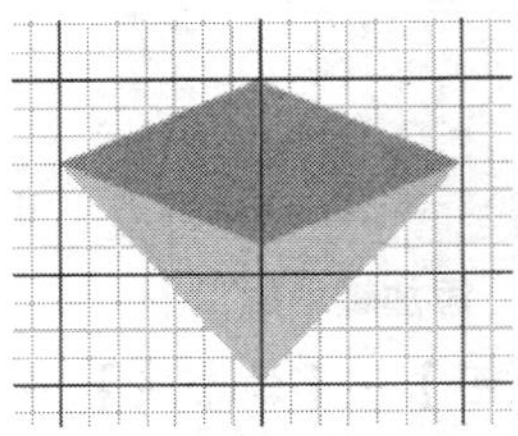

图 3-40　改变三角形颜色和笔触

（8）选中所有三角形，选择【修改】→【合并对象】→【联合】菜单命令，将这三个三角形融合成一个整体，复制联合后的三角形，将其放到一旁。

（9）再次使用多角星形工具绘制一个三角形，将其填充颜色更改为黑色，然后使用任意变形工具调整其大小，配合键盘上的【↑】、【↓】、【←】和【→】键调整三角形的位置，如图 3-41 所示。

（10）选中辅助线中间的两个三角形，选择【修改】→【合并对象】→【交集】菜单命令，得到如图 3-42 所示的图形。

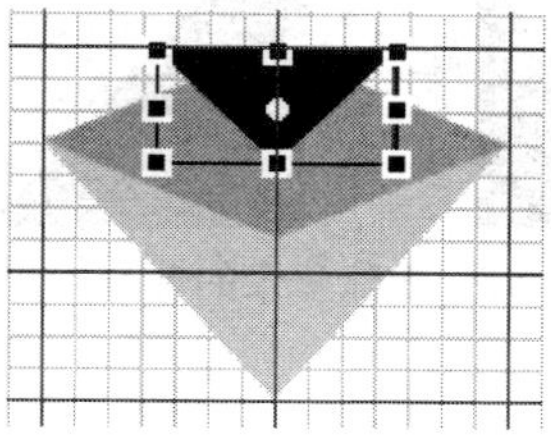

图 3-41　继续绘制三角形

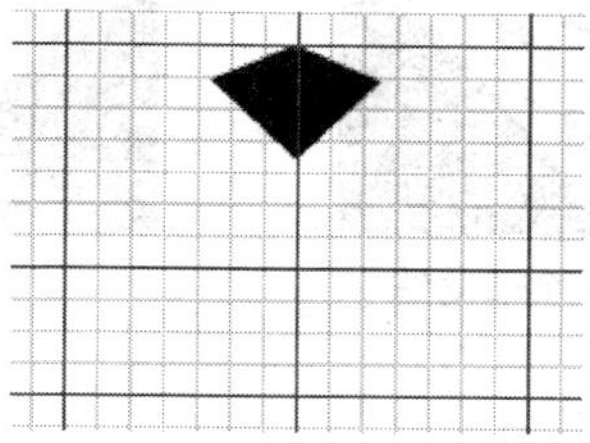

图 3-42　设置图形交集

（11）将步骤（8）中复制的三角形拖曳至舞台正中，并与辅助线对齐，按“Ctrl+↓”组合键，将其调整到下一层，如图 3-43 所示。

（12）选中这两个图形，选择【修改】→【合并对象】→【打孔】菜单命令，效果如图 3-44 所示。

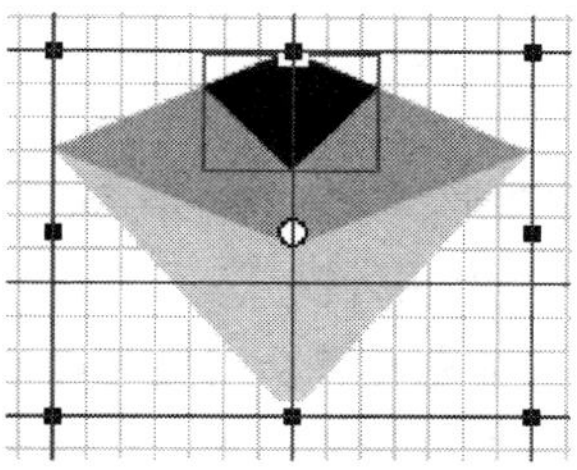

图 3-43　下移图形

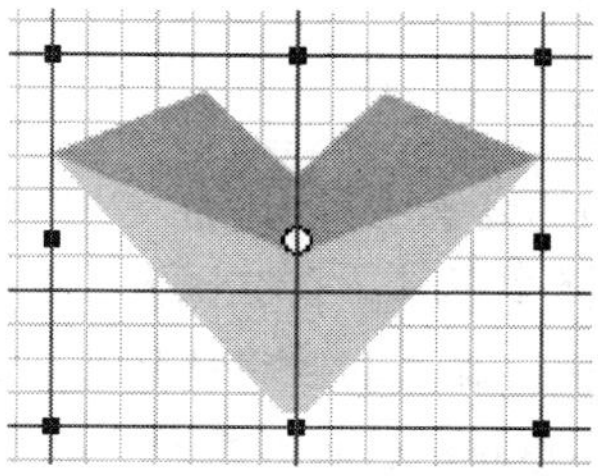

图 3-44　打孔图形

（13）选中打孔后的图形，在“属性”面板的“填充和笔触”栏中将笔触颜色设置为“#FFFFFF”，使用任意变形工具，调整其高度，最终效果如图 3-45 所示。

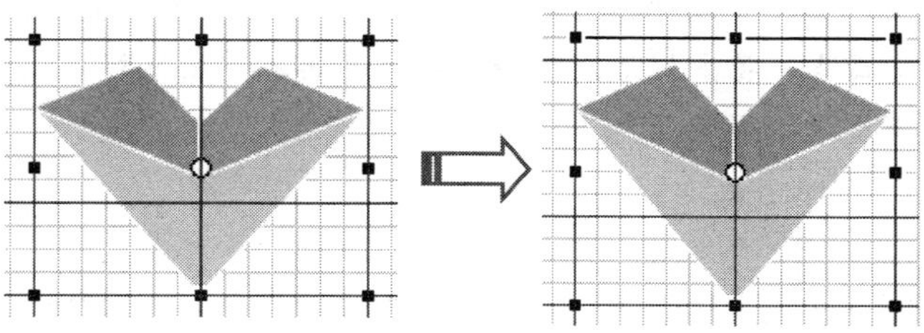

图 3-45　设置笔触并调整图形高度

（14）选择【视图】→【标尺】菜单命令，隐藏标尺。

（15）选择【视图】→【网格】→【显示网格】菜单命令，使“显示网格”菜单命令前的 ✓ 标记消失，取消网格显示。

（16）选择【视图】→【辅助线】→【清除辅助线】菜单命令，然后在文档的属性面板中，将舞台的背景色设置为深灰色“#333333”，如图 3-46 所示。

（17）在工具栏中选择橡皮擦工具 ，将多余的部分擦除，如图 3-47 所示，按“Ctrl+S”组合键保存文件，完成 LOGO 的制作。

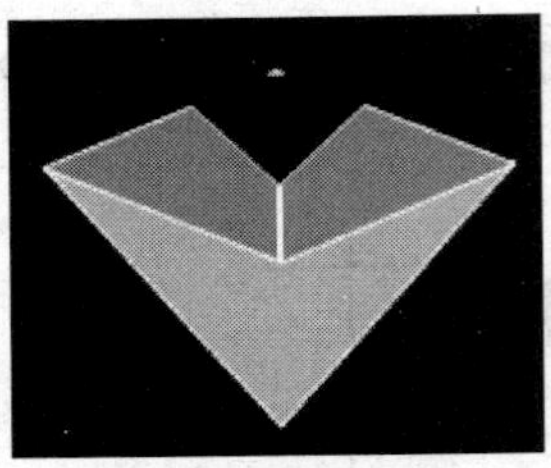

图 3-46　清除辅助线

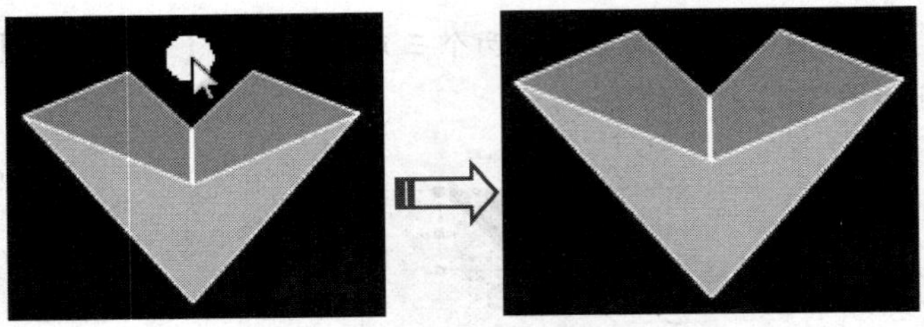

图 3-47　擦除多余的部分

知识 回顾拓展

本任务运用了“视图”菜单中的添加标尺、网格和辅助线等菜单命令，以及合并对象和使用橡皮擦的操作。实际操作时应反复练习使用这些命令，并理解各菜单命令的使用环境和原理，对以后的动画设计等工作将大有用处。

在 Flash CS5 中有多种辅助工具，下面将进行简单介绍。

1．套索工具

Flash CS5 中的套索工具 通常用于选择不规则的图形，或对图形中的某一部分进行选择。使用套索工具选择图形时，有选择大致范围和精确选择图形两种模式。

- **选择大致范围**：在工具栏中选择套索工具 ，将鼠标光标移动到要选择的图形上，当鼠标指针变为 形状时，按住鼠标左键并拖曳，在图形上勾勒要选择的大致图形范围。将选择范围全部勾勒后，释放鼠标左键即可。
- **精确选择图形**：在制作 Flash 动画时，有时需要精确选择图形，单击工具栏中的套索工具 ，在工具箱的选项区域中单击“多边形模式”按钮 ，使其呈按下状态，将鼠标移动到舞台中要选择的图形上，当鼠标指针变为 形状时，在图形中要选择区域的边缘单击鼠标左键，建立一个选择点，将鼠标沿图形轮廓移动并再次单击鼠标左键，建立第二个选择点，用同样的方法选择整个图形。

2．橡皮擦工具

选择橡皮擦工具后，在工具栏中将出现其相关的选项命令，具体介绍如下。

- **标准擦除**：选择标准擦除，可对同一图层中的形状、边线和打散的位图及文字进行擦除。
- **擦除填色**：选择擦除填色时，橡皮擦经过的地方，只会对填充的色块造成影响，线条不会被擦除。
- **擦除线条**：选择擦除线条选项后，只能擦除外部边线，不会对填充的颜色造成影响。

实训　制作花朵

实训目标要求

本实训要求为一个动画场景绘制花朵对象，要求绘制一个完整的花朵，颜色为粉红色。本实训的参考效果如图 3-48 所示。

素材对应　效果文件 \ 模块三 \ 花朵 .fla

图 3-48　花朵效果

实训思路分析

绘制花朵时，首先需要了解花朵的形态，不同花朵的花瓣数量也不同，且每朵花上的花瓣形态各异，绝无相同的两瓣，所以可先绘制出其中的一片花瓣，复制多片花瓣后，再使用变形工具进行变形，使花瓣呈现不同的形态。

根据实训要求和分析，本例的操作思路如图 3-49 所示。

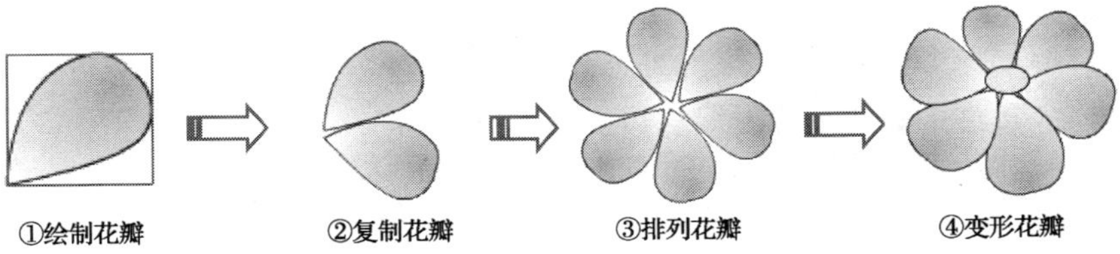

图 3-49　制作花朵的思路

【步骤提示】

（1）新建AS3.0文档，保持文档默认设置，使用钢笔工具，开启对象绘制模式，勾勒花瓣的形状，使用颜料桶工具进行填充。

（2）选中花瓣，在“颜色”面板中将填充色更改为渐变色，使用渐变变形工具填充渐变位置的范围，复制五次花瓣图形。

（3）选择【修改】→【变形】→【缩放和旋转】菜单命令，打开“缩放和旋转”对话框。

（4）在对话框的“旋转”文本框中输入需要旋转的度数，由于一共只有六片花瓣，第一片花瓣旋转角度应设置为60°，第二片花瓣旋转角度为120°，以此类推。

（5）选中花瓣，使用对齐面板使花瓣中心对齐。使用任意变形工具，对六片花瓣依次进行变形操作。

（6）使用椭圆工具绘制花心，并将其填充色更改为黄色，最后保存文件。

模块四　文本的添加与编辑

模块简介

文本是传播信息最方便快捷的方式，无论是广告还是动画，都将涉及文本的使用。通过创建文本，可快速直接地表现作品的中心主旨。在 Flash CS5 中可对文本的样式和形状等进行编辑，配合文本属性面板中的滤镜栏，还可为文本添加发光、阴影等效果，使文本更生动形象。本模块将具体介绍 Flash CS5 中关于文本的添加与编辑的操作。

学习目标

本模块的知识学习目标如下：

- 了解文本工具的作用及文本“属性”面板中常用参数的作用。
- 熟练掌握文本框的绘制、文本的输入和文本字符格式的设置等操作。
- 熟练掌握各滤镜的作用及其参数的调节效果。
- 掌握文本框容器的美化方法。

本模块的技能学习目标如下：

- 能快速使用文本工具输入文本制作卡片。
- 能根据提供的素材制作精美的 Banner。
- 能利用相关滤镜美化网页。

任务一　制作婚礼请柬

工作任务场景

晓雪接到通知，要在明天中午前制作一份让客户满意的婚礼请柬的设计图。由于老张出差了，要明天才回来，晓雪担心自己不能在规定时间交出满意的作品，于是便打电话向老张求助。老张告诉她，他平时做练习的时候制作过婚礼请柬，只是还未添加文字，他让晓雪在公司的素材中找到他制作的素材，然后直接在其中设计文字内容，以节省时间。通话结束后，晓雪立即动手在公司的素材库中查找，找到了如图 4-1 所示的请柬素材后便开始了制作。

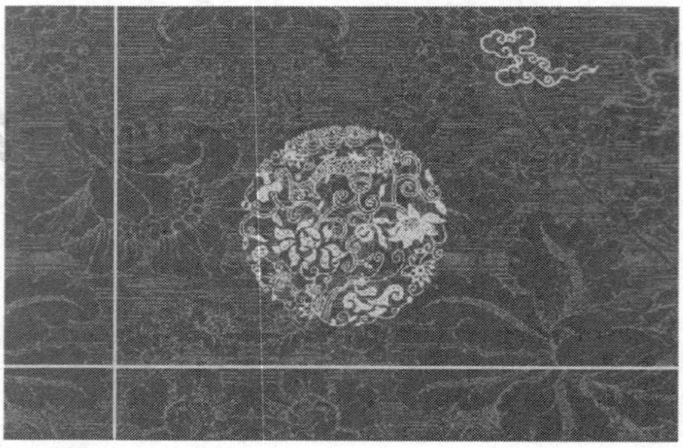

图 4-1 婚礼请柬素材

行业背景知识

请柬是人们在宴会和婚庆活动之前发放给客人的一种邀请函。对婚礼请柬的选择可以反映婚礼的主题、风格和邀请人的个性。婚礼请柬通常表示邀请人对受邀方的尊重，这也是礼仪中不可缺少的环节。婚礼请柬为婚礼定下了基调和氛围，其内容包括婚礼的时间、地点和日期等信息，可避免被邀请的人遗忘地点和时间，起到备忘录的作用。同时，请柬还可作为婚礼纪念品保存下来。

工作任务分析

本任务的目标是为婚礼请柬添加文本内容，包括“请柬”字样和其他一些表示祝福的文本。作为婚礼请柬，请柬中文字的字体需严肃、庄重，最好不要使用俏皮或难以辨认的字体。

本任务的最终效果展示如图 4-2 所示。要实现该效果，需要掌握以下几个技术要点。

（1）掌握输入文本的方法。

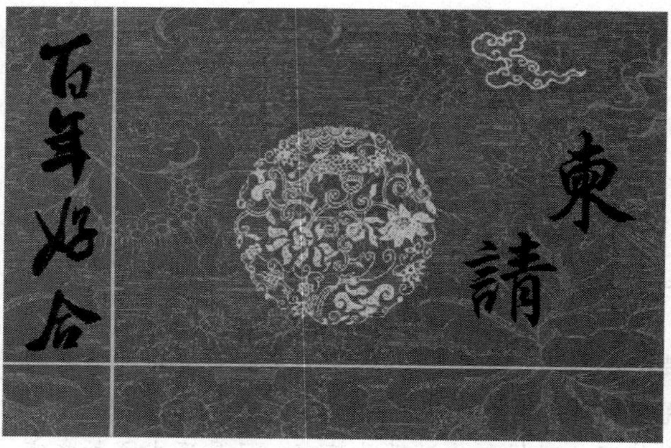

图 4-2 婚礼请柬处理效果

（2）掌握设置文本属性的方法。

（3）认识文本工具的作用，并学会管理文本段落。

素材对应 素材文件\模块四\婚礼请柬\婚礼请柬.fla
效果文件\模块四\婚礼请柬.fla

制作思路分析

完成本任务主要包括使用文本工具输入文本和设置文本属性等两步操作。具体思路如图 4-3 所示，操作要求如下。

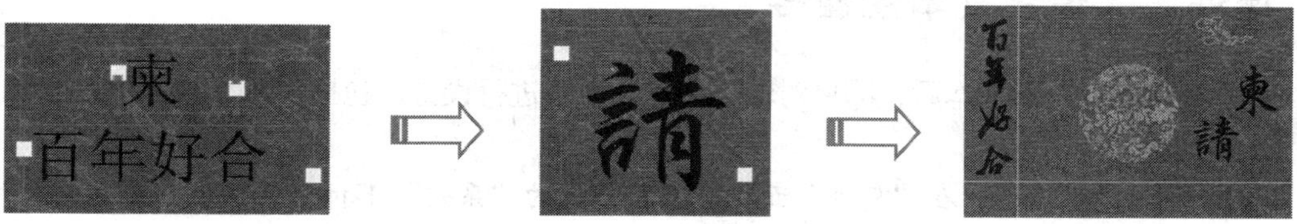

①输入文本　　②设置文本格式　　③调整文本位置

图 4-3　制作思路分析

（1）使用文本工具，在舞台中绘制文本容器并输入文本。

（2）选中输入的文本，在其“属性”面板中设置相关参数。

操作一　在请柬中输入文本

打开素材文件后，即可在其中输入文本。下面简单介绍在 Flash CS5 中输入文本的操作方法。

【详细步骤】

（1）选择【文件】→【打开】菜单命令，打开“婚礼请柬 .fla”素材文件，在工具栏中选择文本工具 T，在其“属性”面板中选择文本引擎为“TLF 文本”，如图 4-4 所示。

图 4-4　选择文本引擎

（2）将鼠标指针移至舞台中，当鼠标指针变为 形状时，按住鼠标左键不放并拖曳，绘制一个文本框，然后在文本框中输入文本“请”，如图 4-5 所示。

（3）使用同样的方法，再绘制两个文本框，分别在其中输入文本“柬”和“百年好合”，如图 4-6 所示。

图 4-5　绘制文本框并输入文本

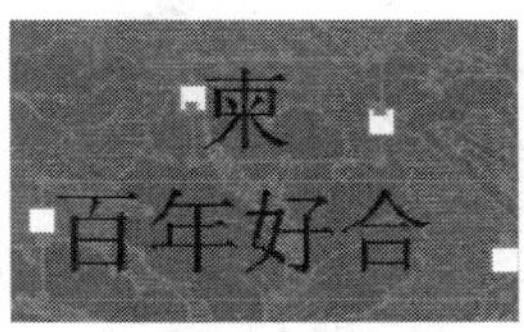

图 4-6　继续输入文本

小提示：什么是文本引擎

Flash CS5 中有两种不同的文本引擎，一种是新文本引擎——文本布局框架（TLF），另一种是老版本的文本引擎——传统文本。与传统文本相比，TLF 支持更多的文本布局功能，加强了对文本属性的精细控制。TLF 文本要求在 FLA 文件的发布设置中指定 ActionScript 3.0 和 Flash Player 10 或更高版本，与传统文本不同，TLF 仅支持 OpenType 和 TrueType 字体，不支持 PostScript Type 1 字体。

操作二　设置文本的属性

在素材文档中输入文本后，即可对输入文本的属性进行设置，包括字体、颜色和大小等。

【详细步骤】

（1）选中文本“请”，在“属性”面板“字符”栏的“系列”下拉列表框中，设置文本的字体为“方正行楷繁体”，将字体大小设置为“100.0”，颜色为黑色，如图 4-7 所示。

（2）文本变大后，TLF 文本框并没有随之变化，文字只呈现出了一部分，因此需将鼠标指针移至文本框的右下角的控制点上，当鼠标指针变为 形状时，按住鼠标左键并拖曳，将文字剩余部分显示出来，如图 4-8 所示。

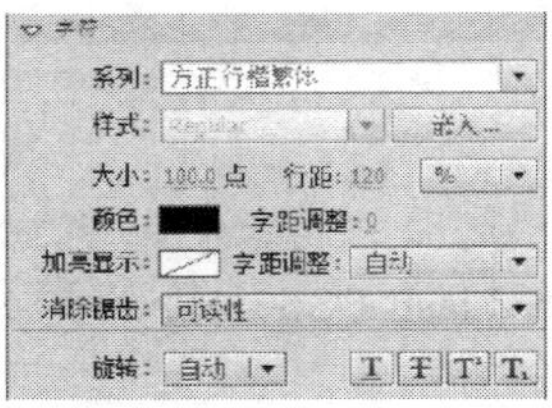

图 4-7　设置字体格式

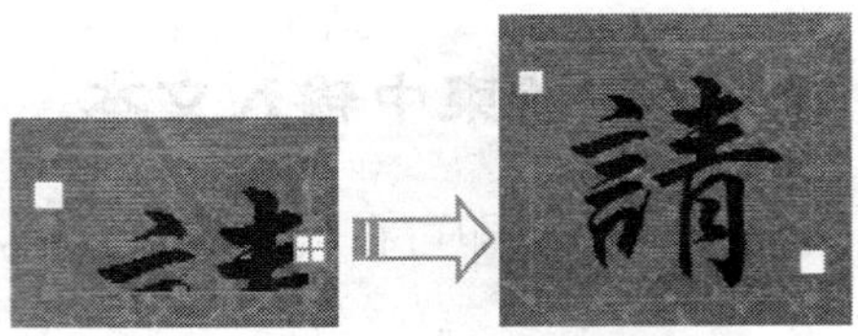

图 4-8　调整 TLF 文本框

（3）使用同样的方法，为文本“柬”设置相同的字符格式。

（4）选中“百年好合”文本，在“属性”面板的“字符”栏中设置其字体为“书体坊米芾体”，大小为“80.00”，颜色为黑色，如图 4-9 所示。

（5）通过调整文本框四周的控制点，将“百年好合”所在文本框调整为如图 4-10 所示的形状，在“属性”面板中单击“改变文本方向”按钮 ，在弹出的菜单中选择“垂直”命令，如图 4-11 所示。

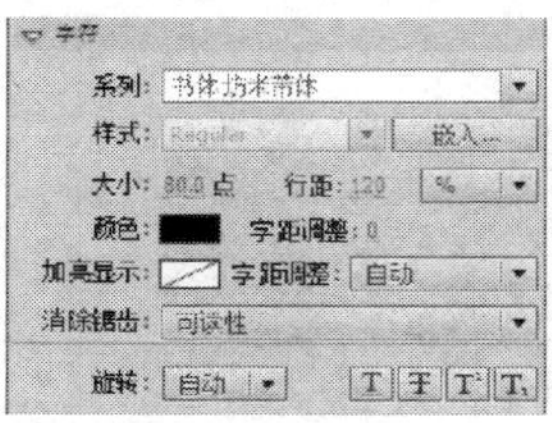

图 4-9　设置“百年好合”文本格式

图 4-10　调整文本框

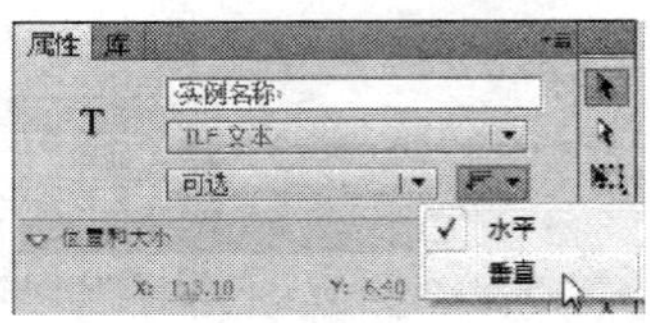

图 4-11　设置文本方向

（6）使用选择工具，单击并移动文本框，调整各个文本的位置，效果如图 4-12 所示。

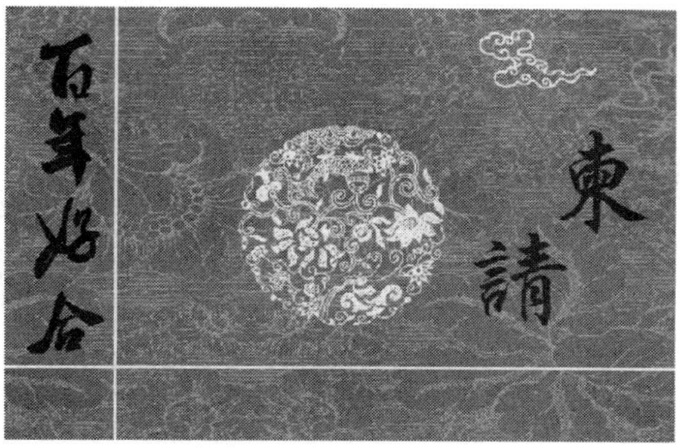

图 4-12　请柬制作最终效果

知识回顾拓展

本任务主要运用了 TLF 文本的相关知识，包括输入文本、设置文本格式，以及调整文本框位置等。在输入文本前，应注意设置文本的引擎和文本的类型，然后再输入文本。

下面对 TLF 文本和传统文本的类型进行讲解。

1．TLF 文本的类型

Flash CS5 默认的文本引擎为 TLF，使用 TLF 文本可创建 3 种类型的文本，如图 4-13 所示。

- **只读：** 当作为 SWF 文件发布时，文本无法选中或编辑。
- **可选：** 当作为 SWF 文件发布时，文本可以选中并可复制到剪贴板，但不可以编辑。在 TLF 文本中，此为默认设置。
- **可编辑：** 当作为 SWF 文件发布时，文本可以选中和编辑。

2．传统文本的类型

使用传统文本也可创建 3 种类型的文本，如图 4-14 所示。

- **静态文本：** 在舞台中输入的文字是静态的，可以对文本格式执行各种操作。
- **动态文本：** 可链接显示外部来源的文本，通过程序从文件、数据库中加载文本内容，或者让其在动画播放的过程中发生改变，如载入条上显示百分比的数字。
- **输入文本：** 用户可以在文本字段中键入内容，如登录框，可输入用户名和密码。

图 4-13　TLF 文本的类型

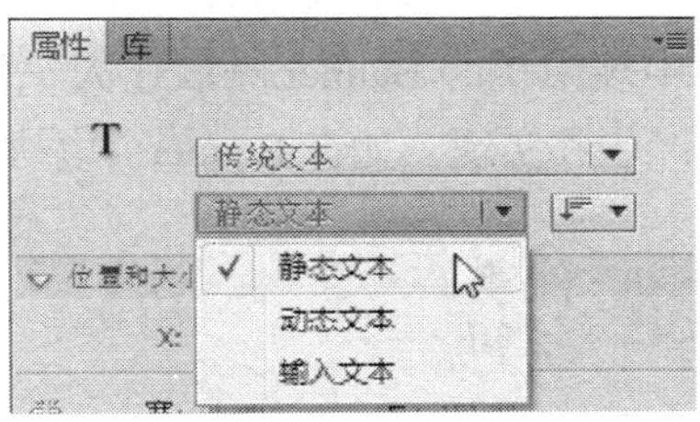

图 4-14　传统文本的类型

任务二　制作衬衣 Banner

工作任务场景

晓雪这两天正在协助老张为一个品牌服装制作关于春季新品的网站 Banner，她负责为这一系列中的上衣做一个 Banner。老张告诉她，在制作之前可参考国内外优秀购物网站上的 Banner 作品，然后吸取精华，制作符合春天主题的 Banner 即可。晓雪心想这次任务不算难，自己平时就喜欢做一些手绘 Banner，刚好前几天做了一个关于衬衣的 Banner，而且尺寸也跟这次需要的一样，如图 4-15 所示，只需添加文字效果就行了。

图 4-15　衬衣 Banner 设计素材

行业背景知识

随着电子商务的发展，购物网站的推陈出新也是吸引顾客的一种手段，无论是店铺里的产品还是店铺 Banner，都需要在适当的时间进行更换，让消费者耳目一新。

Banner 的制作主要包括四点，即主题、风格、构图和细节。制作 Banner 时一定要明确主题，如打折、秒杀、包邮或新品首发；风格一定要表里如一，如制作女装 Banner 时，一定要突出少女的纯美，字体的搭配和颜色上一定要彰显少女的青春活力；Banner 构图要分清主次。整齐划一、中规中矩的 Banner 难以让人记住，这是制作 Banner 的大忌；细节决定成败，效果要在细节中产生和实现，如在 Banner 中添加引导按钮等。

工作任务分析

本任务属于对文本的进阶处理，涉及文本的打散、文本的布局和编辑等操作，最后添加文本链接完善 Banner 的制作。制作完成后的最终效果展示如图 4-16 所示。要实现该效果，需要掌握以下几个技术要点。

（1）巩固文字工具的使用。

（2）掌握打散文本和编辑文本的操作。

（3）文本链接的添加与基本应用。

素材对应　素材文件\模块四\衬衣Banner\衬衣Banner.fla
效果文件\模块四\衬衣Banner.fla

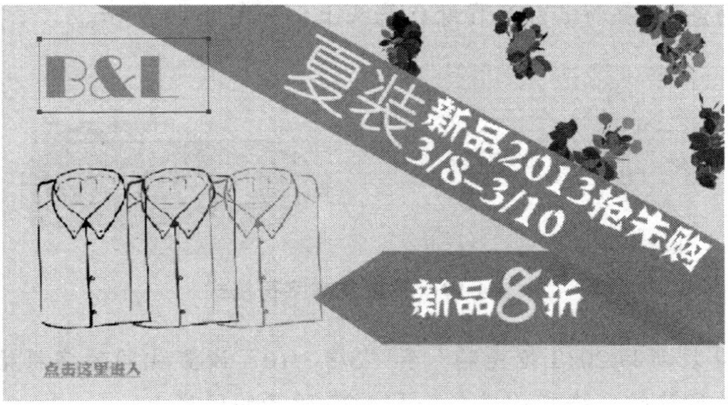

图 4-16　衬衣 Banner 设计效果

制作思路分析

完成本任务主要包括制作文本的打散、编辑和为输入的文本添加链接等三步操作。具体思路如图 4-17 所示，操作要求如下。

（1）使用文本工具输入并打散文本。

（2）编辑被打散的文本，设计文本的布局。

（3）为 Banner 添加细节部分的引导链接，完善 Banner 的制作。

①打散文本　　②编辑文本　　③添加文本链接

图 4-17　制作思路分析

操作一　输入并打散文本

应抓住 Banner 中的文本重点，越精辟越好，切忌用大量的文字进行描述。下面将介绍如何在素材文件中添加文本并将其打散。

【详细步骤】

（1）选择【文件】→【打开】菜单命令，打开素材文件“衬衣 Banner.fla”。

（2）在工具栏中选择文本工具 T，在“属性”面板中设置文档引擎为“传统文本”，其余保持默认，如图 4-18 所示。

图 4-18 选择文本引擎

（3）在舞台中绘制一个文本框，并在其中输入文本“新品八折”，再绘制两个文本框，分别在其中输入文本“夏装新品 2013 抢先购”和“3/8-3/10”。

（4）选中“新品八折”文本，在“属性”面板的“字符”栏中设置其字符格式为“方正剪纸简体、42.0 点、白色”，并将其放置在绿色箭头上，如图 4-19 所示。

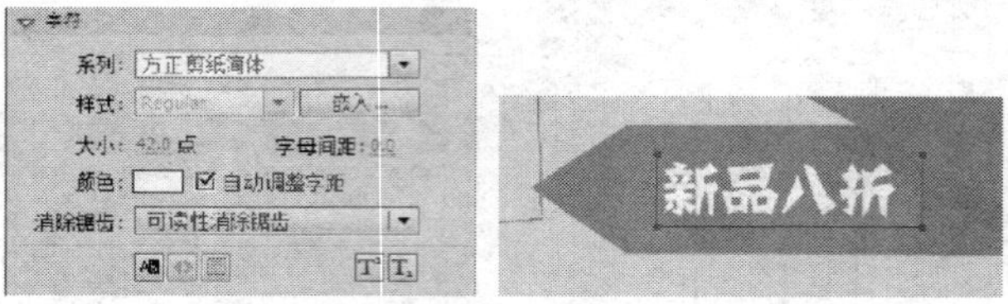

图 4-19 设置文本字符格式

（5）为文本“夏装新品 2013 抢先购”和“3/8-3/10”设置相同的字符格式，使用任意变形工具对这两个文本进行旋转，将其放置在如图 4-20 所示的位置上。

（6）使用选择工具选中“新品八折”文本所在的文本框，按“Ctrl+B”组合键将其打散，如图 4-21 所示，使用相同的方法，打散其余两个文本框中的文本。

图 4-20 调整文本位置

图 4-21 打散文本

小提示：打散文本

除了可通过快捷键“Ctrl+B”打散文本，还可选择【修改】→【分离】菜单命令，执行打散操作。执行一次打散操作可将文本打散为单个的对象，再次执行打散操作，可将文本打散为单个的矢量图形。

操作二 编辑打散后的文本

打散文本后，即可对文本进行编辑，使文本更加多样化，以吸引消费者的眼球。

【详细步骤】

（1）选中打散后的“八”文本，将其更改为阿拉伯数字“8”，在“属性”面板的“字符”栏中将其字符格式设置为“方正黄草简体、90.0 点、#FFFF00”，调整左右文字的距离，效果如图 4-22 所示。

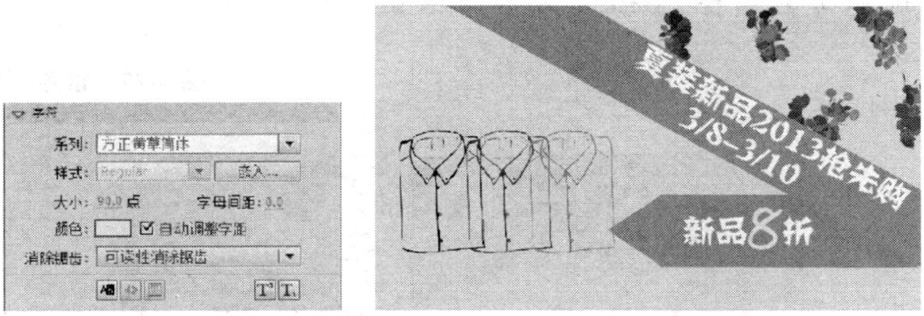

图 4-22　设置文本“8”的字符格式

（2）选中打散后的“夏”文本，在“属性”面板的“字符”栏中将其格式设置为“幼圆、70.0 点、#FFFF00”，如图 4-23 所示。

（3）为“装”文本设置同样的字符格式，调整文本“夏”和“装”的位置，效果如图 4-24 所示。

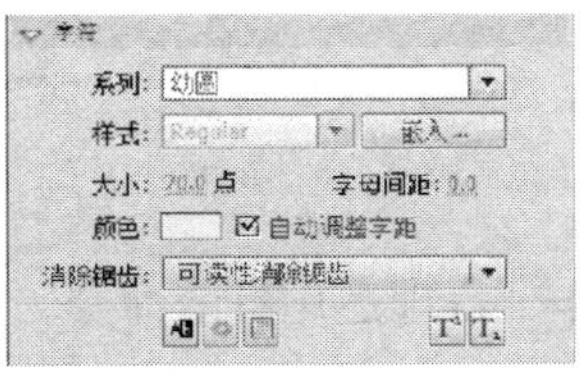

图 4-23　设置“夏”文本的字符格式

图 4-24　调整文本位置

操作三　添加链接

Banner 的主题已经制作完成，下面需要为其添加引导链接，完善 Banner 界面和功能。

【详细步骤】

（1）使用文本工具在舞台中绘制文本框，并在其中输入文本“点击这里进入”，选中输入的文本，在“属性”面板的“字符”栏中设置格式为“方正剪纸简体、16.0 点、#3366CC”，如图 4-25 所示。

（2）保持“点击这里进入”文本的选中状态，展开“选项”栏，在“链接”文本框中输入“www.taobao.com”，激活“目标”下拉列表框，单击右侧的下拉按钮 ，在弹出的下拉菜单中选择“_blank”选项，如图 4-26 所示。

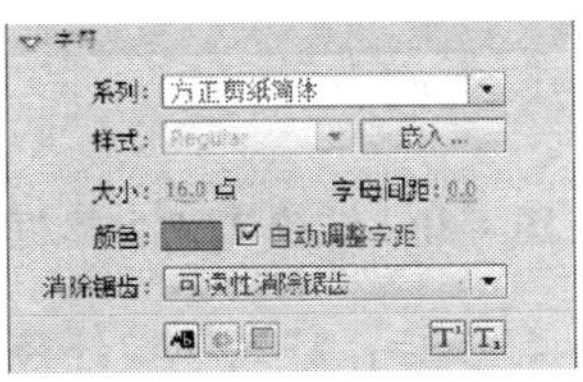

图 4-25　设置字符格式

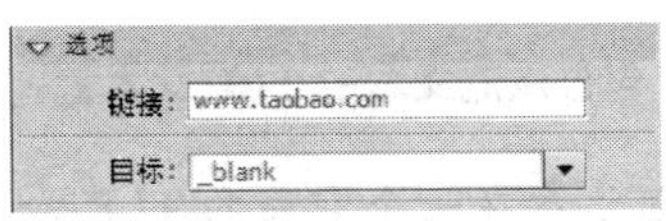

图 4-26　设置链接地址和目标

（3）使用文本工具，在舞台左上角绘制文本框并输入“B&L”文本，在“属性”面板的“字符”栏中将其字符格式设置为“Broadway、62.0 点、#3366CC”，如图 4-27 所示。

（4）使用选择工具调整“B&L”文本的位置，如图 4-28 所示。

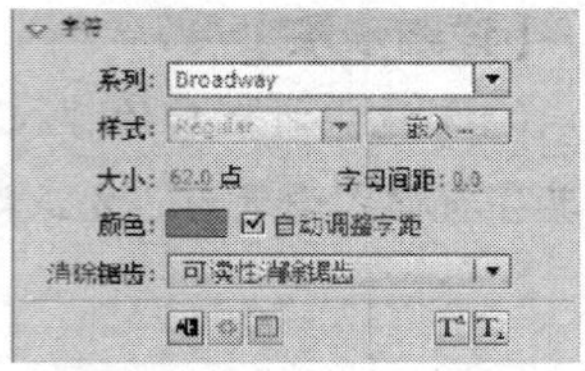

图 4-27　设置“B&L”文本格式

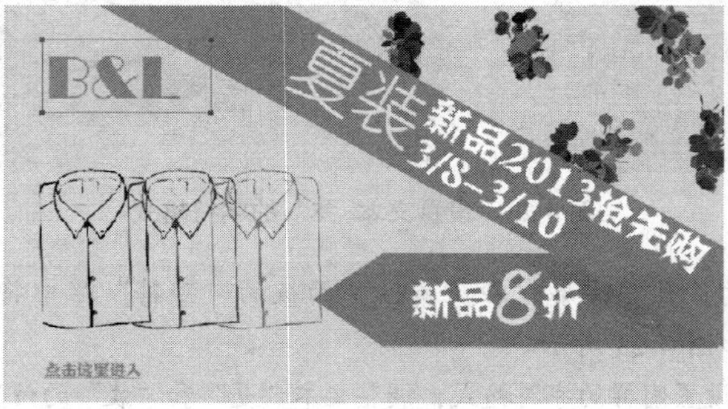

图 4-28　调整文本位置

知识回顾拓展

本任务运用到了文本的打散和文本链接的添加等操作。合理运用打散命令，可使图形的变化更丰富。

下面对 TLF 中的溢流文本和文本的链接方式进行讲解。

1. TLF 溢流文本

与传统文本不同，在 TLF 中随着文本的增多，文本框并不会随之发生改变。若出现溢流文本（即文本框已无法装下文字的情况），其文本框右下角会出现 ⊞ 符号，如图 4-29 所示。在页面布局不够的情况下，需要将溢出的文本转移到其他文本框中，可通过以下两种方法实现。

- **方法一：**单击该符号，鼠标指针变为形状，将鼠标指针移至空白位置，按住鼠标左键不放并拖曳可绘制一个 TLF 文本框，这两个文本框将自动链接起来，且第一个文本框中的溢流文本将自动排列到第二个文本框中，如图 4-30 所示。

图 4-29　包含溢流文本的 TLF 文本框

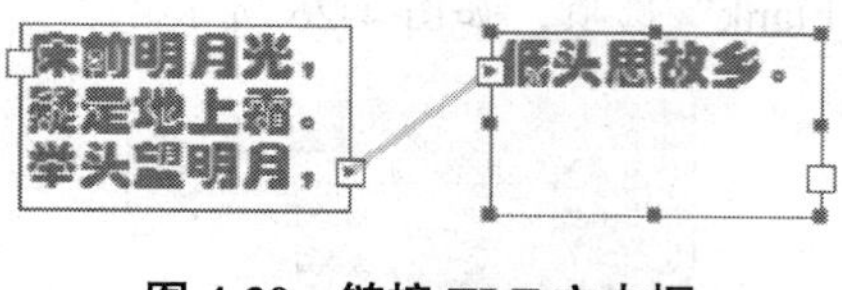

图 4-30　链接 TLF 文本框

- **方法二：**若已存在一个空白的 TLF 文本框，单击 ⊞ 符号后，将鼠标指针移至该空白文本框中，鼠标指针将变为形状，单击鼠标左键，即可链接这两个文本框。

2. 链接方式

在"目标"下拉列表中有四种不同的链接选项，具体介绍如下。

- **_blank**：在新窗口中打开网页。
- **_self**：在本窗口或本框架中打开网页。
- **_parent**：在父窗口中打开网页，常在有框架的网页中应用。
- **_top**：在整个浏览器窗口中打开链接网页，并删除所有的框架结构。

任务三 编辑招聘页面

工作任务场景

这几天公司要扩招设计方面的人才，需要在公司的招聘网页上贴出相关招聘要求。由于老张都在忙客户的事，所以这次网页设计的收尾工作就交给了晓雪。老张把快要制作完成的招聘页面交给晓雪，要她再添加一些效果，使文字内容不那么死板。晓雪在 Flash CS5 中打开老张制作的页面，不禁感叹姜还是老的辣，自己的水平还差得远，还需继续努力。晓雪决定先思考为网页中的文字添加什么效果，然后再动手制作。

行业背景知识

网页的设计包含多方面的知识，在设计网页时，不仅要保持网页外观的可阅性，还需保证其在网络上可运行。在制作网站时，网页尽量不要使用不同的背景页面，以免每次进入新的页面都需要重新下载，占用网络宽带。在网络中使用衬线字体可使网页看起来很现代，这种字体也被许多设计师所采用，但在设计一些抒情性强的页面时，偶尔使用一些无衬线字体可使页面整体效果更加柔和。在设计网页中的字体时，需要为字体建立层级顺序，比如要突出什么，要建立一种怎样的主次关系等。

了解字体在网页中的作用以及字体在网页中的排版方式，这是网页设计的基础，设计师要熟练掌握相关的设计知识，才能在设计网页时灵活地运用文字。

工作任务分析

本任务制作的招聘网页已完成了大部分设计制作，只需对文本框和文本进行美化即可，制作完成后的最终效果如图 4-31 所示。要实现该效果，需要掌握以下几个技术要点。

（1）掌握文本框容器的设置方法。

（2）掌握为文字添加和设置滤镜的方法。

（3）掌握调整文字颜色的操作方法。

素材对应 **素材文件\模块四\招聘页面\招聘页面.fla**
效果文件\模块四\招聘页面.fla

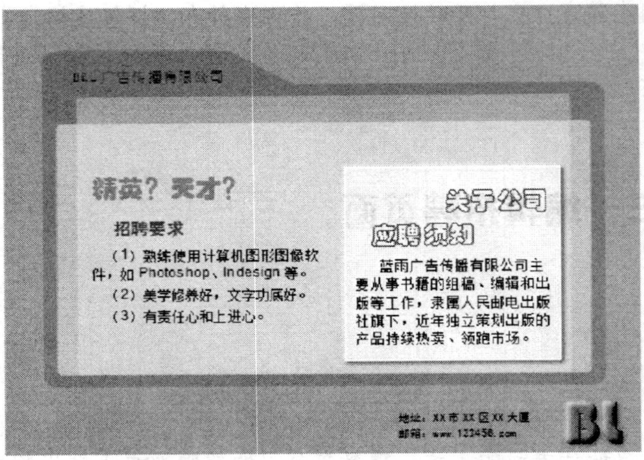

图 4-31　招聘网页素材

制作思路分析

完成本任务主要包括美化文本框容器、为文本添加滤镜以及调整文本颜色。具体思路如图 4-32 所示，操作要求如下。

（1）选中需要设置的文本框容器，在“容器和流”栏中设置其属性。

（2）选中需要添加滤镜的文本，在“滤镜”栏中添加滤镜并调整滤镜属性。

（3）在“色彩效果”栏中调整文本的颜色。

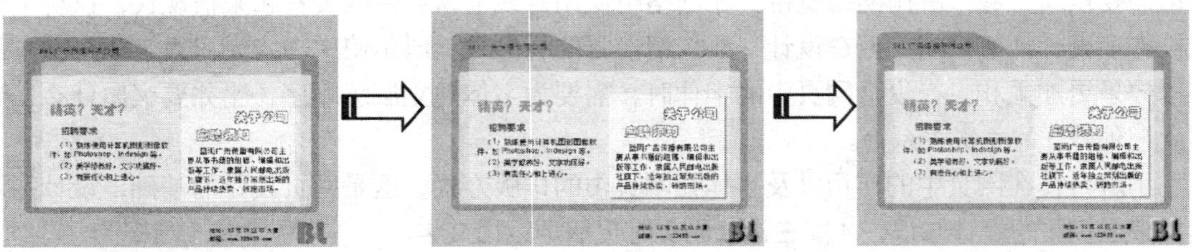

①设置文本框容器　　②添加滤镜　　③调整颜色

图 4-32　制作思路分析

操作一　设置文本框容器

下面先新建一个图像文件，然后绘制球体图像并添加图层样式效果。

【详细步骤】

（1）先打开素材文件“招聘页面 .fla”，选中右侧“关于公司”文本框，在“属性”面板的“容器和流”栏中，单击“将文本与容器中心对齐”按钮 ，使文本在文本框的垂直方向上居中，如图 4-33 所示。

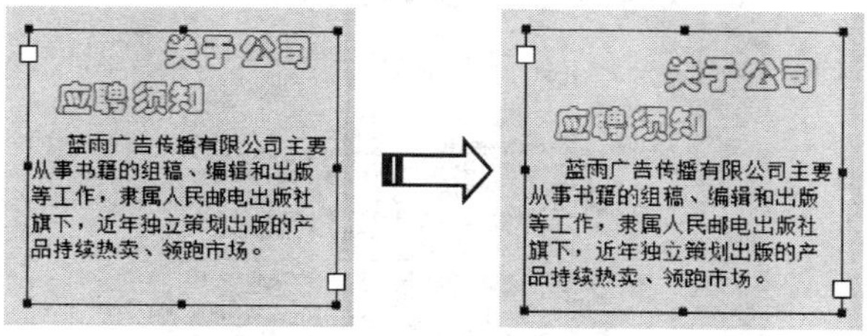

图 4-33 设置文本在文本框中居中

（2）单击“容器边框颜色”右侧的色块，在弹出的颜色面板中将笔触颜色设置为“#FFFFFF”，边框宽度为“2.0”。单击“容器背景颜色”右侧的色块，在弹出的颜色面板中设置填充颜色为“#FFFFFF”，将“Alpha”值设置为“60%”。

（3）将“填充”左侧和上方的像素设置为“8.0”，如图 4-34 所示，设置完成后的效果如图 4-35 所示。

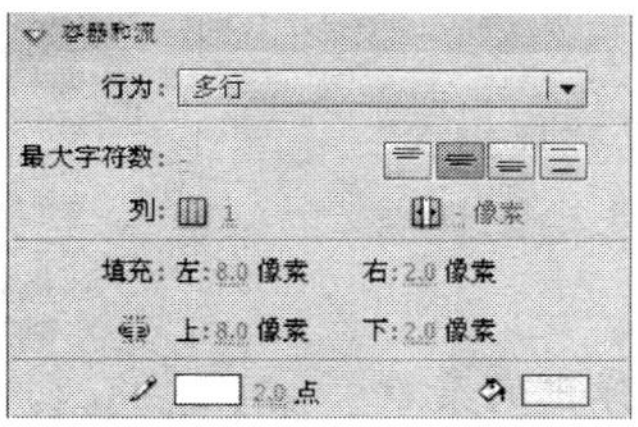

图 4-34 设置文本框容器

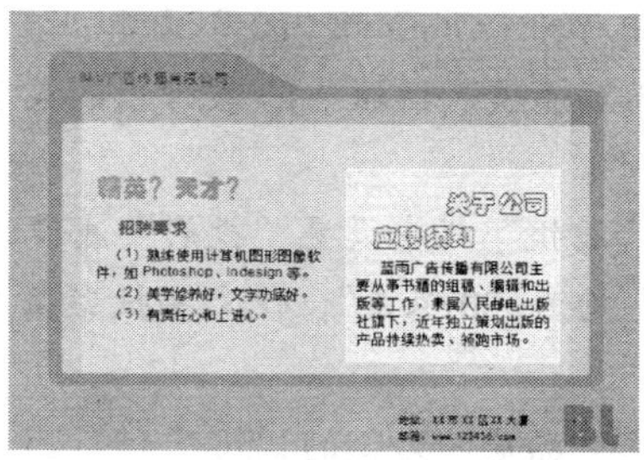

图 4-35 文本框容器设置效果

（4）保持文本框容器的选中状态，在“属性”面板的“滤镜”栏中单击“添加滤镜”按钮 ，在弹出的菜单中选择“斜角”选项，如图 4-36 所示。

（5）在“斜角”参数栏下，将“模糊”设置为“3 像素”，“强度”设置为“40%”，单击“品质”右侧的 低 按钮，在弹出的菜单中选择“高”命令，将“距离”设置为“3 像素”，单击“类型”右侧的 内侧 按钮，在弹出的菜单中选择“外侧”命令，如图 4-37 所示。

图 4-36 添加“斜角”滤镜

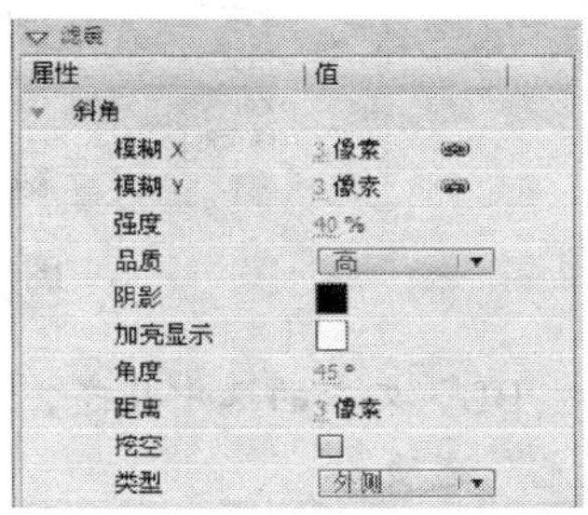

图 4-37 设置滤镜参数

（6）按“Ctrl+Shift+S”组合键，打开“另存为”对话框，将设置后文件保存在需要的位置，避免将源文件覆盖，设置效果如图 4-38 所示。

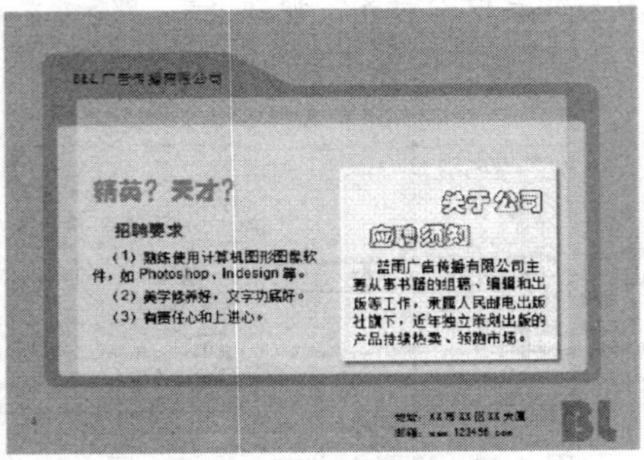

图 4-38　文本框容器设置效果

操作二　添加滤镜效果

下面为“BL”文本添加滤镜并设置滤镜效果，具体操作如下。

【详细步骤】

（1）选中作为 LOGO 的“BL”文本，在“属性”面板的“滤镜”栏中单击“添加滤镜”按钮，在弹出的菜单中选择“投影”选项，如图 4-39 所示。

图 4-39　选择“投影”滤镜

（2）在“滤镜”栏中设置“投影”滤镜的参数，设置“模糊 X”和“模糊 Y”均为“0 像素”，使文字投影在 X 和 Y 方向上均无模糊效果。

（3）单击“品质”右侧的 低 按钮，在弹出的菜单中选择“高”命令，将投影的“角度”设置为“30°”，投影的“距离”设置为“1 像素”，其余保持不变，文本的投影设置效果如图 4-40 所示。

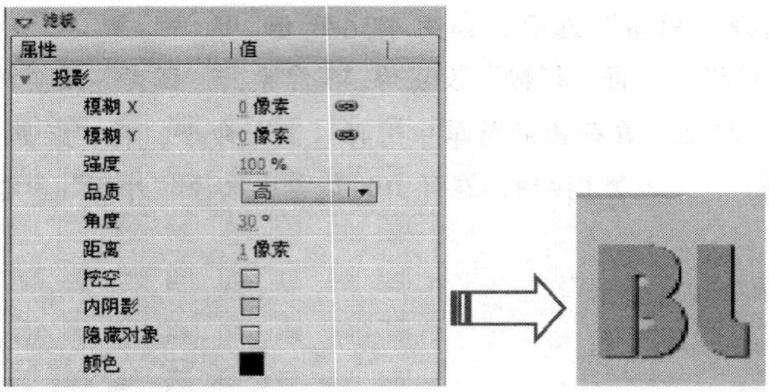

图 4-40　设置投影滤镜

（4）保持“BL”文本的选中状态，在“滤镜”栏中单击“添加滤镜”按钮，在弹出的菜单中选择“发光”选项。

（5）在“发光”参数栏中设置“强度”为“80%”，将“品质”设置为“高”，设置发光“颜色”为“#00FF00”，如图 4-41 所示。

（6）在“滤镜”栏中单击“添加滤镜”按钮，在弹出的菜单中选择“斜角”选项。

（7）在“斜角”参数栏中设置“模糊 X”和“模糊 Y”为“3 像素”，将“强度”设置为“67%”，将“品质”设置为“高”。

（8）单击“加亮显示”右侧的色块，在弹出的颜色面板中选择黄色“#FFFF00”，保持类型不变，设置效果如图 4-42 所示。

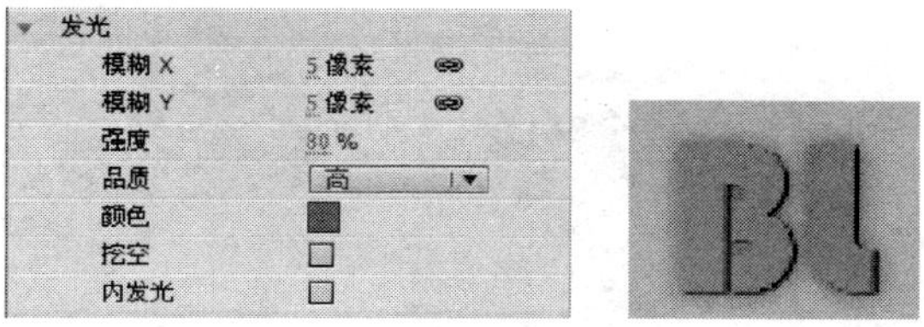

图 4-41　设置发光滤镜

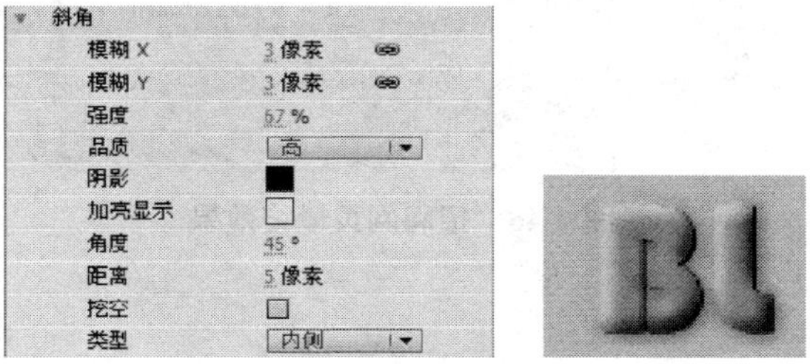

图 4-42　设置斜角滤镜

操作三　调整文字颜色

下面介绍调整设置了滤镜的文本，使文本与整个页面更协调。

【详细步骤】

（1）依次单击“投影”、“发光”和“斜角”参数栏前的按钮，折叠这三个参数栏。单击“添加滤镜”按钮，在弹出的菜单中选择“调整颜色”选项。

（2）在“调整颜色”参数栏中设置“亮度”为“-8”，“对比度”为“10”，“饱和度”为“2”，“色相”为“-50”，设置效果如图 4-43 所示。

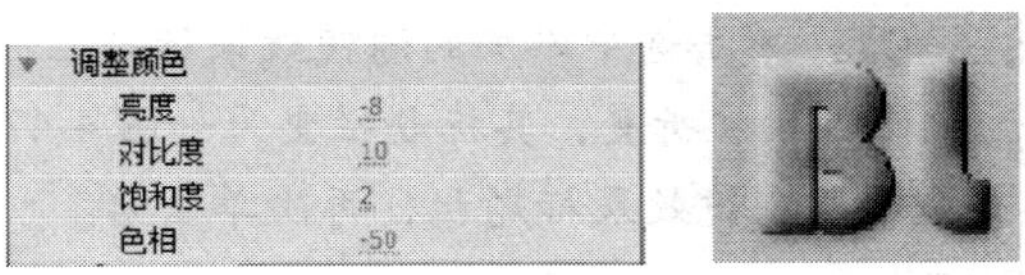

图 4-43　调整文字颜色

（3）在“滤镜”栏中单击“预设”按钮，在弹出的菜单中选择“另存为”命令，打开“将预设另存为”对话框，如图 4-44 所示。

（4）在“预设名称”文本框中输入“LOGO 效果”，单击 确定 按钮，如图 4-45 所示。

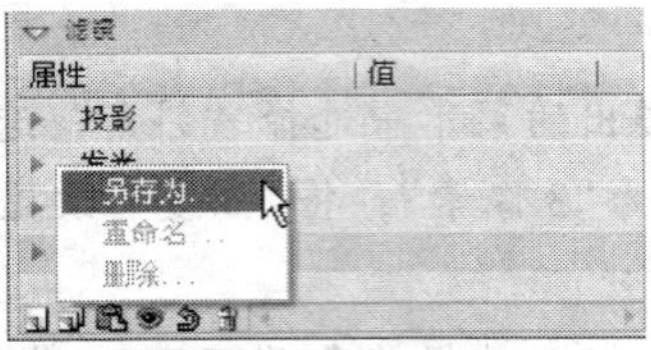

图 4-44　将滤镜存为预设

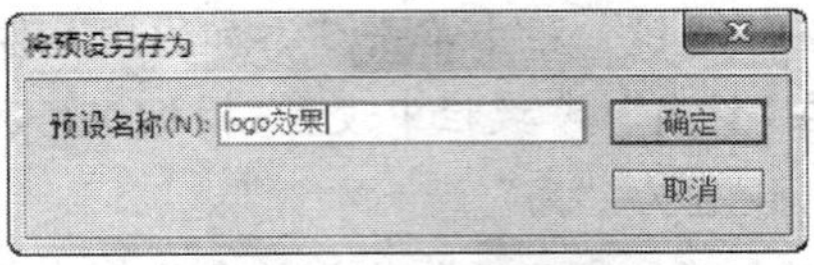

图 4-45　保存预设效果

（5）按【Ctrl+S】组合键保存文本，招聘网页最终设置效果如图 4-46 所示。

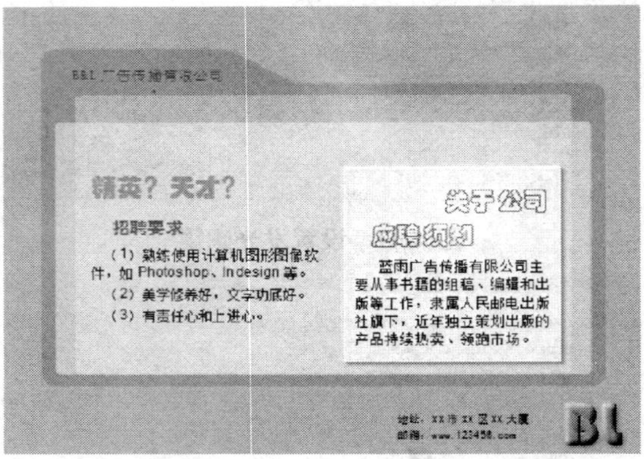

图 4-46　招聘网页最终效果

知识回顾拓展

本任务主要对文本“属性”面板中的“容器和流”及“滤镜”栏的作用和操作方法进行了讲解。下面对“滤镜”栏中的相关按钮和“渐变发光”、“渐变斜角”等滤镜的相关知识进行补充讲解。

1．“滤镜”栏中的按钮

通过“滤镜”栏下的按钮，可对添加的滤镜效果进行复制、粘贴等操作，从而快速设置和观察对象设置的效果。下面对其中一些按钮进行介绍。

- **“剪贴板”按钮**：单击该按钮，在弹出的菜单中可复制滤镜效果，并可将复制的效果粘贴到其他需要设置相应效果的对象上。
- **“启用或禁用滤镜”按钮**：单击选中添加的滤镜效果标题栏，该按钮变为可选状态，单击该按钮，被选中的滤镜参数栏被折叠，其标题栏变为如图 4-47 所示，此时该滤镜效果在对象中已被禁用。单击选中该滤镜效果标题栏，再次单击启用或禁用滤镜按钮，即可恢复。
- **“重置滤镜”按钮**：选中滤镜效果，再单击该按钮，可将选中滤镜效果中的参数重置为默认的参数。
- **“删除滤镜”按钮**：选中添加的滤镜，单击该按钮，可将选中的滤镜删除。

图 4-47　滤镜被禁用

2. “渐变发光”和“渐变斜角”滤镜

在“滤镜”栏中除了“发光”和“斜角”滤镜，还有“渐变发光”和“渐变斜角”滤镜，下面对这两个滤镜进行讲解。

- **“渐变发光”滤镜：**与“发光”滤镜不同的是，“渐变发光”通过颜色的渐变来设置对象的发光效果，且还可设置发光的角度和距离；“发光”滤镜则是通过单色来设置对象的发光效果，效果比较单一，在“发光”滤镜中可设置“内发光”。“渐变发光”和“发光”滤镜的参数面板对比如图 4-48 所示。

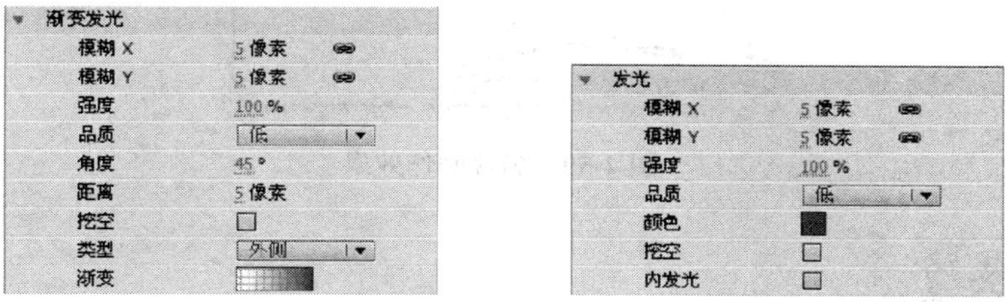

图 4-48　“渐变发光”滤镜和“发光”滤镜参数面板

- **“渐变斜角”滤镜：**与“斜角”滤镜不同的是，渐变斜角通过颜色的渐变来设置对象的亮部与暗部；“斜角”则通过单色设置对象的亮部与暗部，其参数面板对比如图 4-49 所示。

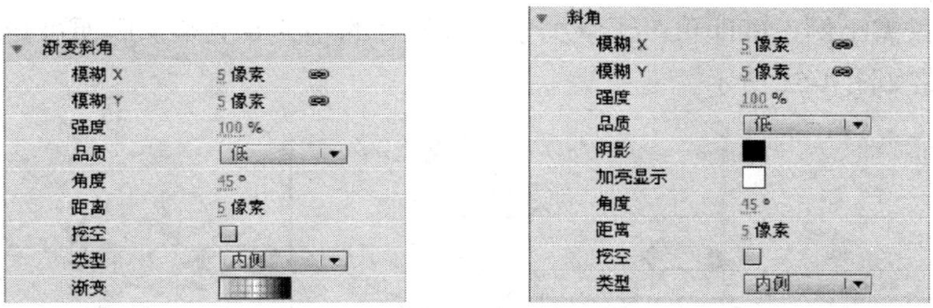

图 4-49　“渐变斜角”滤镜和“斜角”滤镜参数面板

实训一　制作名片

实训目标要求

本实训的目标是为名片添加文字信息，要求注意名片背景与文字颜色之间的对比效果，文字在名片中占的比例、文字的大小，以及文字与名片边线的距离等。在设置时，还应注意整体的统一。本实训的参考效果如图 4-50 所示。

素材 素材文件\模块四\名片\名片.fla
对应 效果文件\模块四\名片.fla

图 4-50　名片制作效果

实训 思路分析

设计名片时，首先必须了解名片的尺寸，一般长为 85.60mm、宽为 53.98mm、高为 1mm，且名片一般为圆角矩形，该尺寸大小由 ISO 7810 定义。为了方便设计与制作，大部分名片设计时一般设为成品尺寸长 85mm、高 55mm，或长 86mm、高 54mm。由于在 Flash 中绘制的是矢量图形，因此只需比例正确即可。了解关于卡片设计的相关专业知识后便可开始设计与制作。名片的制作思路如图 4-51 所示。

图 4-51　名片制作思路

【步骤提示】

（1）打开素材文件，选择文本工具，在舞台绘制文本框，输入“BLUERAIN”，选中输入的文本，设置其字体为“华文琥珀”，颜色为白色“#FFFFFF”，“Alpha”值为“50%”。

（2）为该文本添加“模糊”滤镜，按两次“Ctrl+B”组合键将其打散，然后按“Ctrl+G”组合键组合打散的矢量文本图形。

（3）选择文本工具，选择“传统文本”，输入右上角的公司名称和左下角的地址及联系电话，并设置颜色为“#660000”，字体为“幼圆”。其中公司名称字号大小为“13”，地址和电话字号大小为“10”。

（4）使用 TLF 文本工具，输入“张阳总经理”文本，字号为“27”，字体为“华文行楷”，颜色为“#660000”。在“张”和“阳”两字中间定位文本插入点，按空格键使其距离加大。

（5）选中“总经理”文本，在“字符”栏中单击“切换下标”按钮 T₁，在“高级字符”栏的“对齐基线”下拉列表中选择“罗马文字”。

（6）选中姓名职位文本，为其添加“发光”滤镜，将“发光”滤镜的模糊值设置为“8 像素”，颜色设置为白色“#FFFFFF”，最后保存设置好的名片。

实训二　绘制卡通字

实训目标要求

本实训要求根据已学的知识，独立绘制卡通字，并为其绘制装饰用的图形。要求注意文字与绘制的图形之间的衔接效果，图形之间避免出现突兀感。本实训的参考效果如图 4-52 所示。

素材对应　效果文件\模块四\绘制卡通字.fla

图 4-52　卡通字绘制效果

实训思路分析

本实训考察文本工具的使用，以及文本打散后的操作。在考察本章内容的同时复习已学的椭圆工具、填充工具和颜料桶工具的使用，并熟练掌握这些工具的应用。

结合上面的目标和分析，本例的操作思路如图 4-53 所示。

【步骤提示】

（1）新建一个文件，设置其文件大小。

（2）使用文本工具在场景中输入文字“欢乐鼠之家”，并设置字体为“宋体”，字体大小为“60”。

①绘制文字　　②绘制图形　　③组合图形

图 4-53　卡通字绘制效果的思路

（3）使用钢笔工具绘制出气球轮廓，使用颜料桶工具将气球颜色填充为“#FF0000”，并删除气球轮廓线条。选择墨水瓶工具，设置笔触颜色为“#FF9900”，笔触高度为“1.00”，填充气球线条。

（4）使用钢笔工具绘制出老鼠头部轮廓线条，使用颜料桶工具将其填充为“黑色”，使用选择工具选择轮廓线条，按“Delete”键将其删除。

（5）使用线条工具绘制出卡通房子的轮廓线条，使用颜料桶工具将其填充为“红色”，使用选择工具 选择轮廓线条，按“Delete”键将其删除。

（6）使用刷子工具绘制一条黑色老鼠尾巴，使用选择工具选择文本，按“Ctrl+B”组合键两次，将其分离成填充图形。选择文本图形，并使用颜料桶工具将其填充为渐变色。

（7）使用选择工具分别选择绘制好的图形，进行位置的调整，然后选择所有图形，按“Ctrl+G”组合键组合图形，最后按“Ctrl+S”组合键保存文件。

模块五　元件与素材的使用

模块简介

Flash CS5 自带的绘图功能毕竟有限，因此为了丰富 Flash 动画，在制作 Flash 动画时经常需要导入外部素材。这些外部素材大都在 Photoshop 或者 Illustrator 等专业图形处理和制作软件中绘制而成。通过有选择地导入其中的图层文件，可有效地利用资源。本模块将具体介绍 Photoshop CS5 中关于使用元素与素材的操作。

学习目标

本模块的知识学习目标如下：

- 掌握图片素材和分层文件的导入操作。
- 熟练掌握元件的创建、“库”面板中素材的管理和使用等操作。
- 熟练掌握视频的导入和 FLVPlayback 组件的编辑操作。

本模块的技能学习目标如下：

- 能熟练导入各种类型的素材。
- 能根据提供的素材合成相应的场景，并有条理地管理素材文件。
- 能利用 FLVPlayback 组件快速设置视频文件。

任务一　制作“踏春”场景文件

工作任务场景

老张今天交给晓雪一个任务，让她合成一个“踏春”场景文件，作为三月份植树节宣传片的片头，要求体现自然的魅力并带一些童趣。晓雪感到有些困难，老张随即告诉她，这个工作其实很简单，前期的准备已经基本完成了，只需将已绘制好的素材文件（如图 5-1 所示）导入 Flash CS5 中并进行合成即可。

图 5-1 “房子”素材文件

行业背景知识

每年 3 月 12 日的植树节，是我国以法律形式规定的以宣传森林效益，并动员群众造林而规定的节日。通过这种活动，激发人们爱林、造林的情感，提高人们对森林功能的认识，促进国土绿化，达到爱林护林和扩大森林资源、改善生态环境的目的。

使用 Flash 可高效地制作出让人满意的作品，利用其传播迅速的特点，可以快速向人们普及植树造林的意义。

工作任务分析

本任务的目标是利用素材文件夹中提供的素材，在 Flash 中合成“踏春”场景文件。素材文件夹中已提供了太阳、蝴蝶、树和花等不同格式类型的素材，因此只需在 Flash 中绘制背景、草地和云朵，然后导入素材并进行调整即可。同时还应注意不同图形之间的层次，调整它们的层叠关系。

本任务的最终效果展示如图 5-2 所示。要实现该效果，需要掌握以下几个技术要点。

（1）掌握导入 Photoshop 和 AI 图层文件的方法。

（2）认识元件，以及元件的类型和作用。

（3）认识“库”面板的作用，并学会如何管理“库”面板。

图 5-2 “踏春”场景文件效果

素材 素材文件\模块五\踏春\草.psd、树.psd、太阳.psd……
对应 效果文件\模块五\踏春.fla

制作思路分析

完成本任务主要包括创建元件、导入并编辑场景图片素材和将位图转换为矢量图等三步操作。具体思路如图 5-3 所示，操作要求如下。

（1）绘制天空背景以及草地和云朵。

（2）将绘制的草地和云朵创建为元件。

（3）导入素材文件夹中的素材，在场景中合成并调整其大小和位置。

（4）将位图转换为矢量图，调整转换之后的图形的大小和位置，完成合成操作。

①绘制背景　②导入素材　③合成场景

图 5-3　制作思路分析

操作一　创建元件

在 Flash 中可将一些需要重复使用的元素转换为元件，以便随时调用，同时节省资源占用空间。被调用的元素则称为实例。实例是指位于舞台上或嵌套在另一个元件内的元件副本。Flash 允许对实例的颜色、大小和功能进行更改，且对实例的更改不会影响其父元件，但编辑元件则会更新它的所有实例。

【详细步骤】

（1）启动 Flash CS5，新建 AS3.0（ActionScript 3.0）文件，按“Ctrl+S”组合键，打开“另存为”对话框，将其以“踏春”为名进行保存。

（2）使用钢笔工具绘制天空背景和草地的轮廓，并使用颜料桶工具填充渐变色。关掉该图形的笔触，然后使用渐变变形工具对渐变色进行调整，效果如图 5-4 所示。

（3）选中绘制的天空图形，选择【修改】→【转换为元件】菜单命令，打开“转换为元件”对话框。

（4）在“名称”文本框中输入“草地”，在“类型”下拉列表中选择“图形”选项，在“对齐”右侧的图案中单击中间的小方块，使元件的注册点与图形在图形的中心点上对齐，单击 确定 按钮，如图 5-5 所示。

（5）单击“属性”面板右侧的“库”面板，将“库”面板切换出来，在“库”面板的列表中即可看到转换的图形元件，如图 5-6 所示。使用同样的方法将草地转换为图形元件。

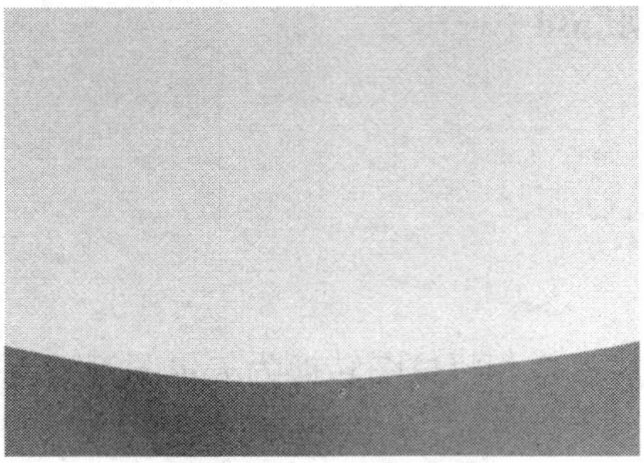

图 5-4　绘制草地

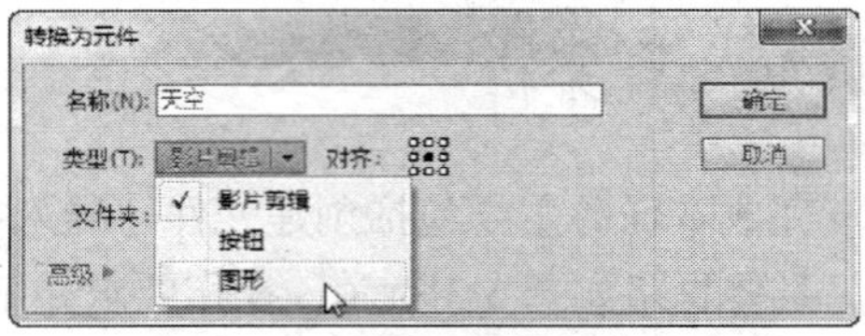

图 5-5　转换图形为元件

（6）在“库”面板中单击“新建元件”按钮，打开“创建新元件”对话框，在“名称”文本框中输入“云朵”，在“类型”下拉列表中选择“影片剪辑”选项，单击 确定 按钮，如图 5-7 所示。

（7）此时工作区显示为元件编辑模式，而不是在舞台场景中的文档编辑模式，在此状态下绘制的图形为元件中的元素。使用钢笔工具绘制云朵的轮廓，为使其与白色的背景区别开，这里使用颜料桶工具将其填充为淡蓝色。

（8）选中绘制的云朵，切换到其“属性”面板，在“填充和笔触”栏中关闭笔触。在工作区的编辑栏中单击选择当前场景名称，这里单击“场景 1”，返回主场景，如图 5-8 所示。

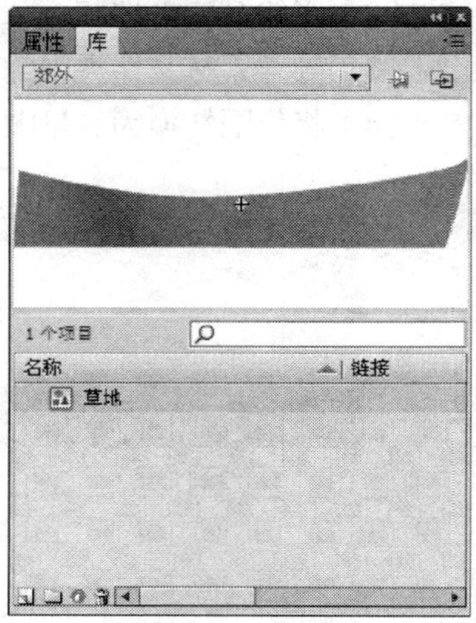

图 5-6　“库”面板

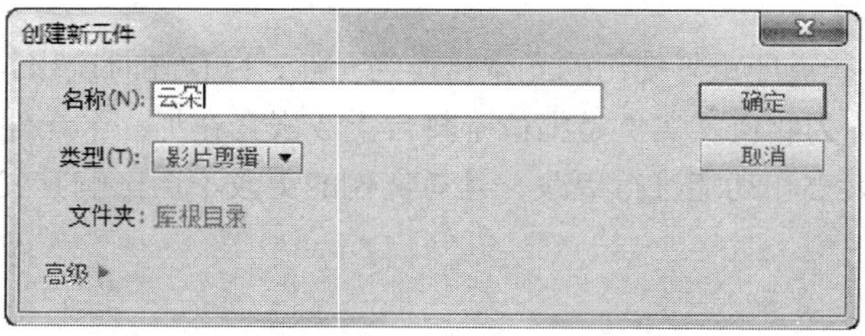

图 5-7　新建元件

图 5-8　返回场景

（9）切换到“库”面板，在“库”面板的列表框中，使用鼠标左键按住“云朵”影片剪辑元件不放，将其拖曳到场景舞台中，此时舞台中出现的图形，即为“云朵”影片剪辑元件的实例。

（10）选中舞台中的“云朵”实例，切换回“属性”面板，在“实例名称”文本框中输入该实例的名称，这里输入“云朵实例”，如图 5-9 所示。

（11）在“滤镜”栏中单击“添加滤镜”按钮，在弹出的菜单中选择“投影”命令，将“云朵实例”的“模糊 X”和“模糊 Y”设置为“8 像素”，如图 5-10 所示。在舞台中复制并调整云朵实例，效果如图 5-11 所示。

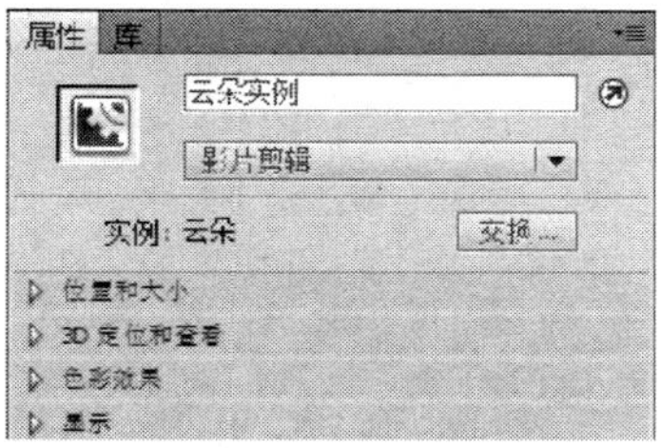

图 5-9　设置实例名称

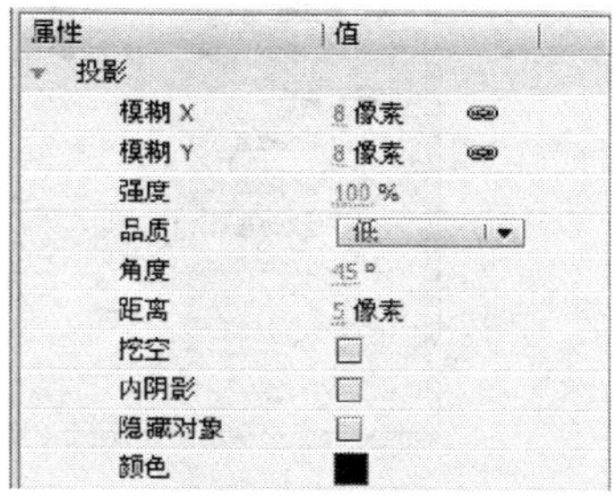

图 5-10　为实例添加投影滤镜

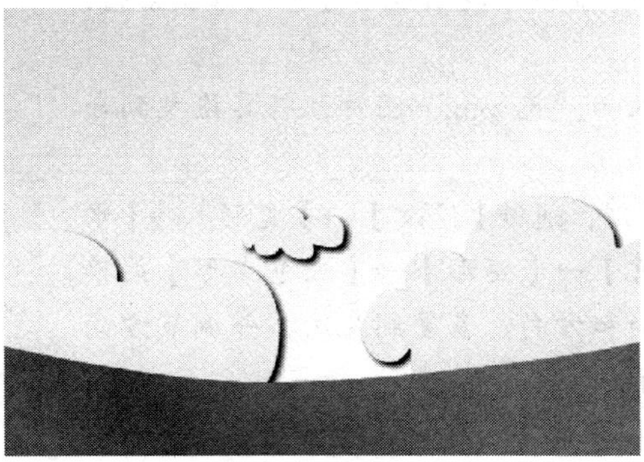

图 5-11　在舞台中调整图形

多学一招：使用快捷键调整图层顺序

在步骤（8）中，除了单击选择当前场景名称外，单击“返回”按钮，或选择【编辑】→【编辑文档】菜单命令也可返回主场景。

操作二　导入位图

下面在 Flash CS5 中导入外部的位图图像，以节省在 Flash 中制作图像的时间。

【详细步骤】

（1）选择【文件】→【导入】→【导入到舞台】菜单命令，打开“导入”对话框，打开素材文件夹中的“花 .png”文件，如图 5-12 所示。

图 5-12　导入位图

（2）此时在舞台和“库”面板中均出现了导入的位图素材，如图 5-13 所示。

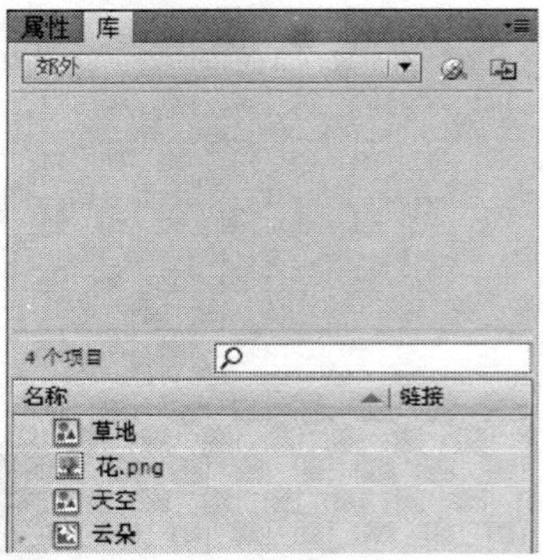

图 5-13　“库”面板中的素材

（3）在舞台中选中导入的“花 .png”图片，将其拖曳到合适的位置。

（4）在舞台中复制该图形，通过【修改】→【变形】→【水平翻转】菜单命令和【修改】→【变形】→【任意变形】菜单命令，更改复制图形的大小和方向。多复制几次，并调节方向和大小，效果如图 5-14 所示。

（5）选择【文件】→【导入】→【导入到库】菜单命令，在打开的“导入”对话框中选择“花 2.png”图片，将图片导入到“库”面板中。

图 5-14　导入和调整“花 .png”图片

（6）在“库”面板中按住“花 2.png”图片不放，将其拖曳到舞台中，对其进行复制，并设置这些图形的大小和位置，效果如图 5-15 所示。

图 5-15　导入和调整“花 2.png”图片

操作三　导入 PSD 文件

PSD 文件是利用 Photoshop 软件制作的文件，Flash CS5 可导入这类文件，并保留大部分图片数据，下面讲解如何在 Flash CS5 中导入 PSD 文件。

【详细步骤】

（1）选择【文件】→【导入】→【导入到库】菜单命令，打开“导入到库”对话框，在素材文件夹中选择“树 .psd”文件，单击 打开(O) 按钮，如图 5-16 所示，打开“将‘树 .psd’导入到库”对话框。

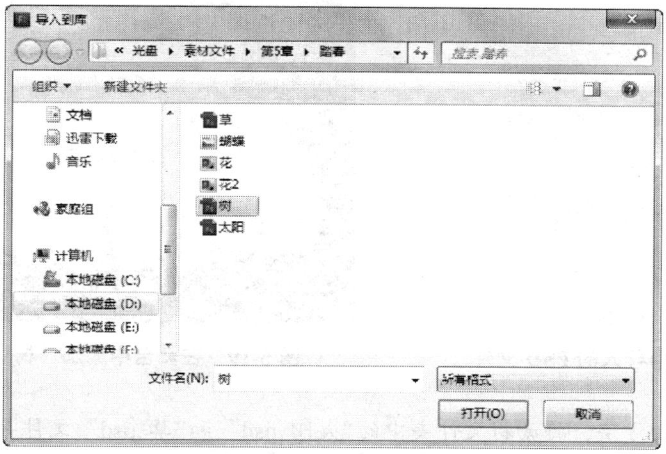

图 5-16　选择 PSD 文件

（2）在“检查要导入的 Photoshop 图层”列表框中选择要导入的涂层，这里选中“树叶”和“树干”图层，单击 确定 按钮，如图 5-17 所示。

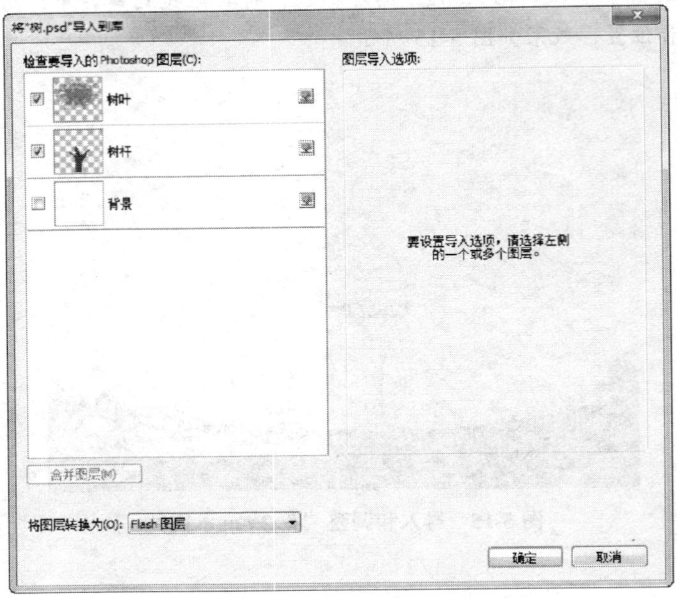

图 5-17　选择需导入的图层文件

（3）在“库”面板中将自动生成一个“树 .psd 资源”文件夹和“树 .psd”图形元件，如图 5-18 所示，按住“树 .psd 资源”文件夹，在展开的子列表中可看到分层的图片。

（4）在“库”面板中按住“树 .psd”图形元件不放，将其拖曳到舞台中，调整其大小和位置，利用“Ctrl+ ↓”组合键，调整其层叠顺序，效果如图 5-19 所示。

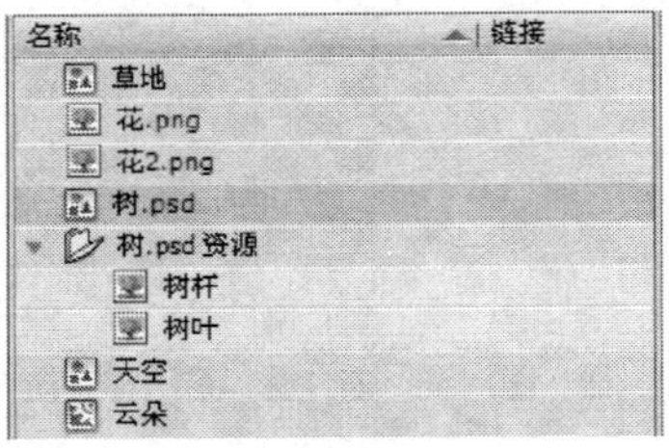

图 5-18　“库”面板中导入的 PSD 文件

图 5-19　在舞台中添加“树 .psd”图形元件

（5）使用同样的方法，将素材文件夹中的“太阳 .psd”和“草 .psd”文件导入到“库”面板中。

（6）在“库”面板中使用鼠标左键双击“草 .psd”图形元件，进入元件编辑模式，在其中复制幸运草图形，调整复制图形的大小并进行旋转，如图 5-20 所示。

（7）单击“返回”按钮 ，返回文档编辑状态，将“库”面板中的“草 .psd”图形元件拖曳到舞台中，调整其大小和位置。

（8）选中舞台中的幸运草实例，切换到“属性”面板，在“色彩效果”栏的“样式”下拉列表中选择“色调”选项，保持右侧的“白色”着色不变，拖动“色调”滑块，将着色量设置为“45%”，如图 5-21 所示。

图 5-20　编辑“草 .psd”图形元件

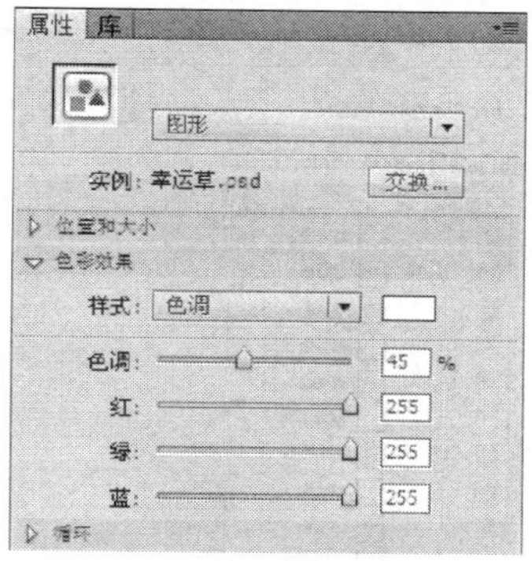

图 5-21　改变草实例的颜色

（9）在“库”面板中将“太阳 .psd”图形元件拖曳到舞台中，调整其大小和位置，最终效果如图 5-22 所示。

图 5-22　“踏春”效果

操作四　导入 AI 文件

在 Flash 中除了可导入 PSD 文件，还可导入 AI 文件。导入 AI 文件的操作同导入 PSD 文件的操作类似，下面进行具体讲解。

【详细步骤】

（1）选择【文件】→【导入】→【导入到库】菜单命令，打开“导入到库”对话框，选择素材文件夹中的“房子 .ai”文件，单击 打开(O) 按钮，打开“将房子 .ai 导入到库”对话框。

（2）在“检查要导入的 Illustrator 图层”列表框中选中需要导入的图层。在打开时已默认选中了所有图层，撤销选中“<Compound path>”前的复选框，其余选项保持不变。

（3）在“检查要导入的 Illustrator 图层”列表框中单击选中“图层 1”，在其右侧的“‘图层 1’的图层导入选项”栏中单击选中“创建影片剪辑”复选框，在“实例名称”文本框中输入“房子”，单击“注册”右侧的中心点，单击 确定 按钮，如图 5-23 所示。

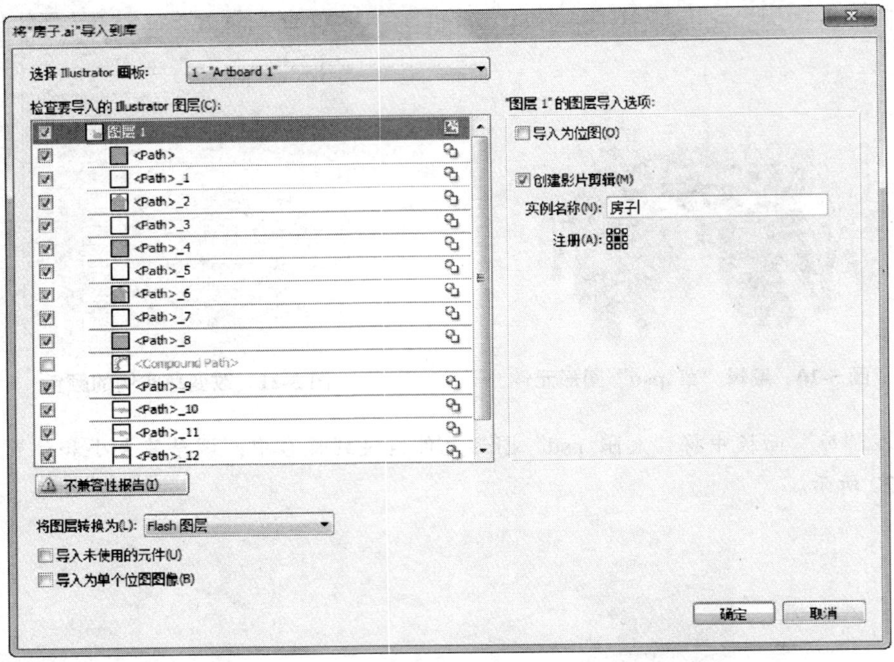

图 5-23　导入 AI 文件

（4）在“库”面板中展开“房子 .ai 资源”文件夹，再展开其下的“图层 1”文件夹，将其中的“房子”影片剪辑元件拖曳到舞台中。

（5）在舞台中选中房子图形，在其“属性”面板中将实例名称更改为“房子实例”，调整其大小和位置，并配合“Ctrl+ ↓”组合键调整其层叠顺序，最终效果如图 5-24 所示。

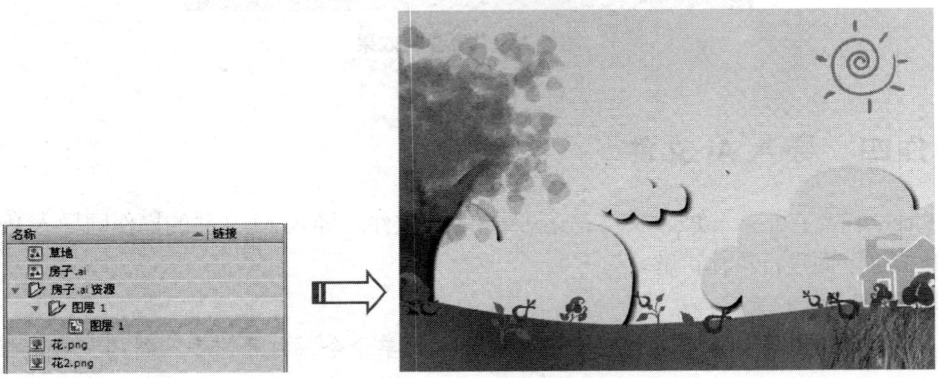

图 5-24　在舞台中添加导入的房子

操作五 将位图转换为矢量图

在 Flash 中导入位图后，可将其转换为矢量图，以便使用，下面进行具体讲解。

【详细步骤】

（1）选择【文件】→【导入】→【导入到舞台】菜单命令，导入“蝴蝶.jpg”位图文件。

（2）选中导入的蝴蝶图形，选择【修改】→【位图】→【转换位图为矢量图】菜单命令，打开“转换位图为矢量图”对话框。

（3）在对话框的“颜色阈值”数值框中输入“20”，在“最小区域”数值框中输入“8”，其他保持默认，单击 确定 按钮，如图 5-25 所示，即可将位图转换为矢量图。

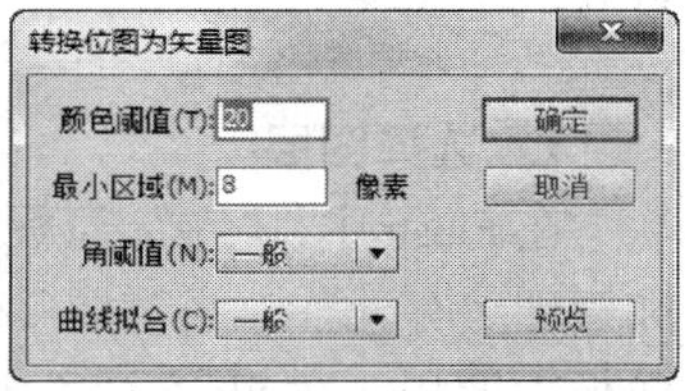

图 5-25 将位图转换为矢量图

（4）按“V”键将鼠标指针切换为选择工具，单击蝴蝶图形外侧的白色背景，在白色背景上即可出现黑色的像素点，表示已单独选中作为背景的白色区域，按“Delete”键即可删除蝴蝶图片的白色背景，如图 5-26 所示。

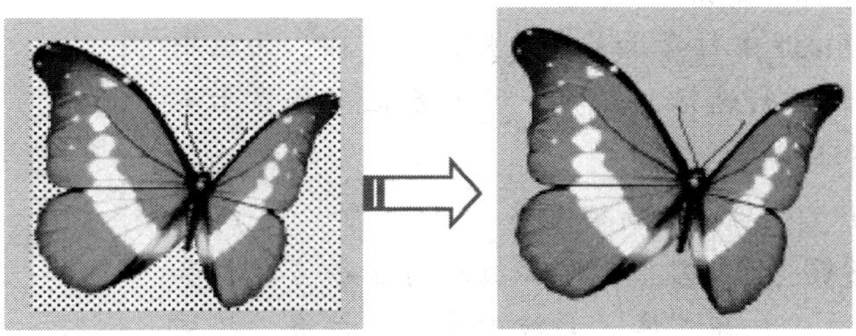

图 5-26 删除白色背景

（5）使用鼠标框选蝴蝶图形，按“Ctrl+ G”组合键将图形中的各个矢量色块组合成一个整体，调整图形的大小和位置，再复制一个蝴蝶图形，放置在合适位置，效果如图 5-27 所示，最后按“Ctrl+S”组合键保存文档即可。

图 5-27 调整蝴蝶素材

知识回顾拓展

本任务主要是运用了导入素材的相关知识，包括导入位图、PSD 文件和 AI 文件，以及将导入的位图转换为矢量图等。在导入 PSD 或 AI 等分层图形文件时，要注意只勾选需导入的图层，避免导入不需要的图层占用空间资源。

导入到 Flash 中的素材文件都存放在“库”面板中，下面将对“库”面板的相关知识进行讲解。

1. 选择图层

在 Flash 中，“库”面板主要用于存放从外部导入的素材和管理储存元件，当需要某个素材或元件时，可直接从“库”面板中调用。在 Flash CS5 中选择【窗口】→【库】命令，按“Ctrl+L”键或按“F11”键均可打开“库”面板。如图 5-28 所示为“库”面板，其中的参数介绍如下。

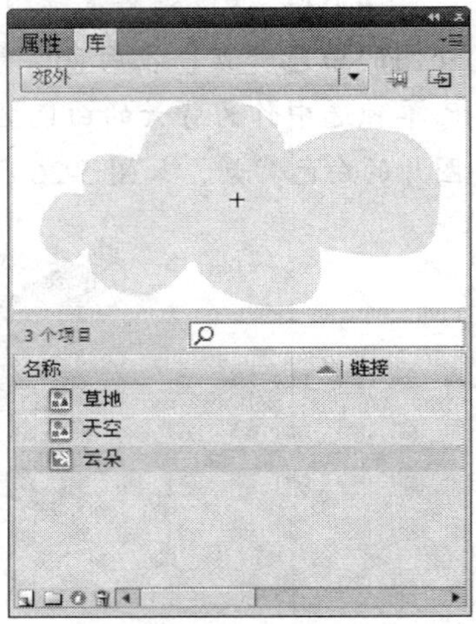

图 5-28 “库”面板

- **选择文档：** 若在 Flash 中打开了多个文档，在“库”面板中可分队对这些文档进行选择，在其下的列表框中将显示不同文档中的元件和素材。
- **“新建元件”按钮** ：单击可新建元件。
- **“新建文件夹”按钮** ：当“库”面板中存在很多素材和元件时，可单击该按钮在“库”面板中新建文件夹，将同一类型的元素和元件放置在同一文件夹中，从而实现对素材和元件的管理。
- **“属性”按钮** ：在“库”面板中选中需要更改属性的元件，然后单击该按钮打开“元件属性”对话框，在其中可更改元件的名称和类型等属性，如图 5-29 所示。

图 5-29 元件属性对话框

- **“删除”按钮** ：在“库”面板中选中需要删除的元件，单击该按钮即可将其删除；按 Delete 键也可删除。
- **“固定当前库”按钮** ：固定当前库后，可切换到其他文档，然后将所固定库中的元件引用到其他文档中。该按钮在单击后会变为 形状。
- **“新建库面板”按钮** ：单击该按钮可新建一个“库”面板，且新建的面板中将包含当前“库”面板中的所有素材和元件。

任务二　制作“导向片头”动画文档

工作任务场景

老张今天交给晓雪的任务是制作“导向片头”播放网页，已提供了需要的背景图片，如图 5-30 所示，需要将制作完成的片头视频导入 Flash，并在 Flash 中进行调整。晓雪惊奇地问老张：“Flash 本来就是制作视频的软件，还可以在其中导入视频吗？”老张告诉晓雪，Flash 的功能其实非常强大，还需要她在以后的工作中慢慢探索，挖掘出 Flash 的更多功能。

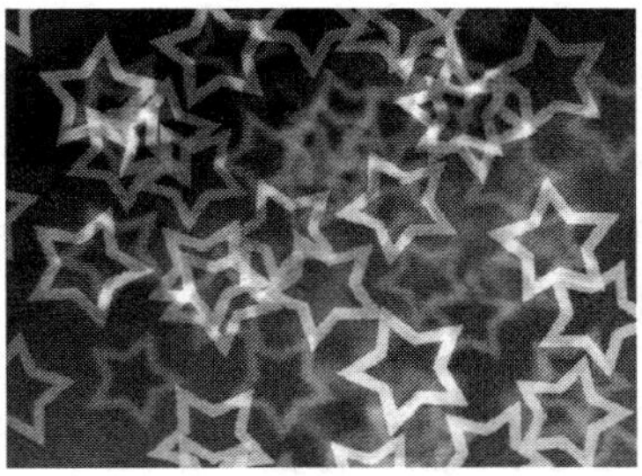

图 5-30　背景素材

行业背景知识

随着网络的发展，在网页中嵌入视频文件，已是制作网页必将涉及的工作之一。特别对于一些风格强烈的网站，视频网页需要制作得非常有个性，还应根据需要将视频放置在一个单独的网页中，以避免网页中的其他内容影响视频的观看效果。

工作任务分析

本任务是将视频文件导入到 Flash 中，利用 FLVPlayback 组件控制视频的播放，并更改组件的外观和属性。制作完成后的最终效果如图 5-31 所示。要实现该效果，需要掌握以下几个技术要点。

（1）掌握视频的导入操作。

（2）掌握 FLVPlayback 组件外观参数的设置。

（3）掌握 FLVPlayback 组件播放属性的设置。

素材对应　**素材文件\模块五\导向片头\bg.png、导向片头.flv**
效果文件\模块五\导向片头.fla

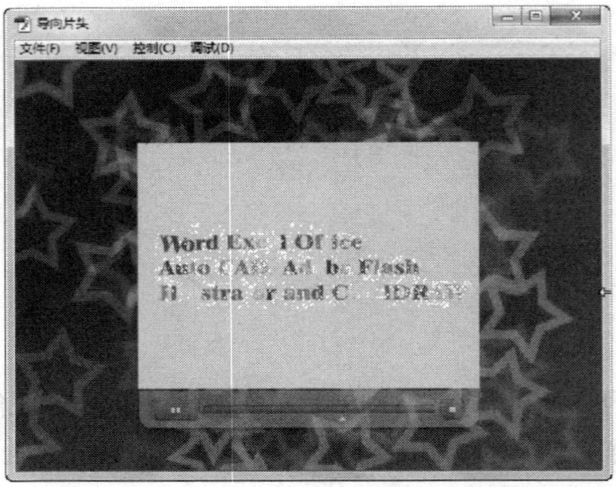

图 5-31 “导向片头”播放网页

制作思路分析

完成本任务主要包括制作背景、导入视频和设置 FLVPlayback 组件参数等三步操作。具体思路如图 5-32 所示，操作要求如下。

（1）导入背景图片，在舞台中使用对齐面板对齐背景。

（2）导入视频文件，在导入过程中设置组件。

（3）在“属性”面板中更改组件参数。

①设置背景　②导入视频　③设置FLVPlayback组件

图 5-32 制作思路分析

操作一 导入视频

视频网站中的视频，通常都以嵌入的方式放置在网页中，Flash 作为制作网页的常用软件之一，也支持将视频导入其中。下面将介绍如何在 Flash CS5 中导入“导向片头 .flv”视频文件。

【详细步骤】

（1）新建 AS3.0 文件，选择【文件】→【导入】→【导入到库】菜单命令，打开“导入视频”对话框，选择素材文件夹中的“bg.png”图片，导入到“库”面板中。

（2）在“库”面板中选择“bg.png”图片，将其拖曳到舞台中，保持该图片的选中状态，单击面板组中的“对齐”按钮，弹出“对齐”面板。

（3）在“对齐”面板中单击选中“与舞台对齐”复选框，单击“对齐”栏下的“水平中齐”和“垂直中齐”按钮，使背景图片与舞台对齐，如图 5-33 所示。

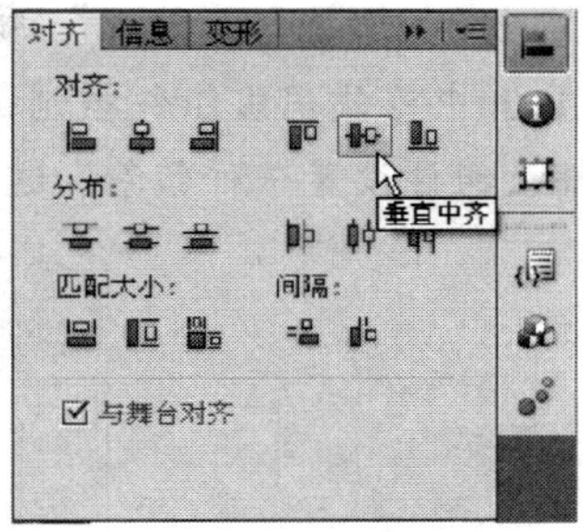

图 5-33　对齐舞台与背景图片

（4）选择【文件】→【导入】→【导入视频】菜单命令，打开“导入视频”对话框，单击“文件路径”右侧的 浏览... 按钮，如图 5-34 所示。

（5）在打开的“打开”对话框中找到素材文件所在位置，选中“导向片头.flv”视频文件，单击 打开(O) 按钮，如图 5-35 所示，返回“导入视频”对话框，单击 下一步 > 按钮。

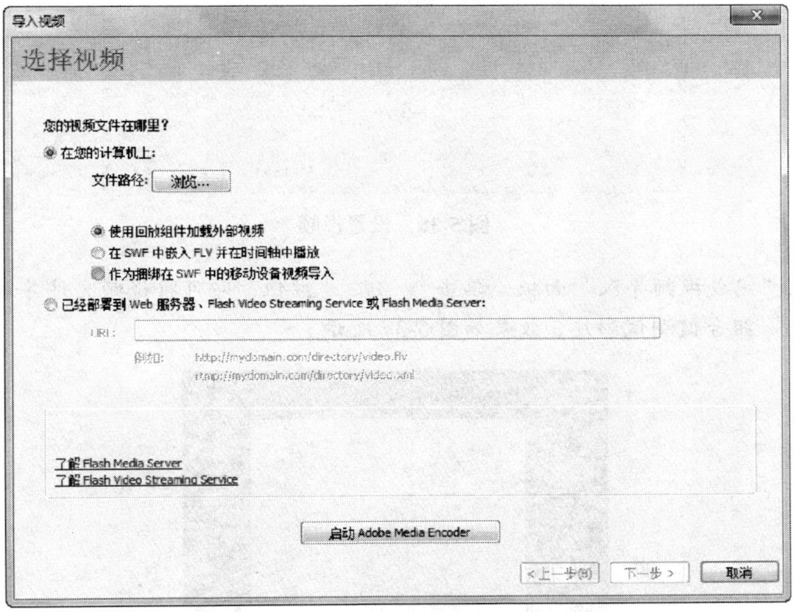

图 5-34　“导入视频”对话框

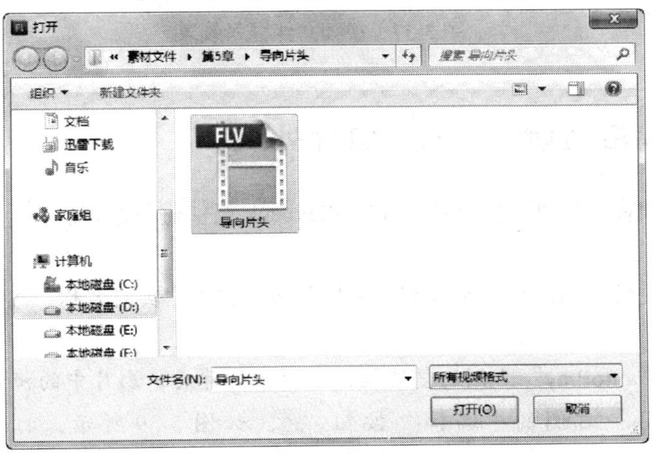

图 5-35　选择视频

（6）切换到“外观”面板，在“外观”下拉列表中选择FLVPlayback组件的皮肤样式，在Flash中可使用该组件控制视频的播放，单击右侧的“颜色”按钮，在弹出的颜色面板中为播放组件设置一种颜色，这里选择“#66CCFF”，单击 下一步 > 按钮，如图5-36所示。

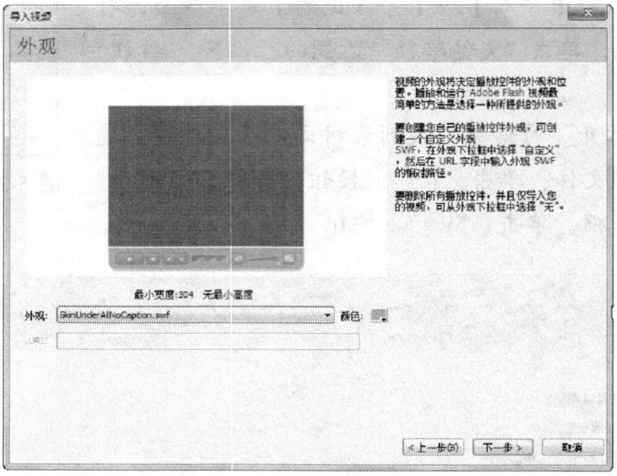

图 5-36　设置视频

（7）进入“完成视频导入”面板，单击 完成 按钮，即可将视频文件导入到舞台中央。按“Ctrl+Enter”组合键测试影片，效果如图5-37所示。

图 5-37　视频文件导入效果

操作二　编辑 FLVPlayback 组件外观

下面将介绍如何在“属性”面板中对FLVPlayback组件进行编辑。

【详细步骤】

（1）选中舞台中的视频文件，切换到“属性”面板，在“实例名称”文本框中输入“导向”，如图5-38所示。

（2）撤销选中“autoPlay”右侧的复选框，在导出影片后，影片中的视频文件不会再自动开始播放。单击“skin”右侧的“编辑”按钮，如图5-39所示，打开“选择外观”对话框。

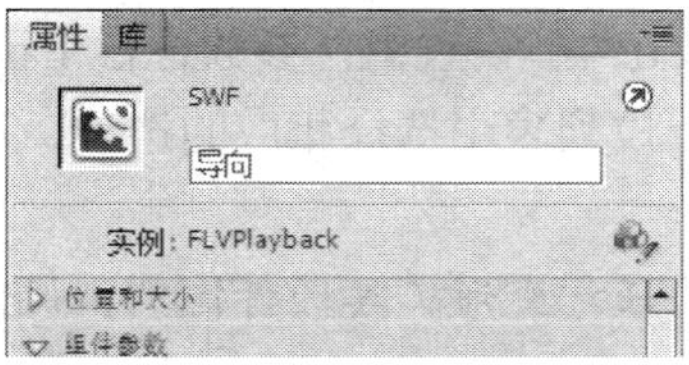

图 5-38　设置实例名称

图 5-39　设置播放命令

（3）单击“外观”列表，在打开的下拉列表中选择“SkinUnderPlaySeekStop.swf”选项，单击右侧的“颜色”按钮，在打开的颜色面板中将 FLVPlayback 组件的颜色更改为紫色（#CC99FF），单击 确定 按钮，如图 5-40 所示。

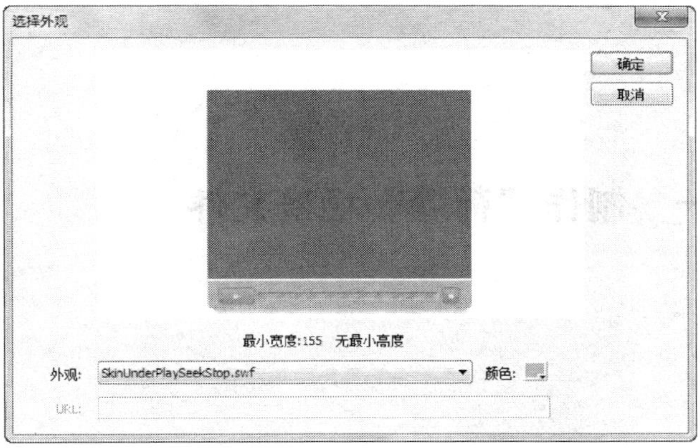

图 5-40　更改组件外观

（4）在“skinBackgroundAlpha”右侧的文本框中输入“0.5”，使 FLVPlayback 组件呈半透明显示。

（5）单击选中“skinAutoHide”右侧的复选框，即可隐藏舞台中“导向”视频实例下的 FLVPlayback 组件，只有当鼠标指针移动到视频文件上时，该组件才会出现，如图 5-41 所示，最后保存文件。

图 5-41　设置组件透明和隐藏属性

知识回顾拓展

本任务运用到了 FLVPlayback 组件，重点对添加组件和设置组件参数进行了讲解。在 Flash 中，还可在“组件参数”栏的“scaleMode”右侧的下拉列表中选择相应的选项，对视频进行缩放。下面对其中的 3 种缩放方式进行介绍。

- **maintainAspectRatio**：选择此缩放方式后，使用任意变形工具进行拖曳，视频可按照自身的大小比例进行等比例缩放。
- **noScale**：选择此缩放方式后，使用任意变形工具进行拖曳，可改变播放组件的大小，而视频将保持原有的大小不发生变化。
- **exactFit**：选择此缩放方式后，进行变形时，视频的大小总是随着缩放框的大小进行变化。

实训一　制作“荷塘”场景文件

实训目标要求

本实训要求结合素材文件中的“荷塘 .png”图片和“蜻蜓 .fla”文件，制作名为“荷塘”的 Flash 动画文件，要求突出夏日凉爽的风格，并在 Flash 中使用文本工具输入一首与荷花有关的诗。本实训的参考效果如图 5-42 所示。

素材 素材文件\模块五\荷塘\荷塘.png、蜻蜓.fla
对应 效果文件\模块五\荷塘.fla

图 5-42 “荷塘”效果

实训思路分析

制作该荷塘场景的第一步是绘制背景，并添加渐变。然后导入“荷塘 .png”图片，并在舞台中设置其位置。最后使用导入外部库的方法，将“蜻蜓 .fla”库文件中需要的文件导入进 Flash 中，并在其中设置各影片剪辑的位置和效果。制作思路如图 5-43 所示。

①设置背景　　②在场景中添加各种元素　　③添加文字

图 5-43　制作荷塘的思路

【步骤提示】

（1）新建 AS3.0 文档，使用矩形工具绘制一个背景矩形，在“颜色”面板中将其填充模式更改为“径向渐变”，并设置填充颜色为“#FFFFFF”和“#00CCFF”。

（2）使用渐变调整工具，调整渐变的形状和位置。

（3）选择【文件】→【导入】→【导入到库】菜单命令，打开“导入到库”对话框，将素材文件中的“荷塘 .png”文件导入到“库”面板中。

（4）将“荷塘 .png”图片拖曳到舞台右下角，并调整其大小和位置。

（5）选择【文件】→【导入】→【打开外部库】菜单命令，导入素材文件中的“蜻蜓 .fla”文件中的库内容，并将蜻蜓影片剪辑拖曳到荷花上。然后使用椭圆工具绘制水纹效果，复制蜻蜓影片剪辑，再将复制的蜻蜓放置在水纹上。

（6）使用文本工具，将文本方向更改为垂直，在舞台中绘制文本框并输入文本，然后设置文本的字体、字号和颜色。

实训二　制作“森林”场景文件

实训目标要求

本实训要求利用已有的图片资料，合成一幅卡通森林场景。要求使用导入命令，将不同文件格式的图片导入到“库”面板中，再在舞台中进行合成，组合时注意调整图像层叠顺序。本实训的参考效果如图 5-44 所示。

素材对应 素材文件\模块五\森林\蘑菇.png、草.png、森林.jpg、蘑菇.psd
效果文件\模块五\森林.fla

图 5-44 “森林”场景文件效果

实训思路分析

本实训已提供了合成森林场景的相关图片素材，制作时先导入素材，再根据提示进行组合即可。要注意根据情况适当对素材的颜色、位置和层叠顺序进行调整。

结合上面的目标和分析，本例的操作思路如图 5-45 所示。

①添加背景图片　　②添加蘑菇素材　　③添加草叶素材

图 5-45 “森林”场景的制作思路

【步骤提示】

（1）新建 AS3.0 文档，选择【文件】→【导入】→【导入到库】菜单命令，将素材文件夹中的素材文件导入到“库”面板中。

（2）分别将“蘑菇 .png”和“蘑菇 .psd”素材图像拖曳到舞台中，复制图形并调整其大小。

（3）调整蘑菇图形的层叠顺序，选中下层的蘑菇图形，在其“属性”面板的“色彩效果”栏的“样式”下拉列表中选择“亮度”选项，在其下的“亮度”控件中，将滑块往左拖曳，将亮度调暗。

（4）依次调整蘑菇图形的明暗，调整完成后，选中所有的蘑菇图形，按“Ctrl+G”组合键将其组合成一个整体。

（5）将“库”面板中的“草 .png”拖曳到舞台中，复制并调整草的大小，使其呈现出草丛的效果，然后选中草丛图形，按“Ctrl+G”组合键组合草丛图形，最后进行保存即可。

模块六　时间轴动画的应用

模块简介

时间轴是制作动画必不可少的部分，同时也是图像的载体，掌握图层的应用是制作动画的关键所在。通过创建图层，可为放置在不同图层中的单一物体制作动画，避免影响其他对象，并可产生层次感。通过图层为不同帧中的内容添加补间动画，可丰富动画的形式；使用引导涂层可方便动画的制作。本模块将具体介绍 Flash CS5 中关于时间轴中图层与帧的使用和管理，以及补间动画与引导动画的创建和编辑等操作。

学习目标

本模块的知识学习目标如下：

- 认识“时间轴”面板中的图层和帧。
- 熟练掌握图层和帧的基本操作。
- 熟练掌握逐帧动画、补间动画和引导动画的制作方法。

本模块的技能学习目标如下：

- 能正确使用图层和帧创建补间动画。
- 能根据提供的图像序列制作逐帧动画。
- 能利用引导图层制作相关的引导动画。

任务一　制作“蝴蝶”逐帧动画

工作任务场景

通过这段时间的学习，晓雪已经对 Flash 有所掌握，老张决定开始教她制作动画。老张告诉晓雪，每个动画都凝结了无数动画人的心血，在电视上看到的动画，每一个镜头，每一帧画面背后都凝结了无数人的汗水。看似简单的一个动画效果，可能要做上一个星期，甚至一个月。

因此，做动画最重要的是要有耐心，要坚持不懈，这样才能制作出好动画。刚好老张手里有一个项目，其中有一个蝴蝶飞舞的镜头，老张让晓雪回去熟悉 Flash 中的时间轴，并给了她素材，如图 6-1 所示，要求她第二天把制作好的动画效果交给他。

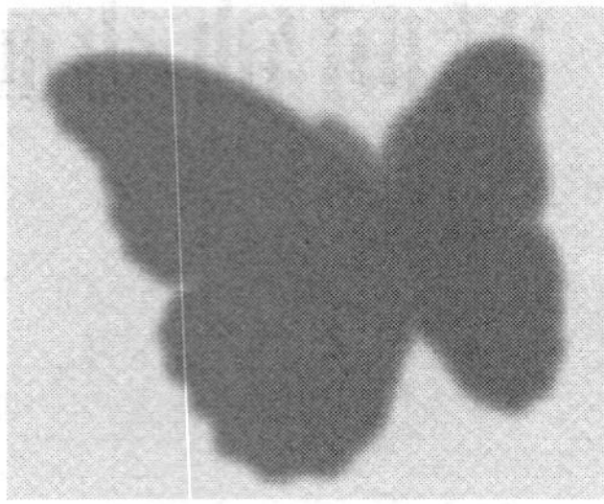

图 6-1　蝴蝶素材文件

行业背景知识

动画艺术作为一种独立的艺术，已有近百年的历史。从画在扇面两侧的图像，到跑马灯，都是动画的一种形式。动画制作需要经过许多流程，随着科技的发展，制作动画的流程越来越规范化，制作动画的设备也越来越精良，动画制作软件的种类也越来越丰富。

Flash 的普及和发展，满足了动画爱好者自己动手制作动画的愿望，而如何利用 Flash 制作出优秀的动画作品，也是考验动画师制作水平的一个关键问题。

工作任务分析

本任务的目标是认识 Flash CS5 时间轴中的图层和帧，并制作蝴蝶飞舞的逐帧动画。制作过程比较简单，需要注意导入图片序列的操作与导入单张图片的操作之间的不同。

本任务的最终效果展示如图 6-2 所示。要实现该效果，需要掌握以下几个技术要点。

（1）认识时间轴中图层的作用，以及时间轴中各按钮的作用。

（2）认识帧，了解帧的相关作用。

（3）掌握在舞台中导入图片序列的操作方法。

素材 **素材文件\模块六\蝴蝶\0.jpg、1.jpg……**
对应 **效果文件\模块六\蝴蝶.fla**

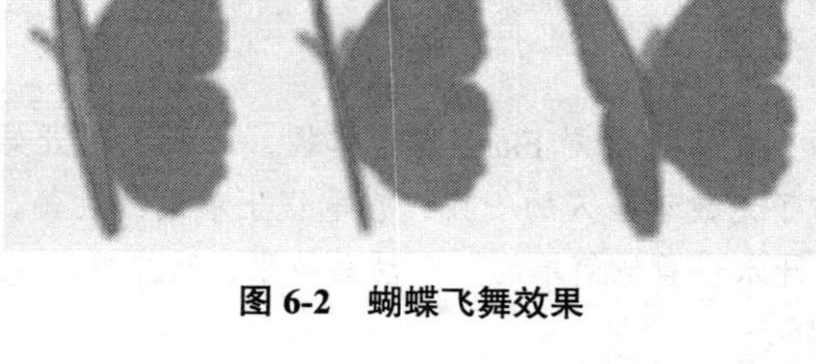

图 6-2　蝴蝶飞舞效果

制作思路分析

完成本任务主要包括认识时间轴中的图层、认识时间轴中的帧和导入图片序列制作逐帧动画等三步操作。具体思路如图 6-3 所示，操作要求如下。

（1）了解时间轴中的图层和帧。

（2）在场景中导入图像序列，并管理导入的图像序列。

（3）制作逐帧动画，并在时间轴中观察帧的变化。

①认识时间轴和帧　　②导入图像序列　　③制作逐帧动画

图 6-3　制作思路分析

操作一　认识时间轴中的图层

在 Flash 中制作动画时，若把动画对象全部放置在一个图层中，不仅不方便操作，还会显得杂乱无章，因此需要把动画对象放置在不同的图层中以便操作。

Flash 中的每个图层都相当于一张透明的纸，在每张纸上放置需要的动画对象，再将这些纸重叠，即可得到整个动画场景。每个图层都有一个独立的时间轴，在编辑和修改某一图层中的内容时，其他图层不会受到影响。

把动画元素分散到不同的图层中，然后对各个图层中的元素进行编辑和管理，可有效地提高工作效率。Flash CS5 中的图层区如图 6-4 所示。

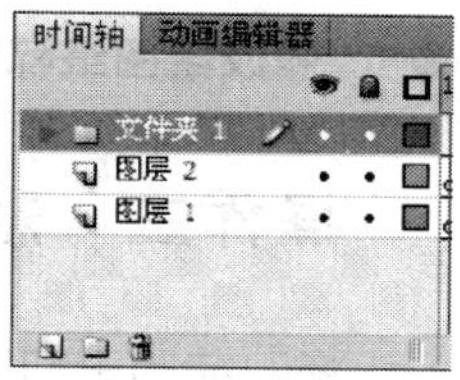

图 6-4　图层区

图层区中各功能按钮的介绍如下。

- **"显示或隐藏所有图层"按钮**：该按钮用于隐藏或显示所有图层，单击按钮即可在隐藏和显示状态之间进行切换。单击该按钮下方的图标 ● 可隐藏对应的图层，图层隐藏后该位置上的图标变为 ✕。
- **"锁定或解除锁定所有图层"按钮**：该按钮用于锁定所有图层，防止用户对图层中的对象进行误操作，再次单击该按钮可解锁图层。单击该按钮下方 ● 的图标可锁定对应的图层，锁定后的图层 ● 图标会变为图标。
- **"将所有图层显示为轮廓"按钮**：单击该按钮可以线框模式显示所有图层中的内容，单击该按钮下方的图标，将以线框模式显示该图标对应图层中的内容。
- **"新建图层"按钮**：单击该按钮可新建一个普通图层。
- **"新建文件夹"按钮**：单击该按钮可新建图层文件夹，用于管理图层。
- **"删除"按钮**：单击该按钮可删除选中的图层。

操作二　认识时间轴中的帧

帧是组成 Flash 动画最基本的单位，通过在不同的帧中放置相应的动画元素，并对动画元素进行编辑，然后对帧进行连续地播放，即可实现 Flash 动画效果。

在时间轴的帧区域中，同样包含可对帧进行编辑的按钮，如图 6-5 所示。

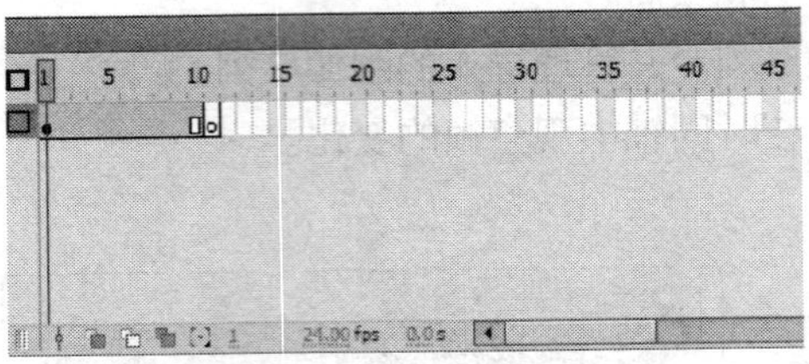

图 6-5　时间轴中的帧

图层区中各功能按钮介绍如下。

- **“帧居中”按钮** ：单击该按钮，播放头所在帧会显示在时间轴的中间位置。
- **“绘图纸外观”按钮** ：单击该按钮，时间轴标尺上出现绘图纸的标记显示，在标记范围内的帧上的对象将同时显示在舞台中。
- **“绘图纸外观轮廓”按钮** ：单击该按钮，时间轴标尺上出现绘图纸的标记显示，在标记范围内的帧上的对象将以轮廓线的形式同时显示在舞台中。
- **“编辑多个帧”按钮** ：单击该按钮，绘图纸标记范围内的帧上的对象将同时显示在舞台中，可以同时编辑所有的对象。
- **“修改绘图纸标记”按钮** ：单击该按钮，在弹出的菜单中可对绘图纸标记进行修改。

操作三　制作逐帧动画

逐帧动画中的每一帧都是关键帧，下面介绍如何在 Flash 中导入图像序列素材制作蝴蝶飞舞逐帧动画。

【详细步骤】

（1）启动 Flash CS5，新建 AS3.0 文档，将其以“蝴蝶”为名进行保存。

（2）选择【文件】→【导入】→【导入到舞台】菜单命令，打开“导入”对话框，打开素材文件所在位置，选中素材序列文件的第一个文件“0”，单击 打开(O) 按钮，如图 6-6 所示。

（3）在打开的提示对话框中单击 是 按钮，如图 6-7 所示，即可将图片序列导入到 Flash 中。

（4）在“库”面板中即可看到导入的图片序列，单击“库”面板下的“新建文件夹”按钮 ，在“库”面板中新建一个文件夹，使用鼠标左键双击文件夹右侧的“新建文件夹”文本，使其呈可编辑状态，在其中输入“蝴蝶素材”，如图 6-8 所示。

（5）在“库”面板的列表框中单击图像序列的第 1 张图片，拖曳滚动条到列表框底部，按住“Shift”键不放，单击最后一张图片，全选图片序列。

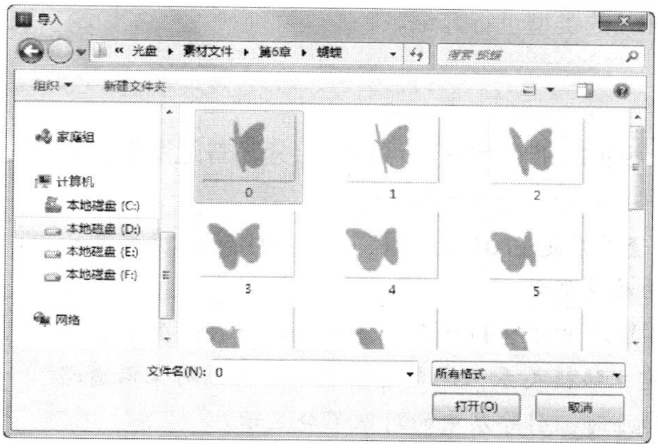

图 6-6　选择导入的图片

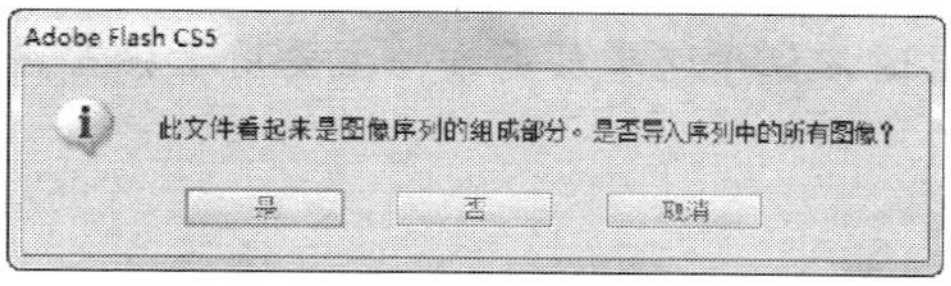

图 6-7　导入图片序列

（6）按住选中的图片序列不放，将其拖曳到“蝴蝶素材”文件夹上，释放鼠标左键，即可将图片序列移动到文件夹中，如图 6-9 所示。

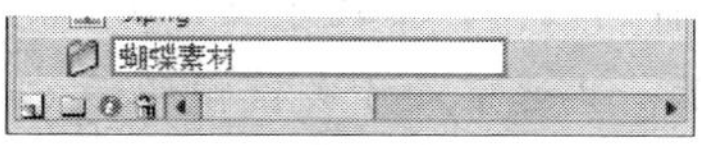

图 6-8　新建文件夹

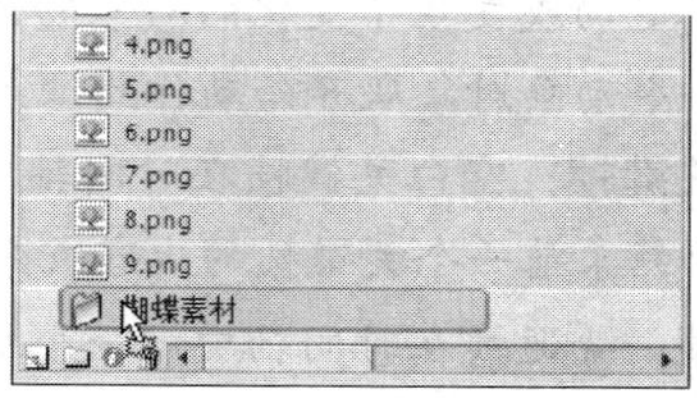

图 6-9　整理图片素材

（7）在时间轴中即可查看导入到舞台后，帧区域中的变化，如图 6-10 所示。

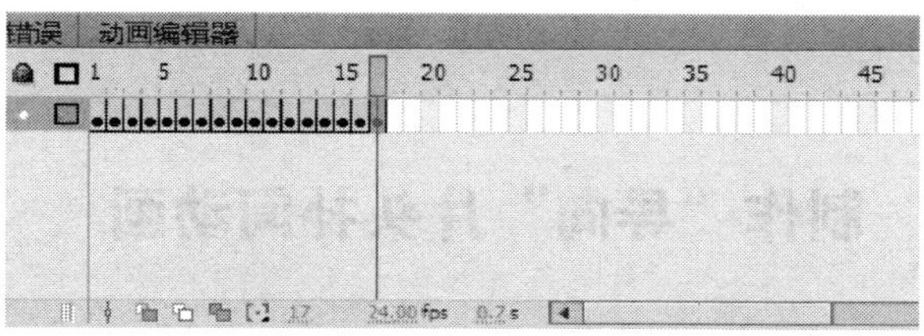

图 6-10　时间轴中帧区域的变化

知识回顾拓展

本任务主要介绍了时间轴的相关知识，并对时间轴中图层和帧的概念进行了阐述，最后制作了蝴蝶飞舞的逐帧动画。

下面分别对图层和帧的类型进行介绍。

1. 图层的类型

在 Flash CS5 中，根据功能和用途，可将图层分为普通图层、引导层、遮罩层和被遮罩层 4 种，如图 6-11 所示。

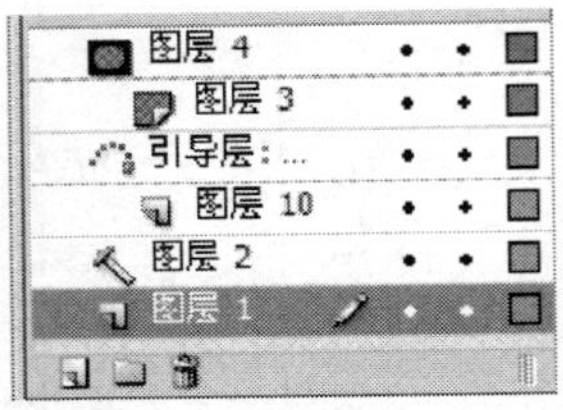

图 6-11 图层的分类

- **普通图层** ：普通图层是 Flash CS5 中最常见的图层，主要用于放置动画中所需的动画元素。
- **引导层** ：在引导层中可绘制动画对象的运动路径，然后在引导层与普通图层建立链接关系，使普通图层中的动画对象沿着路径运动。在导出动画时，引导层中的对象不会显示。
- **遮罩层** ：遮罩层是 Flash 中的一种特殊图层，用户可在遮罩层中绘制任意形状的图形或创建动画，实现特定的遮罩效果。
- **被遮罩层** ：被遮罩层通常位于遮罩层下方，主要用于放置需要被遮罩层遮罩的图形或动画。

2. 帧的类型

在 Flash CS5 中，根据不同功能和含义，可将帧分为空白关键帧、关键帧和普通帧 3 种，如图 6-12 所示。

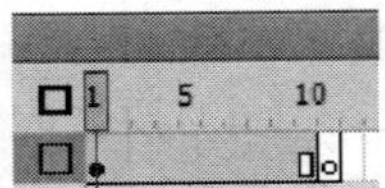

图 6-12 帧的类型

- **关键帧**：关键帧在时间轴中以一个黑色实心圆●表示，用于放置动画中发生了运动或发生了变化的对象物体。关键帧有开始，也有结束，用于表现一个动画对象从开始动作到结束动作的变化。
- **空白关键帧**：空白关键帧在时间轴中以一个空心圆○表示，该关键帧中没有任何内容，主要用于结束前一个关键帧的内容或分隔两个相连的补间动画，常用于制作物体消失的动画。
- **普通帧**：普通帧在时间轴中以一个灰色方块 表示，其通常处于关键帧的后方，作为关键帧之间的过渡，或用于延长关键帧中动画的播放时间。一个关键帧后的普通帧越多，该关键帧的播放时间越长。

任务二 制作“导向”片头补间动画

工作任务场景

自从学习了通过导入图片序列制作动画后，晓雪对 Flash 的学习兴趣更加浓厚了。但是她觉得通过一张一张地画图片制作动画很浪费时间，于是向老张请教：“有没有什么方法可以快速高效地制作动画呢？”老张告诉晓雪，制作动画时并不需要在每一帧中都使用图片，Flash 可通过添加补间动画的命令，直接为一些动画对象添加动画效果，这样得来的效果不仅准确度高，而且可以帮助制作者节省时间。

行业背景知识

数字媒体的发展使得当今社会许多公司都有自己的名片和社交网络，许多公司还为自己的形象制作了相应的视频介绍短片。特别是在一些以新媒体为业的领域，每个作品都有相应制作团队的 LOGO、标志或片头动画，用于表明这些作品的所有权。

片头视频几乎在每一个电影的开头都能看到，好的片头可为公司增加知名度，充满创意的片头可让人过目难忘，同时能让观众对该公司产生良好的印象。

工作任务分析

本任务需要制作片头类的动画效果，主要涉及动画主题的引入和文本字体的变化。制作完成后的最终效果如图 6-13 所示。要实现该效果，需要掌握以下几个技术要点。

（1）掌握如何制作补间动画。

（2）掌握如何制作形状补间动画。

（3）掌握如何制作传统补间动画。

素材对应　**效果文件\模块六\导向.fla**

图 6-13　“导向”片头效果

制作思路分析

完成本任务主要包括补间动画的制作、形状补间的制作以及传统补间的制作等三步操作。具体思路如图 6-14 所示，操作要求如下。

（1）制作补间动画。

（2）制作形状补间动画。

（3）制作传统补间动画。

①制作动作补间　②制作形状补间　③制作传统补间

图 6-14　制作思路分析

操作一　制作动作补间动画

动作补间动画可以使对象发生位置移动、缩放、旋转和颜色渐变等变化。这种动画只适用于文字、位图和实例，被打散的对象不能产生动作渐变，除非将它们转换为元件或组合。

【详细步骤】

（1）新建 AS3.0 文档，使用矩形工具绘制与舞台相同大小的矩形作为背景，在其“属性”面板的“填充和笔触”栏中关闭笔触。

（2）在面板组中单击“颜色”按钮，弹出“颜色”面板，在其中设置矩形背景为“径向渐变”，在渐变条中设置左侧的渐变颜色为“#99CCFF”，右侧的渐变颜色为“#9999CC”，如图 6-15 所示。

（3）选择渐变变形工具，调整矩形背景的渐变颜色，效果如图 6-16 所示。按“Ctrl+S”组合键，将文件以“导向”为名进行保存。

（4）使用选择工具选中矩形背景，选择【修改】→【排列】→【锁定】命令，锁定矩形背景，防止其在之后的操作中被更改。

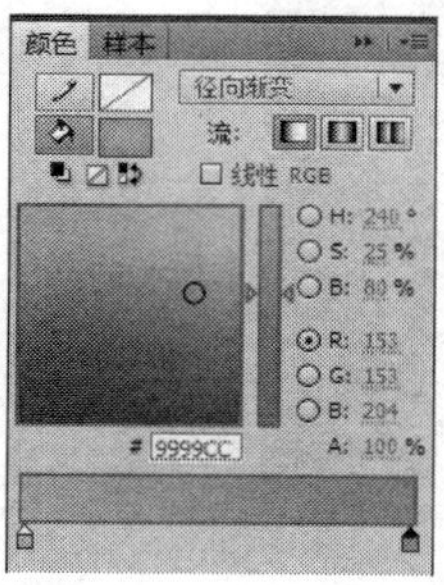

图 6-15　设置背景渐变填充

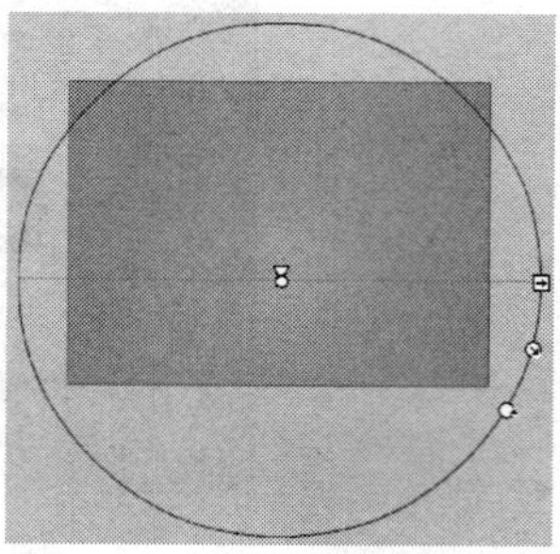

图 6-16　调整渐变填充

（5）在时间轴中双击“图层 1”文本，将其转换为可编辑模式，然后输入“背景”。选中“背景”图层中的第 50 帧，选择【插入】→【时间轴】→【帧】菜单命令，插入空白帧，使背景图形在前 50 帧中都能显示。

（6）单击“背景”图层右侧对应的隐藏标记，将其隐藏，单击“新建图层”按钮，在“背景”图层之上新建一个图层，双击图层名称，使其呈可编辑状态，输入“圆”，如图 6-17 所示。

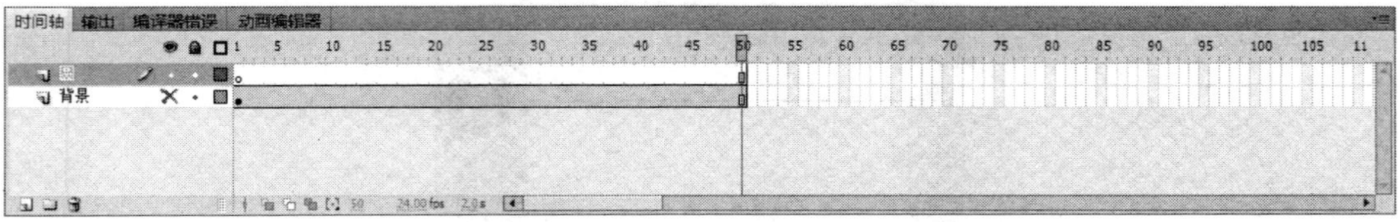

图 6-17　新建“圆”图层

（7）选中“圆”图层的第 1 帧，选择椭圆工具，在舞台中按住“Shift”键绘制一个圆形，在“属性”面板中设置圆形的笔触颜色为白色（#FFFFFF），笔触宽度为“3.00”，填充颜色为“#CC6699”，如图 6-18 所示。

（8）使用选择工具选中绘制的圆形，单击鼠标右键，在弹出的快捷菜单中选择“转换为元件”命令，打开“转化为元件”对话框。

（9）在“名称”文本框中输入“圆”，在“类型”下拉列表中选择“影片剪辑”选项，单击 确定 按钮，如图 6-19 所示。

图 6-18　设置圆属性

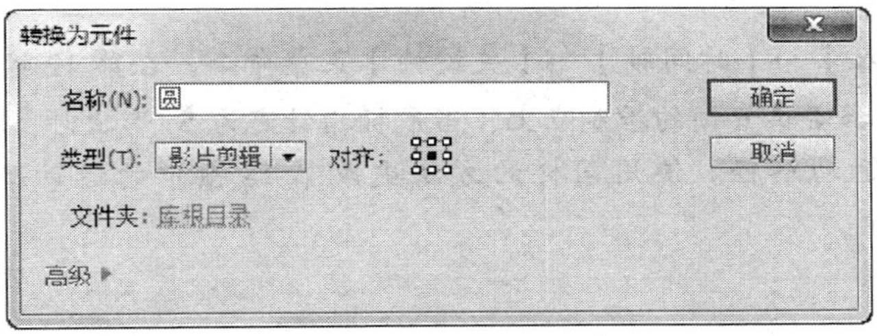

图 6-19　将圆转换为元件

（10）将小球移动到舞台左侧，单击“圆”图层的第 25 帧，选择【插入】→【时间轴】→【空白关键帧】菜单命令，插入一个空白关键帧。

（11）单击“小球”图层的第 24 帧，选择【插入】→【补间动画】菜单命令，如图 6-20 所示。使用选择工具选中圆图形，将其拖曳到舞台右侧，拖曳完毕后会在舞台中出现一条动作路径，如图 6-21 所示，在时间轴中拖动播放头即可查看运动效果。

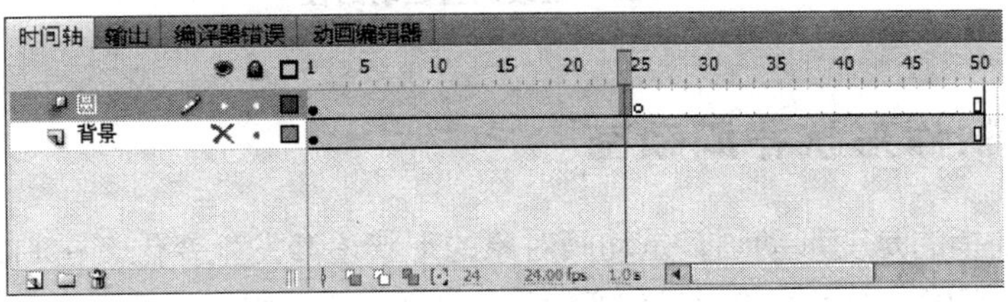

图 6-20　创建补间动画

（12）单击“圆”图层中的第 12 帧，将鼠标指针移到圆的中心点上，当鼠标指针变为 形状时，按住鼠标左键并向下拖曳，如图 6-22 所示。

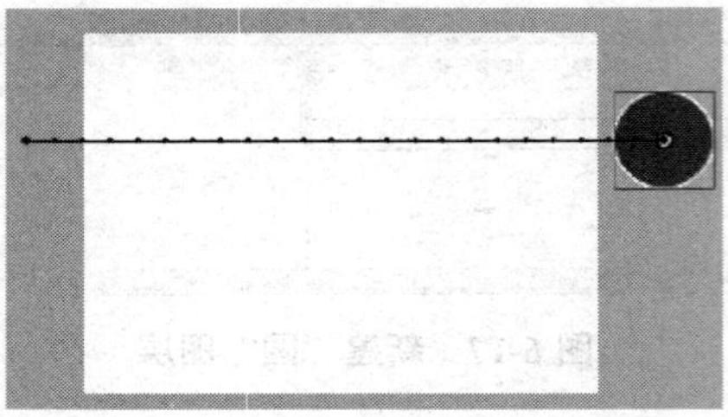

图 6-21　拖动圆形创建动画路径

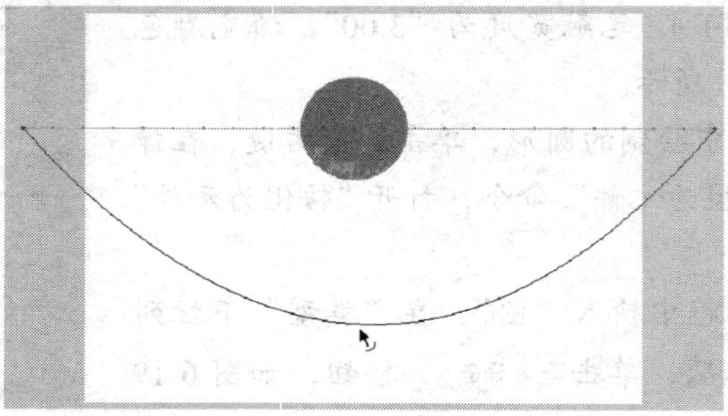

图 6-22　调整第 12 帧的运动路径

（13）选择【插入】→【时间轴】→【关键帧】菜单命令，在第 12 帧中插入一个关键帧，在舞台中将鼠标指针移至第 6 帧的控制点上，当鼠标指针变为 形状时，按住鼠标左键不放并拖曳，更改对象的运动路径。使用同样的方法更改第 18 帧中的运动路径，效果如图 6-23 所示。

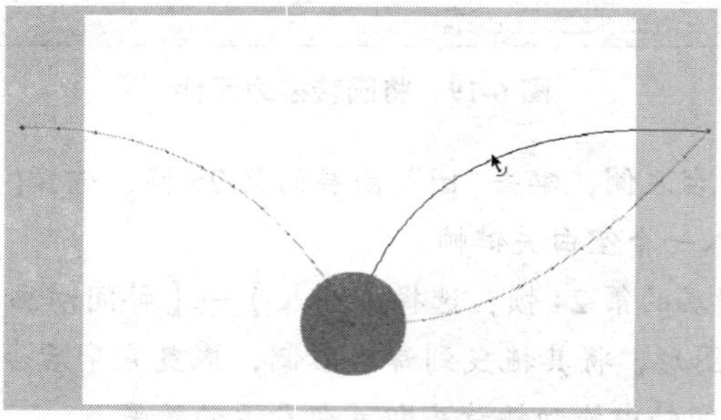

图 6-23　继续调整运动路径

操作二　制作形状补间动画

形状补间动画指的是变形动画，是动画对象的形状逐渐发生变化。在 Flash 中图形的变形制作较为简单，只需确定变形前的形状和变形后的形状，再添加形状补间动画即可。

下面开始制作主题字体变形动画，具体操作如下。

【详细步骤】

（1）在时间轴中单击“圆”图层右侧的隐藏标记，隐藏“圆”图层。

（2）单击“新建图层”按钮 ，在“小球”图层上新建一个图层，双击图层名称，将其更改为“文本”，选择文本工具 T，在“属性”面板中将文本引擎更改为“传统文本”。

（3）将鼠标指针移至舞台中央的位置，按住鼠标左键并拖曳，绘制一个文本框，在其中输入“THE”，在文本的“属性”面板的“字符”栏中，在“系列”下拉列表中选择文本的字体为“Arial Black”，大小为“83”，字体颜色为“#CC6699”，效果如图 6-24 所示。

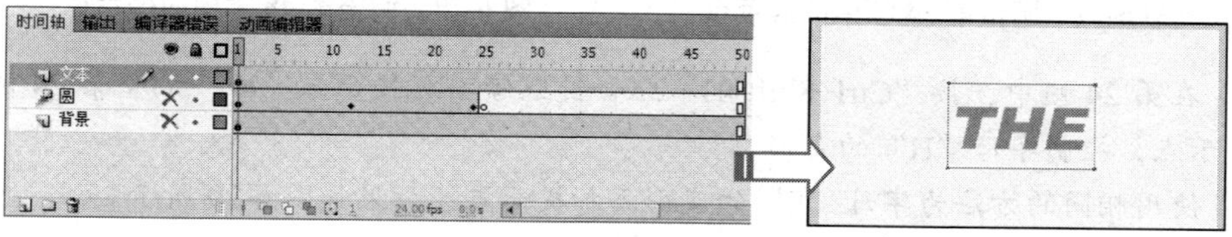

图 6-24　在“文本”图层中输入文本

（4）在“文本”图层中单击第 1 帧中的关键帧，当鼠标指针变为 形状时，将第 1 帧中的关键帧拖曳到第 24 帧。

（5）按住“Alt”键不放并单击第 24 帧中的关键帧，当鼠标指针变为 形状时，将第 24 帧中的关键帧拖曳到第 48 帧，复制一个关键帧，如图 6-25 所示。

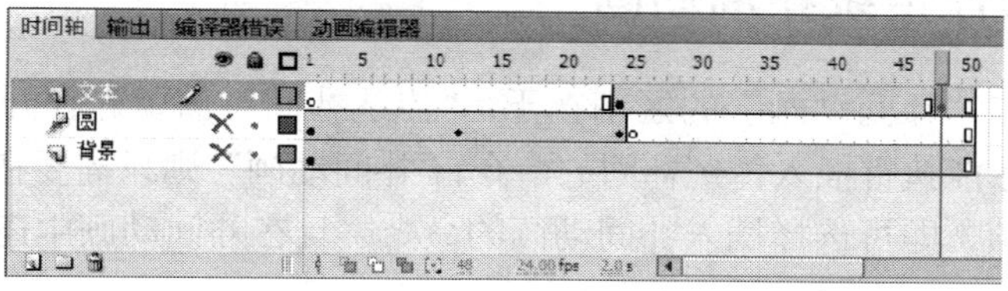

图 6-25　复制帧

（6）单击第 48 帧，在舞台中选中“BLUE”文本，在其“属性”面板中将“字符”栏中的“系列”更改为“Gunship Condensed”，按两次“Ctrl+B”组合键，将文字打散。

（7）单击第 24 帧，在舞台中选中“BLUE”文本，按两次“Ctrl+B”组合键，将其打散。在第 24 帧和第 48 帧之间的任意一帧上单击鼠标右键，在弹出的快捷菜单中选择“创建补间形状”命令，在第 24 帧和第 48 帧之间生成一个绿色底的右向箭头，表明成功创建形状补间动画，如图 6-26 所示。

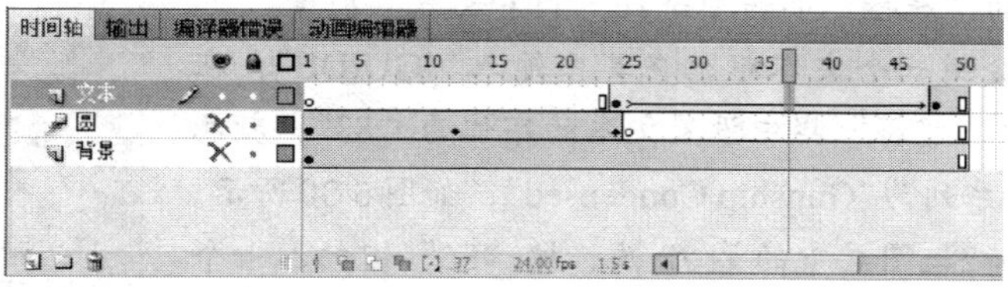

图 6-26　创建形状补间动画

（8）选中第 24 帧，选择【修改】→【形状】→【添加形状提示】菜单命令，在舞台中即可出现一个带有字母“a”的红色圆圈提示点，按住该提示点不放，当鼠标指针变为 形状时，将其拖曳到字母“T”的边角上，如图 6-27 所示。

（9）选中第 48 帧，在文本上将出现一个与第 24 帧对应的形状提示点，将其拖曳到字母“T”

的边角上，此时提示点变为绿色，如图 6-28 所示。返回第 24 帧可看到该帧文本上的提示点已变为黄色。

图 6-27　调整第 24 帧中的提示点

图 6-28　调整第 48 帧中的提示点

（10）在第 24 帧中，按“Ctrl+Shift+H”组合键继续添加提示点“b”，调整第 24 帧和第 48 帧中的提示点，控制字母“H”的变形。

（11）使用相同的方法为字母“E”的变形添加提示点，效果如图 6-29 所示。

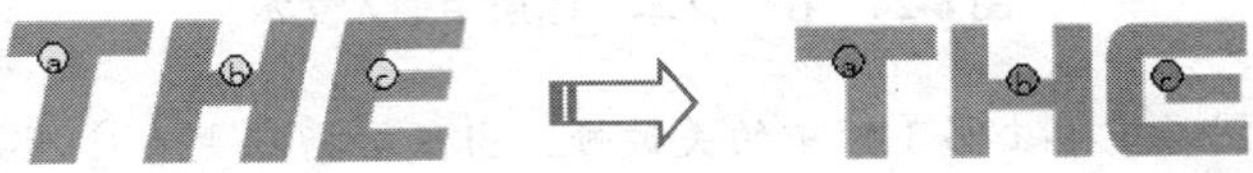

图 6-29　设置其他字母的变形

操作三　制作传统补间动画

“传统补间”与“补间动画”的区别在于，“传统补间”需要先在开始帧和结束帧中放入同一动画对象，才能执行插入传统补间的命令；“补间动画”则只需要在开始帧中放入动画对象，并定义结束帧，即可选择插入补间动画的命令，且在补间动画中还可控制对象的动作路径。

下面介绍如何在 Flash 中制作传统补间动画，具体操作如下。

【详细步骤】

（1）在时间轴中单击“新建图层”按钮，在“文本”图层上再新建一个图层，更改图层的名字为“文本 2”。

（2）按住“Shift”键不放，逐一单击选中每一层的第 73 帧，按“F5”键插入帧，延长动画对象在舞台中的存留时间。

（3）在“文本 2”图层中单击选中第 48 帧，按“F7”键插入一个空白关键帧，选择文本工具 T，在文本工具的“属性”面板中选择“TLF 文本”引擎。

（4）在舞台中绘制一个文本框，在其中输入“GUIDE”，在对应“属性”面板的“字符”栏中设置文本的字体为“83”，颜色为“#CC6699”，字号系列为“Gunship Condensed”，如图 6-30 所示。

（5）单击“文本 2”图层中的第 72 帧，按“F6”键插入一个关键帧。

（6）在第 48 帧到第 72 帧之间的任意一帧上单击鼠标右键，在弹出的快捷菜单中选择“创建传统补间”命令，即可在第 48 帧和第 71 帧之间生成一个紫色底的右向箭头，表明成功创建传统补间动画，如图 6-31 所示。

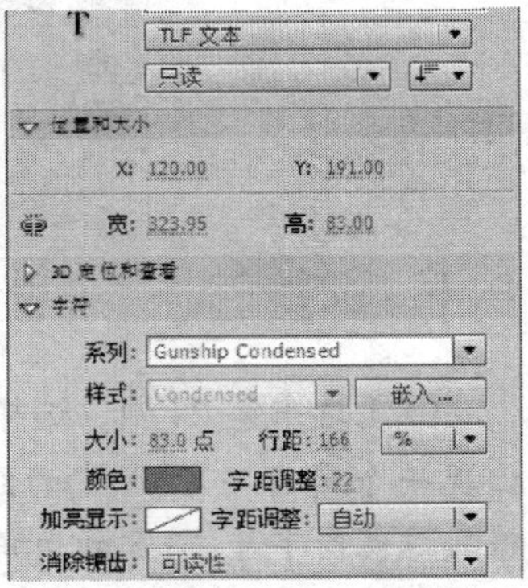

图 6-30　输入文本并进行设置

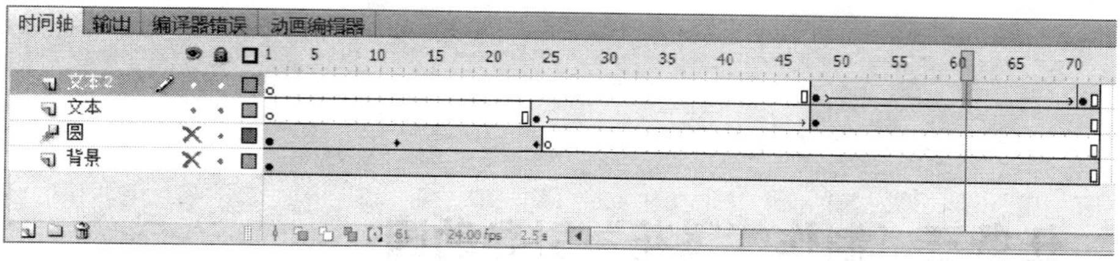

图 6-31　创建传统补间

（7）在“文本 2”图层中单击选中第 48 帧，然后在舞台中单击选中“GUIDE”文本，在其“属性”面板的“色彩效果”栏中单击“样式”右侧的下拉列表，在弹出的列表中选择“Alpha”选项。

图 6-32　设置文本在第 48 帧的透明属性

（8）在展开的“Alpha”控件中将“Alpha”的值设置为“0”，如图 6-32 所示。

（9）单击“圆”图层和“背景”图层右侧的隐藏标记，将“圆”图层和“背景”图层中的动画对象显示在舞台中。按“Ctrl+Enter”组合键测试动画，测试无误后选择【文件】→【保存】菜单命令，保存更改后的文档。

知识回顾拓展

本任务运用到了 3 种补间动画的创建，包括补间动画、形状补间动画和传统补间动画。使用不同的补间动画类型可制作不同的动画效果，在制作时应注意操作顺序。

这 3 类补间动画是 Flash 制作动画的基础，理解这 3 类动画的原理可帮助读者更好地学习动画的制作。在制作变形动画的过程中，若变形的两个对象在舞台中的位置相隔太远，会造成动画不协调；在制作传统补间动画时，可能出现动画制作完成后某一图层中的动画对象位置不对的情况，此时可通过时间轴中的“编辑多个帧”按钮 移动对象的位置。

下面以在“导向”片头的时间轴中调节“文本”图层中的文本对象的位置为例，具体介绍“编辑多个帧”按钮 的用法。

在时间轴中单击“编辑多个帧”按钮 ，此时在帧面板的帧刻度上出现一组大括号。将左侧的括号拖曳至第 24 帧前，再将右侧的括号拖曳至第 72 帧后，如图 6-33 所示。使用选择工具框选舞台中的“THE”文本，按住选中的文本不放将其向上拖曳，调整文本的位置即可，再次单击“编辑多个帧”按钮 ，取消其选中状态，退出“编辑多个帧”状态。

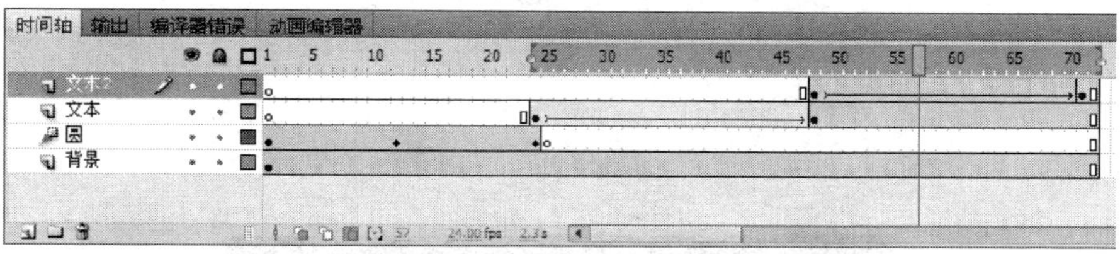

图 6-33　编辑多个帧

任务三　制作“飞花”引导动画

工作任务场景

晓雪最近几天正在为手上的一个动画效果烦恼，她希望制作花瓣随一个路径运动的效果，但是用补间动画制作的效果显得很生硬，不是很理想，于是她去请教老张。老张听完晓雪的陈述后告诉她，Flash 作为一个专业二维动画制作软件，其制作动画的功能并非只是制作 3 种补间动画，晓雪所说的这类动画的制作，可使用 Flash 的引导图层制作，使用引导图层可轻松绘制动画对象的运动路径，而不用在补间动画中慢慢调节。

行业背景知识

许多制作视频的软件都可绘制路径，制作路径动画。在 Flash 中也可使用引导图层制作路径动画。引导动画多用于动画对象较少和对象运动路径较曲折的情况，如气球飘起、树叶飘落、书法写字等动画，就经常需要使用引导图层进行制作。

工作任务分析

本任务主要是制作花瓣飘落的引导动画，制作完成后的最终效果如图 6-34 所示。要实现该效果，需要掌握以下几个技术要点。

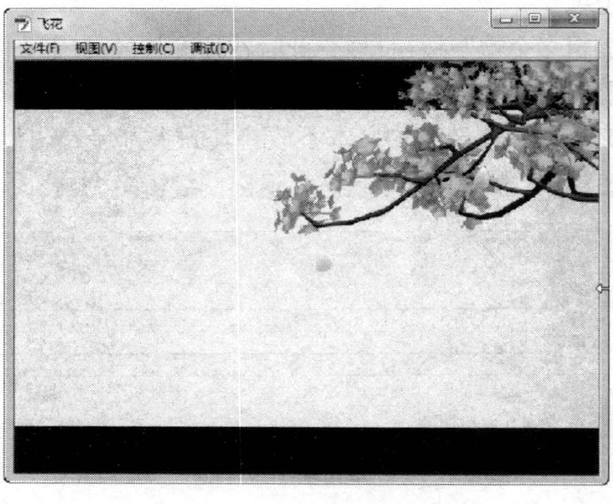

图 6-34　“飞花”动画效果

（1）巩固时间轴中图层和帧的使用。

（2）掌握添加引导动画的方法。

（3）掌握编辑引导动画的方法。

素材　素材文件\模块六\飞花\bg.jpg、花瓣.png、花瓣2.png、花枝.png
对应　效果文件\模块六\飞花.fla

制作思路分析

完成本任务主要包括制作背景、创建引导路径和制作引导动画等三方面操作。具体思路如图 6-35 所示，操作要求如下。

（1）打开素材文件，设置背景和场景。

（2）导入需要制作动画的花瓣素材。

（3）新建引导图层，绘制引导路径，吸附动画对象。

（4）复制图层，更改动画对象。

①制作背景　　②创建引导路径　　③制作引导动画

图 6-35　制作思路分析

操作一　创建引导动画

下面讲解如何在 Flash 中创建引导动画，具体操作如下。

【详细步骤】

（1）启动 Flash CS5，新建 AS 3.0 文档，并将其以“飞花”为名进行保存。

（2）选择【文件】→【导入】→【导入到库】菜单命令，打开“导入到库”对话框，在其中选择需要导入的“花枝 .png”、“bg.jpg”、“花瓣 .png”和“花瓣 2.png”图片，单击 打开(O) 按钮，将其导入到“库”面板中。

（3）切换到“库”面板，将“bg.jpg”文件拖曳到场景中，在工具栏中选择任意变形工具，将场景中的图片缩放至与舞台大小相同。

（4）将“库”面板中的“花枝 .png”图片拖曳到场景中，使用任意变形工具调整其大小和位置。使用矩形工具绘制与背景同宽，高为“48.00”的矩形，将其填充为黑色，笔触设置为无，放置在舞台顶端，并按“Ctrl+ ↓”组合键，将其移动到“花枝 .png”图片之下。

（5）按住“Alt”键不放，复制黑色矩形，将复制的矩形拖曳到舞台下方，效果如图 6-36 所示。

（6）在“库”面板的列表中自动生成对应的图形元件，分别双击花瓣的元件名称，将其更改为“花瓣 1”和“花瓣 2”，如图 6-37 所示。

图 6-36　设置背景

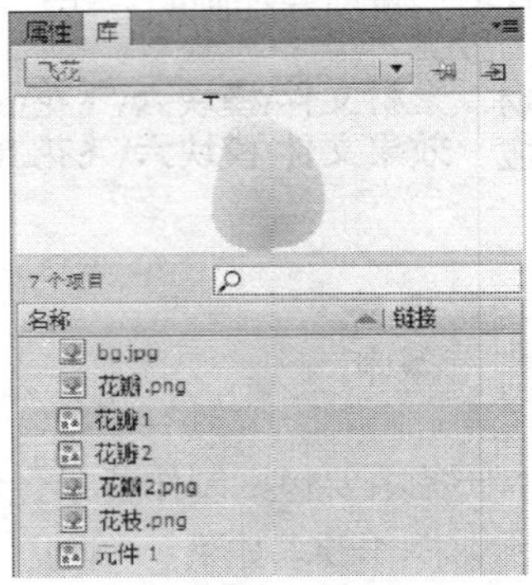

图 6-37　重命名元件

（7）在时间轴中双击“图层 1”的名称，将其更改为“背景”，单击其右侧的锁定标记，锁定“背景”图层。

（8）单击“新建图层”按钮 ，在“背景”图层上，新建一个图层，将其名称更改为“花瓣 1”。

（9）单击“花瓣 1”图层的第 1 帧，将“库”面板中的“花瓣 1”图形元件拖动到舞台中，使用任意变形工具，配合“Shift”键等比例缩小舞台中的“花瓣 1”实例，时间轴如图 6-38 所示。

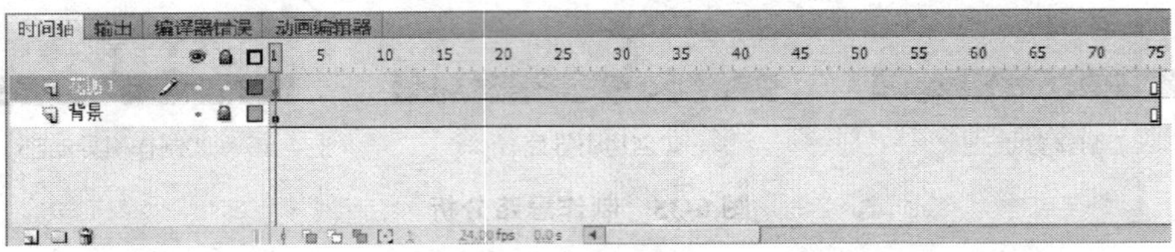

图 6-38　新建图层并添加对象后的时间轴面板

（10）在“花瓣 1”图层上单击鼠标右键，在弹出的快捷菜单中选择“添加传统运动引导层”命令，为“花瓣 1”图层创建运动引导层，如图 6-39 所示。

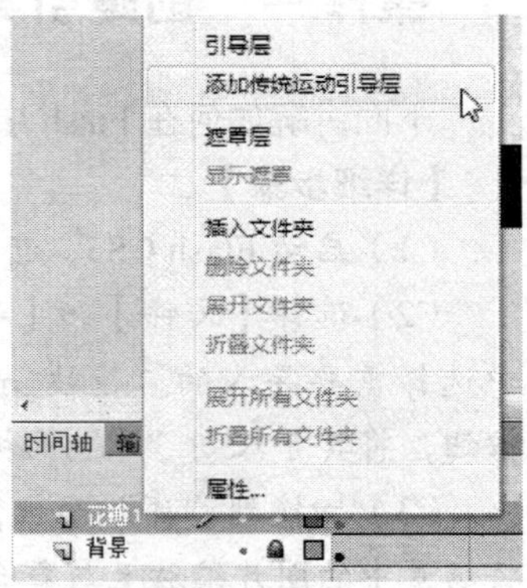

图 6-39　添加运动引导层

（11）单击“引导层”的第 1 帧，使用铅笔工具在舞台中绘制花瓣运动的路径，如图 6-40 所示。

（12）按住“Shift”键不放，单击选中“引导层”和“花瓣 1”图层中的第 60 帧，按“F6”键插入关键帧。

（13）单击“花瓣 1”图层的第 1 帧，使用任意变形工具选中“花瓣 1”图形实例，将其拖动到引导路径的起点位置，单击该图层第 60 帧，将“花瓣 1”图形实例拖动到引导路径的终点位置，如图 6-41 所示。

（14）在“花瓣 1”图层的第 1 帧和第 60 帧之间的任意一帧上，单击鼠标右键，在弹出的快捷菜单中选择“创建传统补间”命令，效果如图 6-42 所示。

图 6-40　绘制运动路径

图 6-41　吸附路径终点

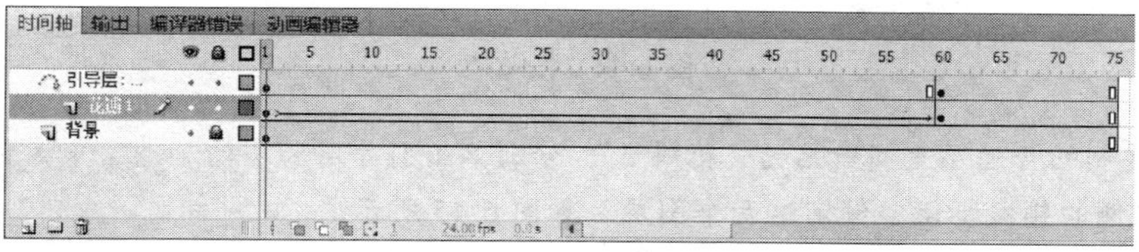

图 6-42　创建传统补间动画

操作二　编辑引导动画

制作完成引导动画后，还可对引导动画中的动画对象进行编辑，使动画更加生动。下面介绍如何在 Flash 中编辑引导动画，具体操作如下。

【详细步骤】

（1）在时间轴中，按住“Shift”键，选中引导层和“花瓣 1”图层中的第 1 帧至第 75 帧，单击鼠标右键，在弹出的快捷菜单中选择“复制帧”命令，如图 6-43 所示。

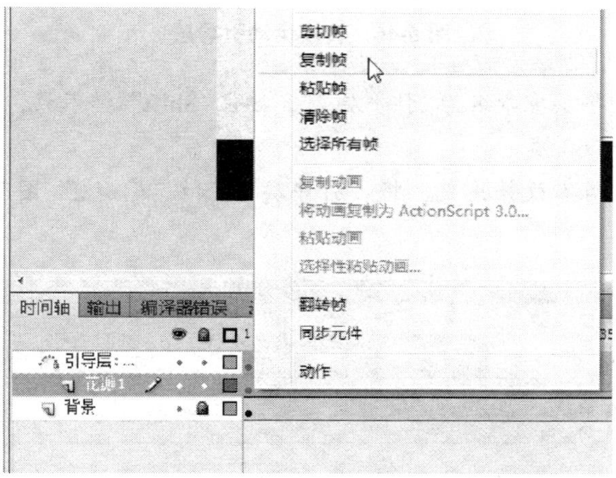

图 6-43　复制帧

（2）单击“新建图层”按钮 ，在引导层上新建一个图层，选中新建图层的第 1 帧，单击鼠标右键，在弹出的快捷菜单中选择“粘贴帧”命令，如图 6-44 所示。

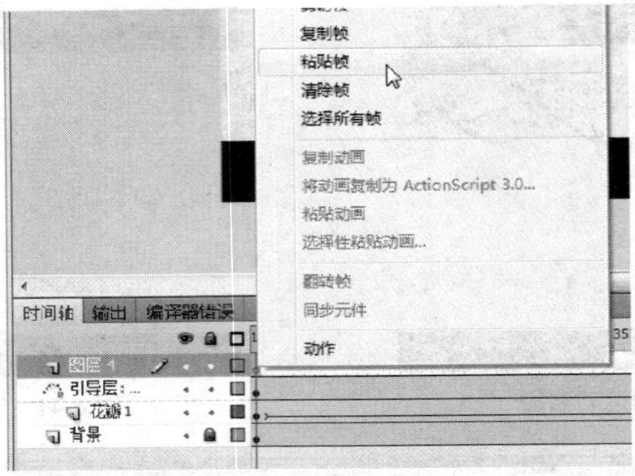

图 6-44　粘贴帧

（3）将复制的普通层重新命名为“花瓣 2”，分别单击引导层和“花瓣 1”图层右侧的锁定标记，锁定这两个图层，如图 6-45 所示。

图 6-45　锁定帧

（4）在粘贴帧后出现的两个图层中，花瓣对象并不会随着引导层的路径进行运动，单击“花瓣 2”图层不放并向图层标记为 的引导层“图层 3”的右下方拖动，当出现一条带有圆圈的黑色横线时释放鼠标左键，即可将“图层 3”和“花瓣 2”图层转换为运动引导层和被引导层，如图 6-46 所示。

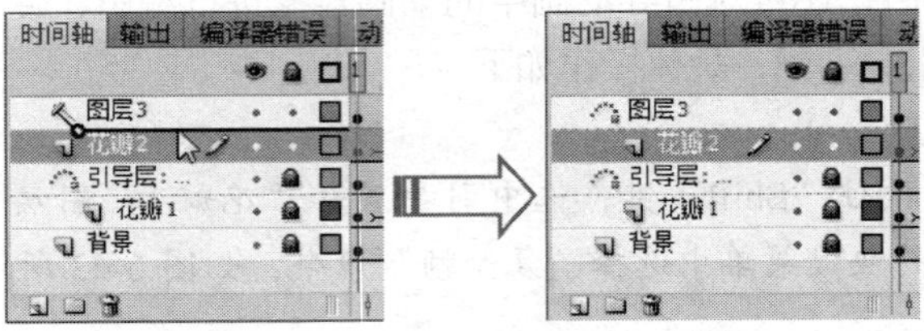

图 6-46　转换运动引导层

（5）将“图层 3”引导层重命名为“引导层 2”，按住“Shift”键不放，选中“引导层 2”和“花瓣 2”图层的第 1 帧至第 60 帧。

（6）按住所选帧序列不放并拖曳，将“引导层 2”和“花瓣 2”图层中的关键帧向右移动 10 帧，如图 6-47 所示。

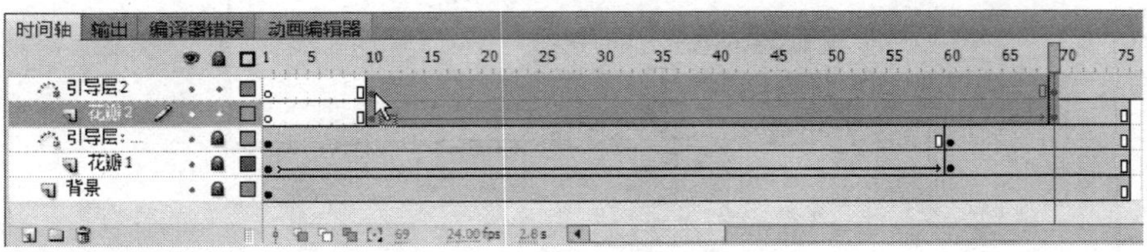

图 6-47　移动帧

（7）调整后的“花瓣 2”图层中的花瓣将延迟 10 帧的时间再出现并进行运动。在时间轴中单击“编辑多个帧”按钮 ，选中需要编辑的“引导层 2”和“花瓣 2”图层中的帧，如图 6-48 所示。

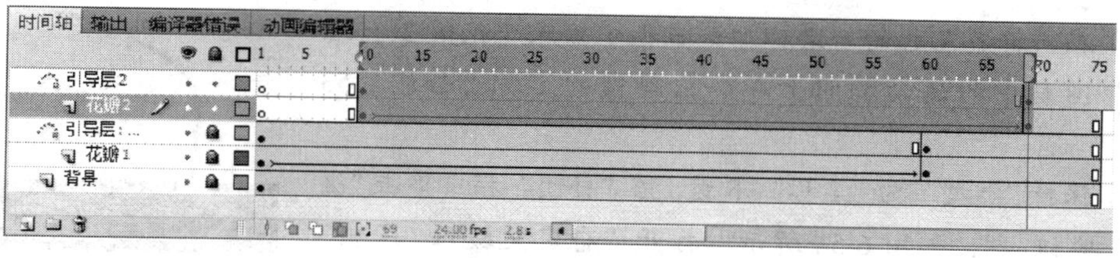

图 6-48 选中多个帧

（8）使用选择工具在舞台中框选“引导层 2”和“花瓣 2”图层中的引导路径和花瓣实例，将其拖曳到场景中另一位置，如图 6-49 所示。

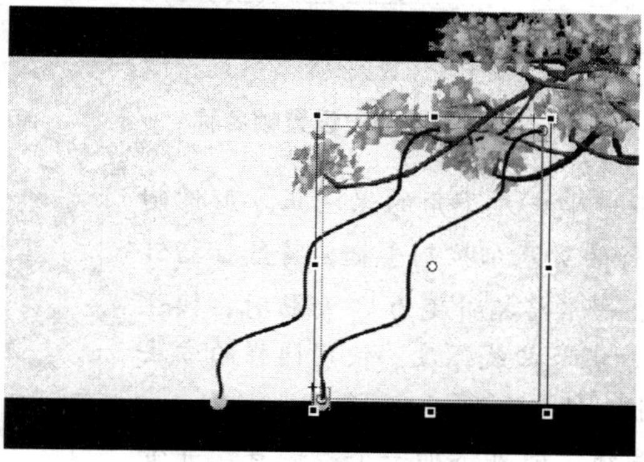

图 6-49 移动对象位置

（9）在时间轴中单击“编辑多个帧”按钮，取消其选中状态。单击“花瓣 2”图层的第 10 帧，在舞台中单击选中复制的花瓣图形，在其“属性”面板中单击 交换... 按钮，如图 6-50 所示。

（10）在打开的“交换元件”对话框的元件列表中选择“花瓣 2”图形元件，单击 确定 按钮，如图 6-51 所示。使用同样的方法交换第 60 帧中的花瓣元件。

图 6-50 单击“交换”按钮

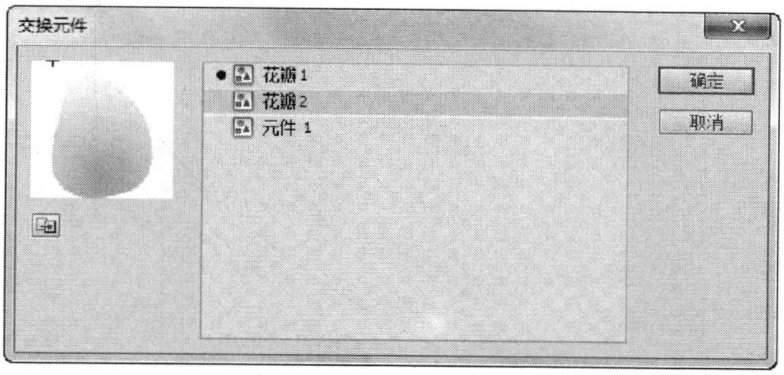

图 6-51 交换元件

（11）在舞台中即可看到复制的花瓣运动图形已更改，如图 6-52 所示。在“花瓣 2”图层中单击第 10 帧至第 70 帧中的任意一帧（即花瓣补间动画中的任意一帧），在“属性”面板中将出现与“帧”相关的一些属性参数。

（12）在“标签”栏的“名称”文本框中输入“花瓣 2”，在“花瓣 2”图层中的运动补间上即会出现帧的名称，如图 6-53 所示。

（13）保持“类型”为“名称”不变，在“补间”栏中单击“编辑缓动”按钮，如图 6-54 所示，打开“自定义缓入 / 缓出”对话框。

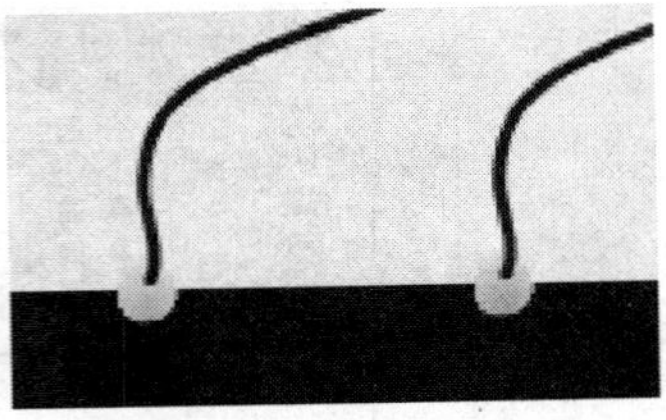

图 6-52 交换元件效果

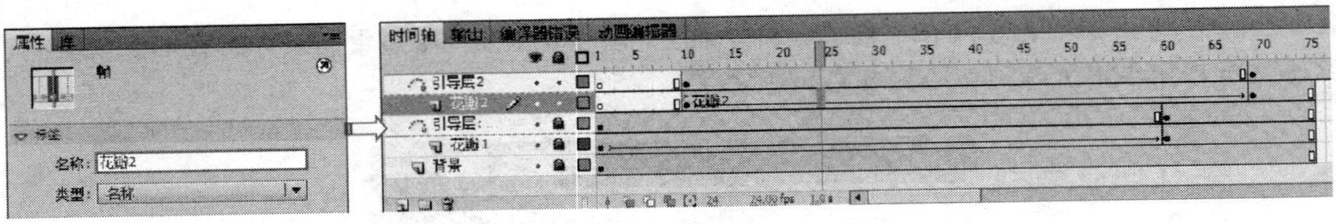

图 6-53 设置帧名称

（14）在打开的对话框中单击左下角的黑色正方形控制点，将出现一个与直线平行的贝塞尔控制手柄，将鼠标指针移至该贝塞尔控制手柄上，当鼠标指针变为形状时，按住鼠标左键不放并向下拖曳，调节曲线弧度。使用同样的方法调节右上角的黑色正方形控制点，如图 6-55 所示。

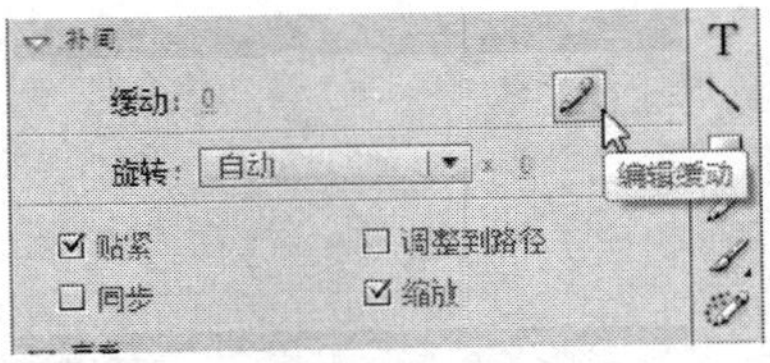

图 6-54 单击“编辑缓动”按钮

（15）使用鼠标单击曲线，即可添加一个控制点，并带有贝塞尔控制手柄，对其进行调整，调整完成后单击 确定 按钮，如图 6-56 所示。

（16）在“补间”栏中单击“旋转”右侧的下拉按钮，在弹出的下拉列表中选择“顺时针”选项，“旋转次数”设置为“1”，如图 6-57 所示。删除“引导层 2”中多余的帧，按“Ctrl+Enter”组合键进行测试，测试完成后保存文档。

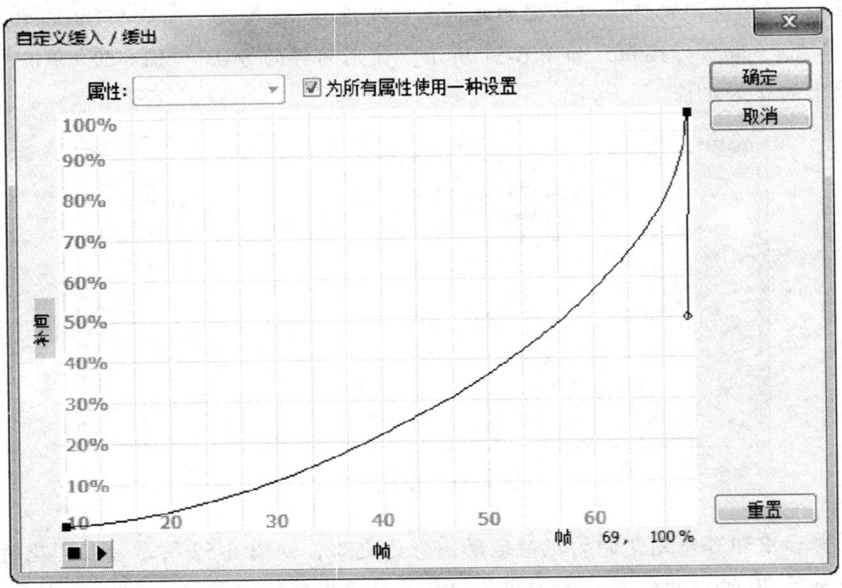

图 6-55 调节定点上的控制点

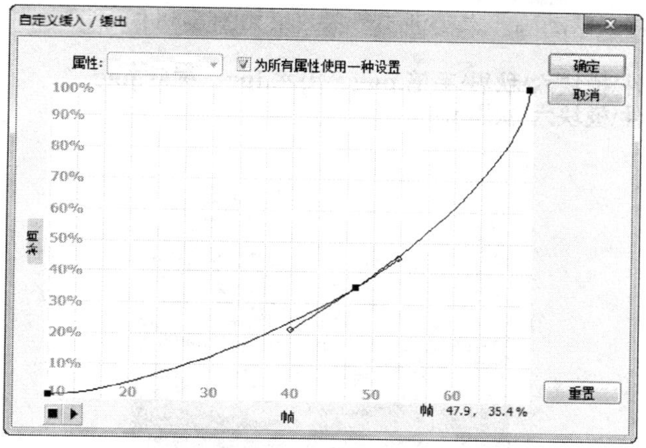

图 6-56　增添调节控制点

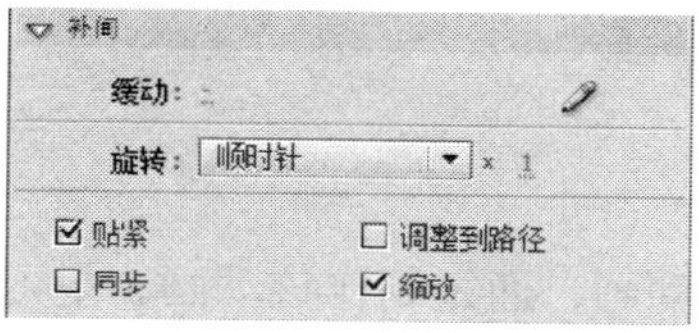

图 6-57　设置旋转

知识回顾拓展

本任务主要介绍了引导图层的使用方法，通过本任务的学习，可掌握添加引导层和设置被引导层中物体对象属性的操作。下面讲解使用引导层应注意的事项。

- **流畅的引导线：**引导线应为一条流畅的从头到尾连续贯穿的线条，不能出现中断的现象。
- **转折不宜过多：**引导线的转折不宜过多，且转折处的线条弯转不宜过急。
- **准确吸附动画对象：**被引导对象的中心点必须准确吸附到引导线上，否则将无法沿引导路径运动。
- **不可交叉：**引导线中不能出现交叉和重叠的现象。

实训一　制作“秋思”动画

实训目标要求

本实训要为一个课件中的诗词制作书写动画，要求随着毛笔的移动，逐渐出现文字，并需要添加一些修饰的树叶飘落动画。本实训的参考效果如图 6-58 所示。

素材对应 **素材文件\模块六\秋思\毛笔.png、山水.jpg、树叶.png**
效果文件\模块六\秋思.fla

图 6-58 “秋思”动画效果

实训思路分析

本实训是制作“秋思”课件动画，通过制作该动画，复习本章学习的引导动画的创建等操作，本例的操作思路如图 6-59 所示。

①导入背景　②创建树叶飘落引导动画　③创建毛笔写字引导动画

图 6-59 “秋思”动画的制作思路

【步骤提示】

（1）新建 AS3.0 文档，将素材文件夹中的“山水 .jpg”、“树叶 .png”和“毛笔 .png”文件导入到“库”面板中。

（2）在时间轴中新建一个图层，将其命名为“背景”，在第 1 帧中将“山水”图片拖曳到场景中，调节图片的大小和位置。

（3）新建“树叶”图层，在第 1 帧中将“库”面板中的“树叶 .png”拖曳到场景中，在第 60 帧按“F5”键插入帧，在其间添加“补间动画”。选择第 60 帧，在舞台中将树叶图形拖动到场景底部。

（4）在“树叶”图层中调整树叶图形的运动路径。新建“树叶 2”图层，在该图层第 10 帧插入空白关键帧。

（5）在“树叶”图层中复制树叶运动的补间帧，单击选中“树叶 2”图层中的第 10 帧空白关键帧，对复制的帧进行粘贴。

（6）单击“树叶 2”图层，选中其中的所有帧，将复制的运动树叶拖曳到其他位置，避免与原来的运动树叶重叠，选择【修改】→【变形】→【水平翻转】菜单命令，翻转复制树叶的运动路径。

（7）新建“诗”图层，使用文本工具，在其“属性”面板中选择“传统文本”，并将文本方向更改为“垂直，从左向右”。选择“诗”图层，在第 10 帧插入空白关键帧，选中该帧，然后在舞台右侧绘制文本框，输入诗词。

（8）在“诗”图层中配合“Shift”键选中第 10 帧至第 70 帧，单击鼠标右键，在弹出的快捷菜单中选择“转换为关键帧”命令。

（9）新建“毛笔”图层，在第 10 帧中拖入“毛笔 .png”图片，使用任意变形工具将毛笔的中心控制点移到笔尖上，并进行旋转，调整毛笔的大小和方向。

（10）为“毛笔”图层添加运动引导层，使用铅笔工具在“引导层”的场景中沿着文字绘制路径。

（11）在“毛笔”图层的第 10 帧和第 70 帧中，分别将毛笔图片吸附到路径的起点和终点上，然后创建传统补间动画。

（12）在“诗”图层中选择第 10 帧，使用橡皮擦工具将毛笔笔尖位置以下的其他文字删除，依次选择其他帧，根据帧中毛笔所在的位置，将其笔尖以下的文字擦除。

（13）按住“Shift”键，依次单击各图层的第 78 帧，按“F5”键插入帧，完成动画的制作，测试并保存动画即可。

实训二　制作“变形”动画

实训目标要求

本实训要求根据已提供的“1.ai”和“2.ai”矢量图形，制作一个人物变形动画，要求在制作时添加相应的变形点，使图形按照一定的规律进行变形。本实训的参考效果如图 6-60 所示。

素材 素材文件\模块六\变形\1.ai、2.ai
对应 效果文件\模块六\变形.fla

图 6-60　“变形”动画效果

实训思路分析

本实训已提供了变形需要的两个 AI 文件，制作时首先导入 AI 文件中的图形，再在舞台中设置背景和装饰，然后新建图层，用于放置变形所需的矢量图片。在新建的图层中添加变形补间，然后使用提示点控制变形。

结合上面的目标和分析，本例的操作思路如图 6-61 所示。

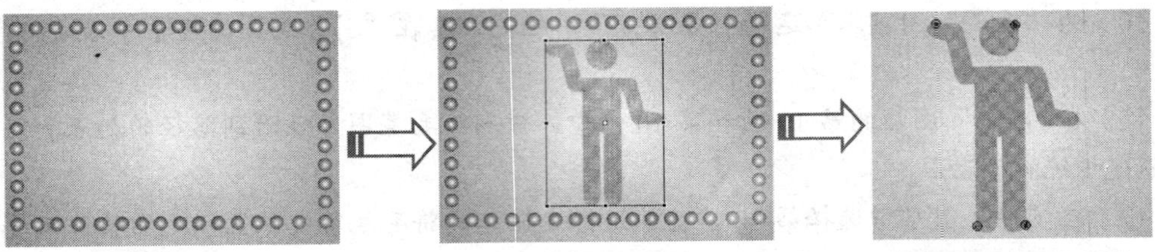

①添加背景与装饰　　②新建图层加入变形对象　　③添加变形提示点

图 6-61　制作“变形”动画的思路

【步骤提示】

（1）新建一个 Flash 文档，将场景大小设置为“550×400”像素。

（2）在场景中绘制一个无边框、无填充色的矩形，然后使用填充工具将其填充为“橙色和白色”的“放射状”渐变色。使用椭圆工具、矩形工具、颜料桶工具和填充变形工具在场景中绘制黄色系背景图形，并在第 25 帧插入普通帧。

（3）使用椭圆工具绘制一个圆形图案，并将其颜色填充为“白色和灰色”的“放射状”渐变色，然后将其进行复制和排列。

（4）导入“1.ai”和“2.ai”图形素材，新建图层 2，将“1.ai”拖入到第 1 帧中，然后缩小并打散图形。在第 5 帧处插入关键帧，在第 20 帧按“F7”键插入空白关键帧，将“2.ai”拖入到场景中，调整其大小，并按“Ctrl+B”组合键将其打散。

（5）选择第 5 帧，在“属性”面板的“补间”下拉列表框中选择“形状”选项，在第 5 帧和第 20 帧之间创建形状补间动画。

（6）选择“图层 2”的第 5 帧，利用【修改】→【形状】→【添加形状提示】命令，为图形添加适量的形状提示。

（7）完成后测试并保存文档即可。

模块七　基本动画的制作

模块简介

Flash CS5 制作的动画形式多种多样，除了逐帧动画、补间动画和引导动画外，还可制作一些基本的动画，如遮罩动画、滤镜动画和 3D 动画等。本模块是 Flash 制作动画的基础，若充分理解本章的内容，并做到举一反三，将有助于读者进一步学习和理解高级动画及特效的制作。本模块将具体介绍 Photoshop CS5 中关于遮罩、滤镜和 3D 动画的制作。

学习目标

本模块的知识学习目标如下：

- 了解遮罩的作用及遮罩动画的制作方法。
- 熟练掌握滤镜动画的添加与制作方法。
- 熟练掌握 3D 工具的使用和 3D 动画效果的制作方法。

本模块的技能学习目标如下：

- 能正确使用遮罩层创建遮罩动画。
- 能结合滤镜制作效果丰富的滤镜动画。
- 能熟练使用 3D 工具创建 3D 动画。

任务一　制作“风景”遮罩动画

工作任务场景

自从晓雪学习了补间动画和引导动画后，她接到了许多相关动画的制作任务，通过这些任务，晓雪掌握了多种类型的动画制作，如球体的旋转和图片明暗的变化等。老张看晓雪对制作动画的基础知识掌握得差不多了，便将她叫到面前告诉她，接下来将继续深入学习 Flash 中基础动画的制作。晓雪听后兴奋地说：“原来Flash还能制作其他类型的动画啊？”老张笑着说：“Flash的功能强大着呢，这些只是最基础的动画功能。”

行业背景知识

在网络中经常能看到一些由图片组成的 MTV 动画，其中制作图片之间的切换比较简单，同时这类动画在广告和商业宣传中也比较常见。在 Flash 中通过遮罩也可制作切花效果，遮罩动画也是学习 Flash 必须掌握的知识。

工作任务分析

本任务的目标是制作一个风景遮罩动画，使前一张图片在向后一张图片过渡时，产生百叶窗的过渡效果。本任务的最终效果如图 7-1 所示。要实现该效果，需要掌握以下几个技术要点。

（1）掌握在元件中制作遮罩所需动画效果。

（2）掌握创建遮罩图层和制作遮罩动画的方法。

素材 **素材文件\模块七\风景\1.jpg、2.jpg**
对应 **效果文件\模块七\风景.fla**

图 7-1　遮罩动画测试效果

制作思路分析

完成本任务主要包括新建元件制作遮罩动画和在场景中制作遮罩动画两步操作。具体思路如图 7-2 所示，操作要求如下。

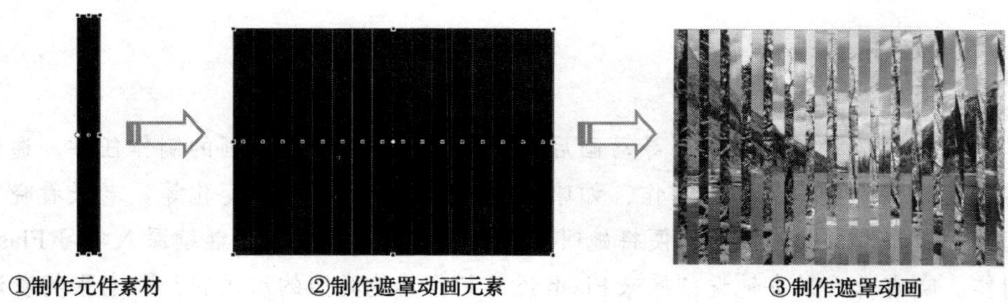

图 7-2　制作思路分析

（1）新建影片剪辑元件，在其中制作遮罩动画元素的素材。

（2）再次新建影片剪辑元件，在其中制作遮罩动画元素。

（3）在场景中新建图层，制作遮罩动画。

操作一 新建元件制作遮罩动画

首先在影片剪辑中制作遮罩动画所需的元件。

【详细步骤】

（1）新建 AS3.0 文档，以“遮罩素材”为名进行保存。

（2）按“Ctrl+F8”组合键快速打开“创建新元件”对话框，在“名称”文本框中输入“遮罩 1”，在“类型”下拉列表中选择“影片剪辑”选项，单击 确定 按钮，如图 7-3 所示。

（3）在“库”面板中双击“遮罩 1”影片剪辑元件，进入元件编辑模式，使用矩形工具在工作区中绘制一个矩形，在其“属性”面板的“位置和大小”栏中设置矩形的宽为“35.00”，高为“400.00”，并在“填充和笔触”栏中关闭笔触，将填充设置为黑色，如图 7-4 所示。

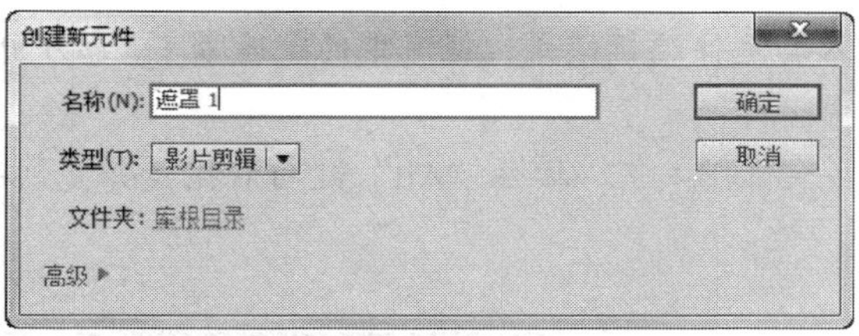

图 7-3 新建“遮罩 1”元件

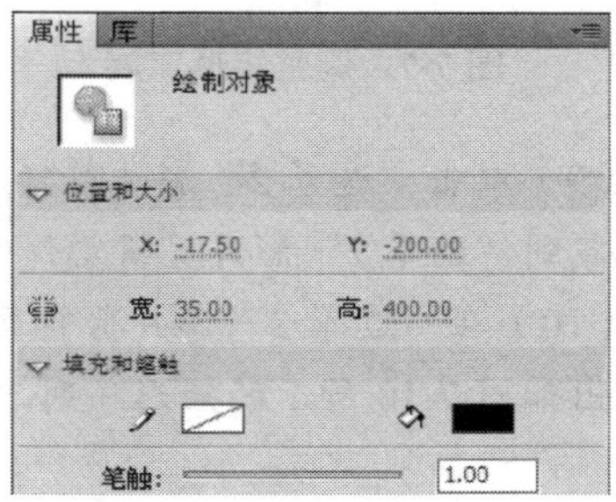

图 7-4 绘制矩形

（4）选中绘制的矩形，按“Ctrl+K”组合键快速打开“对齐”面板，单击选中“与舞台对齐”复选框，然后在“对齐”栏中分别单击“水平中齐”按钮 和“垂直中齐”按钮 ，如图 7-5 所示。

（5）在“遮罩 1”的元件编辑模式下，选中其时间轴的第 1 帧，使用任意选择工具，将矩形的中心点移至左侧的控制点上，如图 7-6 所示。

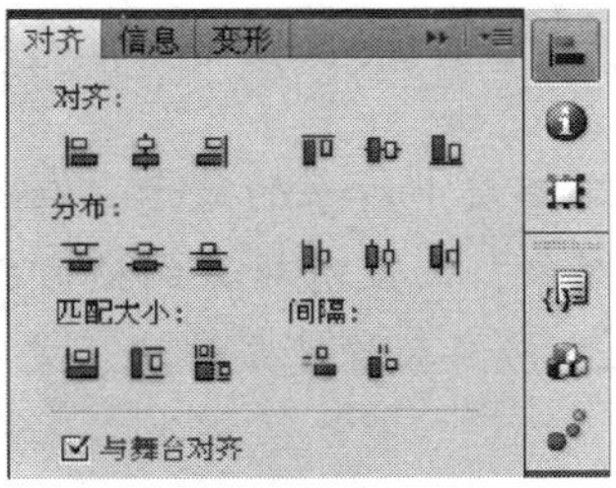

图 7-5 将矩形与舞台对齐

图 7-6 移动矩形中心点

（6）选中第 25 帧，按“F6”键插入关键帧，在第 25 帧的工作区中，按住矩形右侧的控制点不放，将其向左拖曳，使矩形的宽度变为“1.00”，如图 7-7 所示。

（7）在第 1 帧至第 25 帧之间的任意一帧上单击鼠标右键，在弹出的快捷菜单中选择“创建补间形状”命令。单击选中第 26 帧，按“F7”键，插入一个空白关键帧，如图 7-8 所示。

（8）按“Ctrl+F8”组合键打开“创建新元件”对话框，创建名为“遮罩 2”的影片剪辑元件，如图 7-9 所示。

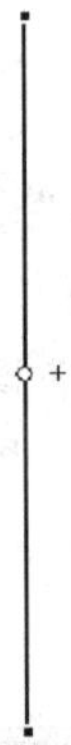

图 7-7　调整矩形宽度

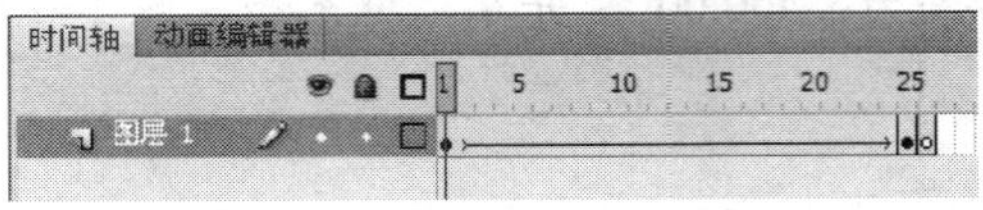

图 7-8　插入空白关键帧

（9）双击“遮罩 2”影片剪辑元件，进入其元件编辑模式，将库中的“遮罩 1”影片剪辑元件拖曳到“遮罩 2”影片剪辑元件的工作区中。

（10）在“遮罩 2”影片剪辑元件的元件编辑模式下，按住“Alt”键向右拖曳并复制矩形，复制出如图 7-10 所示的矩形序列。

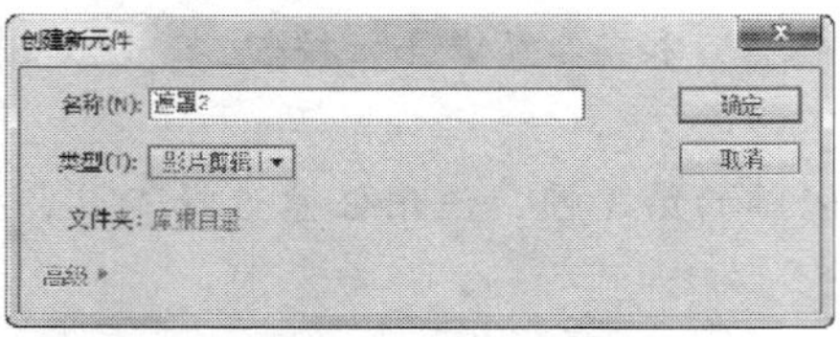

图 7-9　新建“遮罩 2”影片剪辑元件

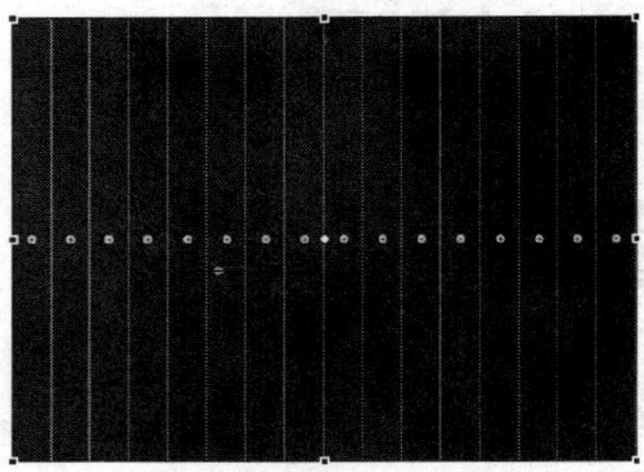

图 7-10　在“遮罩 2”中复制矩形

小提示：遮罩原理

利用遮罩层可创建遮罩动画，遮罩层可以决定被遮罩层中对象的显示。在遮罩层中有对象的地方就是“透明”的，可以看到被遮罩层中的对象，而没有对象的地方就是不透明的，即被遮罩层中相应位置的对象不可见。在遮罩层上一般应放置填充形状、文字或元件的实例。

操作二　在场景中制作遮罩动画

下面利用遮罩图层制作遮罩动画，具体操作如下。

【详细步骤】

（1）在工作区上方单击“返回”按钮，返回“场景 1”中，选择【文件】→【导入】→【导入到库】菜单命令，打开“导入到库”对话框。

（2）在对话框中选中素材文件夹中的“1.jpg”和“2.jpg”，将其导入到库中。

（3）将“图层 1”重命名为“图片 1”。将库中的“1.jpg”图片拖曳到第 1 帧中，调整图片的大小和位置，将其布满整个舞台。

（4）单击“新建图层”按钮，新建“图层 2”，将其重命名为“图片 2”。单击“图片 2”图层的第 1 帧，将库中的“2.jpg”文件拖曳到舞台中，调整图片的大小和位置，将其布满整个舞台，时间轴如图 7-11 所示。

（5）单击选中“图片 2”图层的第 45 帧，按“F5”键插入普通帧。单击选中“图片 1”图层的第 65 帧，按“F5”键插入普通帧。

（6）选中“图片 2”图层，单击“新建图层”按钮，在“图片 2”图层上新建一个图层，将其重命名为“遮罩”。

（7）在“遮罩”图层上单击鼠标右键，在弹出的快捷菜单中选择“遮罩层”命令，如图 7-12 所示。

图 7-11　新建图层并设置图片

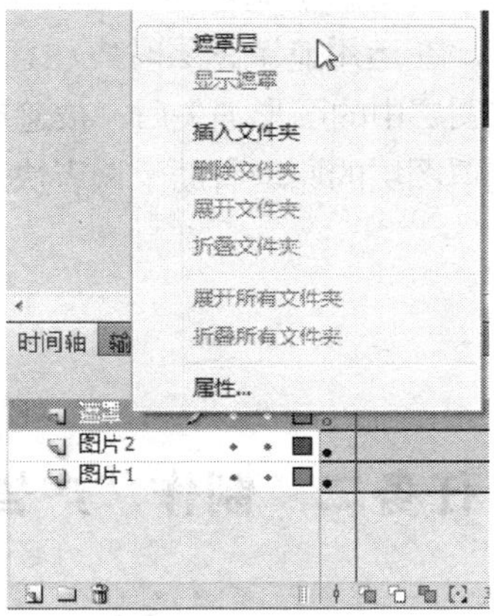

图 7-12　设置遮罩层

（8）此时“图片 2”图层为被遮罩层，单击“图片 2”图层和“遮罩图层”右侧的按钮，解除锁定，单击选中“遮罩”图层的第 25 帧，按“F7”键插入空白关键帧，如图 7-13 所示。

（9）将库中的“遮罩 2”影片剪辑元件拖曳到遮罩图层的第 25 帧的舞台上，在舞台中调整“遮罩 2”实例的位置和大小，按“Ctrl+Enter”组合键进行测试，如图 7-14 所示，测试完成后按“Ctrl+S”组合键保存文件即可。

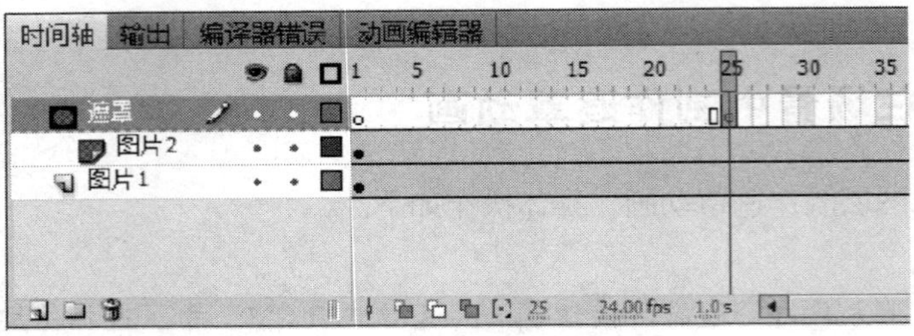

图 7-13　插入空白关键帧

图 7-14　测试动画

知识回顾拓展

本任务主要讲解了遮罩动画的原理，并对如何制作遮罩动画的元素和创建遮罩动画进行了详细的讲解。在运用遮罩图层时应注意，遮罩图层中有图形的位置对应的被遮罩层位置是显示的，当遮罩图层中的图形消失后，被遮罩层中对应位置的对象也将不可见。

理解遮罩图层的原理有助于读者快速制作遮罩动画。

任务二　制作"广告片头"滤镜动画

工作任务场景

公司这几天接到一个制作简易广告片头动画的任务，由于该动画将在网页中播放，因此其制作方法比较简单，主要是添加文字动画，并给文字添加一些特殊的动画效果。老张决定把这个项目交给晓雪完成，晓雪接到任务后对老张说："文字动画没问题，可是这些特殊的动画效果该怎么做呀？"老张告诉晓雪，这些动画可使用滤镜来制作。晓雪非常惊讶："我还以为滤镜效果只能添加到一些静态文字或图形中呢。"老张向晓雪讲解了制作方法后，晓雪就立即开始动手制作了。

行业背景知识

使用滤镜可制作更加炫目的动画效果，这也是许多 Flash 项目都会涉及的制作方式。在一些网页中经常会看到一些精彩的 Flash 动画效果，熟练运用滤镜制作动画效果，可使制作出的作品在短时间内抓住观众的眼球，增加相应宣传内容的普及率。

工作任务分析

本任务属于文字类动画片头的处理，涉及滤镜的添加和动画的制作。在制作之前应选择合适的文字类型。制作完成后的最终效果如图 7-15 所示。要实现该效果，需要掌握以下几个技术要点。

（1）巩固图层和补间动画的使用。

（2）巩固文字的添加和文字动画的制作。

（3）掌握滤镜动画的制作方法。

素材对应 **效果文件\模块七\广告片头.fla**

图 7-15 滤镜动画效果

制作思路分析

完成本任务主要有设置文字动画效果和添加文字滤镜动画两步操作。具体思路如图 7-16 所示，操作要求如下。

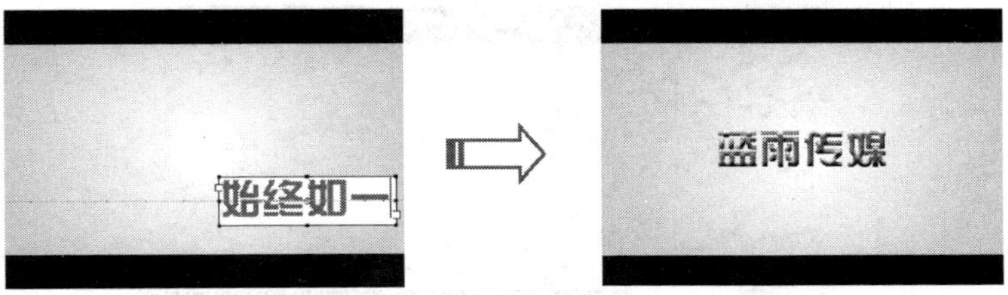

①制作文字动画　　②添加滤镜动画效果

图 7-16 制作思路分析

（1）新建文档，制作背景，制作文字动画。

（2）在相应的文字动画中添加滤镜，丰富动画效果。

操作一　设置文字的动画效果

在制作滤镜动画前，需要制作滤镜动画的载体。下面将介绍如何新建文档，并在文档中制作文字动画。

【详细步骤】

（1）新建 AS3.0 文档，将其以“文字片头”为名进行保存。

（2）使用矩形工具在舞台中绘制与舞台大小相同的矩形，按“Alt+Shift+F9”组合键打开“颜色”面板，将矩形的填充设置为“径向渐变”，在渐变条中设置左侧的渐变色为“#FFFFFF”，右侧的渐变色为“#CCCCFF”，如图 7-17 所示，然后在其“属性”面板的“填充和笔触”栏中关闭笔触。

（3）使用矩形工具绘制一个长条矩形，将其放置在舞台上方，在“属性”面板中关闭其笔触，并填充为黑色。按住“Alt”键不放，拖曳绘制的黑色长条矩形到舞台下方，进行复制，效果如图 7-18 所示。

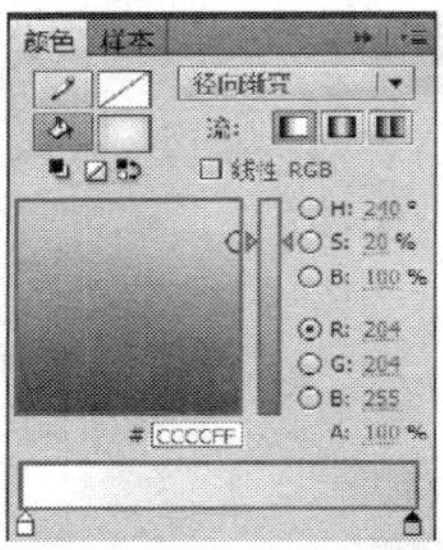

图 7-17　设置背景颜色

图 7-18　绘制装饰矩形

（4）在时间轴中将“图层 1”重命名为“背景”图层，然后单击“背景”图层右侧的锁定标记对应的小圆点 ，将图层锁定。

（5）在时间轴中单击“新建图层”按钮 ，将新建的图层重命名为“承载百年”，选择矩形工具，在新建图层中绘制文本框并输入“承载百年”文本，设置其字号为“57”，字体为“汉仪综艺体简”，颜色为“#9966FF”，并将其拖曳到舞台左侧，如图 7-19 所示。

图 7-19　输入并设置文本

（6）在“承载百年”图层的第 1 帧上单击鼠标右键，在弹出的快捷菜单中选择“创建补间动画”命令，系统自动创建 24 帧的补间动画。将鼠标指针移至第 24 帧，当鼠标指针变为 ↔ 形状时，按住鼠标左键并向右侧拖曳到第 40 帧，如图 7-20 所示，然后释放鼠标左键。

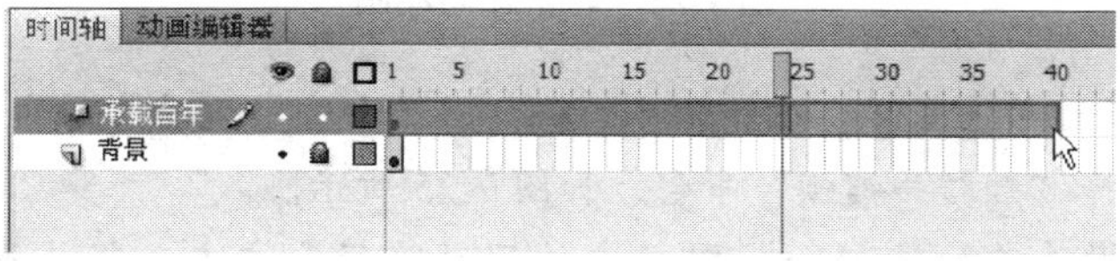

图 7-20　调整补间帧数

（7）将播放头移到第 40 帧，在舞台中从左往右水平拖曳“承载百年”文本，如图 7-21 所示。将播放头移动到第 10 帧，在工作区将文本完全拖曳进舞台中，如图 7-22 所示。

图 7-21　制作补间动画

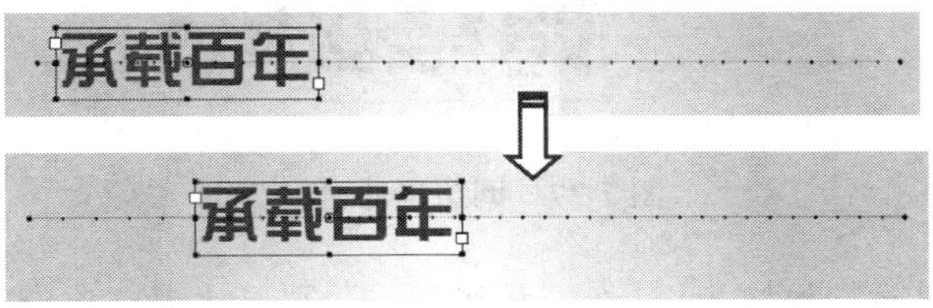

图 7-22　调整补间动画

（8）将播放头移至第 30 帧，在工作区将文本向左拖曳，使文本在第 10 帧到第 30 帧之间具有缓动的效果，如图 7-23 所示。

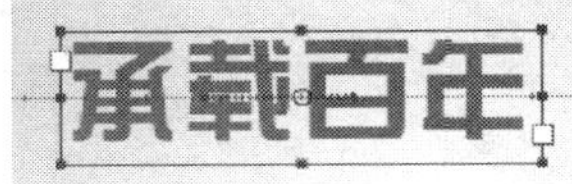

图 7-23　制作补间动画

（9）在时间轴中单击“新建图层”按钮 ，在“承载百年”图层上新建一个图层，将新建图层重命名为“始终如一”，按“Shift”键选中新建图层的第 2 帧至第 40 帧，单击鼠标右键，在弹出的快捷菜单中选择“删除帧”命令。

（10）单击选中“承载百年”图层中的帧，单击鼠标右键，在弹出的快捷菜单中选择“复制帧”命令，然后单击选中“始终如一”图层中的第 1 帧，单击鼠标右键，在弹出的快捷菜单中选择“粘贴帧”命令。

（11）单击选中“始终如一”图层中的帧不放并向右拖曳，使其中的序列帧以第 40 帧为起始，在舞台中将文本更改为“始终如一”，时间轴如图 7-24 所示。

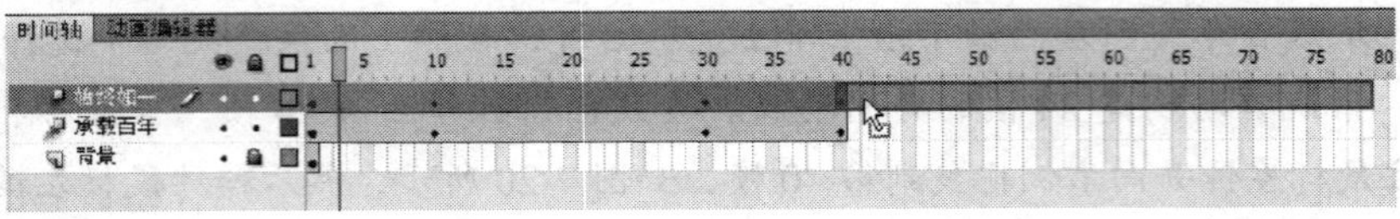

图 7-24　调整补间动画

（12）锁定“承载百年”图层，在“始终如一”图层中选中运动序列帧，单击鼠标右键，在弹出的快捷菜单中选择“翻转关键帧”命令，如图 7-25 所示。

（13）在舞台中框选“始终如一”图层中的运动路径和文本，将其拖曳到舞台下方，如图 7-26 所示。

图 7-25　翻转帧

图 7-26　移动文本位置

（14）按住“Ctrl”键，单击“始终如一”图层中的第 50 帧，将其选中，在舞台中调整文本的位置。使用同样的方法选中第 70 帧，调整文本的位置，效果如图 7-27 所示，然后锁定该图层。

图 7-27　调整运动速率

（15）单击“新建图层”按钮，在“始终如一”图层上新建一个图层，将新建图层重命名为“蓝雨传媒”。单击选中第 80 帧，按“F7”键插入一个空白关键帧，使用文本工具在舞台中输入“蓝雨传媒”文本，并将其对齐到舞台中央，时间轴如图 7-28 所示。

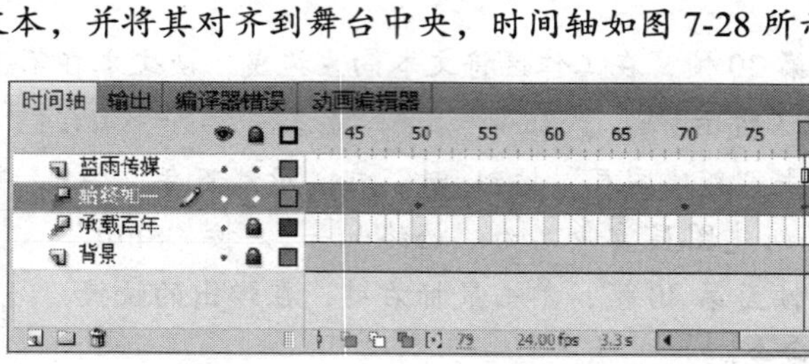

图 7-28　新建图层

操作二　为文字添加滤镜动画

文字动画制作完成后，即可添加滤镜动画，具体操作如下。

【详细步骤】

（1）在“蓝雨传媒”图层中单击选中第110帧，按“F6”键插入关键帧。

（2）选中第80帧，在舞台中单击“蓝雨传媒”文本，在其“属性”面板的“滤镜”栏中单击“添加滤镜”按钮，在弹出的菜单中选择“模糊”命令，在“滤镜”栏的列表框中，设置“模糊”滤镜的“模糊X”和“模糊Y”为“200像素”，如图7-29所示。

（3）在第80帧至第110帧中创建传统补间动画，分别选择第120帧和第130帧，按“F6”键插入关键帧，如图7-30所示。

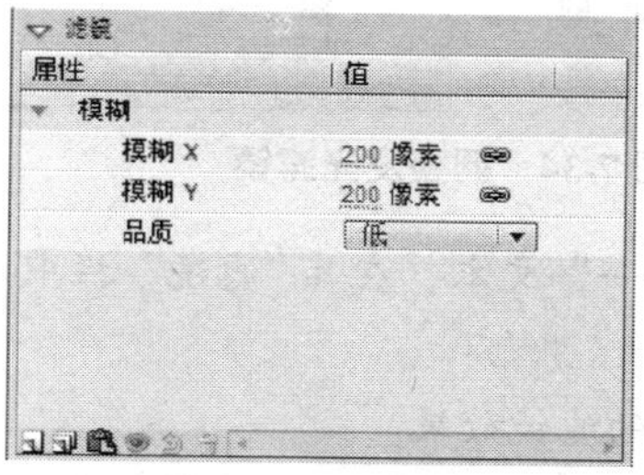

图7-29　添加模糊滤镜

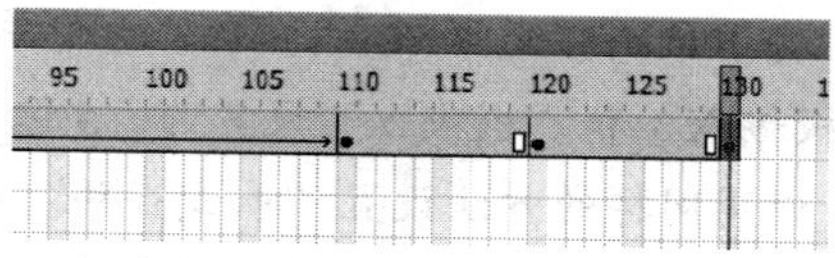

图7-30　插入关键帧

（4）选中第110帧，在舞台中单击“蓝雨传媒”文本，在其“属性”面板中的“滤镜”栏中单击“添加滤镜”按钮，在弹出的菜单中选择“斜角”命令，保持其中的默认设置不变。

（5）单击第120帧，在舞台中选中“蓝雨传媒”文本，在其“属性”面板的“滤镜”栏中单击“添加滤镜”按钮，在弹出的菜单中选择“斜角”命令。在“斜角”属性栏中将“角度”更改为“170°”，如图7-31所示。

（6）在第110帧至第120帧中单击鼠标右键，在弹出的快捷菜单中选择“创建传统补间”命令。选中第130帧，在舞台中单击“蓝雨传媒”文本，在其“属性”面板的“滤镜”栏中单击“添加滤镜”按钮，在弹出的菜单中选择“投影”命令。

（7）在第120帧至第130帧中单击鼠标右键，在弹出的快捷菜单中选择“创建传统补间”命令，效果如图7-32所示。

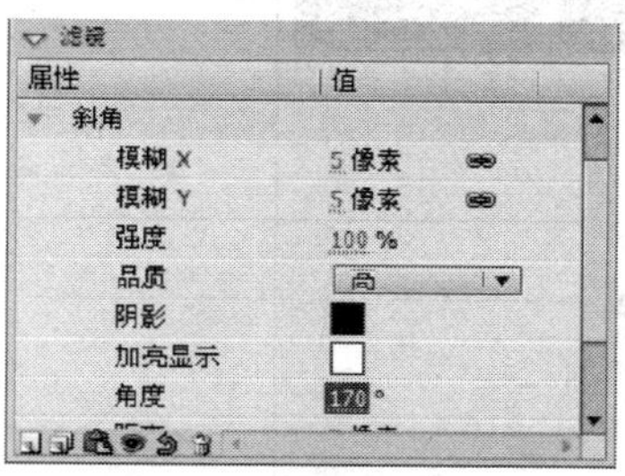

图7-31　添加斜角滤镜

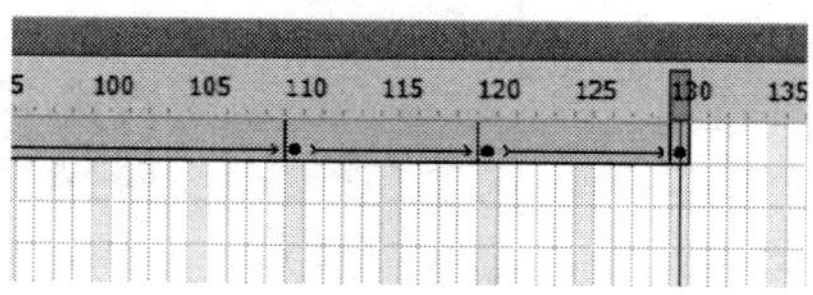

图7-32　创建传统补间

（8）解除“始终如一”图层的锁定，单击选中该图层中的运动序列，将播放头移至第40帧，在舞台中选中“始终如一”文本，在其“属性”面板的“滤镜”栏中单击“添加滤镜”按钮，在弹出的菜单中选择“发光”命令，并将“发光”滤镜的颜色设置为黄色“#FFFF00”，如图7-33所示。

（9）将播放头移到第 50 帧，在舞台中单击“始终如一”文本，在其“滤镜”栏中将“发光”滤镜的“模糊 X”和“模糊 Y”设置为“55 像素”，如图 7-34 所示。

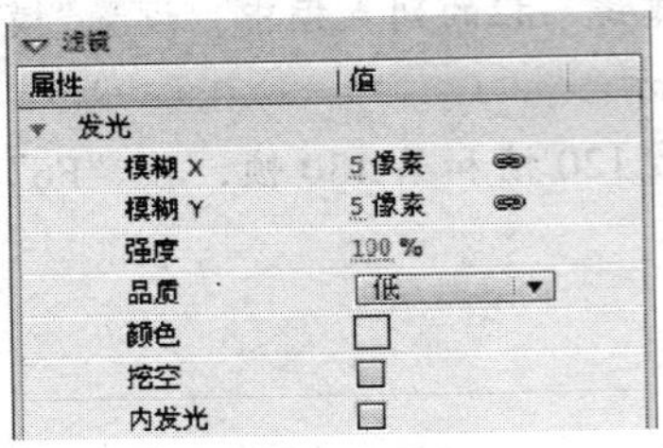

图 7-33　添加发光滤镜

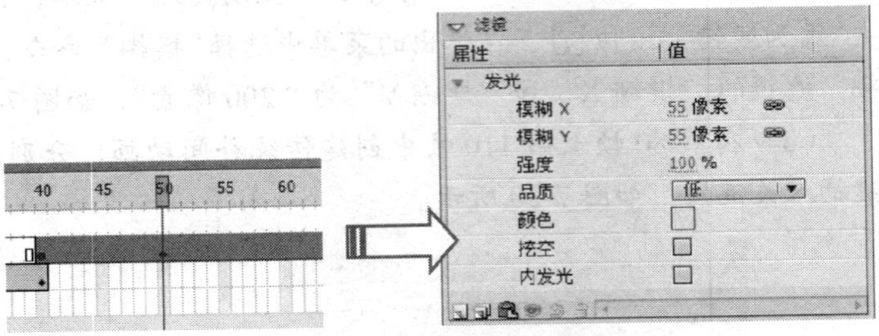

图 7-34　调整发光滤镜

（10）将播放头移到第 70 帧，在舞台中单击“始终如一”文本，在其“滤镜”栏中将“发光”滤镜的“模糊 X”和“模糊 Y”设置为“5 像素”。

（11）使用同样的方法设置“承载百年”图层中文本的滤镜效果。

（12）解锁“背景”图层，单击选中该图层的第 150 帧，按“F5”键插入普通帧。单击选中“蓝雨传媒”图层的第 150 帧，同样按“F5”键插入普通帧，如图 7-35 所示。

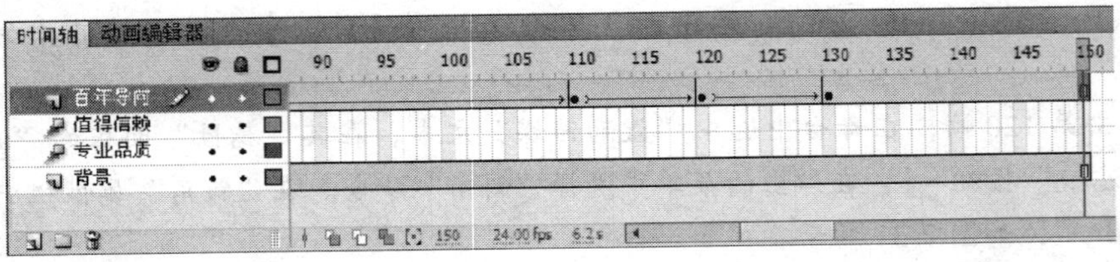

图 7-35　继续插入普通帧

（13）按“Ctrl+Enter”组合键测试效果，如图 7-36 所示，测试完成后保存文件。

图 7-36　测试动画效果

知识 回顾拓展

本任务运用到了创建图层、制作补间动画和添加滤镜动画等操作，尤其对添加滤镜动画作了详细的介绍。在制作时需注意不同类型补间动画的操作方法，以及插入帧的时间顺序，在不同的操作后插入帧得到的效果是不同的。

还应注意的是，在 Flash 中可通过在不同帧中设置可拖动数值，如 240.95 的参数，对动画对象设置相应的动画效果。

任务三　制作“立方体”3D 动画

工作 任务场景

经过这段时间的学习，晓雪已能熟练运用老张前面讲解的知识制作各种动画了。今天她在使用 Flash CS5 软件的时候，在工具栏中发现了一个 3D 工具，在动手使用时，却制作不出任何效果，她有些不解，于是向老张请教。老张告诉她，3D 工具包括 3D 旋转工具和 3D 平移工具，它们都用于对物体进行三维空间上的移动。在这之前，老张要求晓雪去学习一些三维空间的概念，便于理解如何使用 3D 工具制作动画。

行业 背景知识

从 Flash CS4 开始，之后的 Flash 版本中新增了许多工具，3D 旋转和 3D 平移工具便是其中一种。3D 工具的加入为 Flash 引入了三维空间的概念，不仅丰富了 Flash 制作动画的功能，还使得二维动画在空间上的表现更加丰富。

工作 任务分析

本任务制作的立方体主要涉及 3D 旋转工具的使用，制作完成后的最终效果如图 7-37 所示。要实现该效果，需要掌握以下几个软件技术要点。

（1）巩固元件的创建方法。

（2）掌握“3D 定位和查看器”面板中参数的设置方法。

（3）掌握“变形”面板中关于 3D 的设置方法。

（4）掌握使用 3D 旋转工具制作动画的方法。

素材对应　效果文件\模块七\立方体.fla

图 7-37 “立方体“3D 动画效果

制作思路分析

完成本任务主要包括创建立方体不同的面、创建立方体影片剪辑元件和使用 3D 旋转工具制作旋转动画等三步。具体思路如图 7-38 所示，操作要求如下。

（1）新建影片剪辑元件，在不同的元件中创建立方体不同的 6 个面。

（2）在“3D 定位和查看器”栏中设置各个面的位置坐标。

（3）将立方体拖曳到场景中，使用 3D 旋转工具制作旋转动画。

①创建立方体的6个面　②合成立方体　③制作3D动画

图 7-38 制作思路分析

操作一 创建立方体需要的不同的面

下面先新建立方体需要的 6 个不同的面，并为这 6 个面作上不同的标记。

【详细步骤】

（1）新建 AS3.0 文档，将其以“立方体”为名进行保存。

（2）按“Ctrl+F8”组合键打开“创建新元件”对话框，在“名称”文本框中输入“元件 1”，在“类型”下拉列表中选择“影片剪辑”选项，单击 确定 按钮，如图 7-39 所示。

（3）在“元件 1”影片剪辑元件的编辑模式中，使用矩形工具绘制一个高和宽均为 100 的正方形，在其“属性”面板中，关闭正方形的笔触，设置填充颜色为“#669900”，如图 7-40 所示。

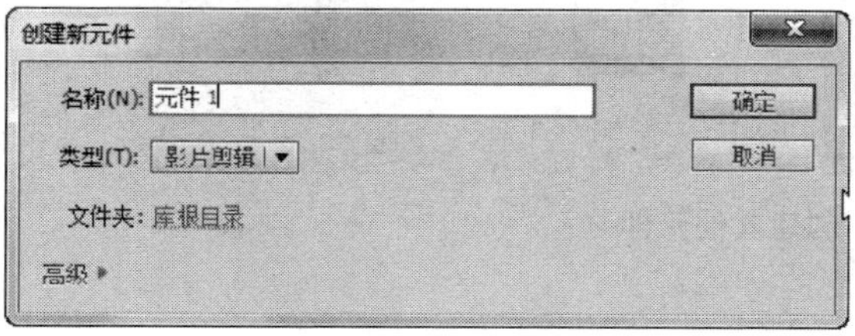

图 7-39 新建元件

图 7-40 绘制正方形

（4）按“Ctrl+K”组合键打开“对齐”面板，单击选中“与舞台对齐”复选框，在“对齐”栏中依次单击“水平中齐”按钮 和“垂直中齐”按钮 ，如图 7-41 所示。

（5）使用文本工具，在正方形上绘制文本框，输入“A”，在文本的属性面板中，展开“字符”栏，将字体设置为“汉仪综艺体简”，字号为“57”，字体颜色为“#3333FF”，如图 7-42 所示。

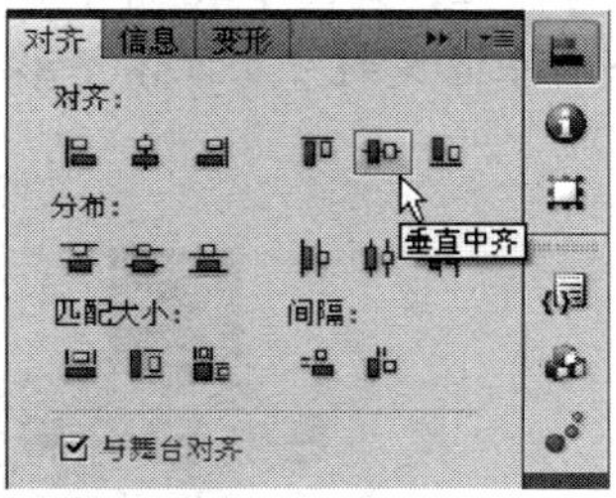

图 7-41 对齐舞台

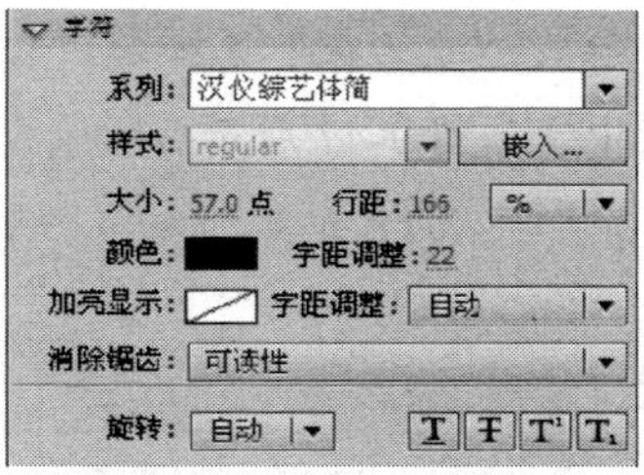

图 7-42 设置文本格式

（6）按两次“Ctrl+B”组合键打散文本，接着再按“Ctrl+G”组合键，将打散的文本组合。按“Ctrl+K”组合键打开“对齐”面板，将文字与舞台中心对齐，如图 7-43 所示。

（7）使用选择工具框选“元件 1”中绘制的矩形和文本对象，按“Ctrl+C”组合键进行复制。

（8）按“Ctrl+F8”组合键打开“创建新元件”对话框，创建名为“元件 2”的影片剪辑元件，在该元件的编辑模式下，按“Ctrl+V”组合键进行粘贴。

（9）删掉字母“A”，重新使用文本工具输入字母“B”，设置与字母“A”相同的文本格式，并打散和组合，与舞台中心对齐。使用选择工具选中粘贴的正方形对象，在其“属性”面板的“填充和笔触”栏中，将正方形的颜色更改为“#FFCC00”，效果如图 7-44 所示。

图 7-43 设置字母 A

图 7-44 设置字母 B

（10）使用同样的方法创建余下 4 个影片剪辑元件，依次命名为“元件 3”、“元件 4”、“元件 5”和“元件 6”。

（11）依次更改对应元件中的正方形颜色和字母，效果如图 7-45 所示。

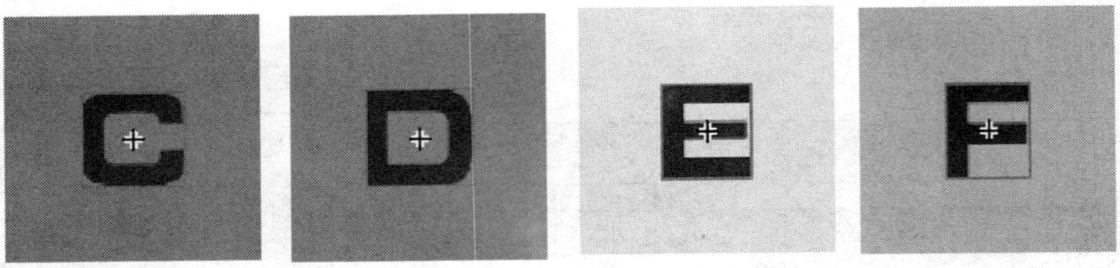

图 7-45　创建其他元件

操作二　创建立方体影片剪辑元件

下面介绍如何新建影片剪辑元件，在其中制作立方体。

【详细步骤】

（1）按“Ctrl+F8”组合键，打开“创建新元件”对话框，在“名称”文本框中输入“立方体”，在“类型”下拉列表中选择“影片剪辑”选项，单击 确定 按钮，如图 7-46 所示。

（2）进入“立方体”元件编辑模式，把之前创建的 6 个元件拖曳到“立方体”影片剪辑元件工作区中，如图 7-47 所示。

图 7-46　新建影片剪辑元件

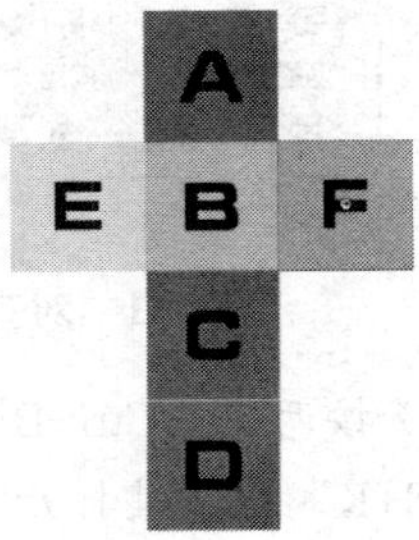

图 7-47　添加元件素材

（3）选中元件 1 实例，在其“属性”面板中，展开“3D 定位和查看”栏，在其中将 X 轴、Y 轴和 Z 轴的位置设置为（0，0，0），如图 7-48 所示。

（4）选中元件 2 的实例，在其“属性”面板的“3D 定位和查看”栏中，将 X 轴、Y 轴和 Z 轴的位置设置为（0，0，100），如图 7-49 所示。

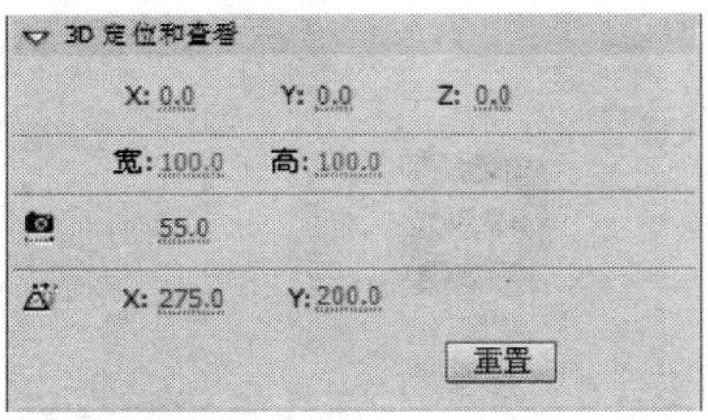

图 7-48　定位元件 1 实例位置

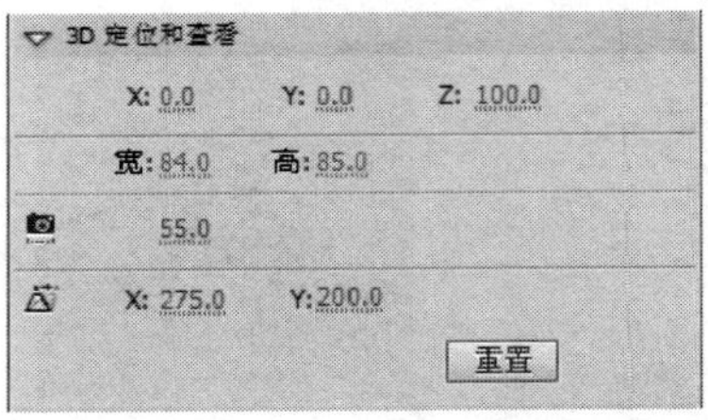

图 7-49　定位元件 2 实例位置

（5）选中元件 3 的实例，在其“属性”面板的“3D 定位和查看”栏中，将 X 轴、Y 轴和 Z 轴的位置设置为（50，0，50）。

（6）按“Ctrl+T”组合键或在面板组中单击“变形”按钮，打开“变形”面板，在“3D”旋转栏中将 Y 轴设置为“90°”，如图 7-50 所示。

（7）选中元件 4 的实例，在其“属性”面板的“3D 定位和查看”栏中，将 X 轴、Y 轴和 Z 轴的位置设置为（-50，0，50）。

（8）按“Ctrl+T”组合键或在面板组中单击“变形”按钮，打开“变形”面板，在“3D”旋转栏中将 Y 轴设置为“-90°”，如图 7-51 所示。

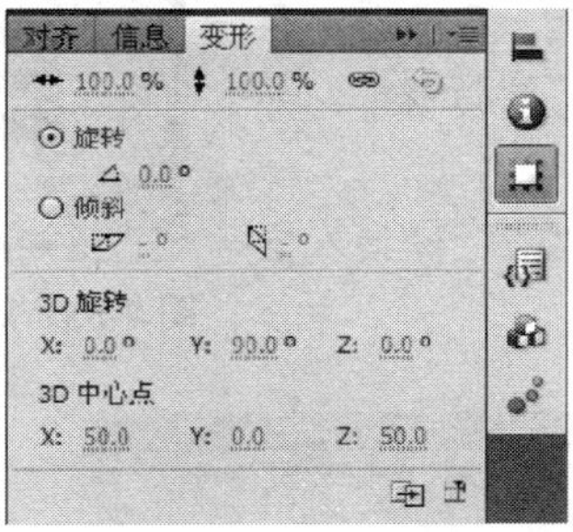

图 7-50　设置元件 3 实例的 3D 属性

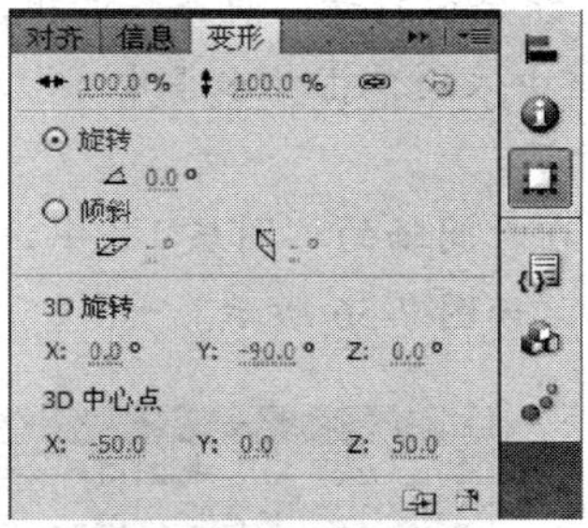

图 7-51　设置元件 4 实例的 3D 属性

（9）选中元件 5 的实例，在其“属性”面板的“3D 定位和查看”栏中，将 X 轴、Y 轴和 Z 轴的位置设置为（0，50，50）。

（10）按“Ctrl+T”组合键或在面板组中单击“变形”按钮，打开“变形”面板，在“3D”旋转栏中将 X 轴设置为“90°”，如图 7-52 所示。

（11）选中元件 6 的实例，在其“属性”面板的“3D 定位和查看”栏中，将 X 轴、Y 轴和 Z 轴的位置设置为（0，-50，50）。

（12）按“Ctrl+T”组合键或在面板组中单击“变形”按钮，打开“变形”面板，在“3D”旋转栏中将 X 轴设置为“-90°”，如图 7-53 所示。

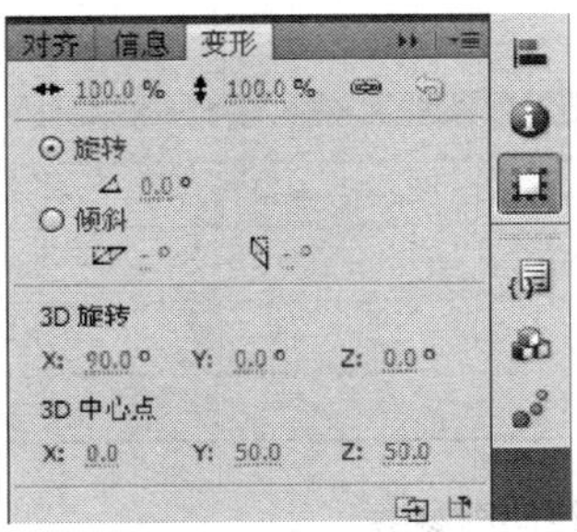

图 7-52　设置元件 5 实例的 3D 属性

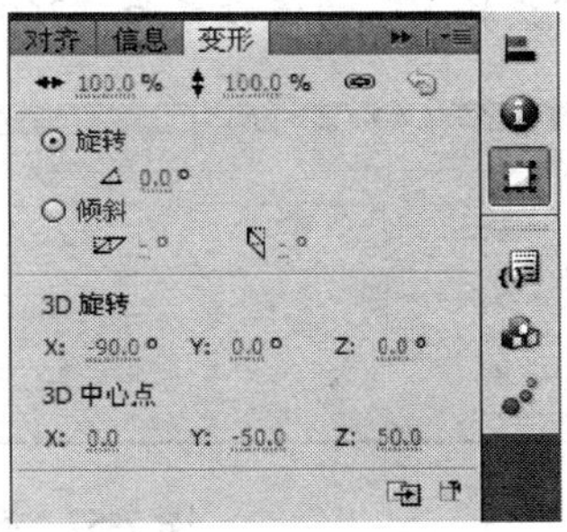

图 7-53　设置元件 6 实例的 3D 属性

（13）至此立方体创建完成，效果如图 7-54 所示，按“Ctrl+S”组合键进行保存。

图 7-54　立方体效果

操作三　在场景中制作立方体动画

下面介绍如何在场景中制作立方体动画，具体操作如下。

【详细步骤】

（1）在工作区中单击左上角的“返回”按钮 ，返回“场景 1”工作区，进入文档编辑模式。

（2）从“库”面板中将“立方体”影片剪辑元件拖曳到舞台中，按“Ctrl+K”组合键打开“对齐”面板，单击选中“与舞台对齐”复选框，在“对齐”栏中依次单击“水平中齐”按钮 和“垂直中齐”按钮 ，如图 7-55 所示。

图 7-55　对齐立方体

（3）在时间轴的“图层 1”中，单击选中第 60 帧，按“F7”键插入空白关键帧，如图 7-56 所示。

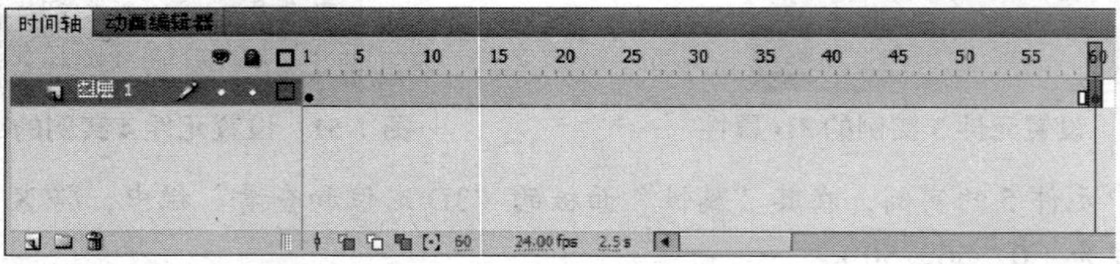

图 7-56　插入空白关键帧

（4）在第 1 帧到第 60 帧之间的任意一帧上单击鼠标右键，在弹出的快捷菜单中选择“创建补间动画”命令。将播放头移至第 59 帧，选择 3D 旋转工具 ，在舞台中单击绿色控线不放并拖曳，进行旋转，此时第 59 帧自动插入关键帧。

（5）选择【窗口】→【动画编辑器】菜单命令，打开“动画编辑器”面板，在“基本动画”栏中将“旋转 Y”的值设置为“360°”，如图 7-57 所示。

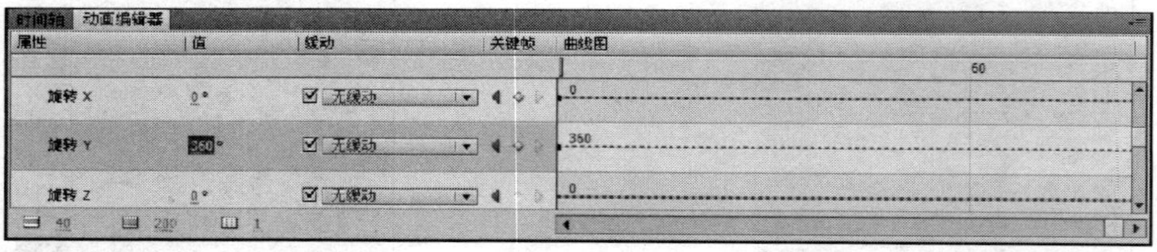

图 7-57　在“动画编辑器”中设置旋转动画参数

（6）返回时间轴面板，选中补间动画序列，单击鼠标右键，在弹出的快捷菜单中选择“复制帧”命令。选中第 60 帧，单击鼠标右键，在弹出的快捷菜单中选择“粘贴帧”命令，即可将补间动画序列粘贴到第 60 帧后。

（7）将播放头移至第 90 帧，切换到“动画编辑器”面板，在“转换”栏中将“缩放 X”和“缩放 Y”的值设置为“200%”，如图 7-58 所示。

（8）回到时间轴面板，将播放头移至第 118 帧，也就是动画序列的最后一帧，再切换到“动画编辑器”面板，在“基本动画”栏中将“旋转 X”的值设置为“360° ”，“旋转 Y”的值设置为“0° ”，在“转换”栏中设置“缩放 X”和“缩放 Y”的值为“100%”，如图 7-59 所示。

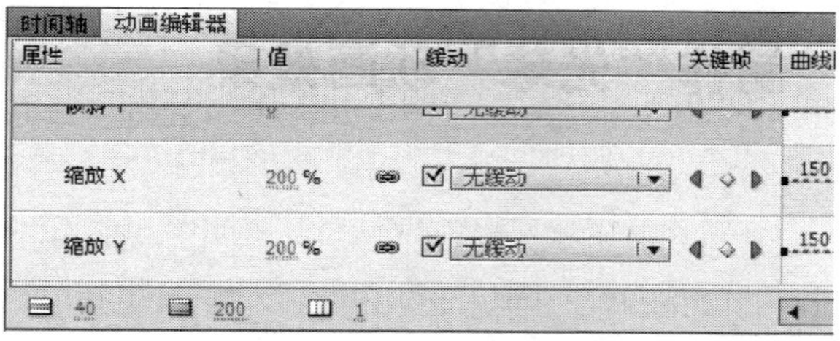

图 7-58　设置第 90 帧动画的参数

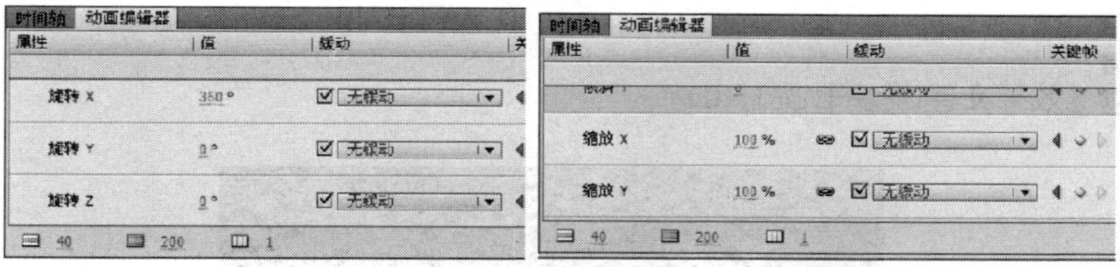

图 7-59　设置第 118 帧的动画参数

（9）按“Ctrl+Enter”键测试文档效果，测试完成后按“Ctrl+S”组合键保存即可。

多学一招：使用快捷键调整图层顺序

在“动画编辑器”中拖动“可查看的帧”按钮 ◫ 右侧的数值，即可在右侧的曲线图中显示需要查看的帧数。

知识回顾拓展

本任务主要介绍了立方体的创建和 3D 动画的制作等相关知识，应着重了解 Flash 中三维的概念，理解如何在 Flash 中设置立方体的坐标和旋转角度，并掌握使用“动画编辑器”中编辑动画的方法和原理。

下面对 Flash 中新增的相关三维概念进行介绍。

- **透视角度：**在舞台上放一个影片剪辑实例，选中这个实例，在其属性面板中会出现一个“3D 定位和查看”栏，在其中有个小相机图标，调整其右侧的数值就可以调整透视角度。透视角度就像照相机的镜头，通过调整透视角度值，可将镜头推近或拉远。系统默认值为 55，取值范围为 1~180。
- **消失点：**消失点确定了视觉的方向，确定了 Z 轴的走向，Z 轴始终是指向消失点的。在“3D 定位和查看”栏中通过调节“消失点”右侧的 X 轴和 Y 轴的坐标，可设置消失点的位置。系统默认的消失点在舞台的中心，X 和 Y 坐标为（275，200）处。

实训一　制作“光球”动画效果

实训目标要求

本实训要制作一个光球旋转的动画效果，要注意时间轴中各物体变换时所需效果的添加方式、遮罩的制作方法，以及3D旋转工具的使用方法。本实训的参考效果如图7-60所示。

素材对应　效果文件\模块七\光球.fla

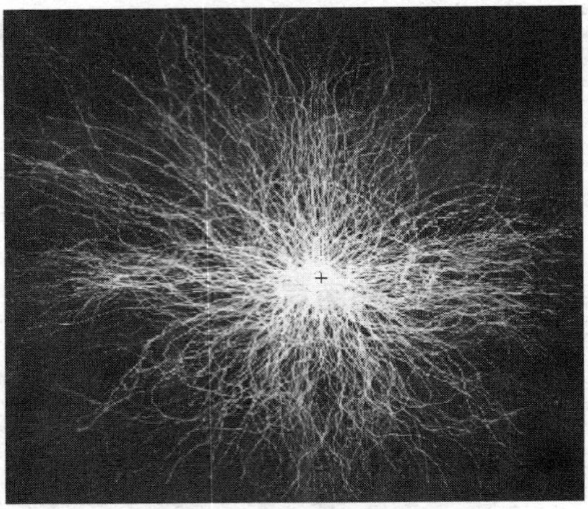

图 7-60　“光球”动画效果

实训思路分析

综合所学知识，先使用Deco工具的“闪电刷子”绘制光效平面，再在影片剪辑元件中结合“3D定位和查看”制作光球，然后制作光球动画，最后制作一个文字解说动画，用于解说和介绍效果。

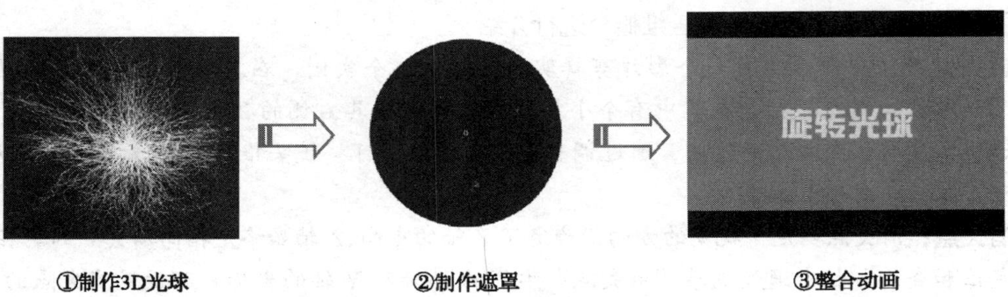

图 7-61　“光球”的制作思路

【步骤提示】

（1）新建 AS3.0 文档，新建“遮罩”影片剪辑元件，使用基本椭圆工具，按住“Shift”键不放，在“遮罩”元件编辑模式下绘制一个圆。

（2）单击第 1 帧，选中工作区中的圆形，在其“属性”面板的“椭圆选项”栏中将“开始角度”设置为“330”，选中第 20 帧，按“F6”键插入关键帧，在其“属性”面板中将“开始角度”设置为“359”，再在第 21 帧中插入一个空白关键帧。

（3）新建“遮罩组”影片剪辑元件，将“遮罩”元件中的对象拖动到该新建的元件中。

（4）按“Ctrl+C”组合键进行复制，再在工作区空白位置单击鼠标右键，在弹出的快捷菜单中选择“粘贴到当前位置”命令。选择【修改】→【变形】→【缩放和旋转】菜单命令，在打开的“缩放和旋转”对话框中设置旋转的角度为“30°”。

（5）重复第 4 步的操作，改变旋转角度，使遮罩成为一个整体的圆形。

（6）新建“光”影片剪辑元件，使用 Deco 工具，在“属性”面板的“绘画效果”栏中选中“闪电刷子”，在工作区中以中心点为圆心，向不同方向绘制闪电。

（7）新建“光球”影片剪辑元件，将“光”元件中的对象拖曳到该新建元件中，在其中复制几个“光”元件的实例，使用 3D 旋转工具在 X 轴和 Y 轴方向上进行不同的旋转，使其更接近一个光球。

（8）回到主场景中，单击“图层 1”的第 1 帧，将“光球”元件从库中拖曳到舞台上，在第 1 帧上创建补间动画，在第 24 帧拖曳补间动画，将其延长至第 70 帧。将播放头移动到第 70 帧，使用 3D 旋转工具在舞台中旋转“光球”实例，创建补间动画。

（9）新建“图层 2”，在该图层的第 1 帧中绘制绿色的背景和上下两个黑色装饰黑条。单击第 91 帧，按“F5”键插入帧。

（10）新建“图层 3”，选中第 1 帧，使用文本工具在舞台中绘制文本框，输入“旋转光球”文本。在该层第 25 帧、50 帧和 70 帧分别插入关键帧，然后选中不同的关键帧，设置滤镜动画。设置完成后，在各个帧之间添加传统补间动画。单击第 91 帧，按“F5”键插入帧。

（11）新建“图层 4”，在其上单击鼠标右键，在弹出的快捷菜单中选择“遮罩层”命令，即可将“图层 4”转换为遮罩层，“图层 3”则自动转换为被遮罩层。

（12）在“图层 4”中单击选中第 71 帧，按“F7”键插入空白关键帧，将“库”面板中的“遮罩组”元件拖曳到舞台中，使用任意变形工具，调整遮罩的位置和大小，使其能完全遮住舞台。

（13）在“图层 2”上单击鼠标右键，在弹出的快捷菜单中选择“属性”命令，打开“图层属性”对话框，在“类型”栏中单击选中“被遮罩层”单选项，单击 确定 按钮。

（14）按“Ctrl+Enter”组合键测试动画，测试完成后保存动画。

实训二 制作“导向”文字介绍动画

实训目标要求

本实训要求根据前面所学的制作遮罩、创建遮罩图层和制作文字滤镜动画等知识，制作“导向”文字介绍片头。要求制作的文字动画具有从左到右的显示效果。本实训的参考效果如图 7-62 所示。

素材对应 效果文件\模块七\导向.fla

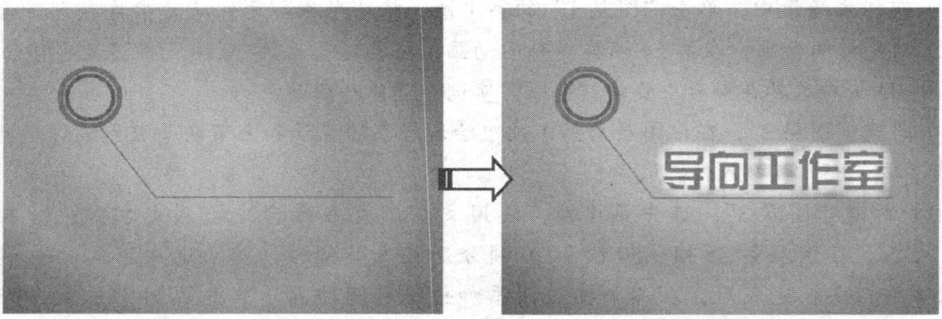

图 7-62 “导向”动画制作效果

实训思路分析

本实训已给出了制作要求，首先制作引出动画，再制作相应的滤镜和遮罩动画即可。本例的操作思路如图 7-63 所示。

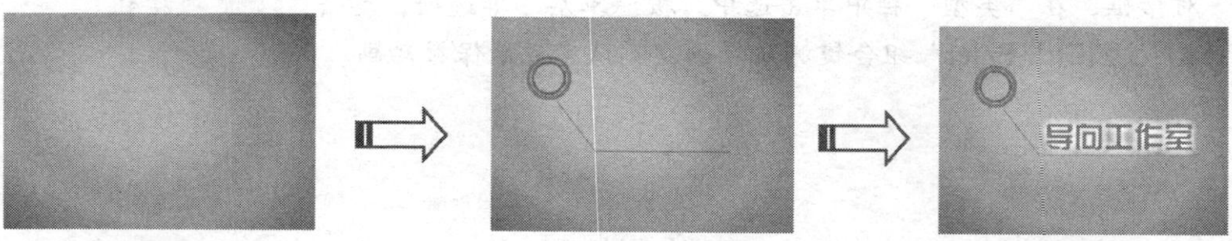

①制作背景　②制作引出动画　③制作文字滤镜和遮罩动画

图 7-63 “导向”动画效果的思路

【步骤提示】

（1）新建 AS3.0 文档，并以“导向”为名进行保存。

（2）新建“圆”影片剪辑元件，使用基本椭圆工具，按住“Shift”键不放，在工作区中绘制一个圆形。

（3）选择绘制的圆形，在其“属性”面板中调整绘制圆形的内径，使其成为一个空心圆。

（4）新建“圆球”影片剪辑元件，将“圆”元件中的对象拖曳到该元件中，并在该元件中复制圆形，调整复制圆形实例的大小和颜色。

（5）在“圆球”影片剪辑元件中，使用 3D 旋转工具制作相互错开的旋转动画。

（6）新建“遮罩”影片剪辑元件，在其中制作文字逐一显示所需的遮罩，并在其中制作遮罩动画。

（7）回到主场景，新建图层，在图层 1 中绘制背景，在图层 2 中放入“圆球”影片剪辑元件，在图层 3 中制作斜线条出现的动画，在图层 4 中制作水平线条出现的动画，在图层 5 中输入文字。

（8）将图层 6 转换为遮罩层，在相应的位置放入遮罩动画。调整图层 5 和图层 6 中的遮罩动画时间，在图层 5 中制作文字滤镜动画。

（9）按“Ctrl+Enter”组合键测试动画并保存。

模块八　视觉特效和骨骼动画的制作

模块简介

视觉特效可使Flash动画更具观赏性，在CS3版本中，视觉特效的制作还停留在添加语言脚本的层面，在CS4之后，新增的Deco工具使得视觉特效的制作变得更加简单，且在脚本语言的添加和检测上不用浪费大量时间。CS5加强了Deco工具功能，可帮助用户制作更多的特效。除此之外，Flash CS5还加强了新增的骨骼工具的功能，使用骨骼工具可控制人物的动作和行为，而不用通过复杂的逐帧绘制人物动画。本模块将具体介绍如何在Flash CS5中使用Deco工具制作视觉特效和使用骨骼工具制作骨骼动画。

学习目标

本模块的知识学习目标如下：

- 了解Deco工具的作用和意义。
- 熟练掌握使用Deco工具制作粒子、火焰和烟的特效动画。
- 了解骨骼工具的作用和意义。
- 掌握使用骨骼工具编辑人物动画的方法。

本模块的技能学习目标如下：

- 能正确使用Deco工具创建特效动画。
- 能举一反三地使用Deco工具创建多种类型的特效动画。
- 能利用骨骼工具正确制作出人物动画。

任务一　制作“小火炉”动画特效

工作任务场景

晓雪已经掌握了基本动画的制作方法，她想更深入地学习更多的动画效果，于是便向老张请教。老张告诉她，在Flash CS5中还可以使用一些工具直接制作出炫目的动画效果，而不用像以前那样添加大段的脚本代码。老张说："之前教你使用了Deco工具，其实它的功能远不止快速绘制几朵花那么简单，使用Deco工具还可以快速制作出火焰和烟雾等逼真且写实的动画。"正好老张手上有一个需要添加特效的案例，于是他便一边操作一边为晓雪讲解。

行业背景知识

随着新媒体的发展，动画和广告等媒体也不再满足于只具备基础的补间和遮罩等效果，应市场的需要，动画的种类和形式也丰富起来。如何设计动画场景，以及如何在动画中添加特效动画，已成为衡量动画师的一个标准。

工作任务分析

本任务的目标是为场景中的小火炉添加火焰和烟雾动画特效，并给场景添加蒲公英飘动效果。需要在元件中制作这些特效，再在场景中糅合这些特效。本任务的最终效果如图8-1所示。要实现该效果，需要掌握以下几个技术要点。

（1）掌握蒲公英飘动特效的制作方法。

（2）掌握火焰特效的制作方法。

（3）掌握烟雾特效的制作方法。

素材对应　**素材文件\模块八\小火炉\树.png、茶壶.png、炉子.png、蒲公英.png**
效果文件\模块八\小火炉.fla

图8-1　"小火炉"场景效果

制作思路分析

完成本任务主要包括导入并设置素材文件、使用Deco工具制作多种特效火焰、烟雾和下雨效果，以及在场景中整合制作的效果等三步操作。具体思路如图8-2所示，操作要求如下。

（1）导入并设置素材文件。

（2）制作火焰和烟雾等特效。

（3）在场景中整合制作的效果。

①导入并设置场景素材　　②制作火焰和烟雾动画　　③制作粒子动画并整合动画

图 8-2　制作思路分析

操作一　调入并编辑素材文件

调入并编辑素材文件，是制作 Flash 动画的必备步骤。在制作该场景动画之前，需要导入素材中的文件，并在场景中依次放置这些素材，使其成为一个场景。

【详细步骤】

（1）启动 Flash CS5，新建 AS3.0 文档，选择【文件】→【导入】→【导入到库】菜单命令，在打开的对话框中选择素材文件夹中的所有图片，将其导入到“库”面板中。

（2）选择矩形工具，在工作区中绘制一个与舞台大小相同的矩形，保持该矩形的选中状态，单击“颜色”按钮，弹出“颜色”面板。

（3）在“颜色”面板中将矩形的填充方式更改为“径向渐变”，在渐变条中设置左侧的渐变填充颜色为白色“#FFFFFF”，右侧的渐变填充颜色为“#FFCC00”，并调整色块位置，如图 8-3 所示。

（4）选择渐变变形工具，在工作区中调整渐变填充的大小，如图 8-4 所示。

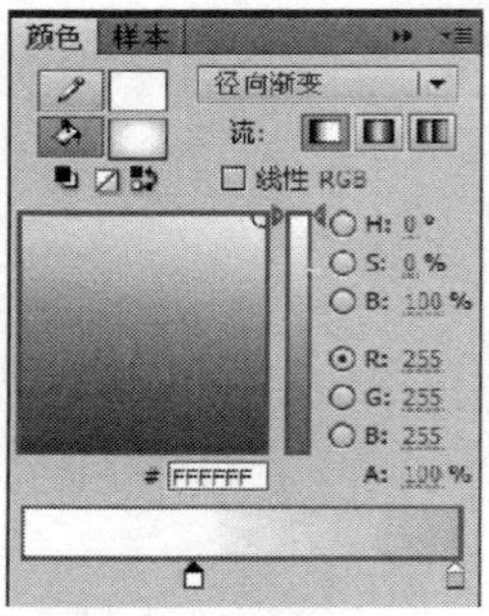

图 8-3　填充渐变填充

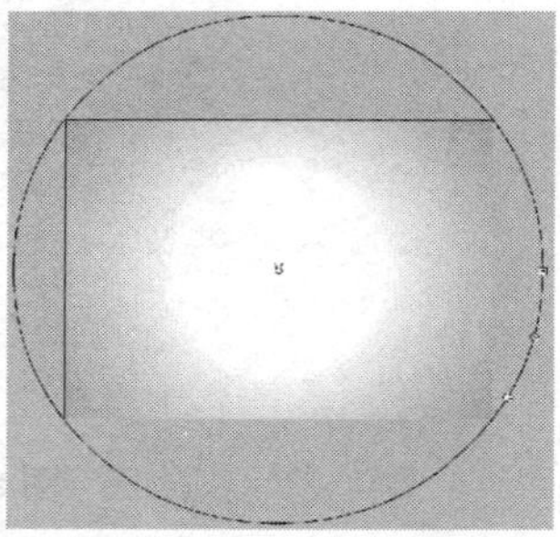

图 8-4　调整渐变变形

（5）在时间轴中双击“图层 1”文本，使其呈可编辑状态，将其图层名称更改为“背景”。单击“新建图层”按钮，在“背景”图层之上新建图层，将其重命名为“素材”，如图 8-5 所示。

（6）在时间轴中锁定背景图层，单击选中“素材”图层的第 1 帧，切换到“库”面板，将“树 .png”、“茶壶 .png”和“炉子 .png”拖曳到场景中，调整图形的大小和位置，效果如图 8-6 所示。

图 8-5　新建素材图层

图 8-6　设置素材位置和大小

（7）在时间轴中单击“素材”图层右侧的小圆点，锁定“素材”图层。

操作二　制作火焰特效动画

下面介绍如何新建影片剪辑元件，并在其中制作火焰特效动画。

【详细步骤】

（1）按“Ctrl+F8”组合键打开“创建新元件”对话框，在“名称”文本框中输入“火焰”，设置“类型”为“影片剪辑”，单击 确定 按钮，如图 8-7 所示。

（2）进入“火焰”影片剪辑的元件编辑模式，选择 Deco 工具，在其“属性”面板的“绘制效果”栏中选择“火焰动画”选项。

（3）展开“高级选项”栏，设置“火持续时间”为“60 帧”，其余保持默认，如图 8-8 所示。

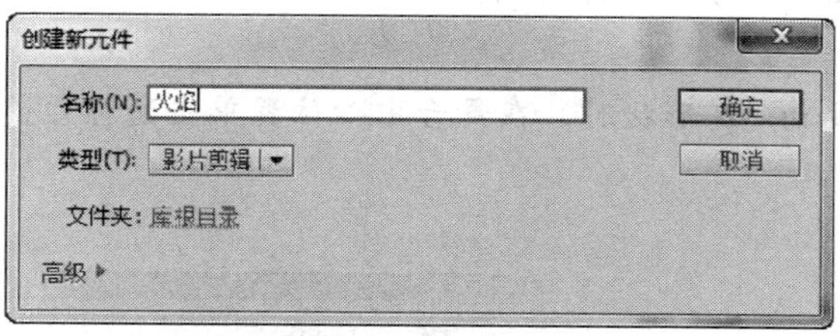

图 8-7　创建火焰元件

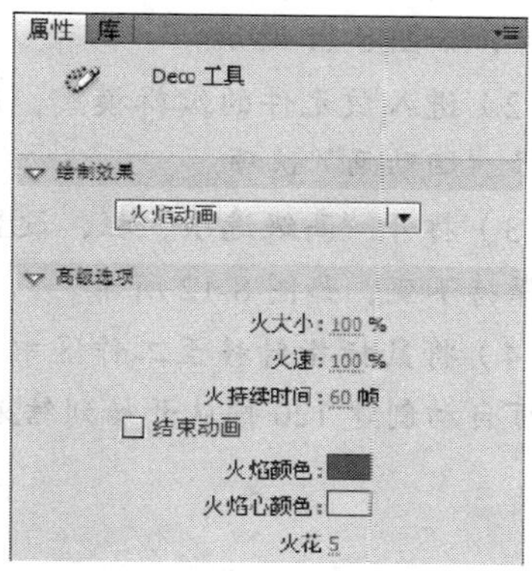

图 8-8　调整属性参数

（4）将鼠标指针移至工作区中，当其变为形状时，单击鼠标左键，系统即可自动创建 60 帧的火焰逐帧动画，如图 8-9 所示为创建的火焰动画。

（5）按“Shift”键选中第 1 帧至第 10 帧，单击鼠标右键，在弹出的快捷菜单中选择“删除帧”命令，将前 10 帧中的火焰动画删除。

（6）在时间轴中单击“编辑多个帧”按钮，在帧面板中拖动时间刻度上的大括号，选中第 1 帧至第 50 帧，如图 8-10 所示。使用选择工具将火焰移动到舞台中心位置。再次单击“编辑多个帧”按钮，取消编辑状态。

图 8-9　火焰动画

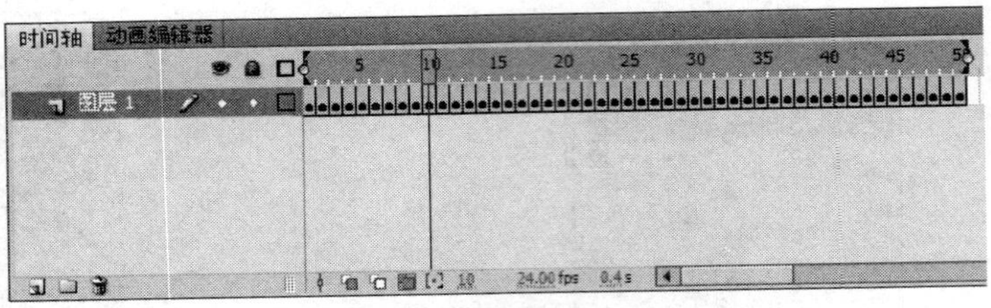

图 8-10　编辑多个帧

小提示：不使用“对齐”面板进行对齐的情况

此处不能使用“对齐”面板进行中心对齐，因为每一帧上的火焰都由无数个单独的色块组成，使用“对齐”面板或命令会将每一帧中的每个色块都对齐到中心位置。

操作三　制作烟雾特效动画

使用 Deco 工具制作的烟雾特效可模拟真实的烟雾效果，其具体操作如下。

【详细步骤】

（1）按“Ctrl+F8”组合键打开“创建新元件”对话框，创建一个以“烟雾”为名的影片剪辑元件，如图 8-11 所示。

（2）进入该元件的编辑模式，选择 Deco 工具，在其“属性”面板的“绘制效果”栏中选择“烟动画”选项。

（3）打开“高级选项”栏，设置“烟大小”为“15 像素”，单击选中“结束动画”复选框，其余保持不变，如图 8-12 所示。

（4）将鼠标指针移至工作区中，当其变为形状时，在舞台中心位置单击鼠标左键，系统即可自动创建 120 帧从开始到结束的烟动画。

图 8-11　新建“烟雾”元件

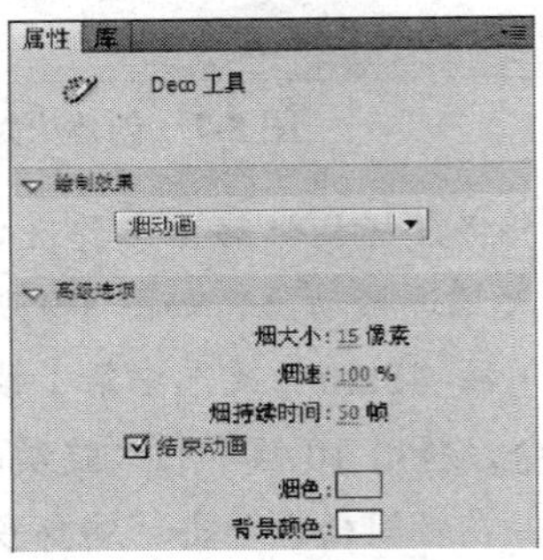

图 8-12　设置烟动画参数

操作四　制作蒲公英飘动特效动画

使用 Deco 工具制作蒲公英飘动的特效动画，其具体操作如下。

【详细步骤】

（1）按“Ctrl+F8”组合键打开“创建新元件”对话框，创建一个以“蒲公英动画”为名的影片剪辑元件。

（2）将导入到“库”面板中的图形元件重命名为相应的名称。

（3）进入“蒲公英动画”影片剪辑元件的元件编辑模式，选择 Deco 工具，在“属性”面板的“绘制效果”栏中选择“粒子系统”选项，单击“粒子 1”右侧的 [编辑...] 按钮，如图 8-12 所示，打开“选择元件”对话框。

（4）在该对话框的列表框中选择“蒲公英”图形元件，单击 [确定] 按钮，如图 8-14 所示。

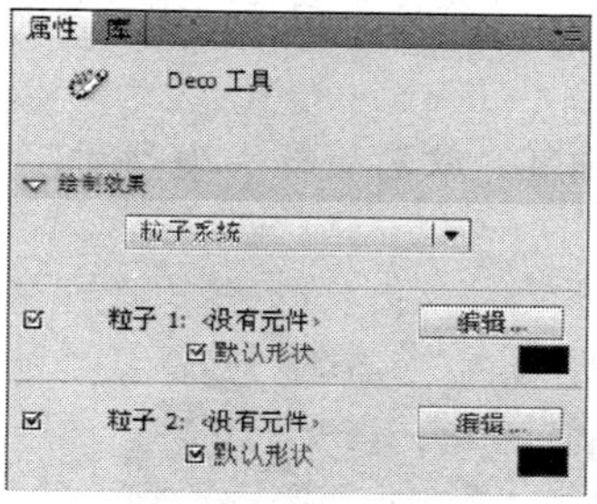

图 8-13　设置 Deco 工具类型

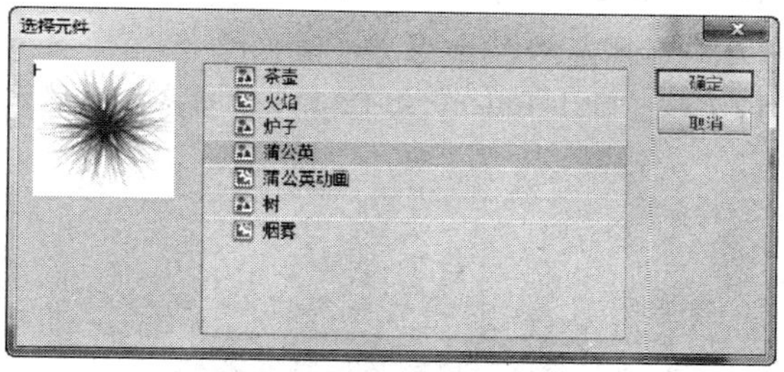

图 8-14　选择粒子元件

（5）展开“高级选项”栏，在其中设置粒子的属性参数，具体如图 8-15 所示。

（6）将鼠标指针移至舞台中，当鼠标指针变为形状时单击，即可创建蒲公英飘动动画。

（7）在工作区上方单击“返回”按钮，返回场景。在时间轴中单击“新建图层”按钮，新建 3 个图层，将它们分别命名为“火焰”、“烟雾”和“蒲公英”，如图 8-16 所示。

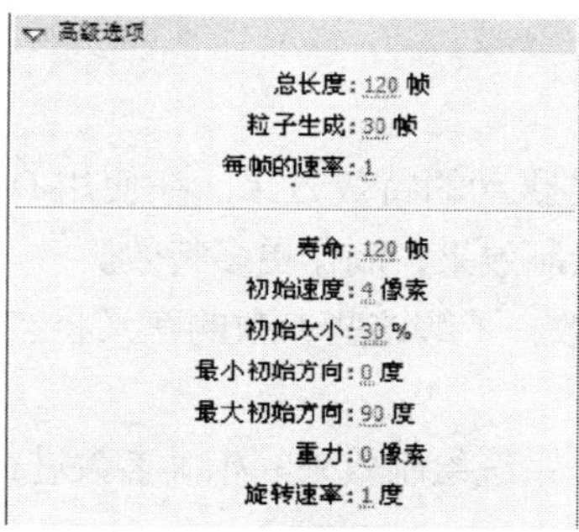

图 8-15　设置粒子系统属性

图 8-16　新建图层

（8）按“Shift”键，在第 120 帧处依次单击选中各个图层的第 120 帧，按“F5”键插入普通帧，如图 8-17 所示。

（9）单击选中“火焰”图层的第 1 帧，从“库”面板中将“火焰”影片剪辑元件拖曳到舞台中。

（10）单击选中“烟雾”图层的第 1 帧，从“库”面板中将“烟雾”影片剪辑元件拖曳到舞台中，如图 8-18 所示。

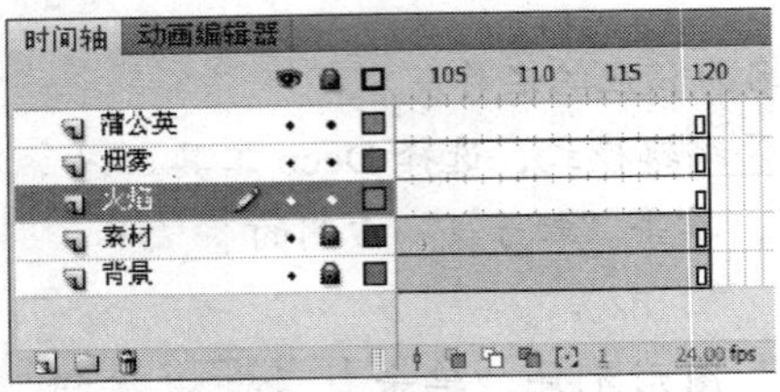

图 8-17　增长帧时间

图 8-18　设置烟雾位置

（11）单击选中“蒲公英”图层的第 1 帧，从“库”面板中将“蒲公英动画”影片剪辑元件拖曳到舞台左侧，如图 8-19 所示。

（12）按“Ctrl+Enter”组合键进行测试，测试无误后保存即可，效果如图 8-20 所示。

图 8-19　设置蒲公英位置

图 8-20　测试效果

知识回顾拓展

本任务运用 Deco 工具制作了火焰、烟雾和蒲公英飘动的特效效果。在使用 Deco 工具时，除了可使用已介绍的绘制效果，还可选择其他类型的绘制效果，制作更多特效。

在每一类绘制效果的面板中都包含相关的调整参数，了解这些参数的意义将有助于读者更好地制作特效动画。

下面对火焰动画绘制效果、烟动画绘制效果和粒子系统绘制效果的相关参数进行介绍。

1. 火焰动画

“火焰动画”的“高级选项”栏包含火大小、火速和火持续时间等参数，其意义如下。

- **火大小：**火焰的宽度和高度，值越高，创建的火焰越大。

- **火速**：动画的速度，值越大，创建的火焰运动得越快。
- **火持续时间**：动画过程中在时间轴中创建的帧数。
- **结束动画**：选择此选项可创建火焰燃尽而不是持续燃烧的动画，Flash 会在指定的火焰持续时间后添加其他帧以产生烧尽效果。如果要循环播放完成的动画以创建持续燃烧的效果，则无需选择此选项。
- **火焰颜色**：火苗的颜色。
- **火焰心颜色**：火焰底部的颜色。
- **火花**：火源底部各个火焰的数量。

2. 烟动画

“烟动画”的“高级选项”栏包含烟大小、烟速和烟持续时间等参数，其意义如下。

- **烟大小**：烟的宽度和高度，值越高，创建的烟越大。
- **烟速**：动画的速度，值越大，创建的烟运动得越快。
- **烟持续时间**：动画过程中在时间轴中创建的帧数。
- **结束动画**：选择此选项可创建烟消散而不是持续冒烟的动画，Flash 会在指定的烟持续时间后添加其他帧以造成消散效果。如果要循环播放完成的动画以创建持续冒烟的效果，请不要选择此选项。
- **烟色**：烟的颜色。
- **背景颜色**：烟的背景色，烟在消散后更改为此颜色。

3. 粒子系统

粒子系统是 Deco 工具中设置最为复杂的效果之一，在使用过程中需要反复进行测试。“粒子系统”的“高级选项”栏包含总长度、粒子生产和每帧的速率等参数，其意义如下。

- **粒子 1**：在“绘制效果”栏中可分配两个元件用作粒子，这是其中的第一个。若未指定元件，将使用黑色的小正方形作为粒子。
- **粒子 2**：第二个可分配用作粒子的元件，通过设置粒子的元件图形，可生成许多不同但逼真的效果。
- **总长度**：从当前帧开始，动画的持续时间（以帧为单位）。
- **粒子生成**：在其中生成粒子的帧的数目。如果帧数小于“总长度”属性，则该工具会在剩余帧中停止生成新粒子，但是已生成的粒子将继续添加动画效果。
- **每帧的速率**：每个帧生成的粒子数。
- **寿命**：单个粒子在工作区中可见的帧数。
- **初始速度**：每个粒子在其寿命开始时移动的速度，单位是“像素 / 帧”。
- **初始大小**：每个粒子在其寿命开始时的缩放。
- **最小初始方向**：每个粒子在其寿命开始时可能移动方向的最小范围，单位是“度”。零表示向上，“90”表示向右；“180”表示向下，“270”表示向左，“360”也是表示向上，允许使用负数。
- **最大初始方向**：每个粒子在其寿命开始时可能移动方向的最大范围，单位和方向与“最小初始方向”相同。

- **重力效果：**当此数字为正数时，粒子方向更改为向下且进行加速运动，若重力是负数，则粒子方向更改为向上。
- **旋转速率：**应用到每个粒子的每帧旋转角度。

任务二　制作“可爱的骨头”骨骼动画

工作任务场景

这段时间晓雪进步得很快，她已经掌握了许多视觉特效的制作方法。今天她一到公司就被老张叫了过去，老张对她说：“前两天我看了你近期的作品，发现你做的东西已经能满足基本的要求。软件虽然不难学，但如何制作出令人满意的作品却需要长期的实践和摸索，所以还要继续努力啊！”于是，老张交给晓雪一个新任务，制作时需要用到一个骨骼动画，动画主体很简单，由圆角矩形等组成，不需要进行细致的绘制。老张向晓雪讲解了需要使用的工具后，晓雪便立即开始制作。

行业背景知识

骨骼工具的出现使 Flash 动画的制作更为简单。以往的动画制作，特别是人物等脊椎动物动画的制作，需要动画师花费大量时间和精力进行逐帧绘制。骨骼工具的出现使得这类动画的制作简单化，动画师只需设计好骨骼依附的动画对象，即可为这些对象添加骨骼，制作动画。

工作任务分析

本任务属于动作类动画的制作，在制作之前需要绘制好骨骼依附的动画对象，如人物或动物等。制作完成后的最终效果如图 8-21 所示。要实现该效果，需要掌握以下几个软件技术要点。

（1）掌握骨骼工具的使用方法。

（2）掌握在形状上添加骨骼的方法。

（3）掌握骨骼的设置和动画的制作方法。

素材　素材文件\模块八\可爱的骨头\可爱的骨头.fla
对应　效果文件\模块八\可爱的骨头.fla

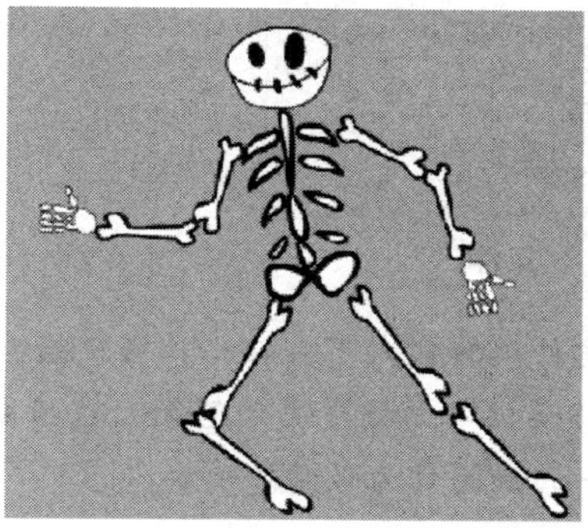

图 8-21　“可爱的骨头”骨骼动画

制作思路分析

完成本任务主要包括制作骨骼元件、添加骨骼和制作骨骼动画等三步操作。具体思路如图 8-22 所示，操作要求如下。

（1）使用钢笔工具、填充工具和刷子工具等，绘制骨骼动画对象的各个组成部分。

（2）选择骨骼工具，在新建的影片剪辑元件中为形状添加骨骼。

（3）制作骨骼动画。

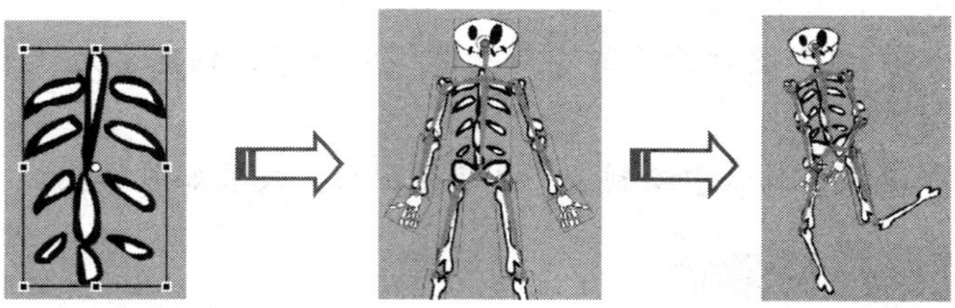

①绘制骨骼动画对象　②添加骨骼　③制作骨骼动画

图 8-22　制作思路分析

操作一　制作骨骼元件

在添加骨骼之前，需要制作骨骼依附的元件对象。

【详细步骤】

（1）新建 AS3.0 文档，以“可爱的骨头”为名进行保存。

（2）按“Ctrl+F8”组合键打开“创建新元件”对话框，在“名称”文本框中输入“头”，在“类型”下拉列表中选择“影片剪辑”选项，单击 确定 按钮，如图 8-23 所示。

（3）选择钢笔工具，切换至“属性”面板，在“填充和笔触”栏中将笔触设置为黑色，其他保持默认，如图 8-24 所示。

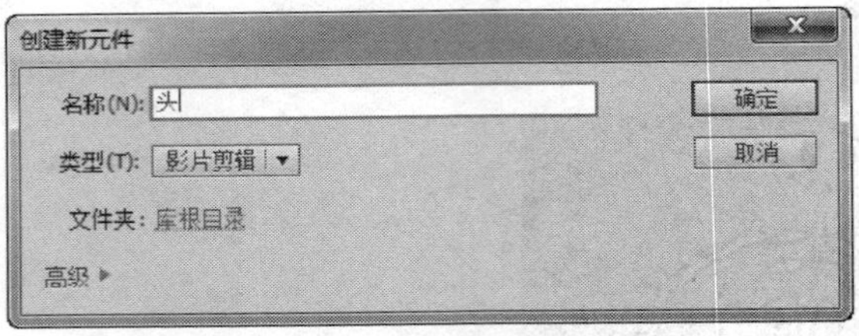

图 8-23 创建“头”元件

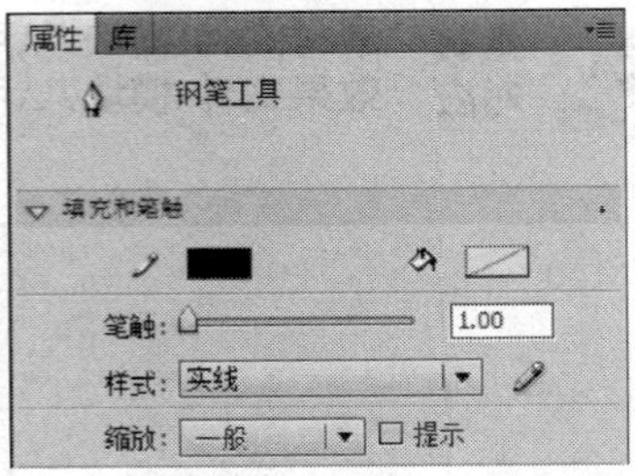

图 8-24 设置钢笔工具属性

（4）在“头”影片剪辑的元件编辑模式下，在工作区中绘制如图 8-25 所示的图形。

（5）使用椭圆工具，在其“属性”面板中关闭笔触，将填充颜色设置为黑色，如图 8-26 所示，在舞台中绘制两个大小不一的椭圆作为眼睛。

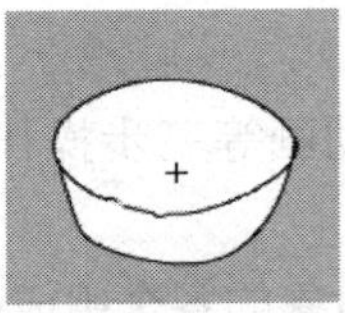

图 8-25 绘制头部

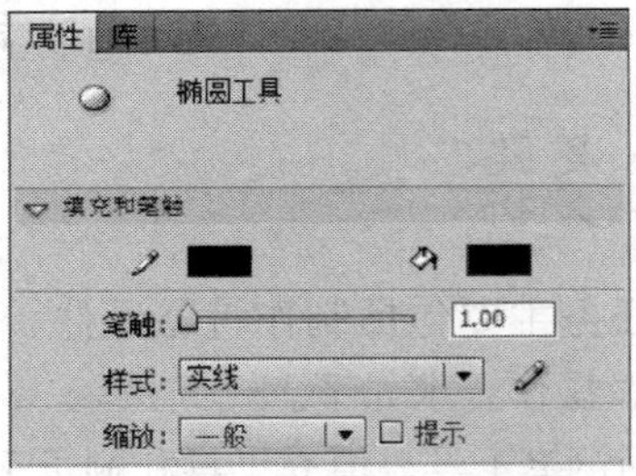

图 8-26 设置椭圆工具属性

（6）使用刷子工具，在其“属性”面板中将填充颜色设置为黑色，在头部中间的横线上绘制 4 个小长点作为牙齿，效果如图 8-27 所示。

（7）按“Ctrl+F8”组合键打开“创建新元件”对话框，创建名为“手”的影片剪辑元件，进入其编辑模式。

（8）使用刷子工具在工作区中绘制一个手掌的图形，效果如图 8-28 所示。

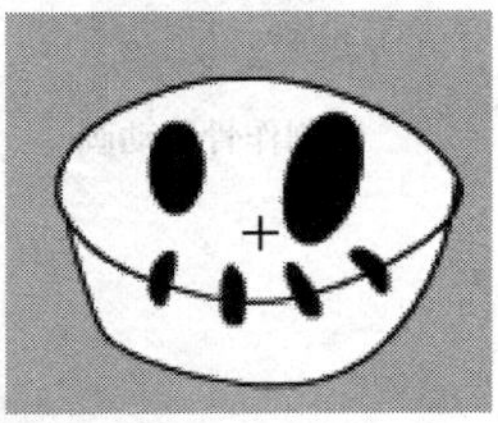

图 8-27 头绘制效果

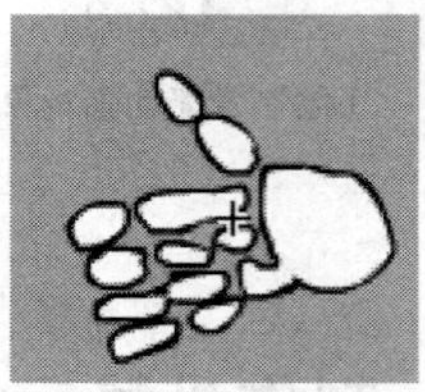

图 8-28 手掌绘制效果

（9）按“Ctrl+F8”组合键打开“创建新元件”对话框，创建名为“身体”的影片剪辑元件，进入其编辑模式。

（10）使用刷子工具在工作区中绘制如图 8-29 所示的身体图形。

（11）按“Ctrl+F8”组合键打开“创建新元件”对话框，创建名为“骨头”的影片剪辑元件，进入其编辑模式，然后使用刷子工具在工作区中绘制如图 8-30 所示的骨头图形。

（12）使用同样的方法创建“关节”影片剪辑元件，使用刷子工具绘制如图 8-31 所示的关节图形。

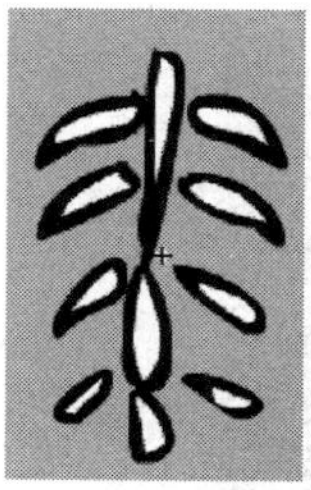

图 8-29　身体绘制效果

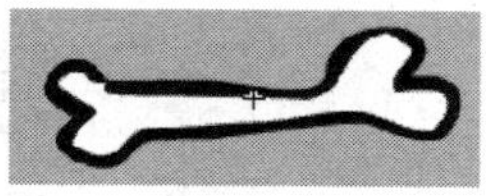

图 8-30　骨头绘制效果

图 8-31　关节绘制效果

操作二　添加骨骼并设置参数

制作完需要的元件后，即可新建影片剪辑元件，并在该元件中组合绘制的图形，然后添加骨骼，再设置骨骼的参数。

【详细步骤】

（1）按“Ctrl+F8”组合键打开“创建新元件”对话框，创建名为“可爱的骨头”的影片剪辑元件，进入其编辑模式。

（2）将“库”面板中的“身体”元件拖曳到工作区中，使用任意变形工具，将该元件实例的中心点移动到顶部，如图 8-32 所示。

（3）将“库”面板中的“骨头”元件拖曳到工作区中，选择【修改】→【变形】→【顺时针旋转 90 度】菜单命令，旋转该图形。

（4）使用任意变形工具，将“骨头”元件实例的中心点移动到顶部，如图 8-33 所示。

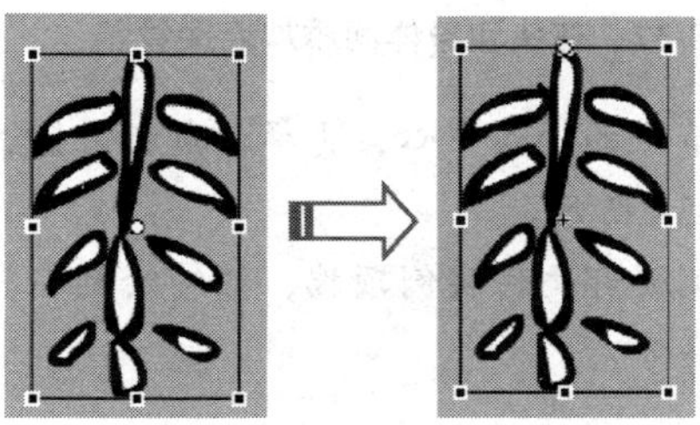

图 8-32　更改“身体”实例中心点

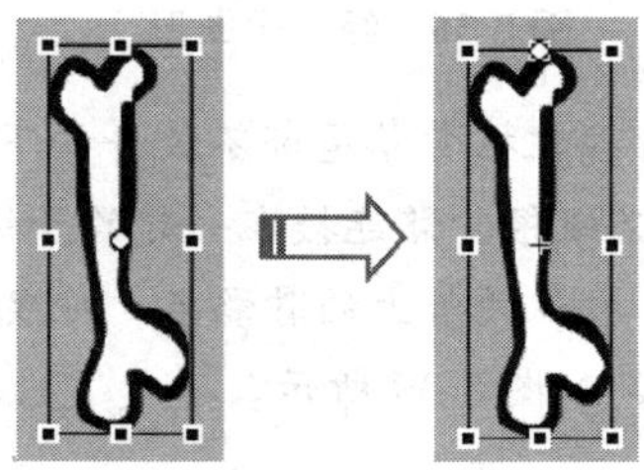

图 8-33　更改“骨头”实例中心点

（5）按住“Alt”键复制“骨头”实例，调整复制图形的大小，将鼠标指针移至复制元件实例的边角上，当鼠标指针变为  形状时，按住鼠标左键进行拖曳，旋转图形的角度。

（6）使用同样的方法多次复制并调整实例，并将复制的图形放置到合适的位置，制作四肢，如图 8-34 所示。

（7）将“库”面板中的“头”元件拖曳到工作区中，放置在身体顶部，再将“库”面板中的“关节”元件拖曳到工作区中，放置在身体和腿部之间，如图 8-35 所示，将其作为运动的关节。

（8）将“库”面板中的“手”元件拖曳到工作区中，使用任意变形工具，进行旋转并调整其中心点位置，将其放置到手臂底部。按住“Alt”键进行复制，选中复制的实例，选择【修改】→【变形】→【水平翻转】菜单命令，将其放置在另一侧手臂的底部，如图 8-36 所示。

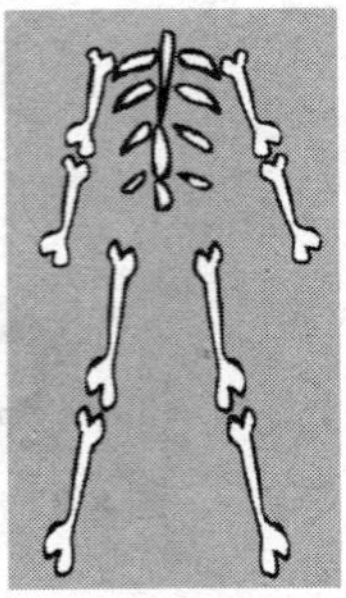

图 8-34　调整图形组合四肢

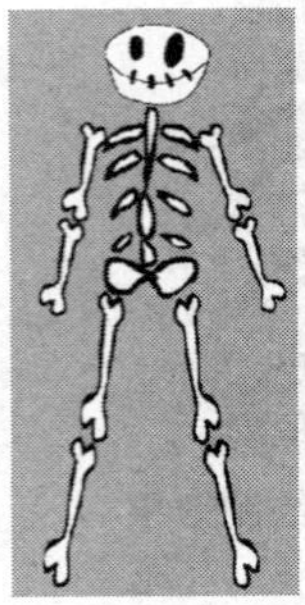

图 8-35　放置头部和关节

（9）在工具栏中选择骨骼工具，将其移动到舞台上，鼠标指针变为形状，将其移动到头部的圆形上，在中心点按住鼠标左键不放，将其拖曳到身体骨骼后释放鼠标，即可绘制一个根骨骼，如图 8-37 所示。

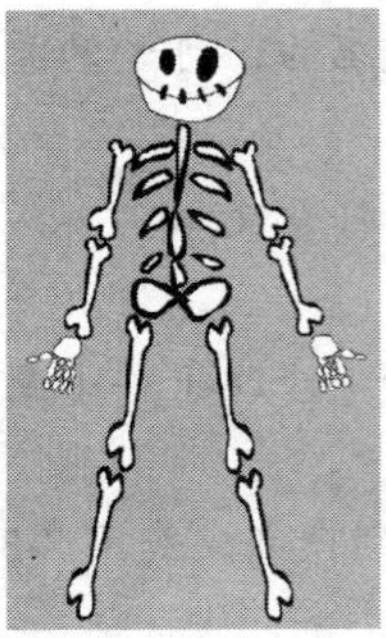

图 8-36　组合手图形

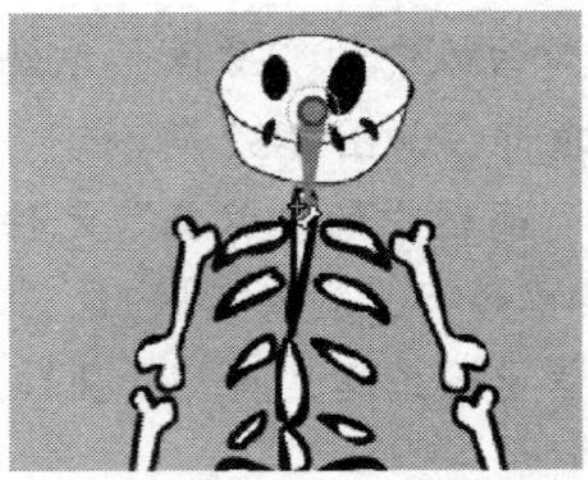

图 8-37　在头和身体间添加连接骨骼

（10）按住根骨骼尾部不放并向下拖曳至作为关节点的小圆中心，再释放鼠标左键，即可绘制一条与父级根骨骼连接在一起的子级骨骼，如图 8-38 所示。

（11）按住关节上的骨骼点，拖曳一条骨骼到右侧腿部元件实例顶端，继续绘制连接上下腿部的骨骼，如图 8-39 所示。

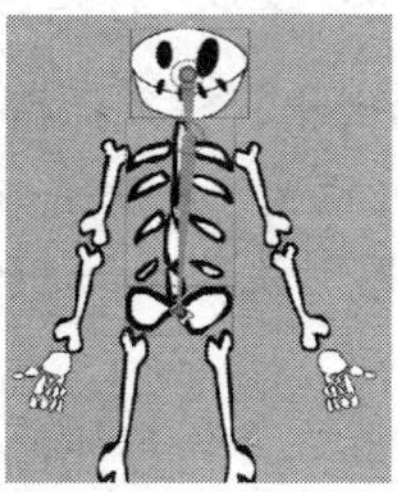

图 8-38　在身体和关节间创建骨骼

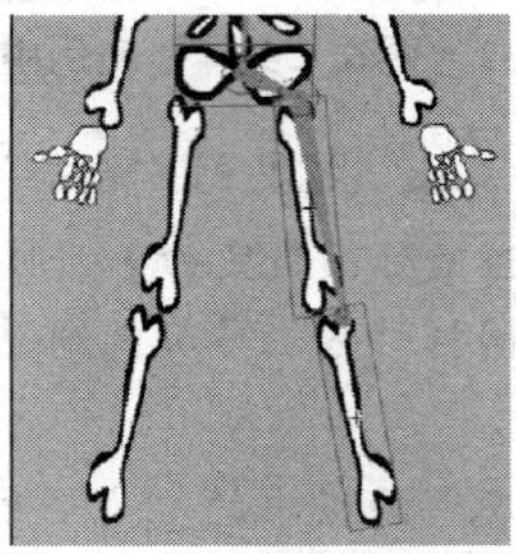

图 8-39　在关节和腿部创建骨骼

（12）再次单击关节上的骨骼点，拖曳一条骨骼到左侧腿部元件的实例上，继续绘制连接左侧腿部的骨骼，如图 8-40 所示。

（13）在根骨骼的下端按住鼠标左键不放，拖曳一条骨骼到右侧的手臂实例上，继续绘制连接右手的骨骼，如图 8-41 所示。

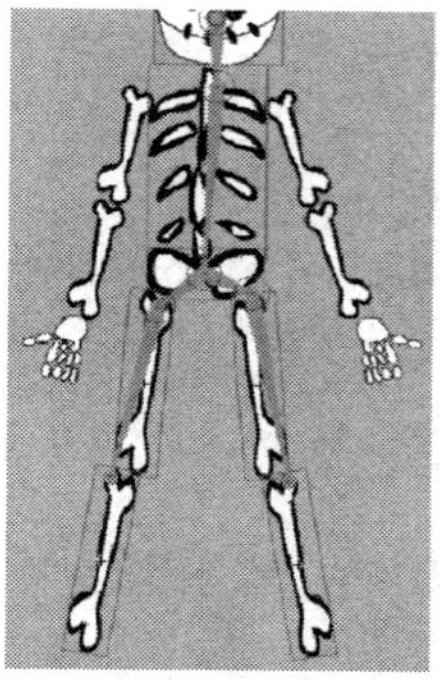

图 8-40　组合手图形

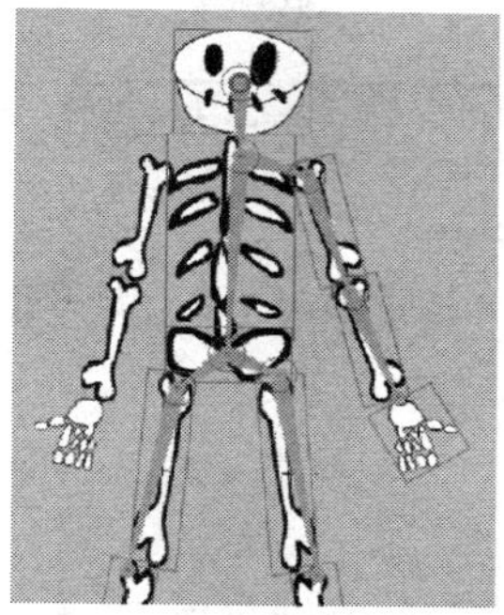

图 8-41　在头和身体间添加连接骨骼

（14）使用相同的方法绘制左手的骨骼，至此完成骨骼的绘制，效果如图 8-42 所示。

（15）选中右手小臂上的骨骼，“属性”面板中自动显示与其相关的属性参数，在“位置”栏中将“速度”设置为“80%”。

（16）在“连接：旋转”栏中单击选中“启用”复选框，激活“约束”选项，单击选中“约束”复选框，设置其右侧的“最小”值为“-90°”，“最大”值为“45°”，如图 8-43 所示。

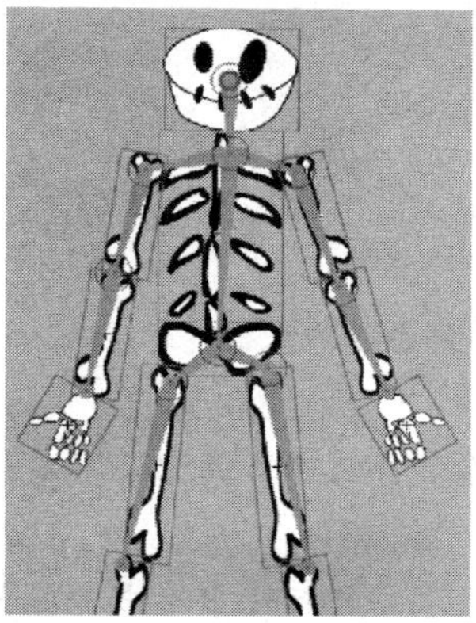

图 8-42　完成骨骼的创建

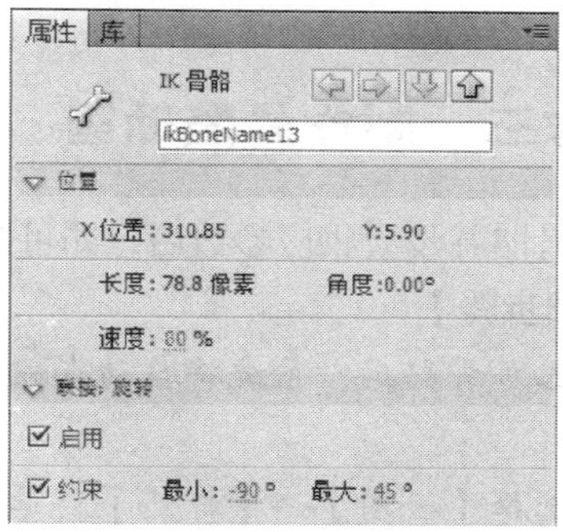

图 8-43　约束小臂骨骼的旋转

小提示：精确骨骼的节点位置

默认情况下，Flash 会在鼠标单击的位置创建骨骼。若要使骨骼的节点位置更精确，可选择【编辑】→【首选参数】菜单命令，打开“首选参数”对话框，取消选中“自动设置变形点”复选框之后再次创建骨骼，当从一个元件到下一元件依次单击时，骨骼将对齐到元件变形点。

（17）单击右手上臂的骨骼，在其“属性”面板的“位置”栏中设置“速度”为“80%”，在“连接：旋转”栏中，单击选中“启用”复选框，如图 8-44 所示。

（18）使用同样的方法，约束左手两个骨骼和腿部骨骼的旋转，效果如图 8-45 所示。

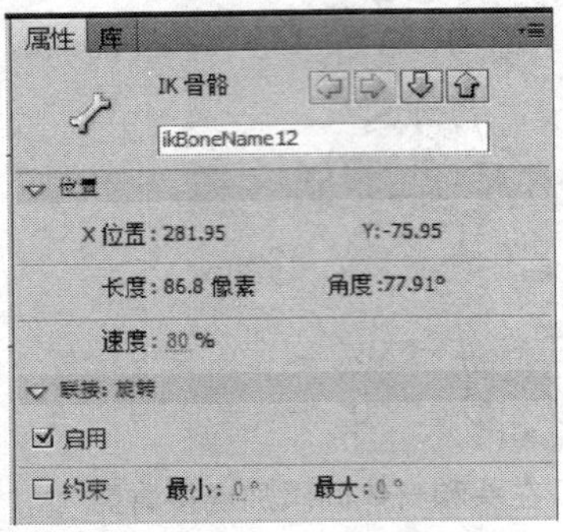

图 8-44　设置上臂约束条件

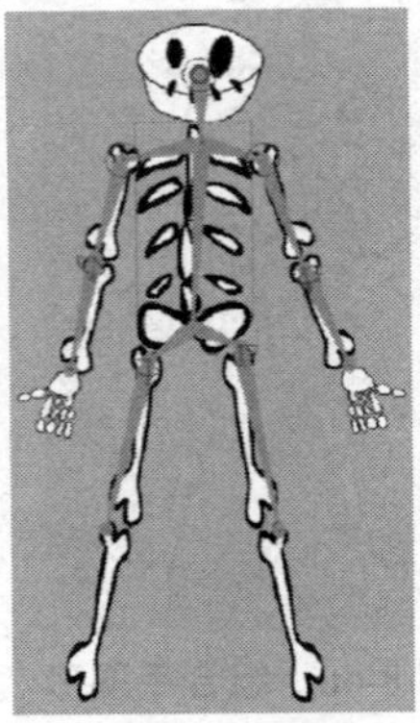

图 8-45　设置各个骨骼的约束条件

小提示：如何删除骨骼及其子级

单击骨骼后按“Delete”键，可删除该骨骼及其所有子级，按住“Shift ”键可单击选择多个骨骼。

操作三　制作骨骼动画

添加骨骼并设置相应参数后，即可制作动画，使图形具有运动效果。

【详细步骤】

（1）添加骨骼后，系统将自动在相应元件的时间轴中添加存放骨骼的骨架图层，如图 8-46 所示。

（2）选择【视图】→【标尺】菜单命令，启用标尺，在上方的标尺中单击并拖曳一条辅助线到工作区中，作为脚步站立的水平线。

（3）将播放头移至第 1 帧，使用任意选择工具框选图形，调整图形的旋转。再使用选择工具，将鼠标指针移至骨骼上，当鼠标指针变为 ↖ 形状时，按住鼠标左键不放并拖曳调整骨骼的位置，如图 8-47 所示。

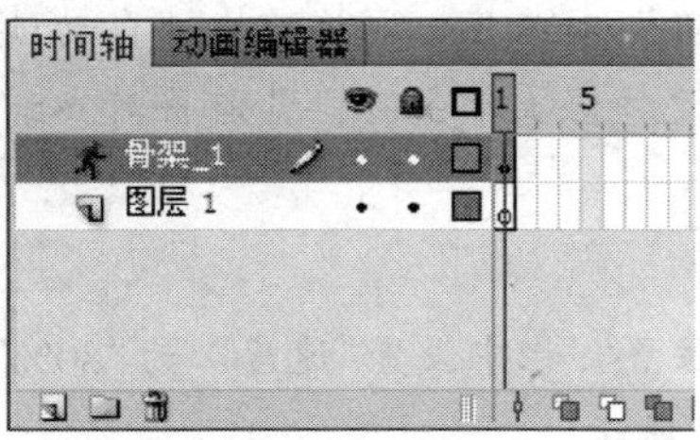

图 8-46　骨架图层

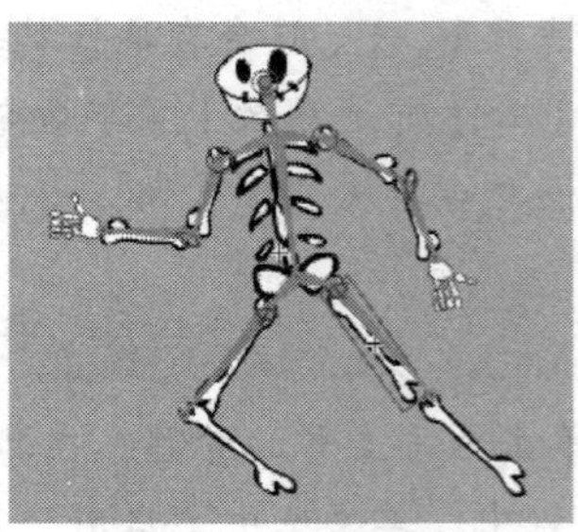

图 8-47　调整第 1 帧中骨架的动作

（4）在“骨架_1”图层上，单击选中第 4 帧，按“F5”键延续帧，此时播放头自动跳到第 4 帧，如图 8-48 所示。

（5）在第 4 帧中使用选择工具和任意变形工具调整骨骼的动作及位置，如图 8-49 所示。

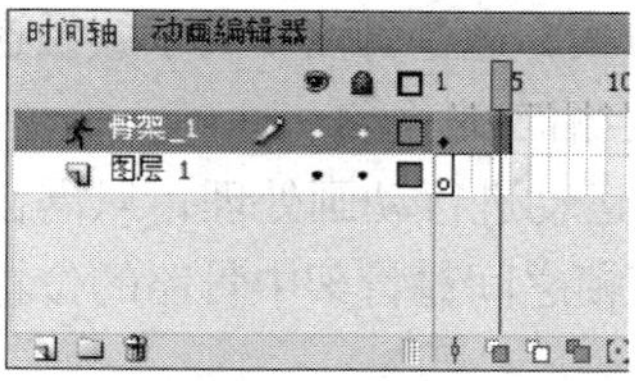

图 8-48　设置上臂约束条件

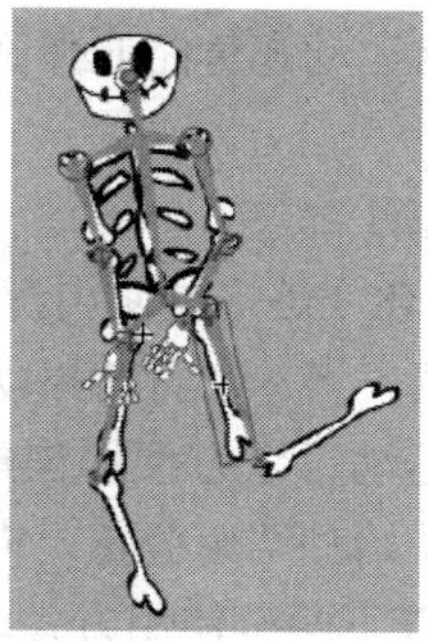

图 8-49　调整第 4 帧中骨架的位置

（6）单击选中第 8 帧，按“F5”键延续帧，此时播放头自动跳至第 8 帧，在第 8 帧中使用选择工具和任意变形工具调整骨骼的动作和位置。

（7）单击选中第 12 帧，按“F5”键延续帧，此时播放头自动跳至第 12 帧，在这一帧中使用选择工具和任意变形工具调整骨骼的动作和位置，如图 8-50 所示。

（8）单击选中第 15 帧，按“F5”键延续帧。按住“Ctrl”键不放，单击选中第 1 帧，在其上单击鼠标右键，在弹出的快捷菜单中选择“复制姿势”命令，如图 8-51 所示。

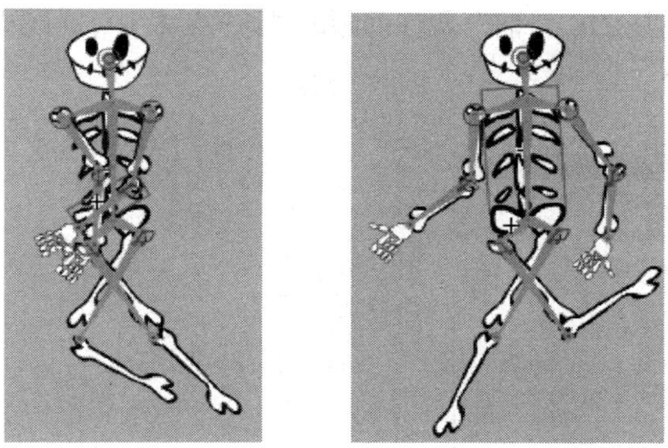

图 8-50　调整第 8 帧和第 12 帧中骨架的位置

（9）在第 15 帧上单击鼠标右键，在弹出的快捷菜单中选择“粘贴姿势”命令，将第 1 帧中的姿势粘贴到第 15 帧上，完成动画的制作。返回场景中，将“可爱的骨头”元件拖入场景中进行测试，最后按“Ctrl+S”组合键进行保存。

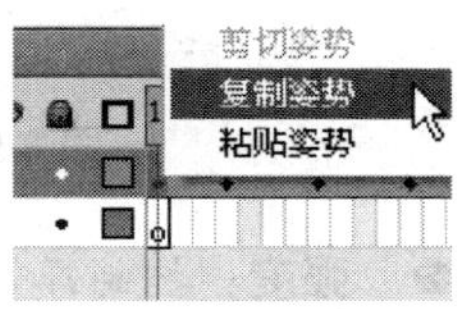

图 8-51　复制姿势

知识回顾拓展

本任务运用了创建元件、添加骨骼和制作骨骼动画等操作，重点讲解了如何利用骨骼工具添加骨骼，如何在骨骼“属性”面板中调整骨骼的相关约束属性，以及如何使用选择工具制作骨骼动画等知识。

在制作骨骼动画时，读者可在网络中搜索人物走动动画的分解图，了解人物走动的运动规律，以便进行调整骨骼位置的操作。骨骼动画的约束与反向运动有关。

下面对反向运动和骨骼的弹簧阻尼进行讲解。

1. 反向运动

反向运动（IK）是一种使用骨骼对对象进行动画处理的方式，这些骨骼按父子关系连接成线性或枝状的骨架。当一个骨骼移动时，与其连接的骨骼也发生相应的移动。

使用反向运动可以方便地创建自然运动。若要使用反向运动进行动画处理，只需在时间轴上指定骨骼的开始和结束位置，Flash 将自动在起始帧和结束帧之间对骨架中骨骼的位置进行处理。IK 一般有以下两种使用方式。

- **在形状上添加：** 使用形状作为多块骨骼的容器，可向鞭等形状图画中添加骨骼，使其逼真地运动，形状需在“对象绘制”模式下绘制。
- **在元件上添加：** 将元件实例连接起来，可将躯干、手臂、前臂和手的影片剪辑连接起来，使其彼此协调且逼真地移动。每个实例都只有一个骨骼。

2. 骨骼属性

在时间轴中选择 IK 范围，可激活 IK 骨架“属性”面板，在其中可对整个骨架进行设置，如图 8-52 所示。在“IK 骨架”属性面板的“弹簧”栏中单击选中“启用”复选框，可启用弹簧属性。在选中骨骼时，在其“IK 骨骼”属性面板的“弹簧”栏中，可设置骨骼的“强度”和“阻尼”，如图 8-53 所示。

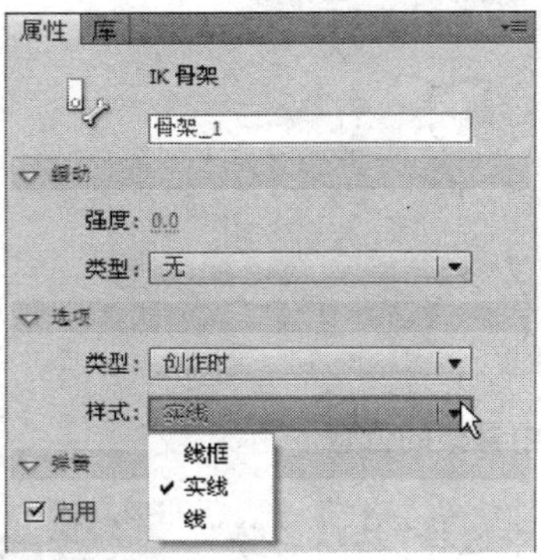

图 8-52　IK 骨架属性

图 8-53　骨骼的弹簧属性

- **强度：** 控制弹簧强度，值越高，创建的弹簧效果越强。
- **阻尼：** 控制弹簧效果的衰减速率，值越高，弹簧属性减小得越快。如果值为 0，则弹簧属性在姿势图层的所有帧中将保持其最大强度。

实训一　制作“诗”动画效果

实训目标要求

本实训要求制作名为“诗”的视觉特效动画，要求将素材放置在场景中合适的位置，使场景充满古香古色的意境，然后在影片剪辑元件中制作诗词的遮罩动画和飘雪的粒子动画。本实训的参考效果如图 8-54 所示。

素材　素材文件\模块八\诗\花枝.png、太师椅.png
对应　效果文件\模块八\诗.fla

图 8-54　“诗”动画效果

实训思路分析

该动画应表现出悠远、古香古色的意境，因此在设置背景时可将背景色调整为浓厚、厚重的色彩，而添加“花枝 .png”图片可使场景不过分压抑，从而为场景添加一丝生机。本实训的制作思路如图 8-55 所示。

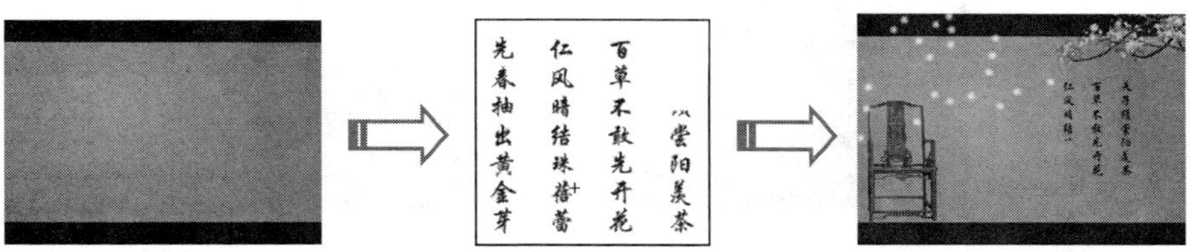

①制作背景　②制作文字遮罩动画　③制作粒子动画并在场景中整合

图 8-55　制作“诗”动画的思路

【步骤提示】

（1）在 Flash CS5 中新建 AS3.0 文档，在文档“属性”面板的“属性”栏中，单击“背景”右侧的色块，将背景色设置为“#006699”，然后以“诗”为名进行保存。

（2）导入素材文件，新建名为“文字动画”的影片剪辑元件，在该元件的编辑模式下制作诗的遮罩动画。

（3）新建“雪花”影片剪辑元件，在元件编辑模式下绘制圆形，将其高和宽设置为“10.00”，并在“滤镜”栏中添加“模糊”和“发光”滤镜效果。

（4）新建“雪花飘落”影片剪辑元件，选择 Deco 工具，在“绘制效果”栏中选择“粒子系统”选项，将粒子元件设置为“雪花”，调整粒子的相关属性，绘制动画。

（5）返回场景，新建不同的图层，合成场景动画，最后保存动画。

实训二　制作“钟摆”动画效果

实训目标要求

本实训要求根据讲解的骨骼相关知识，制作钟摆左右晃动的动画。要求在场景中添加骨骼，并制作动画。本实训的参考效果如图 8-56 所示。

素材对应　**效果文件\模块八\钟摆.fla**

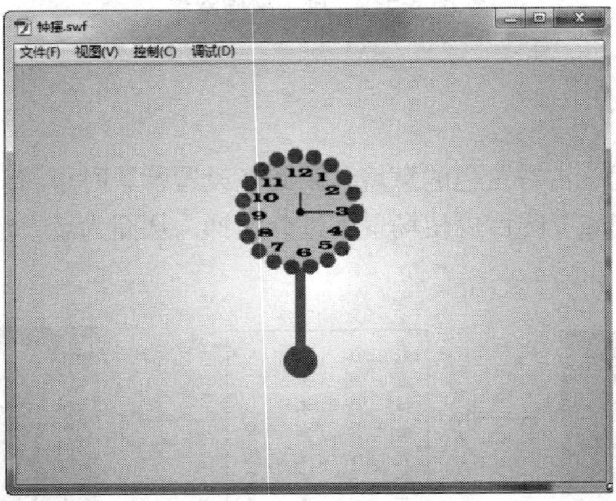

图 8-56　“钟摆”动画效果

实训思路分析

完成本实训首先需新建文档，其中需手动绘制各对象，重点为制作钟摆的摆动效果。结合上面的目标和分析，本例的操作思路如图 8-57 所示。

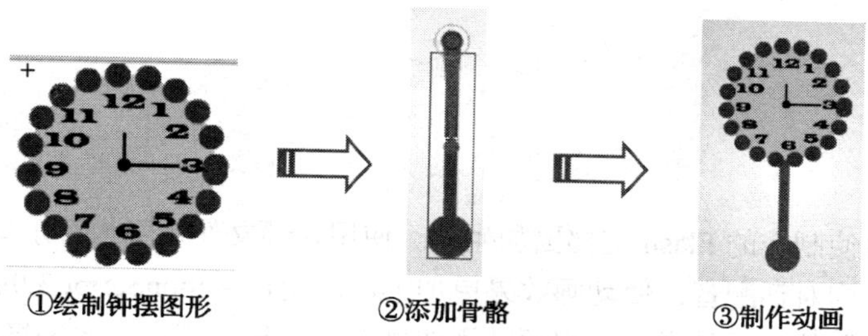

图 8-57　制作“钟摆”动画的思路

【步骤提示】

（1）新建 AS3.0 文档，以“钟摆”为名进行保存。

（2）按“Ctrl+F8”组合键创建名为“钟”的影片剪辑元件，进入该元件的编辑模式，使用基本椭圆工具绘制钟的圆形底面。

（3）使用文本工具，在“钟”影片剪辑元件中依次输入时间刻度文本，调整大小、颜色和字体。按两次“Ctrl+B”组合键打散图形，再按“Ctrl+G”组合键进行组合。

（4）使用刷子工具，配合“Shift”键绘制时钟的指针，使用椭圆工具绘制分针和时针交接处的小圆点。

（5）新建“点”影片剪辑元件，在其中绘制一个小圆点，再新建“摆”影片剪辑元件，在其中使用矩形工具和椭圆工具绘制钟摆。

（6）返回场景，将“图层 1”图形重命名为“背景”，在其中绘制背景。新建“钟”和“摆”图层，将“钟”图层置于“摆”图层之上。

（7）最后，将“点”和“摆”元件实例拖曳到“摆”图层中，添加骨骼并制作动画。将“钟”元件实例拖曳到“钟”图层中测试并保存文件。

模块九　声音与视频的应用

模块简介

音频和视频可使制作的 Flash 文档更加生动。使用音频文件，可为音乐文档添加背景音乐，也可在动画文档中为对话配音，使动画效果更加丰富，配合 ActionScript 3.0 脚本的使用，还可控制音频在特定的条件下开始播放。视频常用在网页或介绍视频中，通过将制作好的视频加入到文档中，并配合 FLVPlayback 组件的使用，不仅能美化文档，还能提高制作效率。本模块将具体介绍 Flash CS5 中音频和视频的相关操作。

学习目标

本模块的知识学习目标如下：

- 熟练掌握在 Flash CS5 中导入音频和视频的方法。
- 熟练掌握使用封套编辑声音的方法。
- 熟练掌握为视频添加提示点并将提示点应用到按钮上的方法。

本模块的技能学习目标如下：

- 能熟练按照要求导入音频和视频。
- 能根据提供的音频素材制作 MTV 等音乐文件。
- 能根据提供的视频素材制作相应的视频文档。

任务一　制作“音乐小站”动画

工作任务场景

前段时间晓雪制作了很多 Flash 动画，但大都是没有任何音效的 Banner 或网页广告等项目。在观看一些优秀 Flash 动画时，晓雪发现很多动画都有着丰富的背景音乐，于是便向老张请教如何在 Flash 中为场景添加音效。老张告诉她，在 Flash 中可通过多种方式添加音效，可在脚本代码中输入音乐文件地址，也可将音乐文件导入到“库”面板后，将其指定给场景中的某个对象。

晓雪听后感叹："原来添加音效也有这么多知识在里面！"老张把他刚做好的一个动画文件交给晓雪，告诉她如何添加和编辑音效。晓雪认真学习后，便开始了制作。

行业背景知识

声音是视频的一部分，从最初的默片到现在色彩和音效均非常丰富的电影、电视和动画，音效的发展经过了一个漫长的过程。从开始只是加入主要人物的对话，到后来添加背景音乐和装饰性音乐，这极大地丰富了影视动画的效果。为动画添加音效，也是动画制作者必须掌握的技能。

工作任务分析

本任务的目标是为"音乐小站 .fla"素材文件添加音乐效果。将音乐文件导入文档中后，除了为整个文档添加音效，还需制作按钮，并为按钮添加音效，使其能控制文档的播放。本任务的最终效果如图 9-1 所示。要实现该效果，需要掌握以下几个技术要点。

（1）掌握音频的导入操作。

（2）掌握音频的添加和编辑操作。

素材 素材文件\模块九\音乐小站\音乐小站.fla、B1.png、B2.png……
对应 效果文件\模块九\音乐小站.fla

图 9-1 "音乐小站"播放效果

制作思路分析

完成本任务主要包括调入并编辑景观素材、使用图层组管理景观素材和使用调整层调整整体颜色等三步操作。具体思路如图 9-2 所示，操作要求如下。

（1）导入声音文件，为文档添加声音。

（2）制作播放按钮，为其添加点击声音，并设置脚本使单击该按钮时能播放音乐文件。

（3）打开封套，在其中编辑音乐的播放效果。

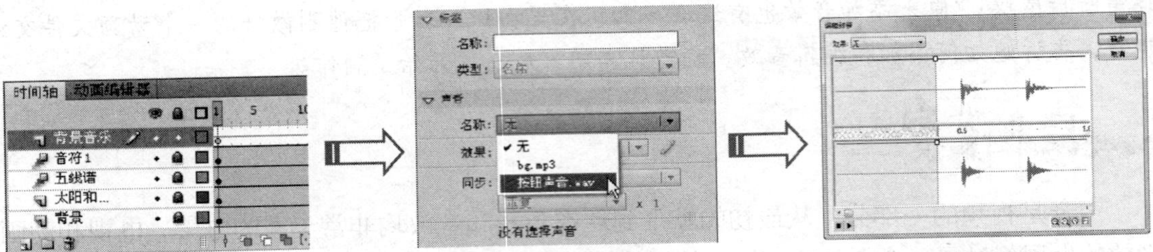

①为文档添加声音　　②为按钮添加声音　　③编辑音效

图 9-2　制作思路分析

操作一　为文档添加声音

下面讲解如何为文档添加声音文件，其具体操作如下。

【详细步骤】

（1）启动 Flash CS5，选择【文件】→【打开】菜单命令，打开素材文件夹中的“音乐小站 .fla”素材文件。

（2）选择【文件】→【导入】→【导入到库】菜单命令，打开“导入到库”对话框，在其中选择素材文件夹中的“bg.mp3”声音素材文件，将其导入到库中，如图 9-3 所示。

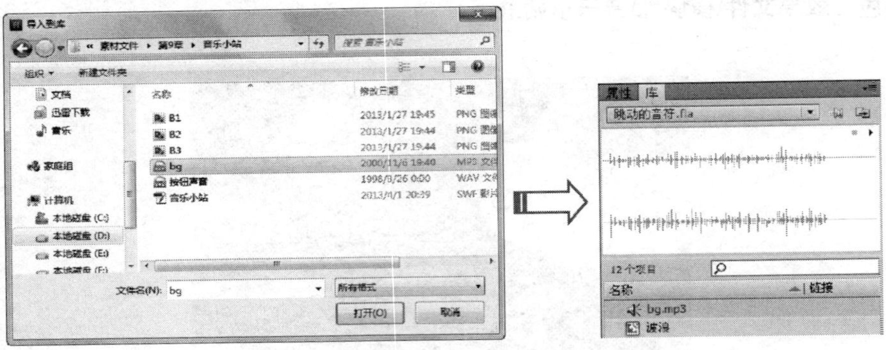

图 9-3　导入声音素材文件

（3）在时间轴中单击“新建图层”按钮 ，在所有图层的最上面新建一个图层，将其重命名为“背景音乐”。选中第 1 帧，将“bg.mp3”音频文件拖曳到舞台中，效果如图 9-4 所示。

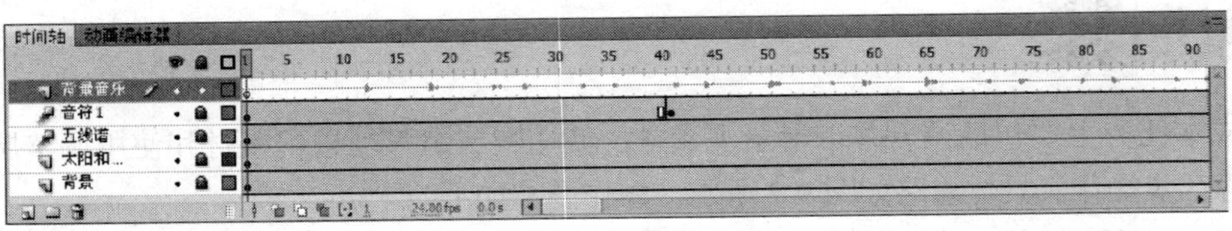

图 9-4　添加音频文件

（4）完成操作后，按“Ctrl+Enter”组合键进行测试。

小提示：添加音乐的位置

若想从其他帧开始播放音乐，首先应在需要播放音乐的帧上，如第 20 帧，插入一个空白关键帧，再将声音文件拖曳到舞台中。

操作二　为按钮添加声音

下面讲解如何为文件中的播放按钮添加声音，其具体操作如下。

【详细步骤】

（1）选择【文件】→【导入】→【导入到库】菜单命令，打开“导入到库”对话框，在其中选择素材文件夹中的“B1.png”、“B2.png”和“B3.png”，将这 3 张图片导入到库中，如图 9-5 所示。

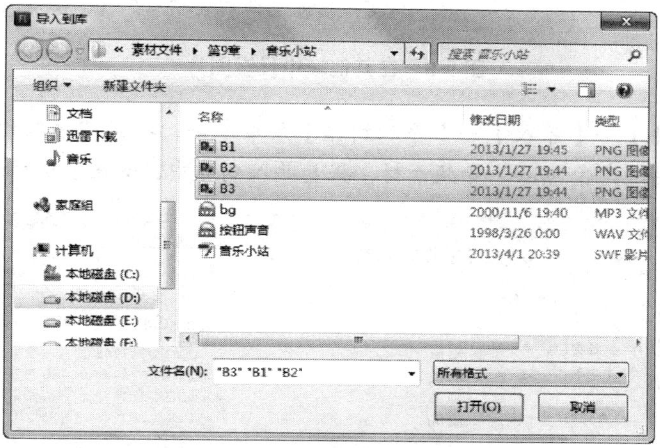

图 9-5　导入按钮图片素材

（2）按“Ctrl+F8”组合键打开“创建新元件”对话框，创建以“button”为名的按钮元件，如图 9-6 所示。

（3）进入“button”按钮元件的元件编辑模式，单击选中第 1 帧“弹起”，将“B1.png”图片拖曳到工作区中。

（4）单击“对齐”按钮，弹出“对齐”面板，单击选中“与舞台对齐”复选框，在“对齐”栏中依次单击“水平中齐”按钮和“垂直中齐”按钮，如图 9-7 所示。

（5）在时间轴中单击选中第 2 帧“指针经过”，将库中的“B2.png”图片拖曳到工作区中，在“对齐”面板中依次单击“水平中齐”按钮和“垂直中齐”按钮，与舞台进行对齐。

（6）在时间轴中单击选中第 3 帧“按下”，将库中的“B3.png”图片拖曳到工作区中，在“对齐”面板中依次单击“水平中齐”按钮和“垂直中齐”按钮，与舞台进行对齐。

图 9-6　新建按钮元件

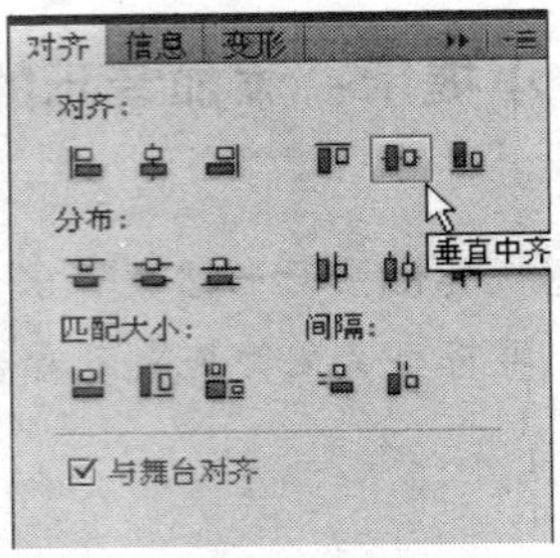

图 9-7　将图片与舞台对齐

（7）在时间轴中单击选中第 4 帧“点击”，将库中的“B1.png”图片拖曳到工作区中，在“对齐”面板中依次单击“水平中齐”按钮和“垂直中齐”按钮，与舞台进行对齐，时间轴效果如图 9-8 所示。

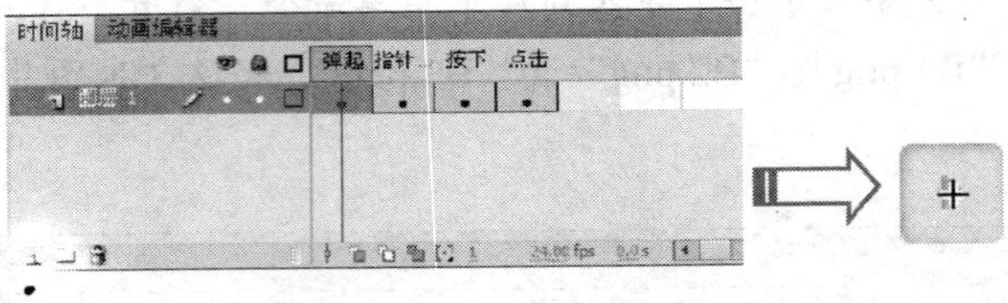

图 9-8　在其他帧中设置图片

（8）选择【文件】→【导入】→【导入到库】菜单命令，打开“导入到库”对话框，在素材文件夹中选择“按钮声音 .wav”音频素材，将其导入到库中，如图 9-9 所示。

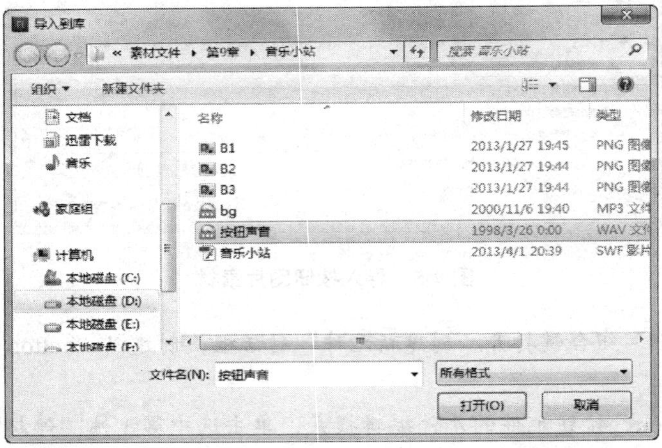

图 9-9　导入音频素材

（9）在“button”按钮元件的编辑模式下，选择其时间轴中的第 2 帧“指针经过”，单击“属性”面板，切换到该帧的属性面板，在“声音”栏中单击“名称”右侧的下拉按钮，在弹出的列表中选择“按钮声音 .wav”选项，即可为该帧添加声音，如图 9-10 所示。

（10）在工作区上方单击“返回”按钮，返回“场景 1”中，在时间轴中单击“新建图层”按钮，在图层的最上层新建一个图层，并将其重命名为“按钮”，如图 9-11 所示。

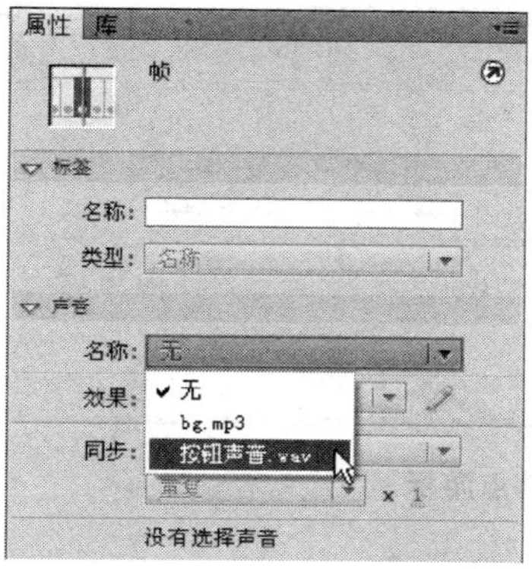

图 9-10　为“指针经过”帧添加声音

图 9-11　新建“按钮”图层

（11）将“库”面板中的“button”按钮元件拖曳到舞台中，选中舞台中的按钮实例，在其“属性”面板中将其实例名称更改为“whitebutton”，如图 9-12 所示。

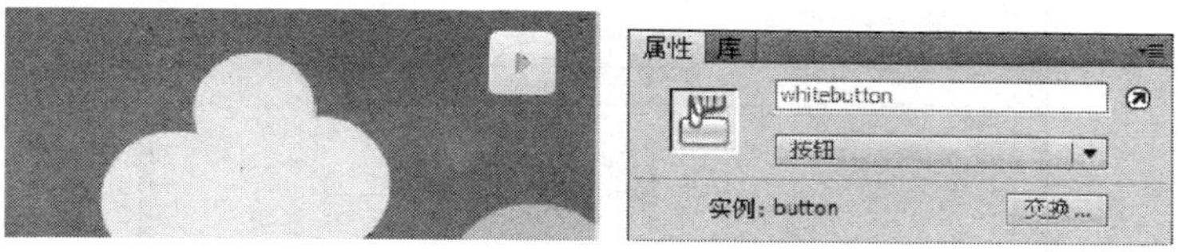

图 9-12　设置按钮实例名称

操作三　使用封套编辑声音

在 Flash 中添加的声音，经常只需使用其中的一小部分，所以在添加完声音文件后，还需要对导入的声音文件进行编辑。下面在“编辑封套”对话框中对声音进行编辑，对背景音乐进行调整。

【详细步骤】

（1）在时间轴中单击选中“背景音乐”图层中包含声音的任意一帧，在其“属性”面板的“声音”栏中单击“编辑声音封套”按钮，打开“编辑封套”对话框，如图 9-13 所示。

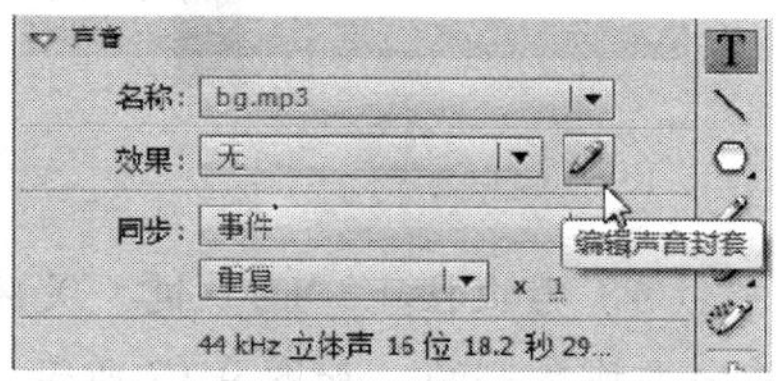

图 9-13　单击“编辑声音封套”按钮

（2）按住起点游标不放，将其拖曳到 0.4 秒的位置，拖曳其下的滚动条，将终点游标移动到 15.5 秒的位置，如图 9-14 所示。

（3）单击“效果”右侧的 无 按钮，在弹出的列表中选择“淡出”选项，如图 9-15 所示，单击 确定 按钮，完成对声音的编辑。

（4）在时间轴上单击“新建图层”按钮，在图层的最上层新建一个图层，并将其重命名为“动作”，单击选中第 1 帧，按“F9”键打开动作面板，在其中输入如图 9-16 所示的脚本。

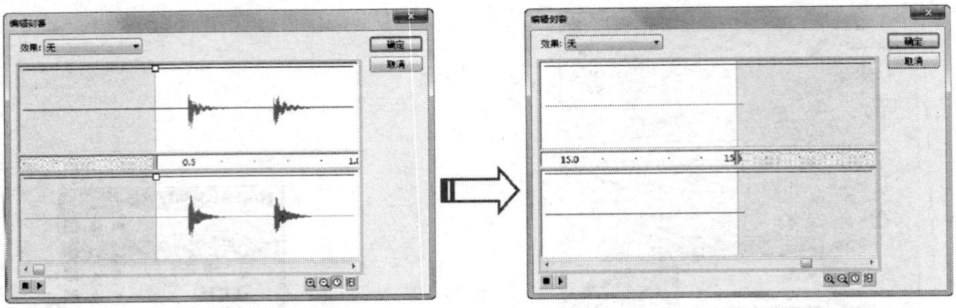

图 9-14　调整起点和终点游标

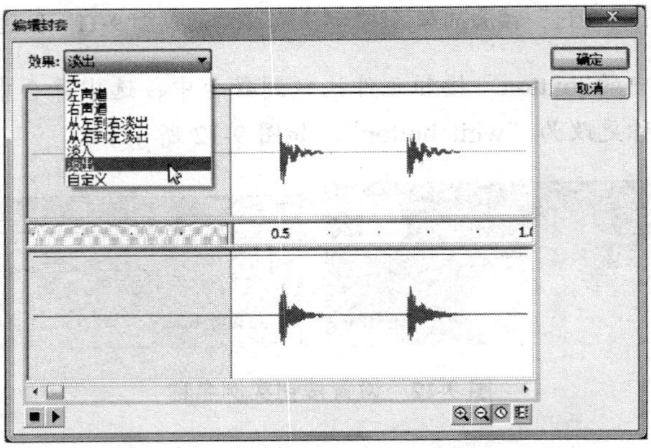

图 9-15　选择淡出效果

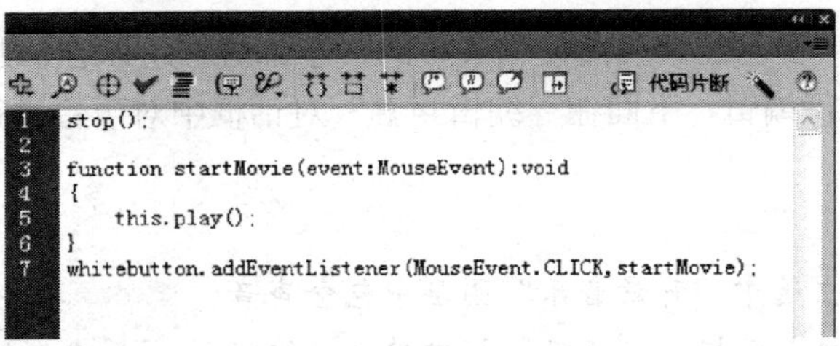

图 9-16　输入脚本语句

（5）再次按下“F9”键，关闭动作面板，在时间轴中按住“背景音乐”图层的第 1 帧不放并向右拖曳一帧，如图 9-17 所示，使其第 1 帧为空白关键帧。

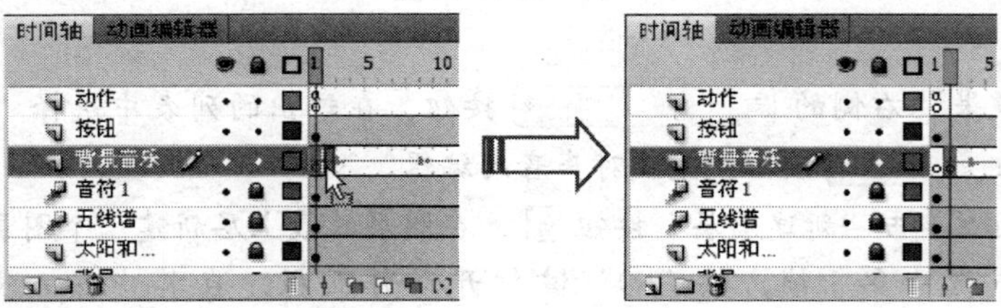

图 9-17　调整帧

（6）按“Ctrl+Enter”组合键进行测试，测试完成后将文件另存在其他位置即可，效果如图 9-18 所示。

图 9-18　动画最终效果

知识回顾拓展

本任务主要讲解了在 Flash 中为文档添加背景音乐、为按钮添加交互音效，以及在封套中编辑声音的操作。由于 Flash 文件在网络中传播的速度取决于文件的大小，因此在导出包含有声音的文件前需对其中的音效进行压缩，以减小 Flash 动画文件的大小。

在声音文件上单击鼠标右键，在弹出的快捷菜单中选择“属性”命令，在打开的“声音属性”对话框的“压缩”下拉列表框中可选择“ADPCM”、“MP3”、“原始”和“语音”4 个选项，根据声音文件的不同类型可选择不同的选项，如图 9-19 所示。

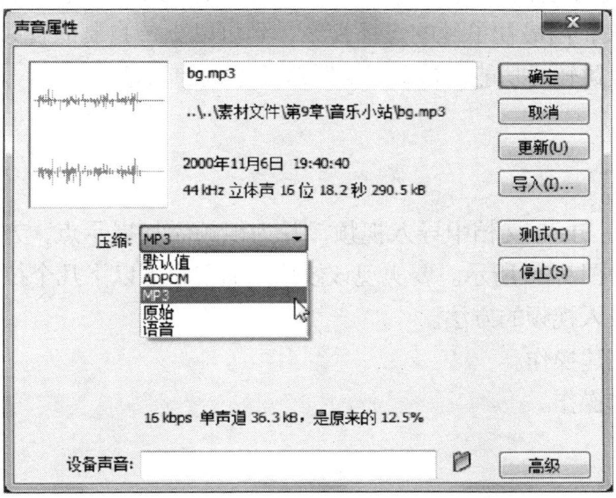

图 9-19　“声音属性”对话框

- **"ADPCM"压缩选项：**当导出的是按钮这类短事件声音时，可使用"ADPCM"选项进行设置。
- **"MP3"压缩选项：**当导出歌曲等较长的音频文件时，应使用"MP3"选项。
- **"原始"压缩选项：**如果在"声音属性"对话框的"压缩"下拉列表框中选择"原始"选项，此时导出的声音文件没有进行任何压缩。
- **"语音"压缩选项：**选择该选项可自动使用最佳压缩方式压缩和导出声音文件。

任务二　制作"公司介绍"视频

工作任务场景

经过这几天的学习，晓雪已熟练掌握了在Flash文档中添加各种声音以及设置声音播放等操作。她在空余时间浏览了几个设计网站，发现这些设计网站的首页基本上都包含一个介绍网站的视频，有些网站甚至专门用了一个网页放置视频，还可利用旁边的按钮跳转到精华的部分。于是晓雪向老张请教是否可以在Flash中制作类似的按钮效果。老张说："当然可以，在Flash中可通过添加视频提示点的方法，控制视频的播放。"老张决定让晓雪协助其制作类似的按钮，以便了解大致的操作。

行业背景知识

视频网站丰富了人们的生活，使人们足不出户即可获取多种信息。随着计算机的发展，视频网站也日渐丰富起来，由最初单纯的点播视频，到可以上传自制的视频。现在的视频网站基本都具备在视频中分段跳转的功能，帮助人们跳跃性地过滤信息。

工作任务分析

本任务的目标是在Flash文档中导入视频，并为视频添加提示点，方便跳转视频内容。制作完成后的最终效果如图9-20所示。要实现该效果，需要掌握以下几个技术要点。

（1）掌握不同的导入视频的方法。

（2）巩固按钮的创建操作。

（3）提示点的添加操作。

素材　素材文件\模块九\公司介绍\公司介绍.fla、公司介绍.flv……
对应　效果文件\模块九\公司介绍.fla

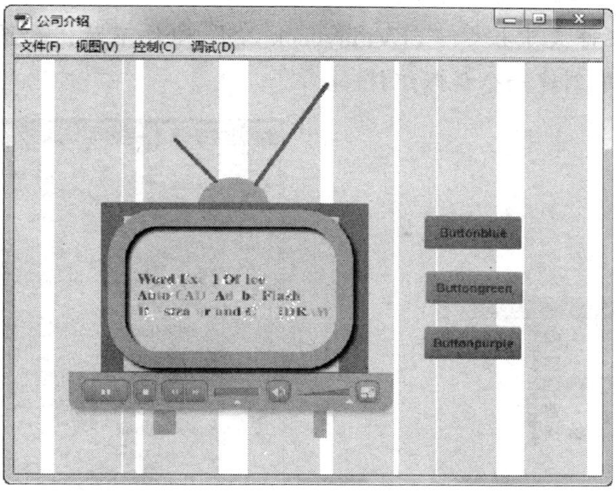

图 9-20　“公司介绍”视频效果

制作思路分析

完成本任务主要包括导入视频文件、制作提示点按钮和添加提示点等三步操作。具体思路如图 9-21 所示，操作要求如下。

（1）使用 FLVPlayback 组件，在组件“属性”面板中导入视频。

（2）将按钮素材图片导入到“库”面板中，并创建按钮。

（3）在视频文件的“属性”面板中为按钮添加提示点脚本。

①导入视频文件　　②创建按钮　　③添加提示点

图 9-21　制作思路分析

操作一　导入视频文件

下面介绍通过 FLVPlayback 组件的“属性”面板导入视频的方法。

【详细步骤】

（1）选择【文件】→【打开】菜单命令，打开素材文件夹中的“公司介绍 .fla”文件。

（2）在时间轴中单击“新建图层”按钮 ，在“电视内层”和“电视外层”两个图层中间新建一个图层，将其重命名为“视频”，如图 9-22 所示。

（3）单击选中“视频”图层的第 1 帧，在面板组中单击“组件”按钮，打开“组件”面板，在其中单击“Video”文件夹，将其展开。

（4）在“Video”文件夹中按住“FLVPlayback 2.5”组件不放，如图 9-23 所示，将其拖曳到舞台中，即可在舞台中创建一个视频组件。

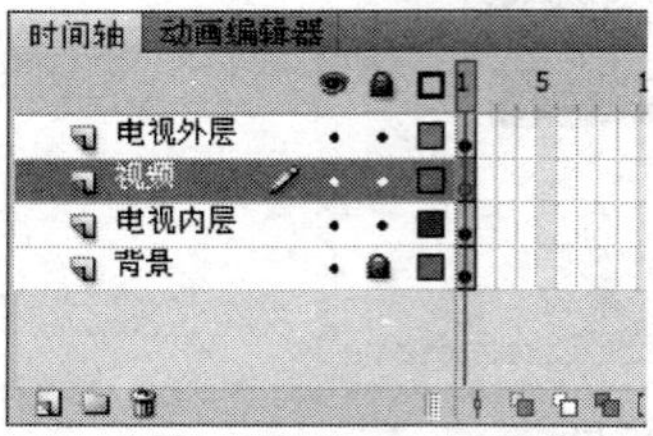

图 9-22　新建“视频”图层

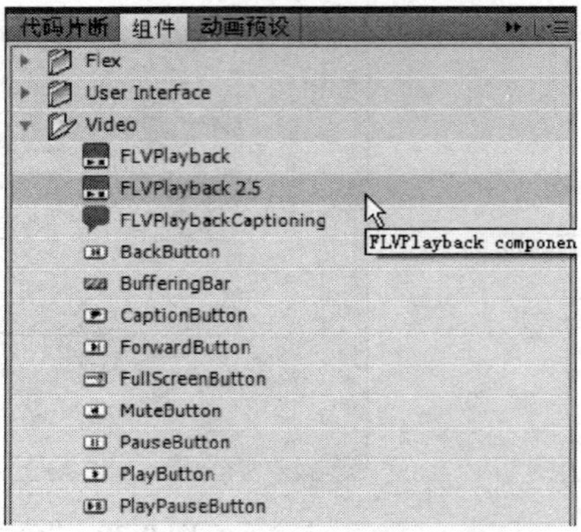

图 9-23　创建视频组件

（5）在舞台中单击选中“FLVPlayback 2.5”组件，在其“属性”面板的“组件参数”栏中，单击“属性”列表框中“source”选项右侧的“编辑”按钮，打开“内容路径”对话框，如图 9-24 所示。

（6）在“内容路径”对话框中单击文本框右侧的文件夹按钮，打开“浏览源文件”对话框，在其中选择素材文件夹中的“公司介绍 .flv”视频素材，单击 打开(O) 按钮将其打开，如图 9-25 所示。

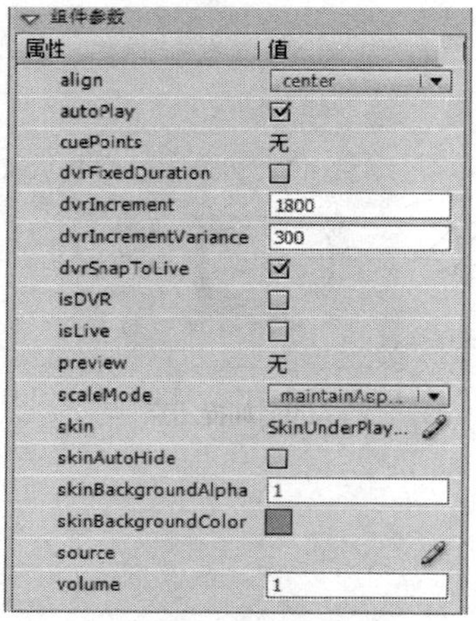

图 9-24　单击“编辑”按钮

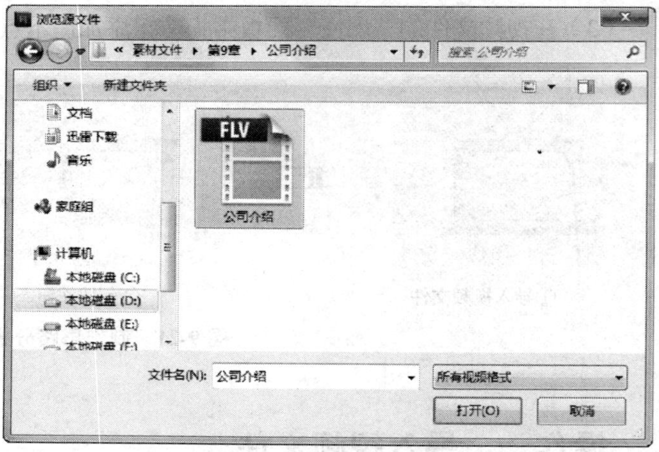

图 9-25　选择视频文件

（7）返回“内容路径”对话框，单击选中“匹配源尺寸”复选框，然后单击 确定 按钮，如图 9-26 所示，视频文件即可添加到舞台中的“FLVPlayback 2.5”视频组件中。

（8）使用任意变形工具，调整视频的大小，使其刚好放置在电视显示的位置，如图 9-27 所示。

图 9-26　设置导入参数

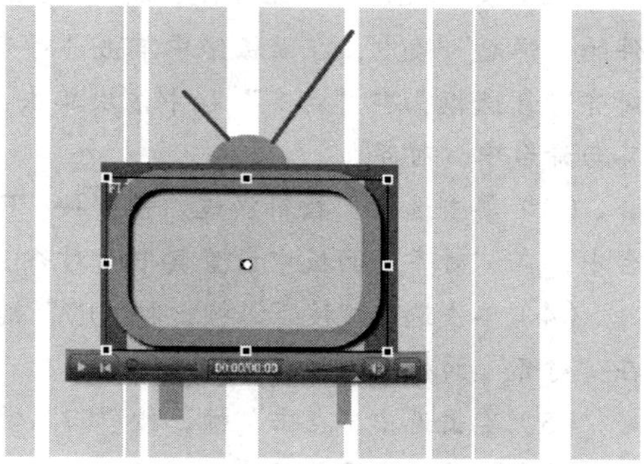

图 9-27　调整视频大小

（9）在“组件参数”栏的“属性”列表框中单击“skin”选项右侧的“编辑”按钮，打开“选择外观”对话框。

（10）在“外观”下拉列表中选择“SkinUnderAllNoCaption.swf”选项，单击“颜色”右侧的按钮，在弹出的颜色面板中选择“#FF9933”选项，如图 9-28 所示，单击 确定 按钮确认更改。

（11）撤销选中“autoPlay”右侧的复选框，单击选中“skinAutoHide”右侧的复选框，如图 9-29 所示。

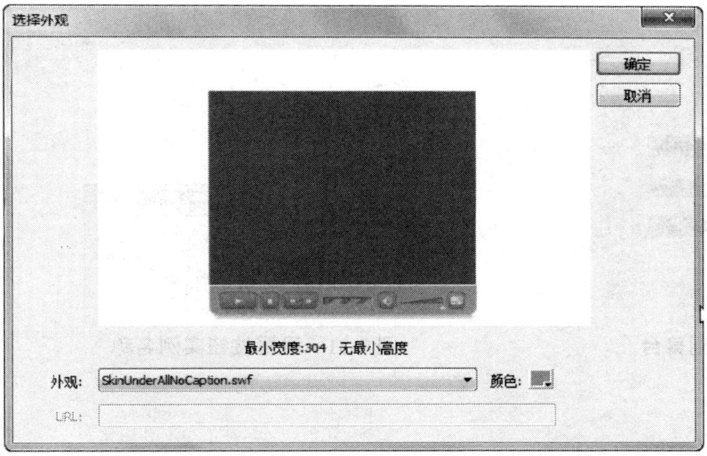

图 9-28　设置组件外观

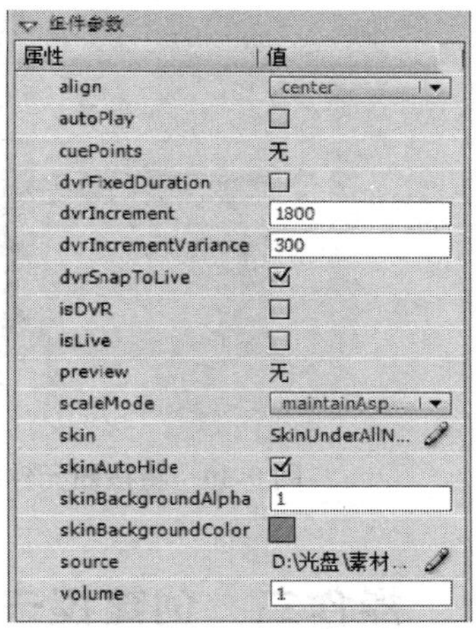

图 9-29　设置组件显示属性

操作二　创建添加提示点的按钮

添加提示点可使用户单击这些提示点时，视频中的内容直接跳转到提示点所提示的位置，具体操作如下。

【详细步骤】

（1）选择【文件】→【导入】→【导入到库】菜单命令，打开“导入到库”对话框，将素材文件夹中的所有图片导入到库中。

（2）按“Ctrl+F8”组合键，新建“button1”按钮元件，将“Bb1.png”图片拖曳到该按钮元件的“弹起”帧中，在面板组中单击“对齐”按钮 ，弹出“对齐”面板，单击选中“与舞台对齐”复选框，在“对齐”栏中依次单击“水平中齐”按钮 和“垂直中齐”按钮 ，使其与舞台中心对齐。

（3）单击选中“指针经过”帧，按“F7”键插入空白关键帧，将“Bb2.png”图片拖入到舞台中，在“对齐”面板中设置其中心对齐。

（4）单击选中“按下”帧，按“F7”键插入空白关键帧，将“Bb3.png”图片拖入到舞台中，在“对齐”面板中设置其中心对齐。

（5）单击选中“点击”帧，按“F7”键插入空白关键帧，将“Bb1.png”图片拖入到舞台中，在“对齐”面板中设置其中心对齐。

（6）使用同样的方法创建“button2”按钮元件，并将“Bg1.png”、“Bg2.png”和“Bg3.png”依次放入相应的帧中。再创建“button3”按钮元件，将“Bp1.png”、“Bp2.png”和“Bp3.png”依次放入相应的帧中。

（7）单击工作区上方的“返回”按钮 ，返回“场景 1”，在时间轴中新建一个图层，命名为“按钮”，单击选中该按钮的第 1 帧，然后将库中的“button1”、“button2”和“button3”依次拖曳到舞台中，如图 9-30 所示。

（8）从上往下依次将舞台中的元件实例命名为“buttonblue”、“buttongreen”和“buttonpurple”，图 9-31 所示为“buttonblue”实例。

图 9-30　将按钮元件拖曳到舞台

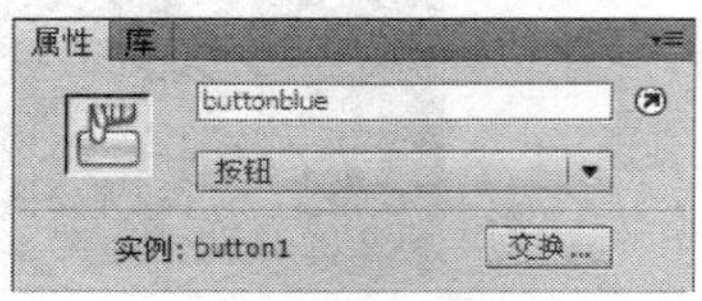

图 9-31　设置按钮实例名称

操作三　创建提示点

下面分别在视频的第 5 秒、第 10 秒和第 16 秒添加提示点，并将提示点应用到按钮中。

【详细步骤】

（1）在舞台中单击选中视频文件，在其“属性”面板中将其实例名称更改为“myVideo”，如图 9-32 所示。

（2）展开该“属性”面板中的“提示点”栏，单击“添加 ActionScript 提示点”按钮 ，即可在该栏的列表框中添加一个“提示点 1”。

（3）双击“提示点 1”，使其呈可编辑状态，将其更改为“Buttonblue”。再双击其后的时间，使其呈可编辑状态，将时间设置为“00:00:05:00”，表示该提示点指向第 4 秒，如图 9-33 所示。

图 9-32　更改视频实例名称

图 9-33　添加第 1 个提示点

（4）再次单击“添加 ActionScript 提示点”按钮 ，即可在该栏的列表框中添加一个“提示点 2”，将其提示点名称更改为“buttongreen”，时间设置为“00：00：10：00”，如图 9-34 所示。

（5）继续单击“添加 ActionScript 提示点”按钮 ，即可在该栏的列表框中添加一个“提示点 3”，将其提示点名称更改为“buttonpurple”，时间设置为“00：00：16：00”，如图 9-35 所示。

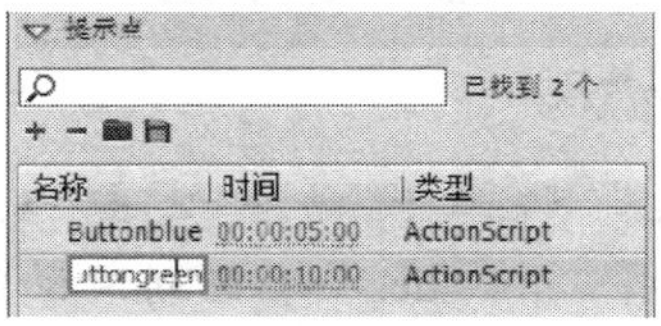

图 9-34　添加第 2 个提示点

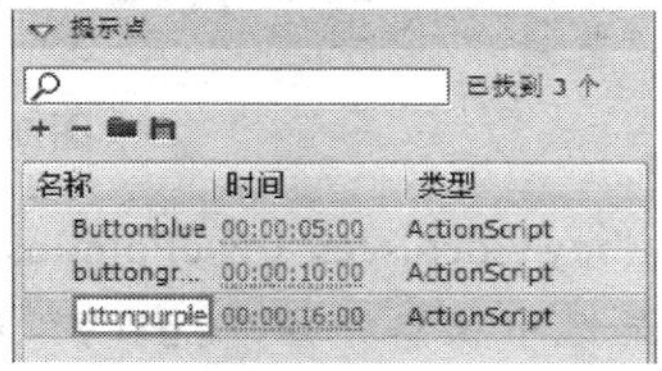

图 9-35　添加第 3 个提示点

（6）在舞台中单击选中“Buttonblue”按钮实例，在面板组中单击“代码片段”按钮 ，打开“代码片段”面板，在其中单击“音频和视频”文件夹前的三角形按钮 ，展开其中的代码片段。

（7）在其中双击“单击以搜寻提示点”代码片段，将其添加到当前按钮对象上，如图 9-36 所示，同时将打开动作面板，并在时间轴中自动添加一个用于存放脚本的“Actions”图层，如图 9-37 所示。

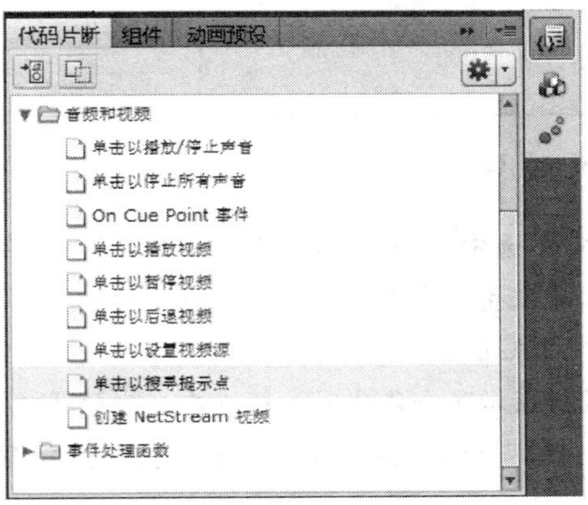

图 9-36　添加提示点代码片段

图 9-37　添加“Actions”图层

（8）动作面板中已添加的内置的代码片段，如图 9-38 所示。

（9）在该代码片段中双击绿色的“提示点 1”代码，可直接选中“提示点 1”，将其更改为“Buttonblue”，在“var cuePointInstance：Object = video_instance_name.findCuePoint（"Button blue")；”脚本代码中双击“video_instance_name”，使其呈选中状态，将其更改为“myVideo”，双击更改后的“myVideo”，按“Ctrl+C”组合键进行复制。

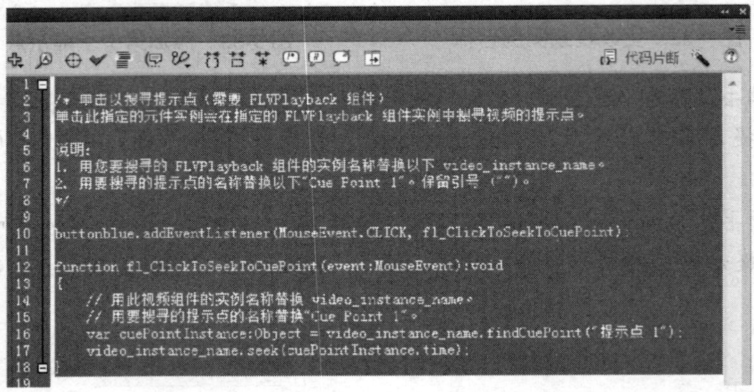

图 9-38　添加代码片段

（10）在“myVideo.seek（cuePointInstance.time）；”脚本代码中双击“video_instance_name”，使其呈选中状态，按“Ctrl+V”进行粘贴，将“myVideo”粘贴到该位置，如图 9-39 所示。

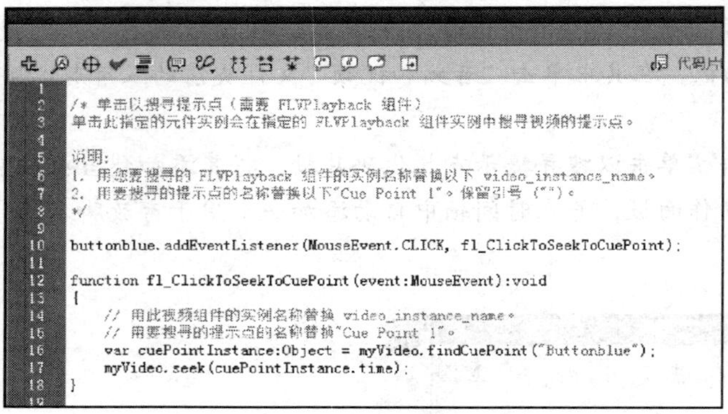

图 9-39　更改代码

（11）按“F9”键退出动作面板，在舞台中单击选中“buttongreen”，在面板组中单击“代码片段”按钮，打开“代码片段”面板，在其中双击“音频和视频”文件夹中的“单击以搜寻提示点”代码片段，将其添加到“buttongreen”对象上。

（12）在打开的动作面板中，之前的代码片段后新增了一段代码片段。在新增的代码片段中将“提示点 1”更改为“Buttongreen”，将该段代码中的“video_instance_name”更改为“myVideo”，如图 9-40 所示。

（13）按“F9”键退出动作面板，在舞台中单击选中“buttonpurple”，在面板组中单击“代码片段”按钮，打开“代码片段”面板，在其中双击“音频和视频”文件夹中的“单击以搜寻提示点”代码片段，将其添加到“buttonpurple”对象上。

（14）在打开的动作面板中，在之前的代码片段后新增了一段代码片段，在新增的代码片段中将“提示点 1” 更改为“Buttonpurple”，将“video_instance_name” 更改为“myVideo”，如图 9-41 所示。

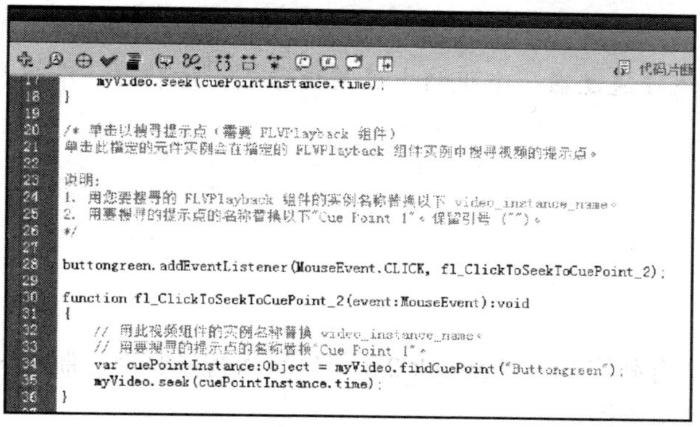

图 9-40　为“buttongreen”按钮实例添加代码片段

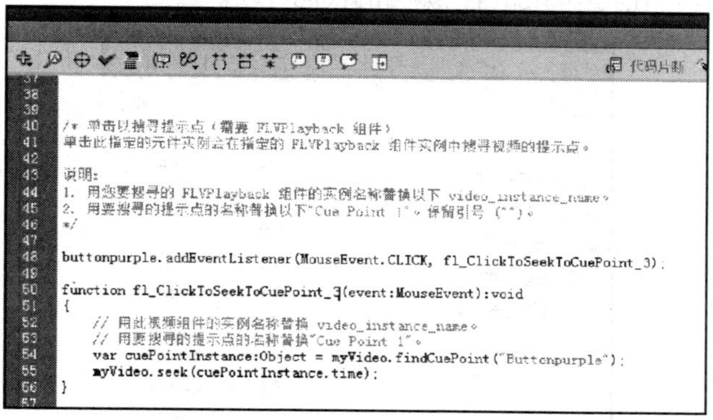

图 9-41　为“buttonpurple”按钮实例添加代码片段

（15）设置完成后按“F9”退出动作面板，并按“Ctrl+Enter”组合键进行测试，如图 9-42 所示。在测试过程中单击按钮测试是否可跳转到相应的播放位置，测试完成后对文件进行另存，将其保存在一个新位置。

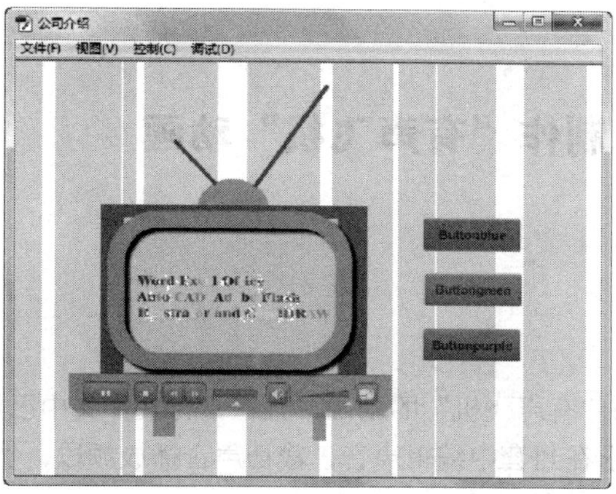

图 9-42　测试效果

小提示：提示点的其他用法

在 Flash CS5 中还可通过在一个视频中设置提示点，控制另一个视频的播放，从而产生更加丰富的播放效果。

知识回顾拓展

本任务涉及的知识有利用 FLVPlayback 2.5 组件导入视频文件、制作需添加提示点脚本的按钮，以及设置提示点等基本操作。

添加提示点需要用到“代码片段”面板，如图 9-43 所示。用户可直接利用其中的代码片段，避免重复编写代码，还可在其中添加自己编写的代码片段。

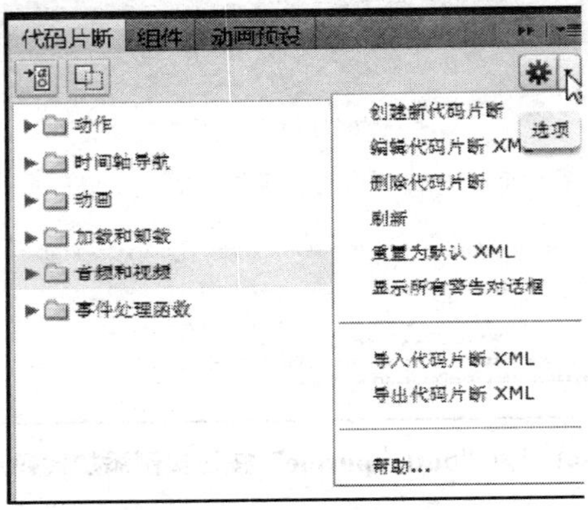

图 9-43 “代码片段”面板

实训一　制作“有声飞机”动画

实训目标要求

本实训要求制作名为“有声飞机”的动画，且在素材文件夹中已提供了制作好的“翱翔的飞机 .fla”动画文件。要求在封套中编辑声音，裁切声音播放频段，然后设置声音的播放效果。本实训的参考效果如图 9-44 所示。

素材对应　素材文件\模块九\有声飞机\fly.wav、翱翔的飞机.fla
　　　　　效果文件\模块九\有声飞机.fla

图 9-44　“有声飞机”动画效果

实训思路分析

素材文件中的动画已制作完成，因此可节省动画的制作时间。导入音频文件后，在封套中对其进行编辑即可，编辑完成后设置声音循环播放。本实训的制作思路如图 9-45 所示。

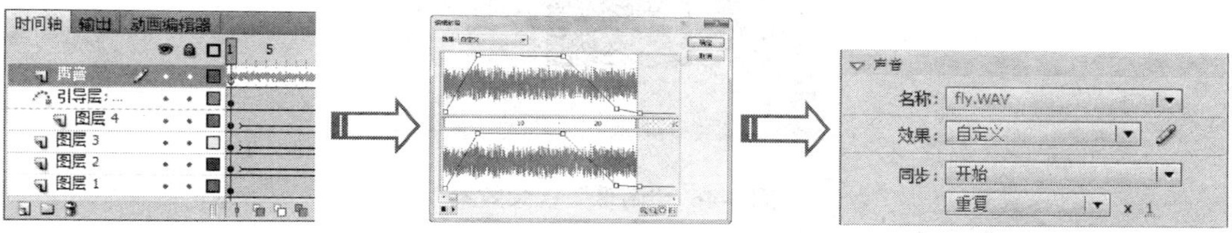

①打开素材导入声音文件　②在封套中编辑声音　③设置声音循环播放

图 9-45　制作“有声飞机”的思路

【步骤提示】

（1）选择【文件】→【打开】菜单命令，打开文件“翱翔的飞机.fla”。选择【文件】→【另存为】菜单命令，将文件另存为“有声飞机”。

（2）新建图层，并重命名为“声音”图层，选择【文件】→【导入】→【导入到舞台】菜单命令，导入文件“fly.wav”。

（3）在“声音”图层单击第 1 帧，在“属性”面板中单击“编辑封套”按钮，打开“编辑封套”对话框。

（4）单击“缩小”按钮，缩小波形图。将标尺上的结束位置滑块拖动到 27 左右的位置，截取掉 27 秒以后的声音。

（5）将鼠标光标定位到封套线上单击，分别添加几个封套手柄，拖动封套手柄调整封套样式。单击 确定 按钮关闭对话框。

（6）在“声音”图层上单击第 60 帧，在“属性”面板的“同步”下拉列表框中选择“开始”选项，在“声音循环”下拉列表框中选择“重复”选项。按“Ctrl+S”组合键保存文件。

实训二　制作“雨珠”视频

实训目标要求

本实训要求根据已提供的图片和视频素材，导入视频并为视频添加提示点和控制视频的播放。本实训的参考效果如图 9-46 所示。

素材对应　**素材文件\模块九\雨珠\雨珠.fla、雨珠.flv……**
效果文件\模块九\雨珠.fla

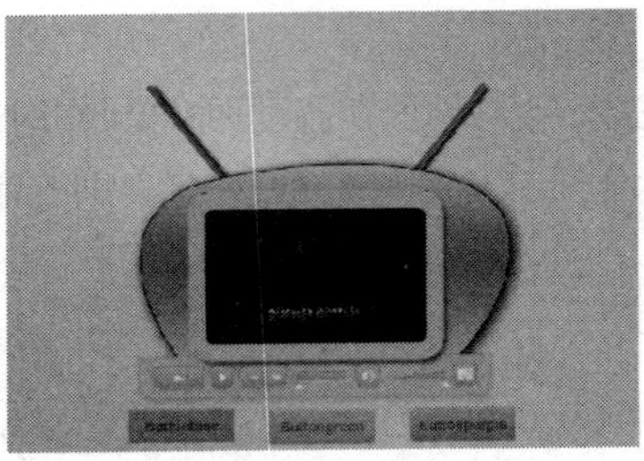

图 9-46　“雨珠”视频效果

实训思路分析

本实训已提供了素材文件和视频文件。首先打开素材文件，然后新建视频组件并导入视频，最后设置提示点以控制视频的播放。

结合上面的目标和分析，本例的操作思路如图 9-47 所示。

①导入视频　②编辑FLVPlayback组件　③制作提示点

图 9-47　制作“雨珠”视频的思路

【步骤提示】

（1）启动 Flash CS5，选择【文件】→【打开】菜单命令，在打开的对话框中选择“雨珠 .fla”文件将其打开。

（2）新建“视频”图层，单击选中该图层的第 1 帧。在“组件”面板中，展开“Video”文件夹，在其中将“FLVPlayback 2.5”组件拖曳到舞台中。

（3）选中舞台中的“FLVPlayback 2.5”组件，在其“属性”面板的“组件参数”栏中，单击“source”右侧的编辑按钮，在打开的对话框中选择视频素材将其导入到组件中。

（4）继续在“组件参数”栏中设置组件的参数，如外观、颜色、自动播放属性和播放条的隐藏属性等。

（5）导入素材图片，新建按钮元件，将不同类别的图片素材拖曳到不同的帧上，并对齐舞台。

（6）返回场景中，单击选中视频，在其“属性”面板的“提示点”栏中添加 3 个提示点，时间分别在第 4 秒、第 8 秒和第 12 秒处。

（7）新建图层，并将按钮元件拖曳到该图层中，设置按钮元件实例名称，并设置视频实例名称，通过“代码片段”面板为不同的按钮添加提示点代码，完成后按“Ctrl+Enter”组合键进行测试，测试后按“Ctrl+S”组合键进行保存。

模块十　ActionScript 脚本的使用

模块简介

ActionScript 脚本是 Flash 的核心功能之一，同时也是控制动画播放和制作 Flash 小游戏的关键所在。通过为动画添加 ActionScript 脚本，可控制动画的播放；通过添加相应的跳转帧按钮，可控制电子杂志的页面跳转；通过添加图形控制语句，可制作 Flash 小游戏。本模块将具体介绍 Flash CS5 中使用与管理 ActionScript 3.0 的相关操作。

学习目标

本模块的知识学习目标如下：

- 认识 ActionScript 脚本的数据类型和基本的语言语法。
- 熟悉动作面板中各个工具的作用。
- 熟练掌握动作面板的使用和脚本的输入方法。

本模块的技能学习目标如下：

- 能正确地为动画添加基本的脚本，控制动画的播放。
- 能根据某一类型的脚本语句制作与电脑同步的电子钟表。
- 掌握类似的脚本类型，达到举一反三的目的。

任务一　制作“回家的小狗”控制动画

工作任务场景

经过这几个月的学习，晓雪已掌握了许多制作 Flash 动画的知识，并能独立制作出令人满意的作品。但晓雪并没有止步不前，仍然在继续学习。今天她对老张说：“最近我在浏览网页时，特别是一些游戏类的网站，发现许多 Flash 类的小游戏，原来 Flash 还有这些功能啊！”老张听后告诉她：“Flash 拥有脚本功能，通过在动作面板中添加脚本，可控制动画对象的动作，从而制作游戏。正好你已经掌握了 Flash 动画的制作原理，今天就以公司之前的案例为例（如图 10-1 所示），教你如何添加脚本。”

图 10-1　“回家的小狗”动画效果

行业背景知识

随着计算机的普及，以及 3D 类大型场景游戏的发展，Flash 游戏行业面临的竞争越来越激烈，对设计人员的要求也越来越高。如何设计一个优秀的游戏方案，并将其投入市场以获得良好的反馈收益，已成为衡量 Flash 游戏设计人员是否合格的标志之一。

工作任务分析

本任务的目标是认识并理解 Flash 的脚本编程语言——ActionScript 3.0 的数据类型和语言语法，学会基本的编程规则，并在素材文件中添加控制动画播放的语句，掌握添加语法的基本方法。

本任务的最终效果如图 10-2 所示。要实现该效果，需要掌握以下几个技术要点。

图 10-2　添加脚本后的动画效果

（1）了解 ActionScript 3.0 的数据类型和语言语法。

（2）掌握“动作”面板的操作方法。

（3）掌握添加脚本的操作方法，学会基本的脚本编程。

素材对应 素材文件\模块十\回家的小狗\回家的小狗.fla、button_a1.png……
效果文件\模块十\回家的小狗.fla

制作思路分析

完成本任务包括认识并理解 ActionScript 3.0 脚本编程语言，打开素材并制作按钮元件，以及添加控制语句控制动画播放等三步操作。具体思路如图 10-3 所示，操作要求如下。

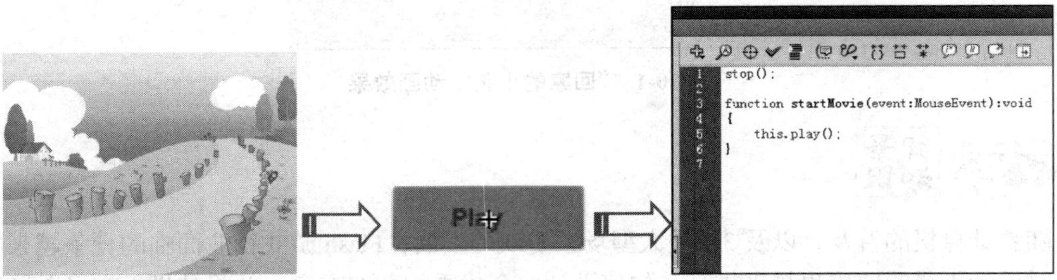

①打开素材文件　②制作按钮元件　③添加脚本语句

图 10-3　制作思路分析

（1）认识并理解 ActionScript 3.0 脚本编程语言。

（2）打开素材文件，并导入按钮图片，制作按钮元件。

（3）将制作好的按钮元件拖曳到舞台中，在相应的帧上添加脚本语句。

操作一　认识 ActionScript 3.0

ActionScript 是一种面向对象的编程语言，符合 ECMA—262 脚本语言规范，它是在 Flash 影片中实现交互功能的重要组成部分，也是 Flash 优越于其他动画制作软件的主要因素。使用 ActionScript 可向应用程序中添加交互语言，应用程序可以是简单的 SWF 动画文件，也可以是功能更丰富的 Internet 应用程序。下面对 ActionScript 3.0 的相关知识进行讲解。

1. 变量与常量

变量在 ActionScript 3.0 中主要用来存储数值、字符串、对象、逻辑值及动画片段等信息。在 ActionScript 3.0 中，一个变量实际上包含 3 个不同部分。

- 变量的名称。
- 可以存储在变量中的数据的类型。
- 存储在计算机内存中的实际值。

在 ActionScript 中，若要创建一个变量（称为声明变量），应使用 var 语句，如：

var value1:Number;

或 var value1:Numbe=4r;

在将一个影片剪辑元件、按钮元件或文本字段放置在舞台上时，可以在属性检查器中为其指定一个实例名称，Flash 将自动在后台创建与实例同名的变量。

变量名可以为单个字母，也可以是一个单词或几个单词构成的字符串，在 ActionScript 3.0 中变量的命名规则主要包括以下几点。

- **包含字符：**变量名中不能有空格和特殊符号，但可以使用英文和数字。
- **唯一性：**在一个动画中变量名必须是唯一的，即不能在同一范围内为两个变量指定同一变量名。
- **非关键字：**变量名不能是关键字、ActionScript 文本或 ActionScript 的元素，如 true、false、null 或 undefined 等。
- **大小写区分：**变量名区分大小写，当变量名中出现一个新单词时，新单词的第一个字母要大写。

常量类似于变量，它是使用指定的数据类型表示计算机内存中值的名称。不同之处在于，在 ActionScript 应用程序运行期间只能为常量赋值一次。一旦为某个常量赋值之后，该常量的值在整个应用程序运行期间都保持不变。声明常量的语法与声明变量的语法唯一不同之处在于，需要使用关键字 const，而不是关键字 var，如：

const value2:Number = 3;

2. 数据类型

在 ActionScript 中可将变量的数据类型分为简单数据类型和复杂数据类型两种。"简单"数据类型表示单条信息。如单个数字或单个文本序列。常用的"简单"数据类型如下。

- **String：**一个文本值，如一个名称或书中某一章的文字。
- **Numeric：**对于 Numeric 型数据，ActionScript 3.0 包含 3 种特定的数据类型，其中 Number 表示任何数值，包括有小数部分或没有小数部分的值；Int 表示一个整数（不带小数部分）；Uint 表示一个"无符号"整数，即不能为负数。
- **Boolean：**一个 true 或 false 值，如开关是否开启或两个值是否相等。

ActionScript 中定义的大部分数据类型都可以归为复杂数据类型，因为它们表示组合在一起的一组值。大部分内置数据类型以及程序员定义的数据类型都是复杂数据类型，下面列出了一些复杂数据类型。

- **MovieClip：**影片剪辑元件。
- **TextField：**动态文本字段或输入文本字段。
- **SimpleButton：**按钮元件。
- **Date：**有关时间的某个片刻信息（日期和时间）。

3. 处理对象

Flash 舞台中的实例图形都是 ActionScript 中的对象。在 ActionScript 面向对象的编辑中，任何类都可以包含以下 3 种特征。

- **属性**：是对象的基本特性，如影片剪辑元件的位置、大小、透明度等，它表示某个对象中绑定在一起的若干数据块中的一个，如：

  angle.x=50;

  // 将名为 angle 的影片剪辑元件移动到 x 坐标为 50 像素的地方。

- **方法**：是指可由对象执行的操作。若在 Flash 中使用时间轴上的关键帧和基本动画语句制作了影片剪辑元件，则可播放或停止该影片剪辑，或指示它将播放头移到特定的帧，如：

  longFilm.play();

  // 指示名为 longFilm 的影片剪辑元件开始播放。

- **事件**：是确定电脑执行哪些指令以及何时执行的机制。“事件”本质上就是所发生的、ActionScript 能够识别并响应的事情。许多事件与用户交互动作有关，如用户单击按钮，或按键盘上的键等。

无论编写怎样的事件处理代码，都会包括事件源、事件和响应 3 个元素，其中事件源就是发生事件的对象，也称为“事件目标”；事件是将要发生的事情，有时一个对象会触发多个事件，读者要注意识别；响应是指当事件发生时，执行的操作。

编写事件代码时，要遵循以下的基本结构：

```
function eventResponse(eventObject:EventType):void
{
// 为响应事件而执行的动作
}
eventSource.addEventListener(EventType.EVENT_NAME, eventResponse);
```

4. 语言和语法

使用 ActionScript 语句，还需要先了解一些 ActionScript 的基本语法规则。下面对这些基本的语法规则进行介绍。

- **区分大小写**：这是用于变量命名的基本语法，在 ActionScript 3.0 中，不仅变量遵循该规则，各种关键字也需要区分大小写，若大小写不同，则被认为是不同的关键字，若输入不正确，则会无法被识别。

- **点语法**：点（.）用于指定对象的相关属性和方法，并标识指向的动画对象、变量或函数的目标路径，如：

  square.x=100;

  则是将实例名称为 square 的实例移动到 X 坐标为 100 像素处。

  square.rotation=triangle.rotation;

  则是使用 rotation 属性旋转名为 square 的影片剪辑以便与名为 triangle 的影片剪辑的旋转相匹配。

- **分号**：分号（;）一般用于终止语句，如果在编写程序时省略了分号，则编译器将假设每一行代码代表一条语句。

- **括号**：括号分为大括号 {} 和小括号 () 两种，其中大括号用于将代码分成不同的块或定义函数；而小括号通常用于放置使用动作时的参数、定义一个函数以及对函数进行调用等，也可用于改变 ActionScript 语句的优先级。

- **注释**：在 ActionScript 语句的编辑过程中，为了便于语句的阅读和理解，可为相应的语句添加注释，注释不会被执行，通常包括以下两种。单行注释：单行注释以两个正斜杠字符(//)开头并持续到该行的末尾。多行注释：多行注释以一个正斜杠和一个星号（/*）开头，以一个星号和一个正斜杠（*/）结尾。
- **关键字**：在 ActionScript 3.0 中，具有特殊含义且供 ActionScript 语言调用的特定单词，被称为关键字。除了用户自定义的关键字外，在 ActionScript 3.0 中还有保留的关键字，主要包括：词汇关键字、句法关键字和供将来使用的保留字 3 种。用户在定义变量、函数以及标签等名字时，不能使用 ActionScript 3.0 这些保留的关键字。

操作二 打开素材制作按钮

下面介绍如何打开素材文件，并导入按钮图片制作按钮元件，其具体操作如下。

【详细步骤】

（1）启动 Flash CS5，选择【文件】→【打开】菜单命令，在打开的对话框中选择素材文件中的“回家的小狗 .fla”文件，将其打开。

（2）选择【文件】→【导入】→【导入到库】菜单命令，打开“导入到库”对话框，在其中选择素材文件夹中的“button_a1.png”、“button_a2.png”和“button_a3.png”图片，将其导入到“库”面板中。

（3）在时间轴中单击“新建图层”按钮，在“引导层”的上一层新建一个图层，并将该图层重命名为“buttons”。

（4）在时间轴中单击“新建图层”按钮，在“buttons”图层的上一层新建一个图层，并将该图层重命名为“actions”，如图 10-4 所示。

（5）在时间轴中将除“buttons”图层和“actions”图层外的其他图层全部锁定。

（6）按“Ctrl+F8”组合键打开“创建新元件”对话框，创建名为“button”的按钮元件，如图 10-5 所示。

图 10-4 新建图层

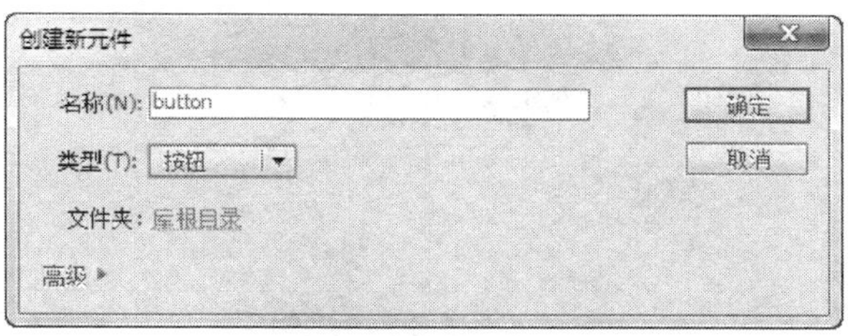

图 10-5 创建“button”按钮元件

（7）进入“button”按钮元件的编辑模式，在时间轴中单击选中第 1 帧“弹起”，将“button_a1.png”图片从库中拖曳到工作区中，如图 10-6 所示。

（8）在面板组单击“对齐”按钮，打开“对齐”面板，在其中单击选中“与舞台对齐”复选框，然后在“对齐”栏分别单击“水平中齐”按钮和“垂直中齐”按钮进行对齐。

（9）单击选中第 2 帧“指针经过”，按“F7”键插入空白关键帧，将“button_a2.png”图片从库中拖曳到工作区中，然后在“对齐”面板中单击“水平中齐”按钮 和“垂直中齐”按钮 进行对齐。

（10）单击选中第 3 帧“按下”，按“F7”键插入空白关键帧，将“button_a3.png”图片从库中拖曳到工作区中，然后在“对齐”面板中单击“水平中齐”按钮 和“垂直中齐”按钮 进行对齐。

（11）单击选中第 4 帧“点击”，按“F7”键插入空白关键帧，将“button_a1.png”图片从库中拖曳到工作区中，然后在“对齐”面板中单击“水平中齐”按钮 和“垂直中齐”按钮 进行对齐，时间轴效果如图 10-7 所示。

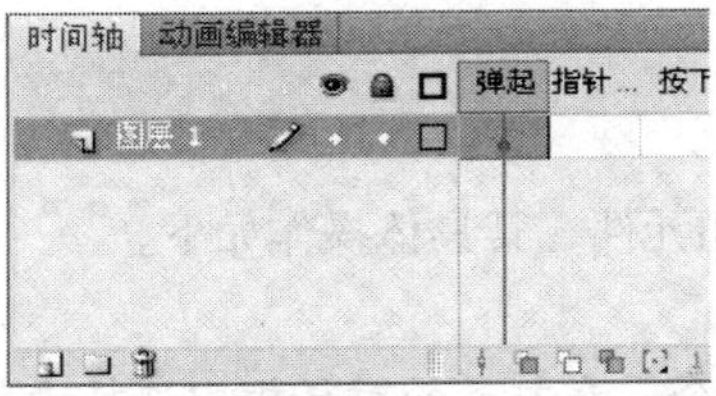

图 10-6　设置“弹起”帧中的图形

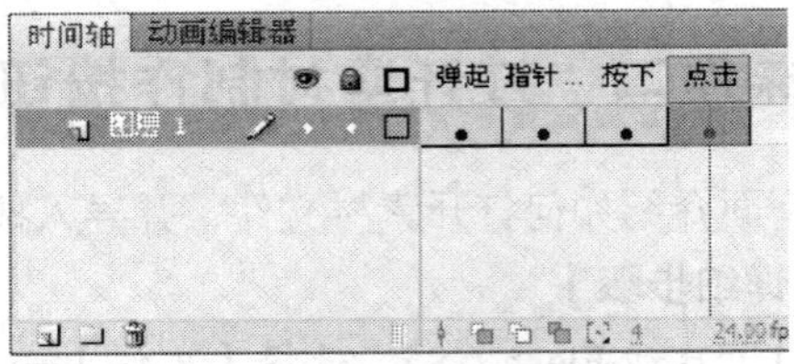

图 10-7　设置其他帧中的按钮图形

操作三　添加控制播放语句

下面介绍如何在动画中添加按钮元件控制动画的播放，其具体操作如下。

【详细步骤】

（1）单击工作区上方的“返回”按钮 ，返回场景中，在时间轴的“buttons”图层上单击选中第 1 帧，将“库”面板中的“button”按钮元件拖曳到舞台上，如图 10-8 所示。

（2）在舞台上选中“button”按钮实例，在其“属性”面板中将其“实例名称”更改为“greenbutton”，如图 10-9 所示。

图 10-8　将原件拖曳到舞台上

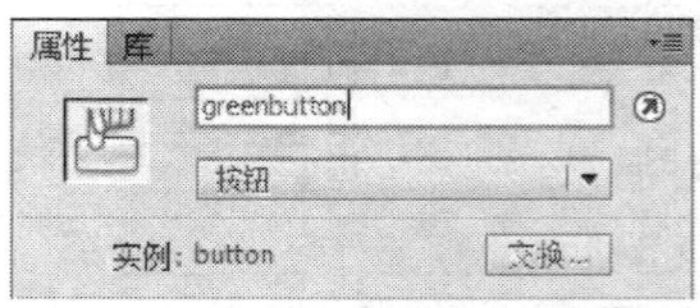

图 10-9　设置其他帧中的按钮图形

（3）在“actions”图层中单击选中第 1 帧，选择【窗口】→【动作】菜单命令，打开“动作—帧”面板，在脚本窗口中输入代码“stop();”，如图 10-10 所示，表示在进入第 1 帧时即停止播放。

（4）在“stop();”代码末尾按两次“Enter”键换行，输入如图 10-11 所示的代码，定义名为 startMovie() 的函数。调用 startMovie() 时，该函数会使主时间轴开始播放。

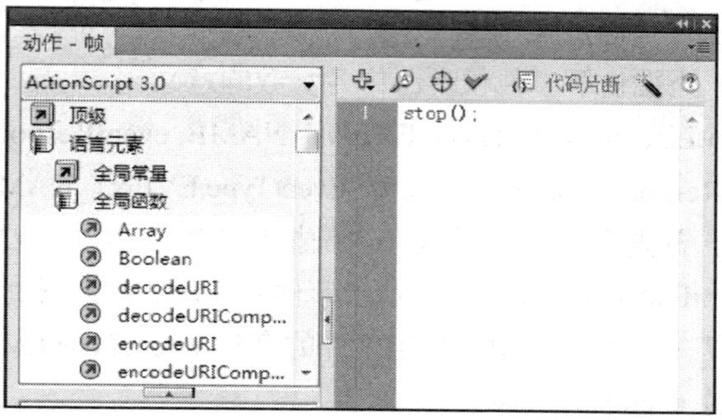

图 10-10 输入停止代码

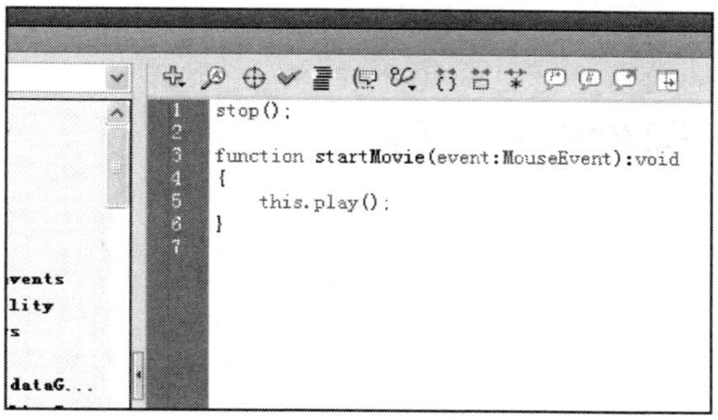

图 10-11 定义播放属性

（5）再按“Enter”键换行，输入如图 10-12 所示的代码，此代码行将 startMovie() 函数注册为 greenbutton 的 click 事件的侦听器，也就是说只要单击名为 greenbutton 的按钮，就会调用 startMovie() 函数。

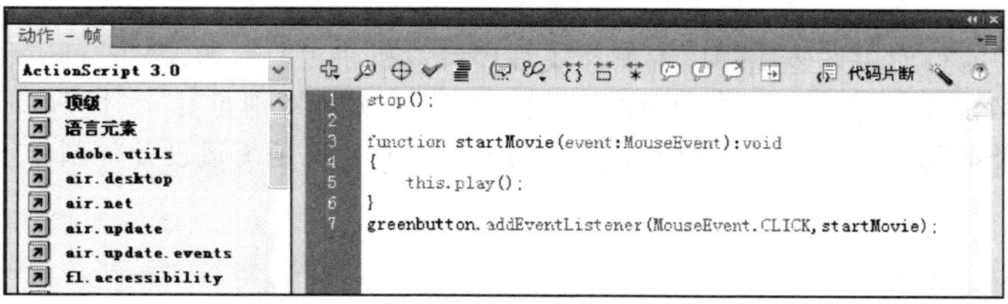

图 10-12 添加事件侦听器

（6）单击脚本窗口栏上的“语法检查”按钮 ✔，检查语法。若语法出现错误，会在“时间轴”的位置出现一个“编译器错误”面板，在其中将列出出错的原因和位置。

（7）检查无误后按“Ctrl+Enter”组合键测试运行是否和预期的相符合，确认无误后选择【文件】→【另存为】菜单命令，将其另存到需要的位置即可。

知识回顾拓展

本任务主要介绍了与 ActionScript 3.0 脚本语言相关的基础知识，包括变量与常量、数据类型、处理对象和语言语法，并通过实例操作，控制动画的播放，以深入了解 ActionScript 语句的使用和动作面板的操作。下面讲解事件侦听器中各参数的意义。

```
eventSource.addEventListener(EventType.EVENT_NAME, eventResponse);
```

在此结构中，eventResponse、eventSource 和 EventType.EVENT_NAME 表示的是占位符，可根据实际情况进行改变。首先定义一个函数，这是指定为响应事件而要执行的动作的方法，其次调用源对象的 addEventListener() 方法，表示当事件发生时，执行该函数的动作。从上面可以看到，它有两个参数：第一个参数是响应特定事件的名称 EventType.EVENT_NAME，第二个参数是事件响应函数的名称 eventResponse。

任务二　制作电子时钟

工作任务场景

老张为了帮晓雪巩固所学的脚本知识，决定让她做一个电子时钟，要求电子时钟打开时，其屏幕上显示的日期和时间与计算机当前的日期和时间相同。老张告诉晓雪，若有不明白的地方，可随时向他请教。

行业背景知识

网络的流行使得许多应用厂商制作了许多计算机小工具，如天气、日历和货币兑换等。随着智能手机的发展，各种 APP 应用也层出不穷，特别是显示时间的时钟，更是手机上必备的功能。因此是否能创建受欢迎的小工具，也是衡量设计师制作水平的一项指标。

工作任务分析

本任务属于小工具的制作，涉及矩形工具等绘图工具的使用，也包括文本工具的使用。制作完成后的最终效果如图 10-13 所示。要实现该效果，需要掌握以下几个技术要点。

（1）巩固 ActionScript 3.0 脚本语言的基础知识。

（2）熟练掌握创建文本实例的方法。

（3）熟练掌握与时间相关的脚本语言。

图 10-13 “时钟”效果

素材对应 效果文件\模块十\时钟.fla

制作思路分析

完成本任务主要包括绘制时钟背景、添加数字文本和添加脚本语句等三步操作。具体思路如图 10-14 所示，操作要求如下。

（1）使用矩形工具绘制时钟背景。

（2）使用文本工具输入数字文本，并设置文本实例名称。

（3）在动作面板中添加相应的时间语句，控制时间的获取属性。

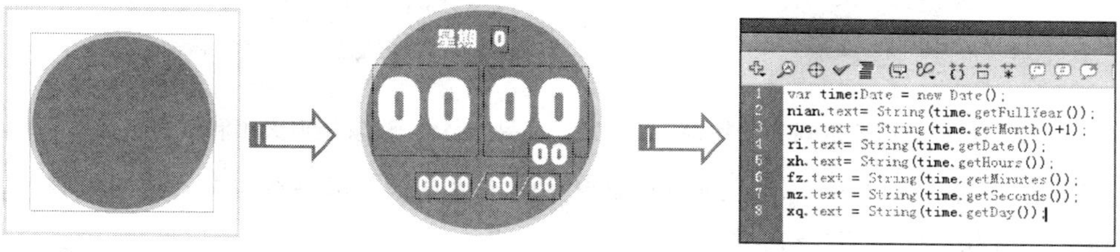

①绘制时钟 ②添加文本实例 ③添加脚本语句

图 10-14 制作思路分析

操作一 绘制时钟

具体操作是先新建文档并设置文档属性，再在文档中绘制时钟背景。

【详细步骤】

（1）新建 AS3.0 文档，在文档“属性”面板的“属性”栏中设置舞台大小为“400×400 像素”，如图 10-15 所示。

（2）使用椭圆工具，按住“Shift”键不放，在舞台中绘制一个圆形。选中绘制的圆形，在其“属性”面板中将其笔触颜色设置为“#CCCCFF”，笔触大小为“9”，填充设置为“#9966FF”，如图 10-16 所示。

图 10-15 设置舞台大小

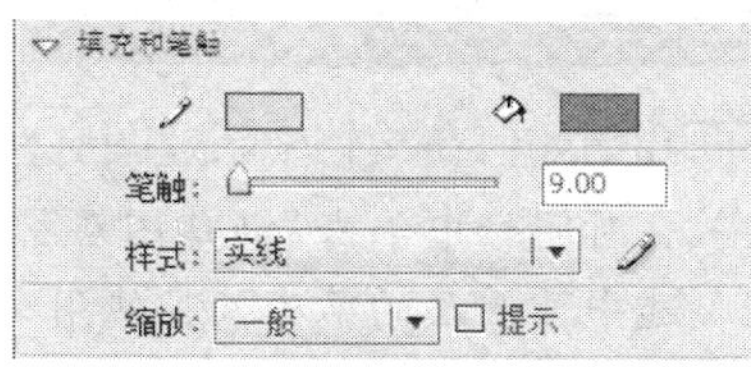

图 10-16 设置圆形的填充和笔触

（3）保持圆形的选中状态，在其“位置和大小”栏中将矩形的宽和高均设置为“319.00”。在面板组中单击“对齐”按钮，打开“对齐”面板，在其中单击选中“与舞台对齐”复选框，然后在“对齐”栏中分别单击“水平中齐”按钮和“垂直中齐”按钮进行对齐，效果如图 10-17 所示。

（4）按“Ctrl+F8”组合键打开“创建新元件”对话框，创建名为“点”的影片剪辑，进入其元件编辑模式。

（5）使用矩形工具，在舞台中绘制一个矩形。选中绘制的矩形，在其“属性”面板的“位置和大小”栏中将其高和宽均设置为“22.00”，在“填充和笔触”栏中关闭笔触，将填充颜色设置为“#CC6600”，如图 10-18 所示。

图 10-17　将圆形对齐于舞台

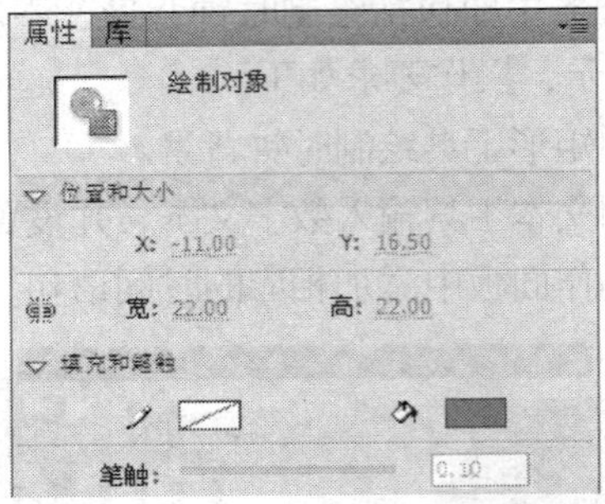

图 10-18　设置矩形大小和填充颜色

（6）按住“Alt”键不放，单击绘制的矩形并向下拖曳，复制一个矩形，使用选择工具框选这两个矩形，再按“Ctrl+G”组合键进行组合。

（7）在其时间轴中单击选中第 10 帧，按“F7”键插入一个空白关键帧，再单击选中第 20 帧，按“F5”键插入普通帧，如图 10-19 所示，从而制作闪烁动画。

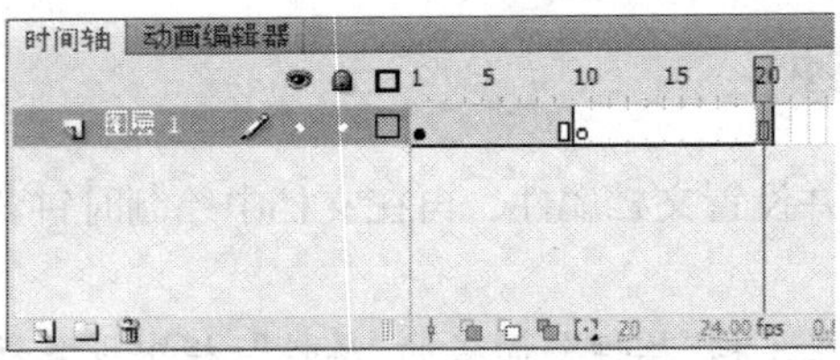

图 10-19　制作闪烁动画

（8）单击工作区上方的“返回”按钮 ，返回场景。将图层 1 重命名为“背景”图层，单击第 2 帧，按“F5”键插入普通帧，然后锁定该图层。

操作二　设置实例名称

下面介绍如何在文档中新建图层，在新建的图层中输入文本，创建文本实例。

（1）在时间轴中单击“新建图层”按钮 ，新建一个图层，然后将该图层重命名为“文本”。

（2）选中该图层的第 1 帧，使用文本工具在舞台中绘制一个文本框，输入“星期”。在“属性”面板中将文本的颜色设置为白色，大小为“28.0 点”，字体为“华文琥珀”，并绘制两条斜线，效果如图 10-20 所示，然后在该图层第 2 帧中插入普通帧。

（3）新建“文本 2”图层，选择文本工具 T，在“属性”面板中选择“传统文本”，在舞台中输入“00”文字。

（4）选中文字，选择【文本】→【大小】菜单命令，在弹出的子菜单中选择“120”选项，在“属性”面板中将文本类型设置为动态文本，并将其实例名称设置为“xh”，如图 10-21 所示。

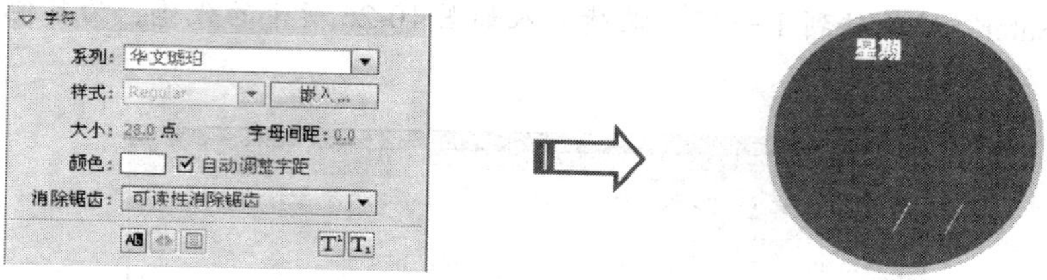

图 10-20　在"文本"图层中输入文本并绘制斜线

（5）按住"Alt"键，水平复制"xh"实例，在"属性"面板中将其实例名称更改为"fz"，如图 10-22 所示。

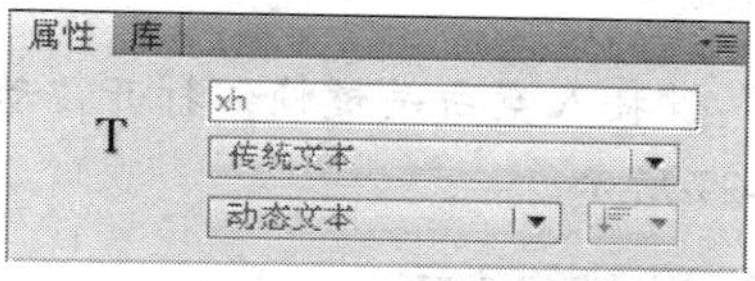

图 10-21　创建"xh"文本实例

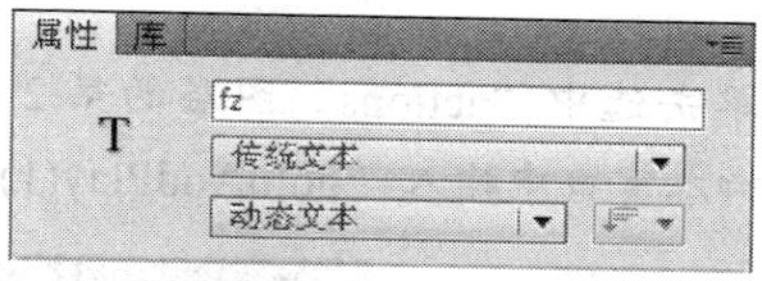

图 10-22　创建"fz"文本实例

（6）继续复制实例，将其实例名称更改为"mz"，将其大小更改为"45.00"，效果如图 10-23 所示。

（7）使用同样的方法在"年"、"月"、"日"文本的前面和"星期"文本的后面复制动态文本，依次将其实例名称更改为"nian"、"yue"、"ri"和"xq"，并将文本内容的大小更改为"32.00"。

（8）在"nian"实例中将其中的文本内容更改为"0000"，在"xq"实例中将文本内容更改为"0"，效果如图 10-24 所示。

图 10-23　创建"mz"文本实例

图 10-24　复制并设置其他文本实例

操作三　添加时间语句

下面介绍如何在动作面板中添加时间获取语句，其具体操作如下。

【详细步骤】

（1）在时间轴中新建一个图层，将其命名为"actions"，单击选中该图层的第 1 帧，按"F9"键打开"动作—帧"窗口。

（2）在脚本窗口中输入如图 10-25 所示的代码，定义"time"对象，并将获取的年份值显示在"nian"动态文本框中。

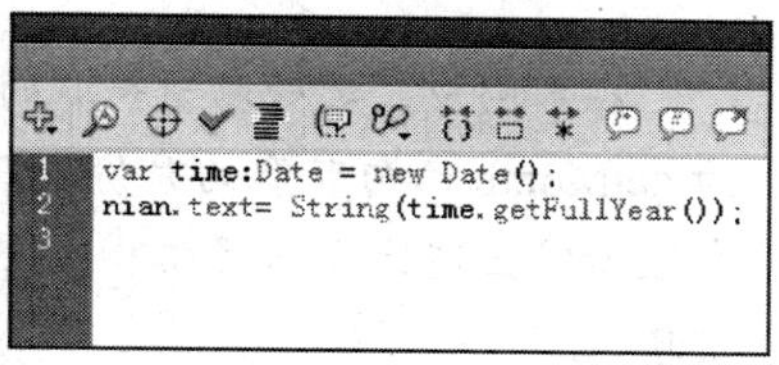

图 10-25　定义"time"对象

（3）按“Enter”键跳转到下一行，继续输入如图 10-26 所示的代码，为其他动态文本框获取时间值。

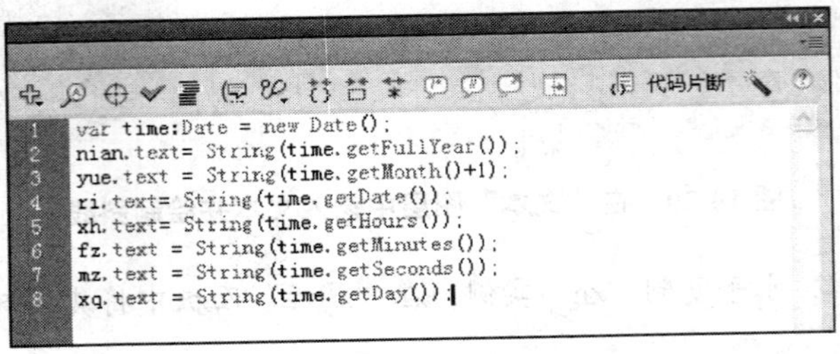

图 10-26　获取时间值

（4）单击选中“actions”图层的第 2 帧，按“F7”键插入空白关键帧，打开“动作—帧”窗口，在脚本窗口中输入“gotoAndPlay(1);”，如图 10-27 所示。

图 10-27　在第 2 帧中添加脚本

（5）单击选中“文本 2”图层的第 1 帧，然后将“库”面板中的“点”元件拖曳到“xh”和“fz”元件实例之间，并使用任意变形工具调整其大小，如图 10-28 所示。

（6）按“Ctrl+Enter”组合键进行测试，效果如图 10-29 所示，测试完成后保存文件。

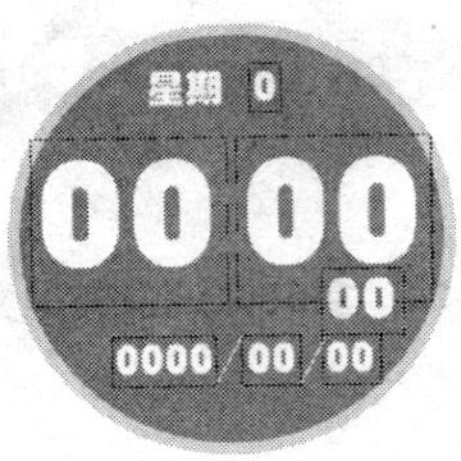

图 10-28　设置“点”元件实例

图 10-29　测试效果

小提示：getMonth 语句的用法

在本例中，之所以为获取的月份值加上 1，然后通过舞台中的“yue”文本框显示，是因为 getMonth 语句获取的月份值 0 代表一月，1 代表二月，如果直接显示获取的月份值，就会在显示时出现比当前月份少一个月的情况，因此需要为其加上 1，使其正常显示当前的月份信息。

知识回顾拓展

本任务涉及了绘制图形、使用文本工具中的传统文本，以及在动作面板中输入时间获取语句的操作。时间获取语句中年、月、日等时间的获取语句语法较类似，如：

getHours 语句用于获取系统时间并返回指定 Date 对象的小时值（0 至 23 之间的整数）。

语法格式为：

```
function getHours():Number
```

若要获取电脑系统当前的小时值，并将该小时值赋值给 xiaoshi 变量，只需在关键帧中添加如下语句：

```
var time:Date = new Date();
var xiaoshi= time.getHours();
```

同理，若将其中的 getHours 更改为 getMinutes 或 getSeconds 等与时间相关的关键词，可获取相应的时间。

实训一　制作“烟花”卡片

实训目标要求

本实训要求制作一张名为“烟花”的电子动画卡片，要求使用 ActionScript 3.0 表现烟花的扩散效果。本实训的参考效果如图 10-30 所示。

素材 素材文件\模块十\烟花\夜.jpg
对应 效果文件\模块十\烟花.fla

图 10-30　“烟花”动画效果

实训思路分析

使用 ActionScript 脚本语句，可制作出逼真的烟花绽放动画，只要了解如何设置烟花生成数量和烟花动画方向，即可进行制作。烟花电子卡片的制作思路如图 10-31 所示。

①绘制烟花元件　②输入脚本制作烟花扩散效果　③返回场景整合动画

图 10-31 “烟花”电子卡片的制作思路

【步骤提示】

（1）先新建舞台大小为“480×320”的文档，导入背景素材，新建“烟花”图形元件，绘制烟花。

（2）新建“闪动烟花”影片剪辑元件，在其中制作烟花从有到无的渐变和运动效果。

（3）新建“烟花动画”影片剪辑元件，在其元件编辑模式下将“闪动烟花”影片剪辑元件拖入到“图层 1”中。新建“图层 2”，选中其中的第 1 帧，按“F9”键打开动作面板，输入相应语句。

（4）将背景素材拖曳到场景中，调整大小，将“烟花动画”拖曳到场景中。新建两个图层，在不同的图层中分别拖入“烟花动画”元件，延续帧，最后进行保存。

实训二　制作“音乐播放器”

实训目标要求

本实训要求根据提供的“tianyuan.mp3”素材，制作 Flash 音乐播放器。要求在单击播放器中相应的按钮时，可实现播放、暂停和停止等操作。本实训的参考效果如图 10-32 所示。

图 10-32 “音乐播放器”效果

素材 素材文件\模块十\音乐\tianyuan.mp3
对应 效果文件\模块十\音乐播放器.fla

实训思路分析

本实训需要对所有的元素进行绘制，根据要求需绘制播放线显示音乐播放进度，还需绘制播放、停止和暂停按钮，用以控制音乐的播放，本例的操作思路如图 10-33 所示。

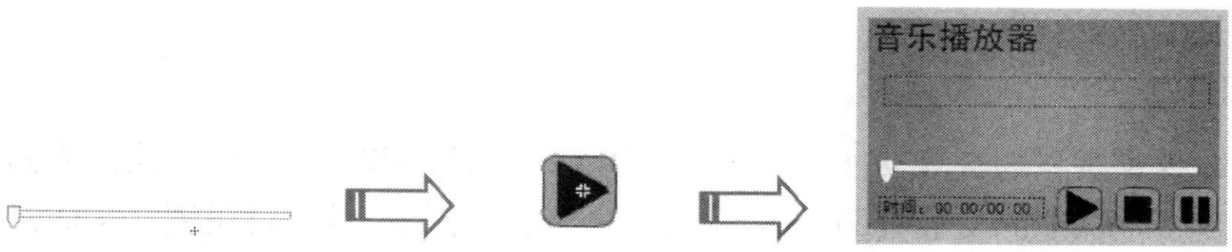

①绘制播放线　　②绘制功能按钮　　③组合场景并添加脚本

图 10-33 “音乐播放器”的制作思路

【步骤提示】

（1）新建 AS3.0 文档，新建“bar”图形元件，在其中绘制播放线上的滑块。

（2）新建“播放线”影片剪辑元件，在其中制作播放滑块滑动的补间动画。

（3）新建“播放按钮”元件，绘制按钮，并将“弹起”帧中的播放箭头设置为黑色，将“指针经过”帧中的播放箭头设置为红色，将“按下”和“点击”帧中的播放箭头设置为白色，并在不同的帧中设置不同的底色。

（4）使用同样的方法制作“停止按钮”和“暂停按钮”元件。

（5）返回场景，新建多个图层，在不同的图层中绘制背景，放入元件，选中最上一层图层的第 1 帧，按“F9”键打开动作面板，输入脚本，进行测试并保存。

模块十一　组件的使用

模块简介

组件可以提供常用的交互功能，利用不同类型的组件可制作出简单的用户界面控件，也可以制作出包含多项功能的交互页面；还可根据需要对组件的参数进行设置，从而修改组件的外观和交互行为。巧妙地应用组件，可让制作者无需自行构建复杂的用户界面元素，从而节省制作时间。制作者只需通过选择相应的组件，并为其添加适当的 ActionScript 脚本，即可轻松实现所需的交互功能。本模块将具体介绍 Flash CS5 中使用组件的相关操作。

学习目标

本模块的知识学习目标如下：

- 了解 UI 组件和 Video 组件的作用。
- 熟练掌握 TextInput 组件、TextArea 组件、RadioButton 组件、CheckBox 组件和 Button 组件的使用方法。
- 熟练掌握 ComboBox 组件和 UILoader 组件的使用方法。
- 掌握不同组件的属性设置方法。

本模块的技能学习目标如下：

- 加强对组件的认识和理解。
- 能根据要求熟练使用组件创建问卷等交互内容。

任务一　制作“餐饮市场调查”问卷

工作任务场景

经过这段时间的学习，晓雪已熟练掌握动画的制作，并能利用脚本制作出效果丰富的交互动画和小游戏。今天老张对晓雪说，有个餐饮业的客户在筹备一个网络调查，公司把这个任务交给了老张，老张了解情况后发现这个任务很简单，于是决定交给晓雪来做，顺便让晓雪了解组件的相关知识。晓雪向老张询问组件的相关知识后，便开始动手制作起来。

行业背景知识

网络的发展促进了商业的发展，近年来兴起的团购网站和购物网站更是数不胜数。为了更好地了解消费者的心理，许多商家会定期在网上进行市场调研，以便快捷地获取市场信息，从而推广相应的产品。

工作任务分析

本任务的目标是制作一个餐饮类的调查问卷，在准备好调查问题后，添加交互组件，并添加脚本语句获取填写的信息即可。本任务的最终效果如图 11-1 所示。要实现该效果，需要掌握以下几个技术要点。

（1）掌握交互组件的添加方法。

（2）掌握交互组件的设置操作。

（3）掌握获取填写信息的方法。

素材对应　**素材文件\模块十一\餐饮市场调查\餐饮市场调查.fla**

效果文件\模块十一\餐饮市场调查.fla

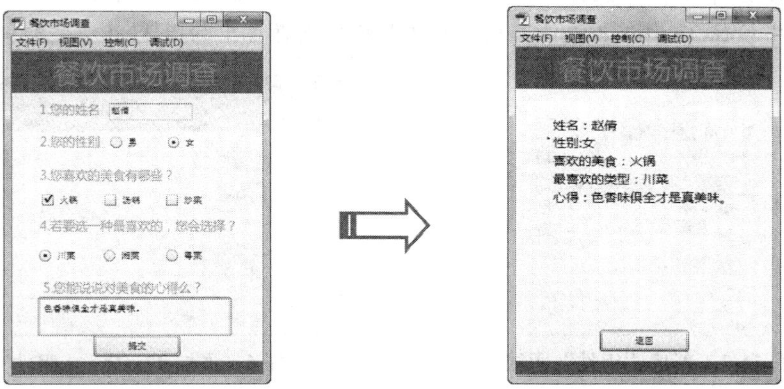

图 11-1　“餐饮市场调查”效果

制作思路分析

完成本任务主要包括调入组件、设置组件属性和添加脚本语句等三步操作。具体思路如图 11-2 所示，操作要求如下。

（1）调入 TextArea、TextInput 和 RadioButton 等组件。

（2）在“属性”面板中设置组件的相应交互属性。

（3）在脚本图层中添加获取填写信息的语句，以便收集信息。

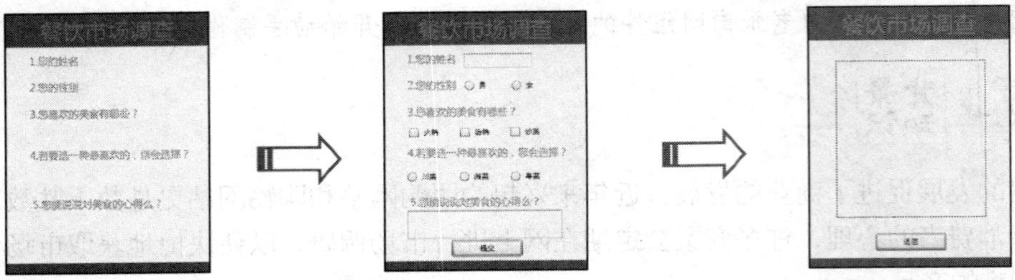

①打开素材调入组件　　②设置组件属性　　③设置脚本

图 11-2　制作思路分析

操作一　添加 TextInput 组件

TextInput 组件主要用于显示或获取动画中所需的文本，与 TextArea 组件不同，TextInput 组件只用于显示或获取交互动画中的单行文本字段。下面介绍如何在文档中添加 TextInput 组件。

【详细步骤】

（1）启动 Flash CS5，打开素材文件夹中的“餐饮市场调查 .fla”素材文档。

（2）在时间轴上单击“新建图层”按钮 ，新建一个图层，将其重命名为“组件”，单击选中该图层的第 1 帧，如图 11-3 所示。

（3）在面板组中单击“组件”按钮 ，打开“组件”面板，在其中双击“User Interface”文件夹，在其中按住 TextInput 组件不放，并将其拖曳到舞台中如图 11-4 所示的位置。

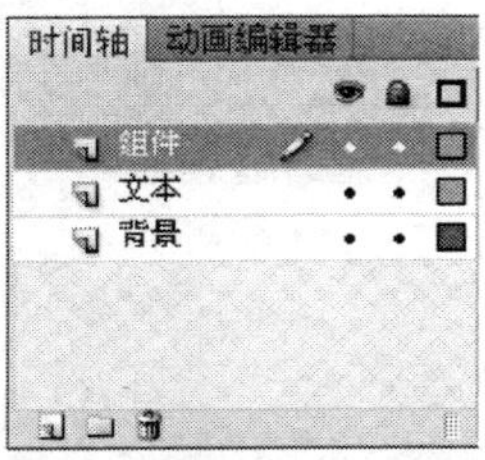

图 11-3　新建“组件”图层

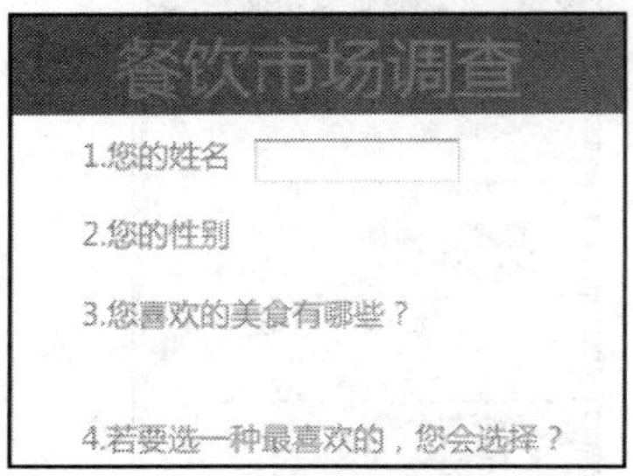

图 11-4　添加 TextInput 组件

（4）单击选中舞台中的 TextInput 组件，在其“属性”面板中展开“组件参数”栏，在“maxChars”参数右侧的文本框中输入“5”，其他参数保持默认，如图 11-5 所示。

（5）将该组件的实例名称更改为“mz”，如图 11-6 所示。

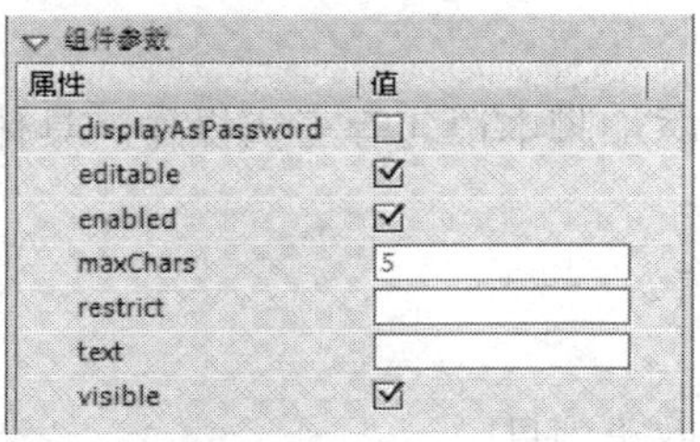

图 11-5　设置 TextInput 组件属性

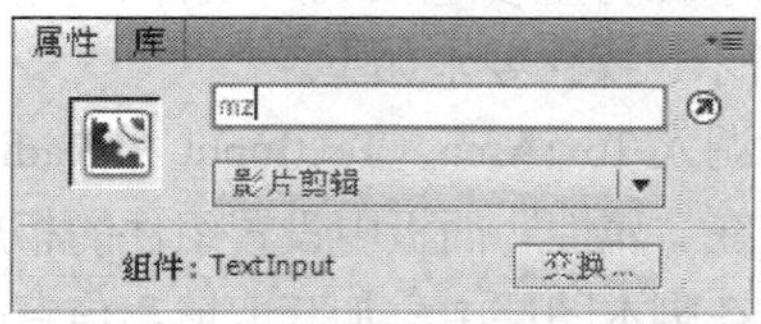

图 11-6　设置 TextInput 组件实例名称

操作二　添加 TextArea 组件

TextArea 组件主要用于显示或获取动画中所需的文本。在交互动画中需要显示或获取多行文本字段时，都可使用 TextArea 组件来实现。下面介绍如何在文档中添加 TextArea 组件。

【详细步骤】

（1）选择【窗口】→【组件】菜单命令，打开“组件”面板，双击“User Interface”文件夹，在其中按住 TextArea 组件不放，并将其拖曳到舞台中如图 11-7 所示的位置。

（2）选中该组件，在其“属性”面板中将其实例名称更改为“xd”，如图 11-8 所示。

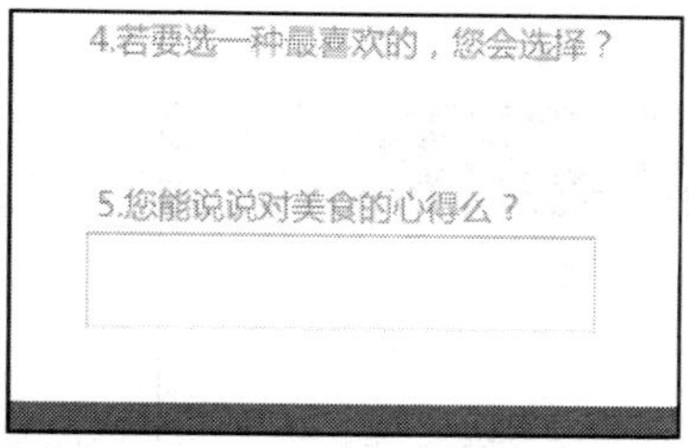

图 11-7　添加 TextArea 组件

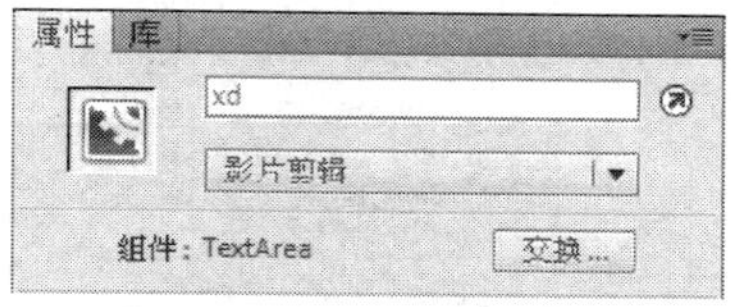

图 11-8　更改实例名称

（3）在“组件参数”栏中单击“horizontalScrollPolicy”右侧的下拉按钮，在弹出的列表中选择“off”选项，其他保持默认，如图 11-9 所示。

图 11-9　设置 TextArea 组件属性

操作三　添加 RadioButton 组件

单选按钮组件 RadioButton 主要用于选择一个唯一的选项。它不能单独使用，在文档中至少应添加两个单选按钮组件才可以成立组。下面介绍如何在文档中添加 RadioButton 组件。

【详细步骤】

（1）按“Ctrl+F7”组合键打开“组件”面板，双击“User Interface”文件夹，在其中按住 RadioButton 组件不放，并将其拖曳到舞台中如图 11-10 所示的位置。

（2）在其“属性”面板中将其实例名称更改为“man”，如图 11-11 所示。

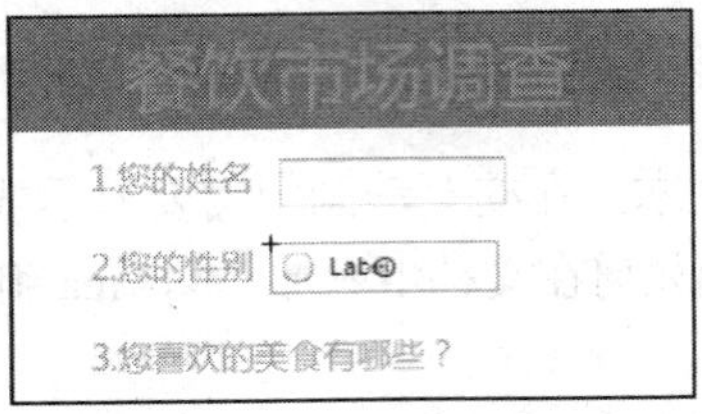

图 11-10　添加 RadioButton 组件

图 11-11　更改实例名称

（3）在其“组件参数”栏中，在“groupName”参数右侧的文本框中输入“sex”，将“label”参数右侧的文本更改为“男”，舞台中 RadioButton 参数的“Label”文本相应更改为“男”，如图 11-12 所示。

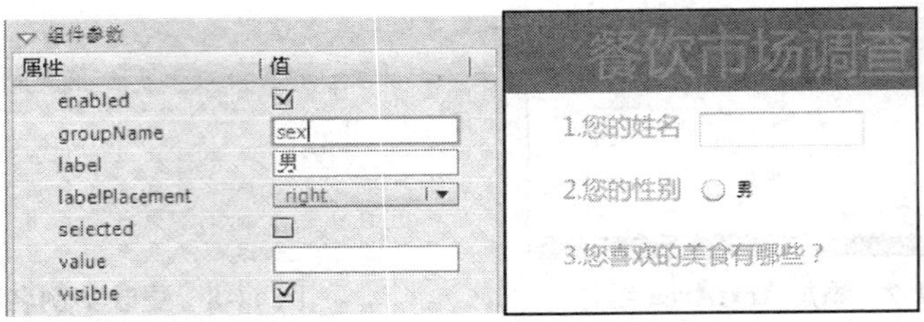

图 11-12　更改 Label 参数为“男”

（4）按住 ALT 键不放，然后在舞台中按住 RadioButton 组件不放并向右拖曳，复制一个组件，选中复制的组件，在其“属性”面板中将实例名称更改为“woman”。在“组件参数”栏中将“label”参数右侧的文本更改为“女”，效果如图 11-13 所示。

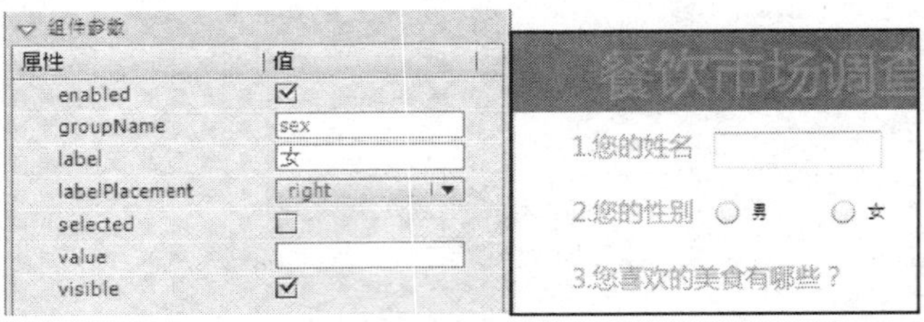

图 11-13　更改 label 参数为“女”

操作四　添加 CheckBox 组件

CheckBox 组件用于设置一系列选择项目，并可同时选取多个项目，以此对指定对象的多个数值进行获取或设置。下面介绍如何在文档中添加 CheckBox 组件。

【详细步骤】

（1）在面板组中单击“组件”按钮 ，打开“组件”面板，在其中双击“User Interface”文件夹将其展开，在其中按住 CheckBox 组件不放，并将其拖曳到舞台中。

（2）单击选中该组件，在其“属性”面板中将其实例名称更改为“a1”。在“组件参数”栏中，在“label”参数右侧的文本框中输入“火锅”，效果如图 11-14 所示。

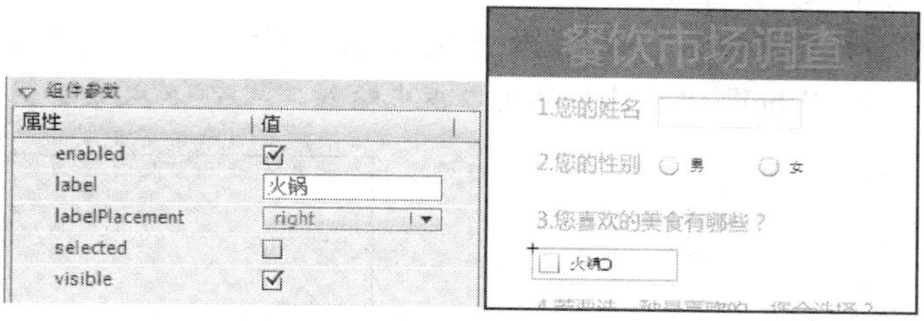

图 11-14　添加并设置 CheckBox 组件

（3）使用同样的方法，再创建两个 CheckBox 组件，将其实例名称分别命名为“a2”和“a3”，并将其“label”参数文本框中的文本分别更改为“汤锅”和“炒菜”，效果如图 11-15 所示。

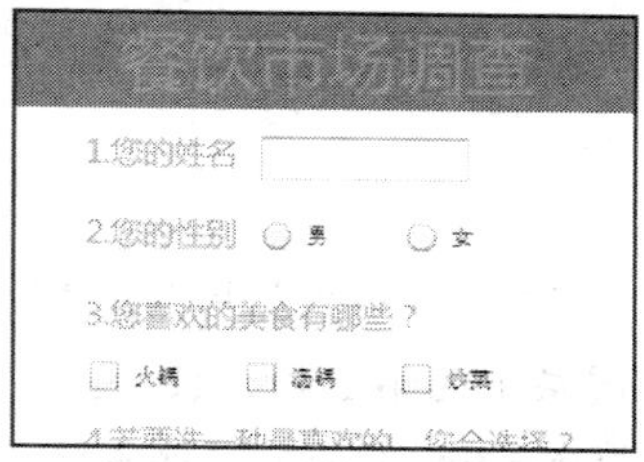

图 11-15　继续添加组件

（4）按“Ctrl+F7”组合键打开“组件”面板，双击“User Interface”文件夹将其展开，在其中按住 RadioButton 组件不放，并将其拖曳到舞台中。

（5）在其“属性”面板的“组件参数”栏中的“groupName”参数右侧的文本框中输入“kinds”，在“label”参数右侧的文本框中输入“川菜”，如图 11-16 所示。

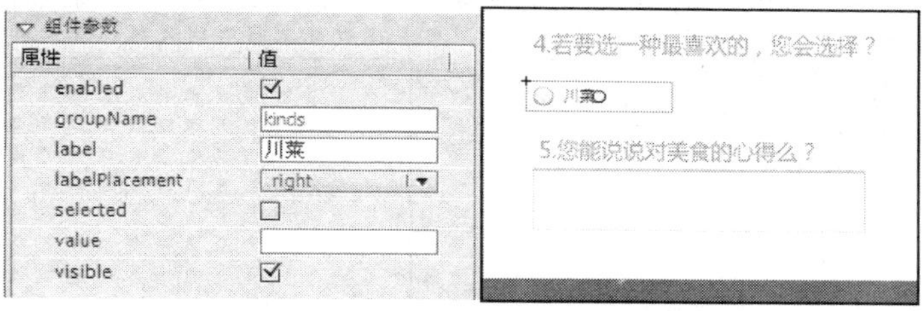

图 11-16　添加并设置 Button 组件

（6）按住“Alt”键不放，在舞台中拖曳“川菜”RadioButton 组件进行复制，选中复制的组件，在其“属性”面板的“组件参数”栏中将“label”参数右侧文本框中的内容更改为“湘菜”。

（7）再次复制一个，在其“属性”面板的“组件参数”栏中将“label”参数右侧文本框中的内容更改为“粤菜”，如图 11-17 所示。将这 3 个 RadioButton 组件的实例名称依次更改为“b1”、“b2”和“b3”。

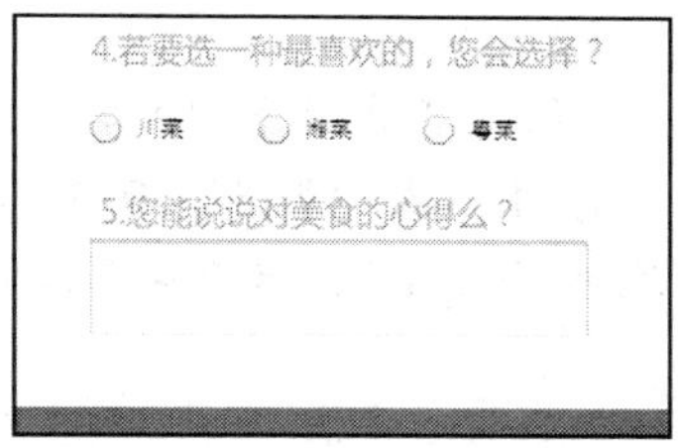

图 11-17　复制组件

操作五　添加 Button 组件

按钮组件 Button 可执行与鼠标和键盘的交互事件。下面介绍如何在文档中添加 Button 组件。

【详细步骤】

（1）按“Ctrl+F7”组合键打开“组件”面板，双击“User Interface”文件夹将其展开，在其中按住 Button 组件不放，并将其拖曳到舞台中。

（2）在“属性”面板中将其实例名称更改为“tj”，在“组件参数”栏中单击选中“emphasized”参数右侧的复选框，在“label”参数右侧的文本框中输入“提交”，效果如图 11-18 所示。

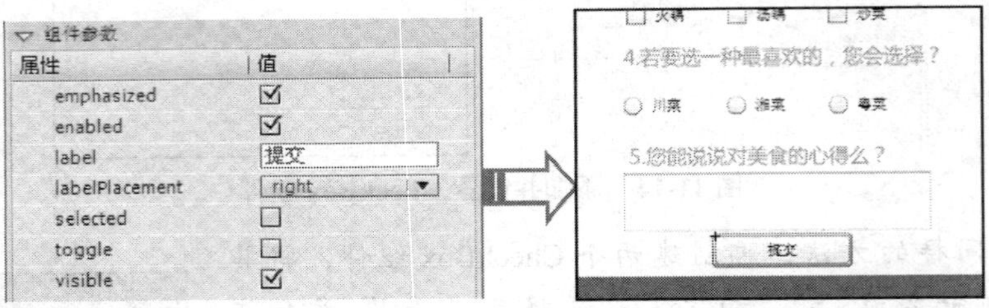

图 11-18 添加“提交”Button 组件

（3）单击选中“背景”图层中的第 2 帧，按“F6”组合键插入关键帧，单击选中“组件”图层中的第 2 帧，按“F7”键插入空白关键帧。按“Ctrl+F7”组合键打开“组件”面板，双击“User Interface”文件夹将其展开，在其中按住 Button 组件不放，将其拖曳到“组件”图层的第 2 帧中。

（4）在“属性”面板中将实例名称更改为“fh”，在“组件参数”栏中单击选中“emphasized”参数右侧的复选框，在“label”参数右侧的文本框中输入“返回”，效果如图 11-19 所示。

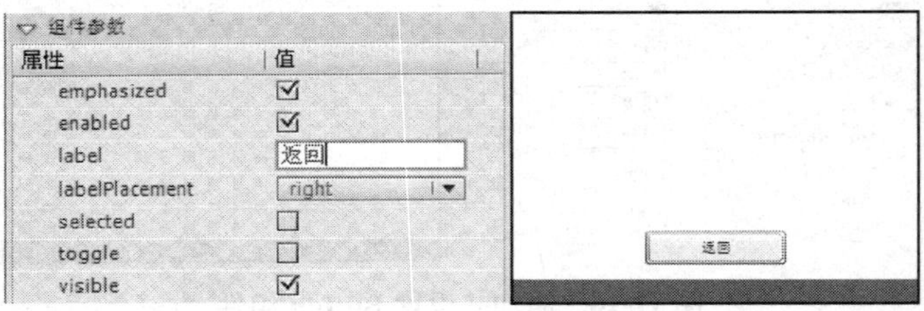

图 11-19 添加“返回”Button 组件

（5）单击选中“文本”图层的第 2 帧，按“F7”键插入空白关键帧，在工具栏中选择文本工具 T，在“属性”面板中将其更改为“传统文本”，类型为“输入文本”，并将其实例名称更改为“jieguo”，然后在舞台中进行绘制，如图 11-20 所示。

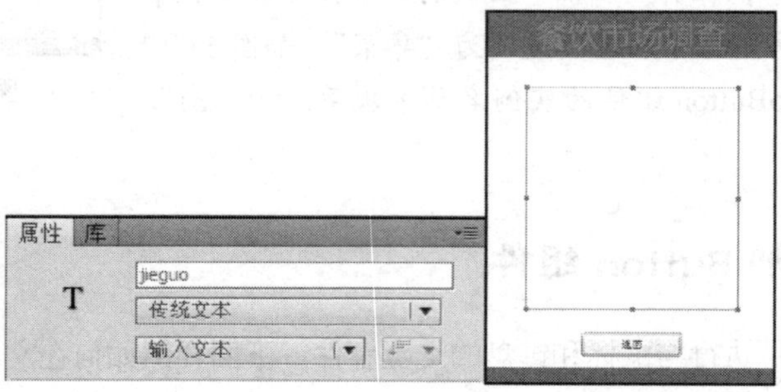

图 11-20 绘制输入文本

（6）在时间轴中新建“actions”图层，单击选中该图层的第 1 帧，按“F7”键插入一个空白关键帧，按“F9”键打开动作面板，在其中输入如图 11-21 所示的脚本。

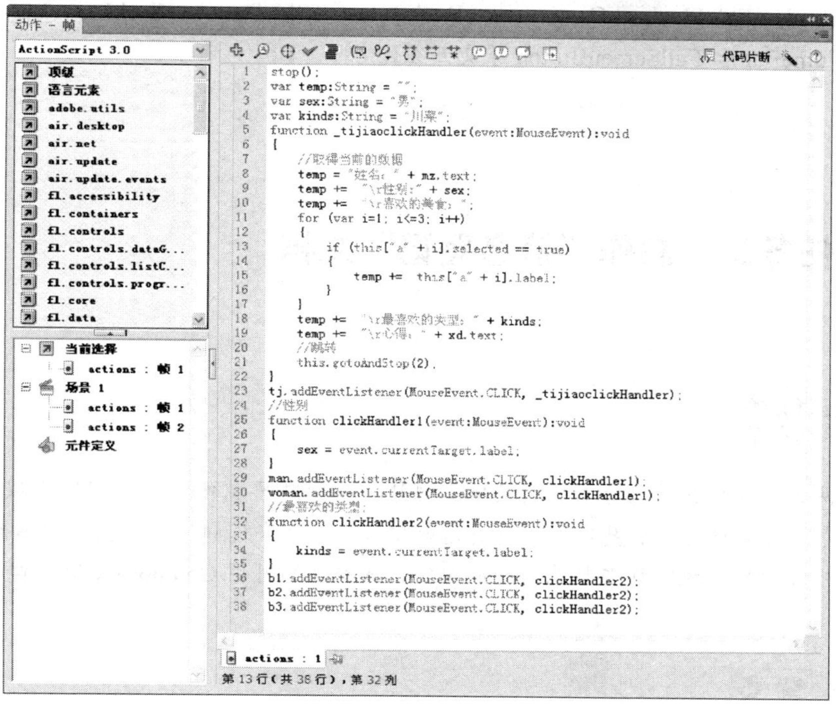

图 11-21　在“actions”图层的第 1 帧中输入的代码

（7）在“actions”图层中单击选中第 2 帧，按“F7”键插入一个空白关键帧，按“F9”键打开动作面板，在其中输入如图 11-22 所示的脚本。

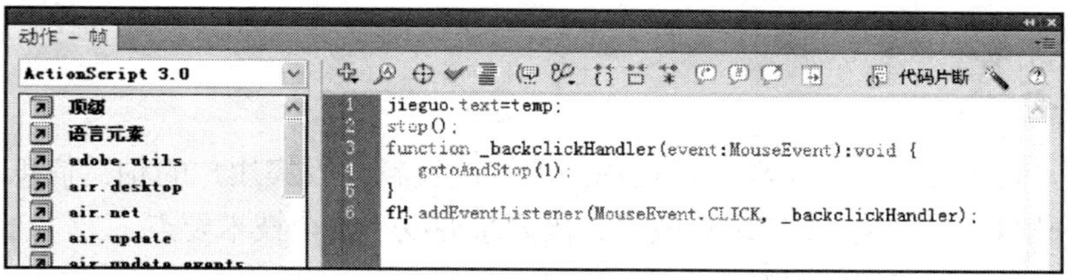

图 11-22　在“actions”图层的第 2 帧中插入的代码

（8）按“Ctrl+Enter”键进行测试，测试完成后进行保存。

知识 回顾拓展

本任务主要讲解了组件的添加和设置。下面讲解 Flash 中的交互组件类型。

- **UI 组件：**User Interface 组件主要用于设置用户交互界面，并通过交互界面使用户与应用程序进行交互操作，在 Flash CS5 中，大多数交互操作都通过 UI 组件实现。UI 组件主要包含

Button、CheckBox、RadioButton、ComboBox、TextArea 和 TextInput 等组件。

- **Video 组件：**Video 组件主要用于对动画中的视频播放器和视频流进行交互操作。其中主要包括 FLVPlayback、FLVPlaybackCaptioning、BackButton、PlayButton、SeekBar、PlayPauseButton 以及 VolumeBar 和 FullScreenButton 等交互组件。

任务二　制作“信息登记”文档

工作任务场景

晓雪这两天正在协助老张制作一个 Flash 网站，其中需要制作信息登记网页以收集用户的相关信息。晓雪跟客户沟通后发现不能使用之前学过的组件来创建，于是向老张请教。老张说：“在 Flash 的组件面板中还有许多其他的功能组件，该类文档可用 ComboBox 组件和 UILoader 组件来完成。”

行业背景知识

网络的发展使得世界变得更小，社交网络的出现更拉近了人与人之间的距离。在使用社交网站时，一般都需要注册并填写个人信息，方便友人查找。好的信息登记界面可提高用户体验，避免因操作繁杂使用户流失。

工作任务分析

本任务需要制作信息登记文档，通过用户填写的资料，收集用户的相关信息。制作完成后的最终效果如图 11-23 所示。要实现该效果，需要掌握以下几个技术要点。

（1）巩固组件的添加和使用方法。

（2）掌握使用 ComboBox 组件制作下拉列表选项的操作方法。

（3）掌握使用 UILoader 组件创建图片加载器的方法。

素材对应　**素材文件\模块十一\信息登记\信息登记.fla、tp.jpg**
效果文件\模块十一\信息登记.fla

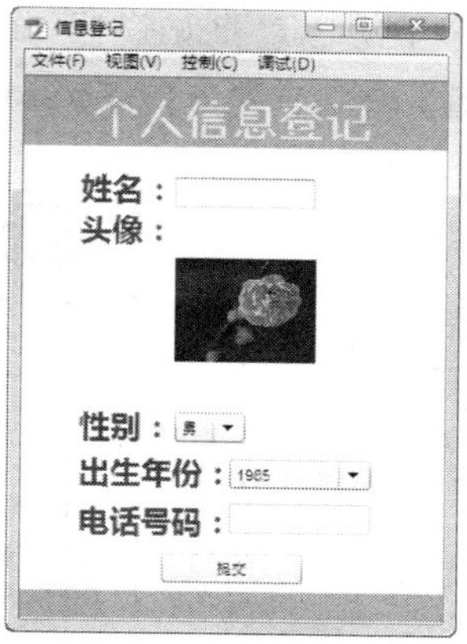

图 11-23　“信息登记”效果

制作思路分析

完成本任务主要包括打开素材调入组件、设置组件属性以及设置组件相关脚本等三步操作。具体思路如图 11-24 所示，操作要求如下。

（1）打开素材文件并在对应位置添加 ComboBox、UILoader 等组件。

（2）在“属性”面板中设置组件的相应交互属性。

（3）在脚本图层中添加获取填写信息的语句，确保表单正确运行。

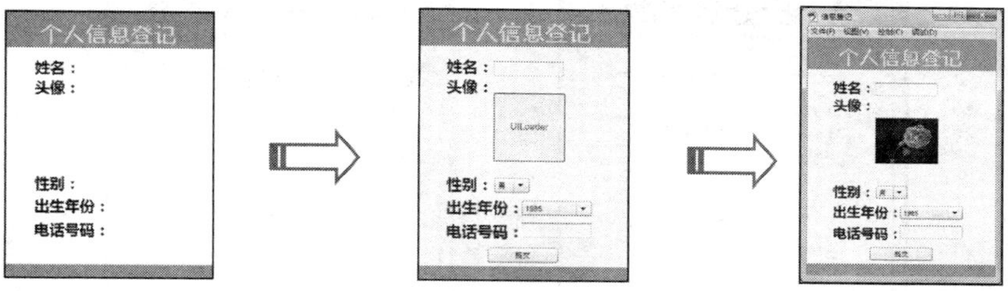

①打开素材调入组件　　②设置组件属性　　③设置脚本

图 11-24　制作思路分析

操作一　添加 ComboBox 组件

下拉列表框组件 ComboBox 用于在弹出的下拉列表框中选择需要的选项。下面介绍如何在文档中添加该组件。

【详细步骤】

（1）启动 Flash CS5，选择【文件】→【打开】菜单命令，在打开的“打开”对话框中，选择素材文件夹中的“信息登记 .fla”文件，将其打开。

（2）在时间轴中单击“新建图层”按钮 ，新建两个图层，分别命名为“组件”和“actions”，如图 11-25 所示。

（3）单击选中“组件”图层的第 1 帧，按“Ctrl+F7”组合键，打开“组件”面板，在其中双击“User Interface”文件夹将其展开，在其中按住 ComboBox 组件不放，并将其拖曳到舞台中，如图 11-26 所示。

图 11-25 新建图层

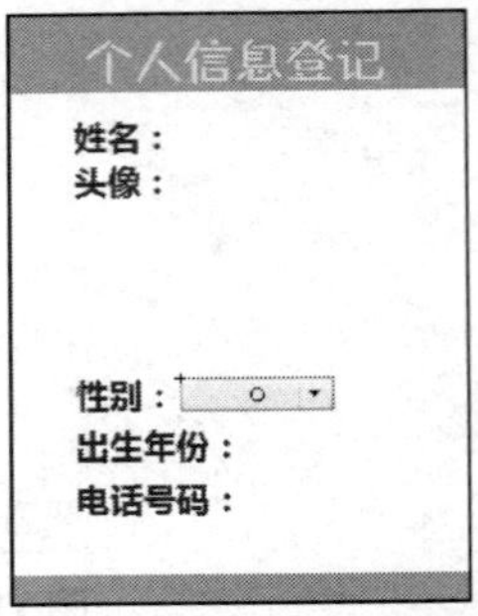

图 11-26 添加 ComboBox 组件

（4）选中该组件，在“属性”面板中将其实例名称更改为“box1”，如图 11-27 所示，在“组件参数”栏的“rowCount”文本框中输入“2”，单击“dataProvider”右侧的“编辑”按钮，打开“值”对话框。

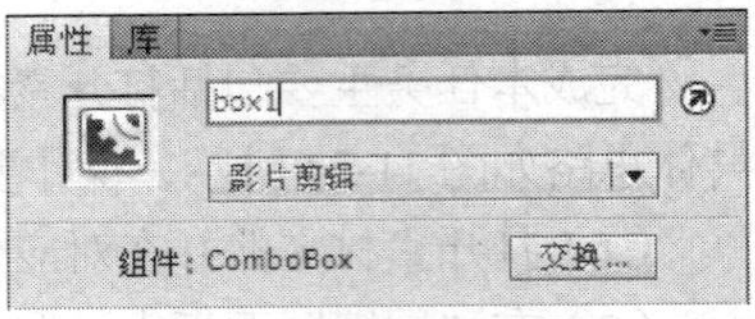

图 11-27 更改实例名称

（5）在“值”对话框中单击加号按钮 ，在其下的列表框中添加一个“label0”标签，单击第 2 行“label”右侧的“label0”，将其选中并更改为“男”，单击“data”右侧的文本框，在其中输入“男”，如图 11-28 所示。

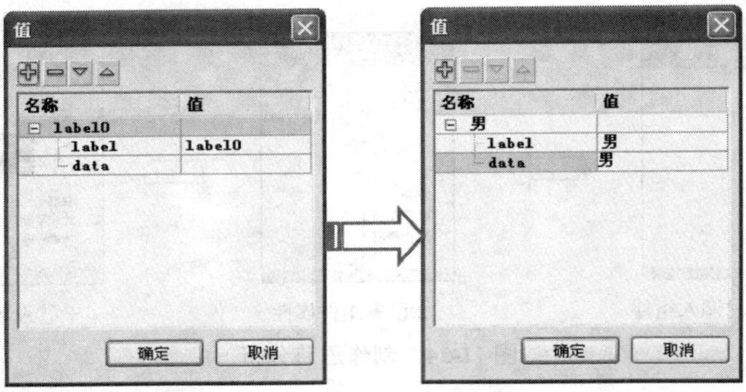

图 11-28 在“值”对话框中添加列表值

（6）再次单击加号按钮 ，在添加的“label0”标签中将“label”和“data”右侧的参数均更改为“女”，如图 11-29 所示，单击 确定 按钮退出“值”对话框。

（7）在工具栏中选择任意变形工具 ，在舞台中单击“box1”组件实例，调整其宽度，结果如图 11-30 所示。

多学一招：调整组件

Flash 中的组件均可使用任意变形工具调整其大小和宽度，读者也可通过“属性”面板调整组件的大小。

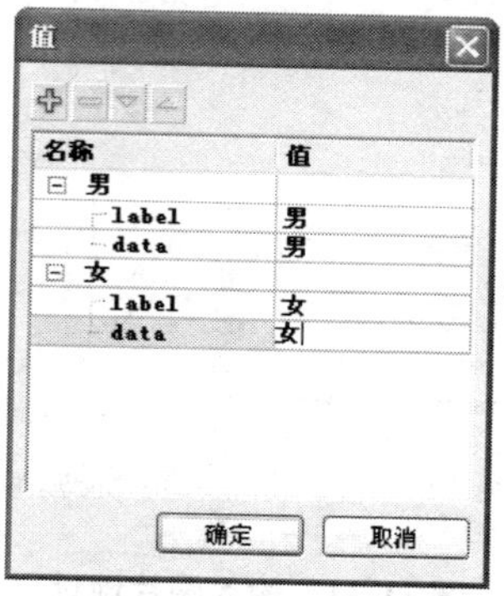

图 11-29　继续添加列表值

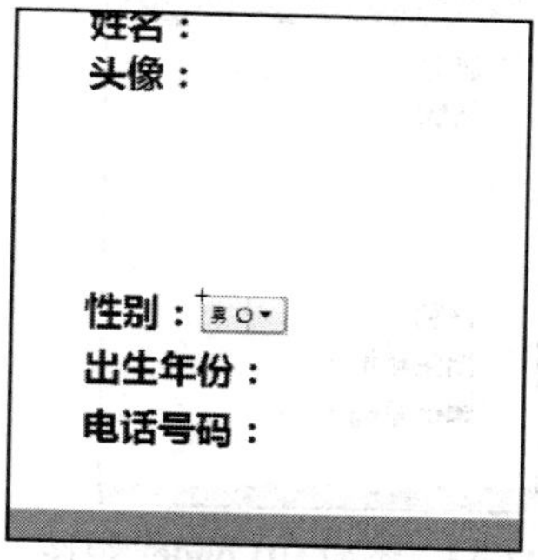

图 11-30　调整组件大小

（8）在面板组中单击“组件”按钮，打开“组件”面板，双击展开“User Interface”文件夹，选择 ComboBox 组件并将其拖曳到舞台中，如图 11-31 所示。

（9）在其“属性”面板中将实例名称更改为“box2”，在“组件参数”栏的“rowCount”文本框中输入“6”，单击“dataProvider”右侧的“编辑”按钮，打开“值”对话框。

（10）单击加号按钮，在其下的列表框中添加一个“label0”标签，单击选中第 2 行“label”右侧的“label0”，将其更改为“1985”，单击“data”右侧的文本框，在其中输入“1985”。

（11）使用同样的方法在其中添加标签，根据年份依次更改标签值，效果如图 11-32 所示。单击 确定 按钮退出“值”对话框。

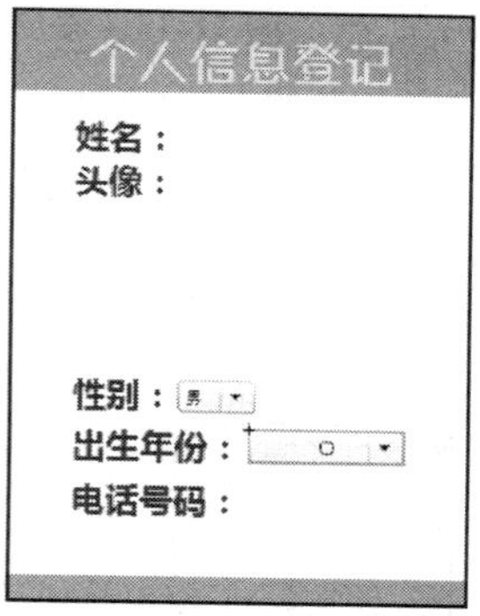

图 11-31　添加 ComboBox 组件

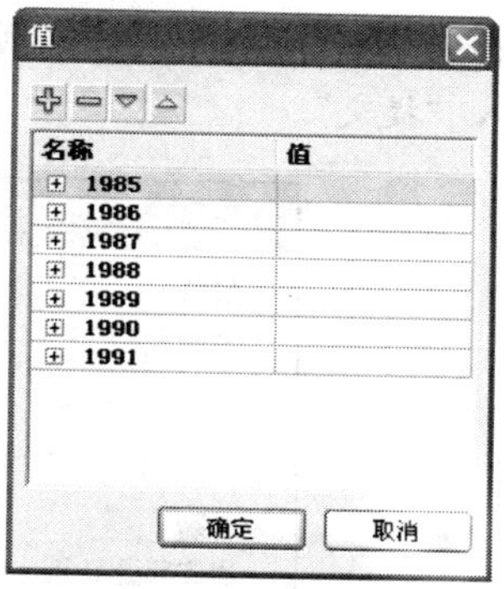

图 11-32　设置组件的列表值

操作二　添加 UILoader 组件

UILoader 组件是一个容器，可显示 SWF、JPEG、渐进式 JPEG、PNG 和 GIF 文件。下面介绍如何在文档中添加该组件。

【详细步骤】

（1）按“Ctrl+F7”组合键打开“组件”面板，双击展开“User Interface”文件夹，在其中按住 UILoader 组件不放，并将其拖曳到舞台中，如图 11-33 所示。

（2）单击选中该组件，在“属性”面板中将实例名称更改为“UIa”，在“组件参数”栏的“source”文本框中，输入图片所在位置，这里输入“D:\ 光盘 \ 素材文件 \ 第 11 章 \ 信息登记 \tp.jpg”（读者可根据光盘中素材所在位置进行填写），如图 11-34 所示。

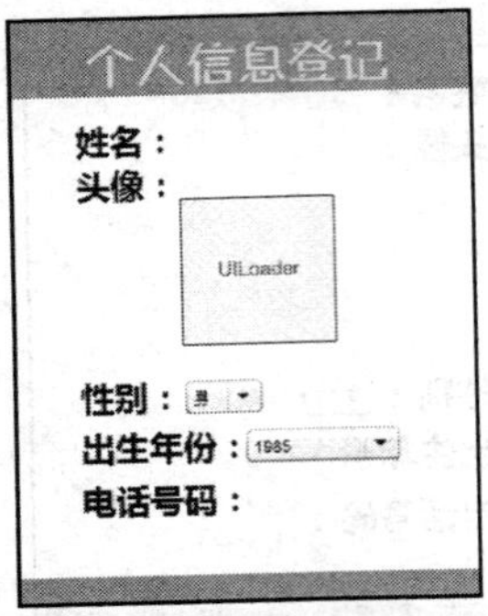

图 11-33　添加 UILoader 组件

图 11-34　输入图片地址

（3）在面板组中单击“组件”按钮，打开“组件”面板，双击展开“User Interface”文件夹，选择 TextInput 组件并将其拖曳到舞台中，如图 11-35 所示，在其“属性”面板中将实例名称更改为“wb1”。

（4）按住“Alt”键复制 TextInput 组件，在其“属性”面板中将实例名称更改为“wb2”，在“组件参数”栏中单击选中“displayAsPassword”复选框，在“maxChars”文本框中输入“8”，如图 11-36 所示。

（5）在“组件”面板中将 Button 组件拖曳到“组件”图层的第 1 帧中，在“属性”面板中将其实例名称更改为“tj”，在“label”文本框中输入“提交”。

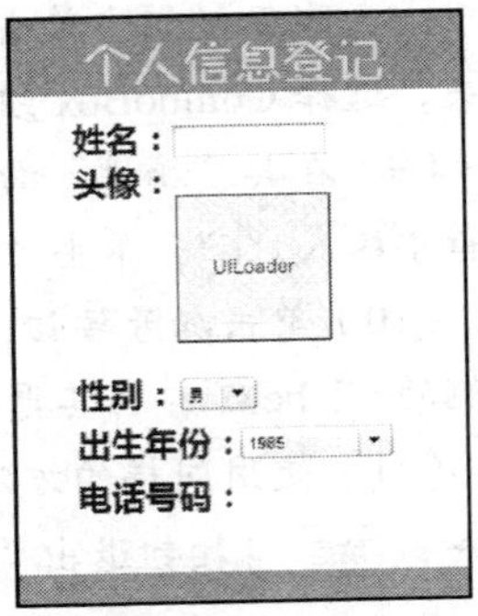

图 11-35　添加 TextInput 组件

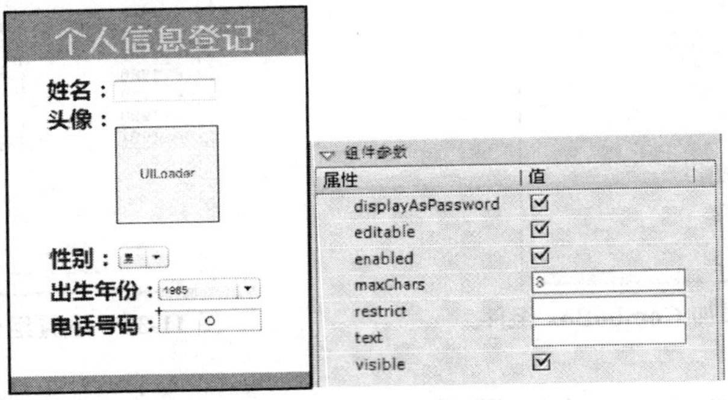

图 11-36　复制组件并设置参数

（6）在“组件”图层的第 2 帧中再次拖入 Button 组件，在“属性”面板中将其实例名称更改为“fh”，在“label”文本框中输入“返回”。

（7）单击选中“背景”图层的第 1 帧，在舞台中选中绿色的背景框和黄色的文本，按“Ctrl+C”组合键进行复制。单击选中该图层的第 2 帧，按“F7”键插入空白关键帧，在舞台上单击鼠标右键，在弹出的快捷菜单中选择“粘贴到当前位置”命令。

（8）单击选中“组件”图层的第 2 帧，按“F7”键插入空白关键帧，然后使用文本工具在舞台中绘制一个类型为“输入文本”的“传统文本”，并将其实例名称更改为“jg”，如图 11-37 所示。

（9）在“actions”图层的第 1 帧中插入空白关键帧。单击选中“actions”图层的第 1 帧，按“F9”键打开动作面板，在其中输入如图 11-38 所示的脚本代码。

（10）代码输入完成后，按“F9”键退出动作面板，单击选中“actions”图层的第 2 帧，按“F7”键插入空白关键帧。

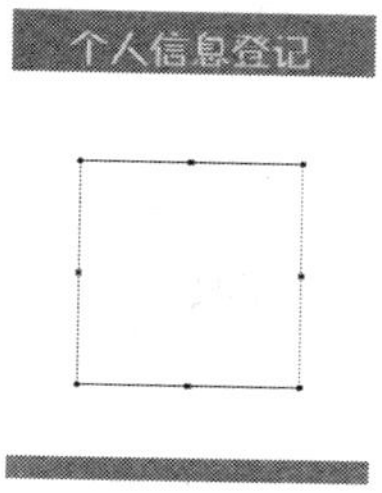

图 11-37　绘制“wb2”

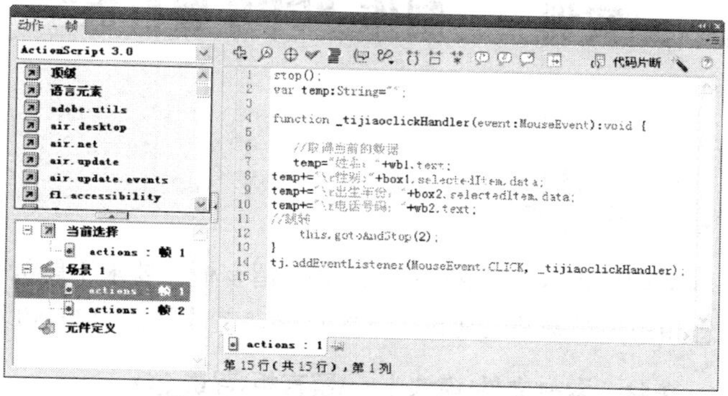

图 11-38　在第 1 帧中输入的代码

（11）按“F9”键再次打开动作面板，在其中输入如图 11-39 所示的代码。

（12）按“Ctrl+Enter”键进行测试，测试完成后保存文档。

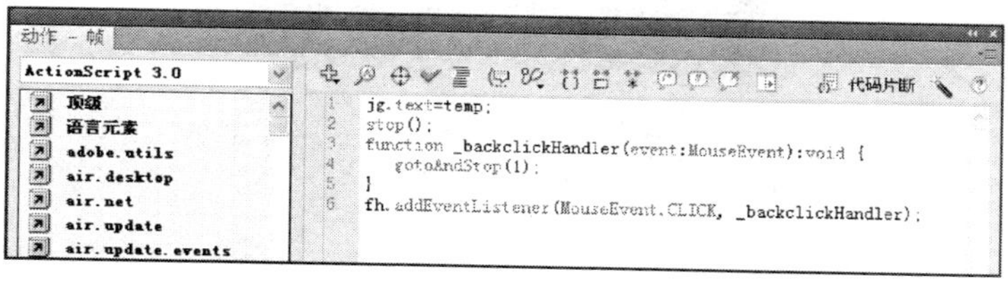

图 11-39　在第 2 帧中输入的代码

小提示：UILoader 组件的焦点

UILoader 组件不能获得焦点，但 UILoader 组件中加载的内容可以接受焦点，并且可以有自己的焦点交互操作。

知识回顾拓展

本任务介绍了 ComboBox 组件和 UILoader 组件的用法，经过学习后可加深对组件的认识，同时了解更多不同类型的组件用法。

组件是带有参数的影片剪辑，这些参数可以用来修改组件的外观和行为。每个组件都有预定义的参数，且这些参数可以被设置。每个组件还有一组属于自己的方法、属性和事件。使用组件，可以使程序设计与软件界面设计分离，提高代码的可复用性。

双击组件即可进入其元件编辑状态，在其中显示了组件不同行为下的状态，更改其中的状态显示即可更改组件的外观。

实训一 制作“BBS 留言板”

实训目标要求

本实训要求为一个网站制作 BBS 留言板，要求主题为“芳草地”，需要在其中收集用户基本信息和用户对网站的建议。本实训的参考效果如图 11-40 所示。

素材 素材文件\模块十一\留言板\背景.jpg
对应 效果文件\模块十一\BBS留言板.fla

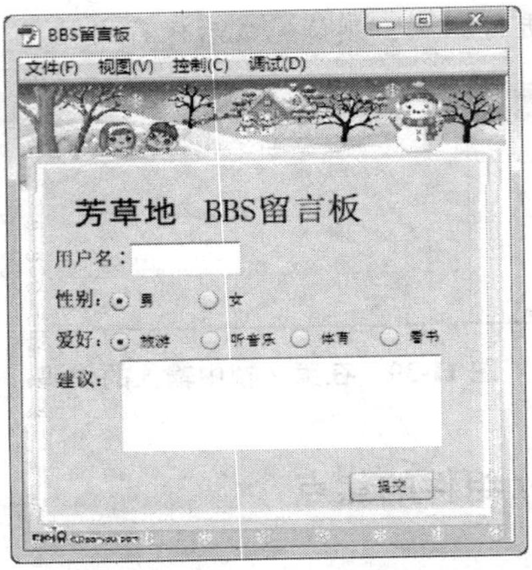

图 11-40 留言板效果

实训思路分析

网络中论坛的留言方式大同小异，留言板获取的主要信息有留言内容、用户名和用户性别等基本信息，以及对网站有帮助的专业性信息，如职业、爱好和对网站的建议等。本实训的制作思路如图 11-41 所示。

【步骤提示】

（1）新建舞台大小为“350×350 像素”的文档，导入素材图片，拖曳到“图层 1”中，并绘制矩形背景框。在第 2 帧中插入关键帧，并在中间绘制白色区域。

（2）新建“图层 2”，在其中输入“用户名”和“性别”等文本。

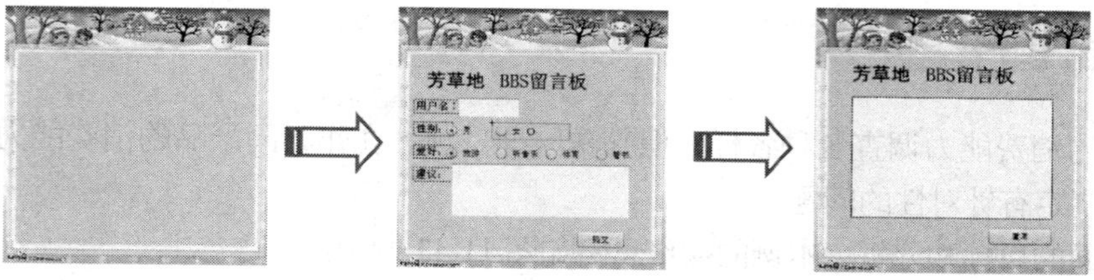

①导入背景　　②添加组件　　③设置脚本

图 11-41　制作留言板的思路

（3）新建“图层 3”，在舞台中添加填写信息的组件。

（4）新建“图层 4”，在第 2 帧中插入空白关键帧，在其中添加主题文本和获取信息的组件及返回重写的组件。

（5）新建“图层 5”，单击选中第 1 帧，按“F9”键打开动作面板，在其中输入脚本语句，然后单击选中第 2 帧，在动作面板中输入相应的获取脚本语句。

实训二　制作“消费能力调查”问卷

实训目标要求

本实训需制作消费能力调查问卷，要求包括消费者姓名、收入情况和最近消费计划等信息，并即时将信息显示在界面中。本实训的参考效果如图 11-42 所示。

素材对应　素材文件\模块十一\消费能力调查\bg.jpg
效果文件\模块十一\消费能力调查.fla

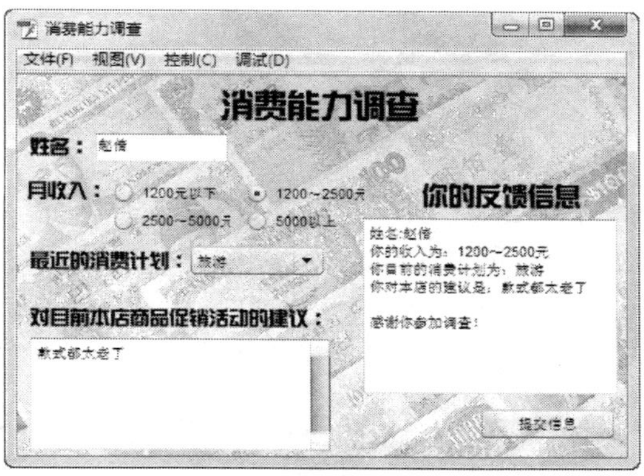

图 11-42　“消费能力调查”效果

实训思路分析

市场上的消费能力调查各种各样，但基本原理一样。在作不同产品的消费能力调查前，需要根据产品制定有针对性的问题。

结合上面的目标和分析，本例的操作思路如图 11-43 所示。

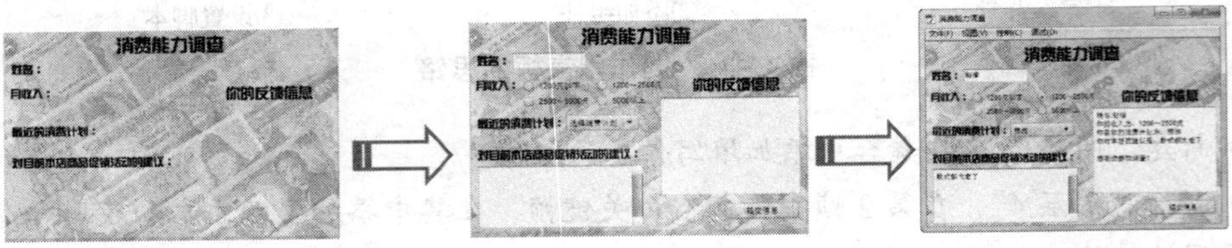

①导入背景输入文字　　②添加组件　　③设置脚本

图 11-43　制作“消费能力调查”问卷的思路

【步骤提示】

（1）新建 AS3.0 文档，将舞台大小设置为“460×300 像素”，导入“bg.jpg”图片素材文件，将“图层 1”重命名为“背景”，将图片拖曳到该图层中。

（2）新建“文本”图层，单击选中第 1 帧，使用文本工具在其中输入“姓名:”、“月收入:”和“你的反馈信息”等文本。

（3）新建“组件”图层，在其中添加 Button 组件、TextArea 组件、UIScrollBar 组件和 ComboBox 组件等。

（4）新建“脚本”图层，单击选中该层的第 1 帧，按“F9”键打开动作面板，在其中输入脚本语句，测试并保存文档。

模块十二　动画的测试与发布

模块简介

制作完动画后，为了有效地减少播放动画时出错的次数，应先对动画进行测试，确保动画的播放质量，确定动画是否达到预期的效果，并对出现的错误进行及时的修改。为了加快 Flash 文件在网页中的传播速度，还需对动画进行优化。之后还需对动画进行发布设置，导出不同类型的文件。本模块将具体介绍 Flash CS5 中关于动画测试与发布的操作。

学习目标

本模块的知识学习目标如下：

- 熟练掌握动画的测试和优化操作。
- 熟练掌握导出动画的操作。
- 熟练掌握不同动画格式的导出参数和发布参数的设置。

本模块的技能学习目标如下：

- 能快速以最小体积导出最好质量的 Flash 文件。
- 能高效地导出不同格式的视频文件。
- 能正确设置相关发布参数。

任务一　优化与测试“花雨”动画

工作任务场景

晓雪已经掌握了 Flash CS5 中各项工具和功能的使用，以前制作的文件都是直接交给老张进行最后输出处理。今天老张对晓雪说，以后的输出工作就交给你来做，并告诉她在输出最终的作品之前需要对文件进行测试与优化。老张把已经制作好的“花雨”文件交给晓雪，让她先对文件进行优化与测试。

行业背景知识

研究表明，在用户点击打开一个网页时，若超过 3 秒网页还不能显示，用户则会关掉网页，转向另一个网站。这说明网页的显示速度影响了人们的点击率和浏览欲。通过优化与测试 Flash 文件尽可能地减少 Flash 的体积，可提升网页显示速度，留住浏览用户。

工作任务分析

本任务的目标是认识与理解对 Flash 文件的优化，然后测试“花雨”动画。本任务的最终效果展示如图 12-1 所示。要实现该效果，需要掌握以下几个软件技术要点。

（1）认识优化的作用，并学会优化文件。

（2）掌握测试动画和设置下载及宽带的方法。

素材对应　素材文件\模块十二\花雨\花雨.fla

图 12-1 “花雨”动画效果

制作思路分析

完成本任务主要包括了解优化内容和测试动画两步操作。具体思路如图 12-2 所示，操作要求如下。

（1）了解优化动画的方法和动画优化的对象。

（2）打开动画进行测试，设置宽带并查看带宽。

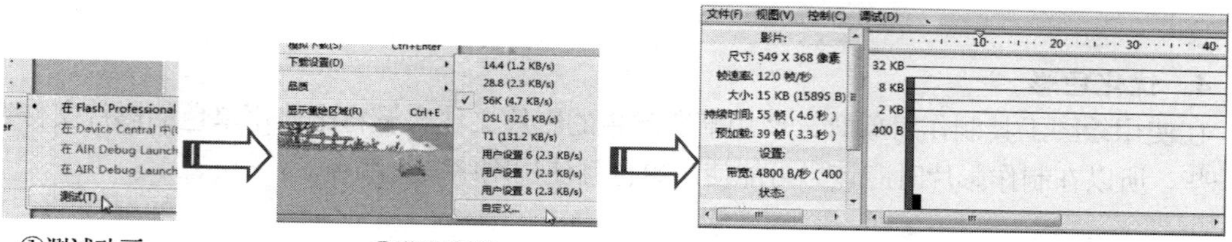

①测试动画　　②设置宽带　　③查看带宽

图 12-2　制作思路分析

操作一　优化动画

Flash 动画的优化主要包括优化动画文件大小、优化动画元素、优化文本和优化色彩等内容。

1. 优化动画文件大小

Flash 动画中应用到的素材大部分来源于外部，素材文件的大小在很大程度上决定了动画本身的大小，所以对动画文件大小进行优化尤为重要，主要注意以下几个方面。

- 由于位图比矢量图的体积大很多，因此调用素材时最好使用矢量图，尽量不使用位图。
- 将动画中相同的对象转换为元件，在需要使用时可直接从库中调用，可以很好地减少动画的数据量。
- 因为补间动画中的过渡帧是系统计算得到的，逐帧动画的过渡帧是通过用户添加对象而得到的，补间动画的数据量相对于逐帧动画而言要小得多。所以尽量使用补间动画，减少使用逐帧动画。

2. 优化动画元素

优化动画元素主要是对动画中的素材元素进行系统的分配管理，如对动画中的背景图层和动作图层进行分层等，主要包含以下几个方面。

- 尽量对动画中的各元素进行分层管理。
- 尽量减小矢量图形的形状复杂程度。
- 尽量使用矢量线条替换矢量色块，因为矢量线条的数据量相对于矢量色块要小得多。
- 尽量减少特殊形状矢量线条的应用，如斑马线、虚线和点线等。
- 尽量少导入素材，特别是位图，它会大幅增加动画体积的大小。
- 导入声音文件时尽量使用 MP3 这种体积相对较小的声音格式。

3. 优化文本

若 Flash 动画中包含有大量的文本，则需要对这些文本进行优化处理。优化文本时应注意以下两点。

- 不要使用太多种类的字体和样式，否则会使动画的数据量加大。
- 尽量不要将文字打散，因为打散文字以后，文字将以像素点的方式存在，不利于修改。

4. 优化色彩

在使用绘图工具制作对象时，使用渐变颜色的影片文件容量将比使用单色的影片文件容量大一些，所以在制作影片时应该尽可能使用单色且使用网络安全颜色。

操作二　测试动画

下面介绍如何对“花雨 .fla”文件进行播放测试，具体操作如下。

【详细步骤】

（1）启动 Flash CS5，选择【文件】→【打开】菜单命令，在打开的对话框中选择“花雨 .fla”文件，将其打开。

（2）选择【控制】→【测试影片】→【测试】菜单命令，或按“Ctrl+Enter”组合键对文档进行测试，如图 12-3 所示。

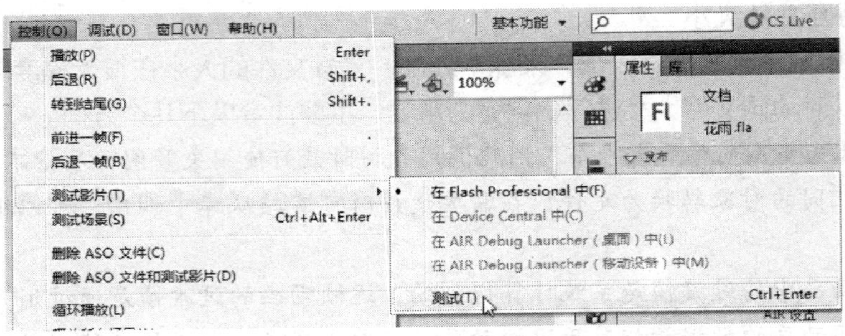

图 12-3　选择测试命令

（3）在打开的文件测试窗口中，选择【视图】→【下载设置】菜单命令，在打开的子菜单中选择“自定义”命令，打开“自定义下载设置”对话框，如图 12-4 所示。在该对话框中可根据情况设置下载带宽，这里保持默认设置不变，单击 确定 按钮。

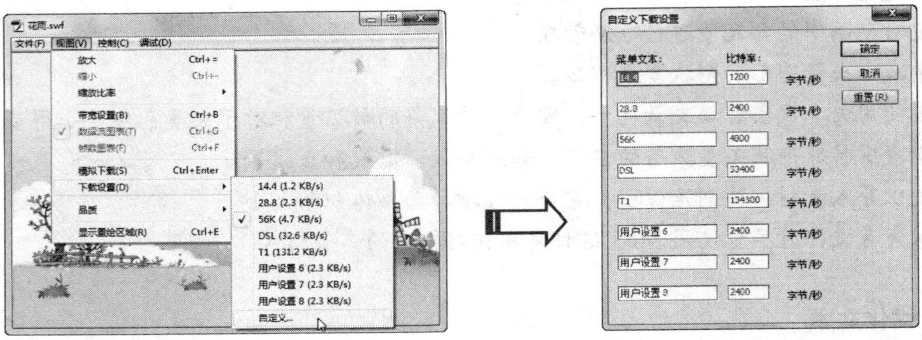

图 12-4　自定义下载设置

（4）选择【视图】→【带宽设置】菜单命令，在测试窗口中将显示动画的带宽属性，如图 12-5 所示。

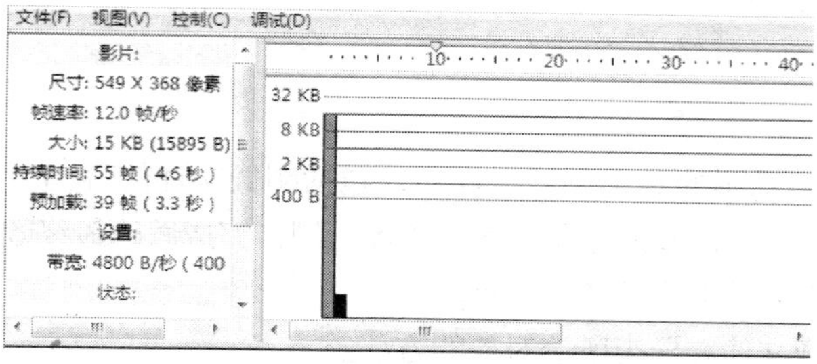

图 12-5　查看带宽设置

知识回顾拓展

本任务主要讲解了优化动画，主要包括优化动画文件大小、优化动画中的各种动画元素对象、优化文本，以及优化色彩等知识，同时讲解了如何测试动画并设置下载带宽。

在测试动画时应注意以下几个问题。

- Flash 动画的体积是否处于最小状态，能否更小一些。
- Flash 动画是否按照设计思路达到预期的效果。
- 在网络环境下，是否能正常地下载和观看动画。
- 在不同的显示器中，动画的播放效果是否差异很大。

任务二　导出和发布“音乐小站”动画

工作任务场景

晓雪已经掌握了优化和测试动画的方法，今天老张将继续为她讲解关于导出 Flash 动画的操作。在 Flash CS5 中，不仅可将单独的某一帧导出为一幅图像，还可将单独的对象以数据文件的方式导出 Flash。晓雪听后受益匪浅，于是她翻出以前制作的动画文件进行练习。

行业背景知识

在 Flash CS5 中测试和优化完文件后，可通过设置相关参数导出不同格式的文件，如导出某一帧的图片或某个指定格式的影片文件。导出和发布的文件格式不同，其应用领域也将不同，如应用于网页广告，或者视频动画。

工作任务分析

本任务主要是练习动画的导出和发布操作，包括图像文件的导出、所选元素对象的导出、影片的导出、声音的导出，以及发布参数的设置等。制作完成后的最终效果展示如图 12-6 所示。要实现该效果，需要掌握以下几个技术要点。

（1）掌握导出图像文件和导出所选对象的方法。

（2）掌握导出影片和导出声音的方法。

（3）掌握发布参数的设置和发布文件的方法。

素材对应 **素材文件\模块十二\音乐小站\音乐小站.fla**
效果文件\模块十二\音乐小站、音乐小站.html、音乐小站.swf

图 12-6 “音乐小站”效果

制作思路分析

完成本任务主要包括图像文件和所选对象的导出、影片和声音的导出，以及设置发布参数并发布动画等几步操作。具体思路如图 12-7 所示，操作要求如下。

（1）使用导出命令，导出某一帧的图像或选中的某个元素对象。

（2）使用导出命令，将动画导出为影片，或单独导出动画中的声音。

（3）选择发布设置命令，设置发布参数，然后发布动画。

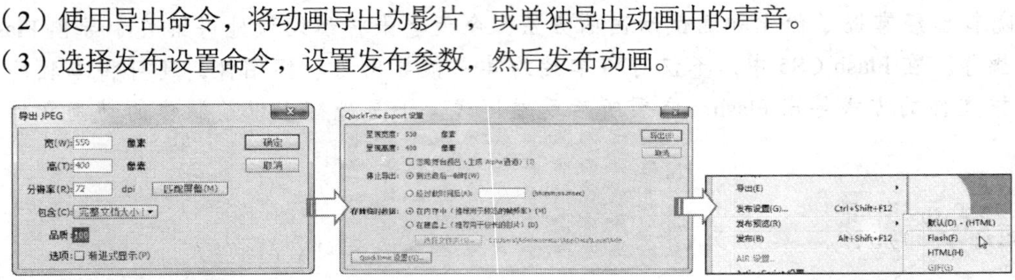

①导出图像文件　　②导出影片　　③发布动画

图 12-7 制作思路分析

操作一　导出图像文件

在 Flash CS5 中可将动画中单独的帧保存为一张图片。下面介绍如何导出动画中的图像，具体操作如下。

【详细步骤】

（1）启动 Flash CS5，选择【文件】→【打开】菜单命令，在打开的对话框中选择“音乐小站 .fla”文件，将其打开并进行测试和优化。

（2）测试并优化完成后，在时间轴中将播放头移至第 160 帧处，选择【文件】→【导出】→【导出图像】菜单命令，打开“导出图像”对话框。

（3）在该对话框的“保存在”文本框中选择文件保存的位置，在“保存类型”下拉列表中选择“JPEG 图像（*.jpg,*.jpeg）”选项，在“文件名”文本框中输入文件保存的名称，单击 保存(S) 按钮，如图 12-8 所示，打开“导出 JPEG”对话框。

图 12-8　设置图片保存位置

（4）在打开的对话框中，单击“包含”右侧的 最小影像区域 按钮，在弹出的菜单中选择“完整文档大小”选项，将“品质”设置为“100”，其余保持不变，如图 12-9 所示，单击 确定 按钮即可开始保存图像。

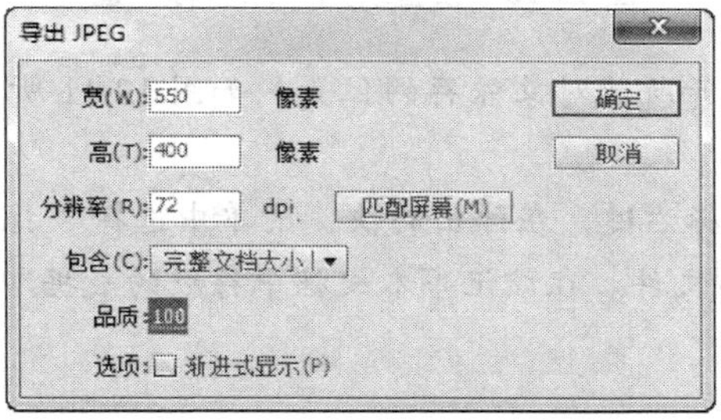

图 12-9　设置保存图片类型的参数

（5）保存完成后，即可在保存位置查看图像。

多学一招：图片的导出格式

在“导出图像”对话框中还可选择将图像保存为 bmp、gif 或 png 等格式。选择不同的格式，会打开包含不同导出设置的对话框。

操作二　导出所选对象

在 Flash CS5 中还可导出选中的某一对象，将其以 .fxg 格式进行保存，具体操作如下。

【详细步骤】

（1）在舞台中单击选中太阳实例图形，选择【文件】→【导出】→【导出所选内容】菜单命令，打开“导出图像”对话框。

（2）在该对话框中只能选择 fxg 格式进行保存，在“保存在”文本框中选择保存地址，在“文件名”文本框中输入文件名称，单击 保存(S) 按钮，即可保存所选对象，如图 12-10 所示。

图 12-10　设置所选对象保存位置

（3）在资源管理器中打开所选对象保存的位置，如图 12-11 所示，后缀名为 .fxg 的文件即为保存的文件。

（4）在该文件上单击鼠标右键，在弹出的快捷菜单中选择“打开方式”命令，在子菜单中选择“记事本”，即可打开该文件。在该记事本文档中存放的数据即为保存对象的相关属性，如图 12-12 所示。

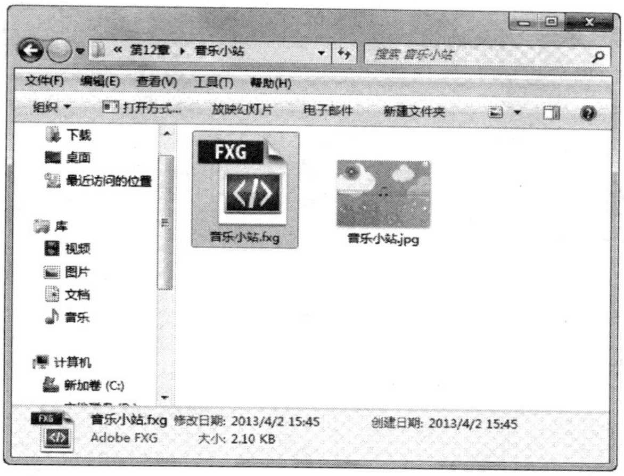

图 12-11　保存的 .fxg 文件

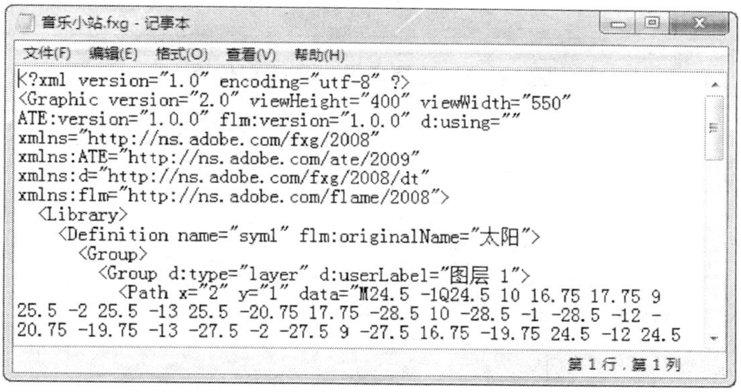

图 12-12　设置所选对象查看数据保存位置

小提示：fxg 格式文件的作用

fxg 格式是针对素材的格式输出，使素材在 Flash CS5、Illustrator 和 Indesign 等软件中进行转换更加可靠，并保持高保真性和可塑性。

操作三　导出影片

制作完成的动画文件最终都将以影片动画的形式被导出，并能导出为多种不同格式的影片，具体操作如下。

【详细步骤】

（1）选择【文件】→【导出】→【导出影片】菜单命令，打开“导出影片”对话框，在“保存在”文本框中设置保存位置，在“文件名”文本框中输入文件名称，在“保存类型”下拉列表中选择“QuickTime（*.mov）”选项，单击 保存(S) 按钮，如图 12-13 所示。

（2）打开“QuickTime Export 设置”对话框，如图 12-14 所示，单击 QuickTime 设置(Q)... 按钮，打开“影片设置”对话框。

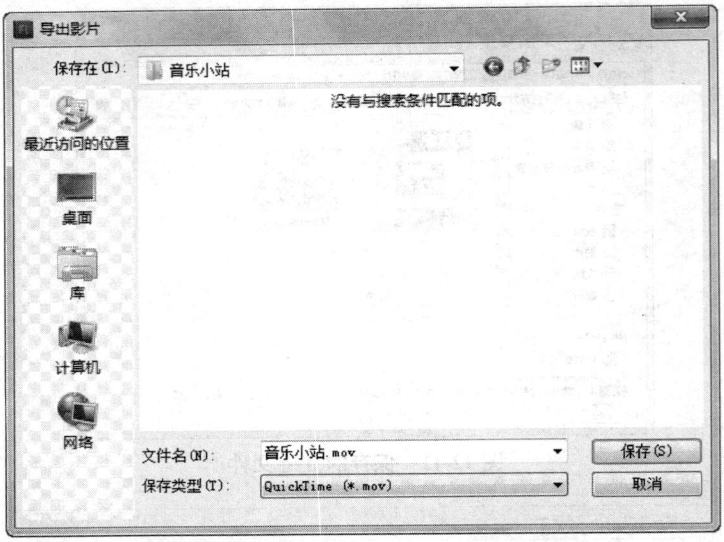

图 12-13　设置所选对象保存位置

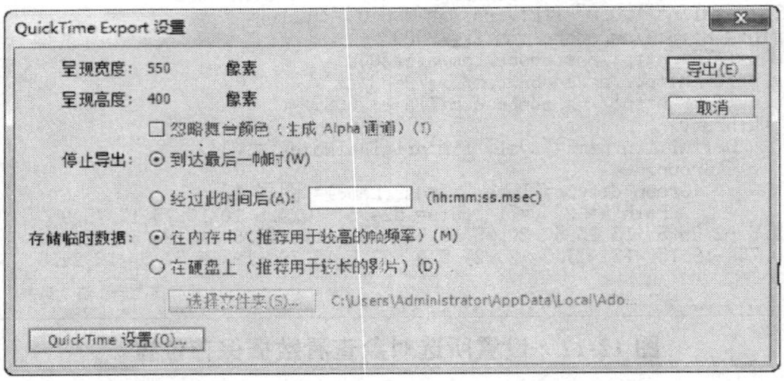

图 12-14　QuickTime Export 设置

小提示：视频的导出格式

在 Flash CS5 中，可将动画片段导出为 Windows AVI 和 QuickTime 两种视频格式。若要导出为 QuickTime 视频格式，需要用户的电脑中已经安装了 QuickTime 相关软件。

（3）在该对话框中可对影片的视频和声音进行设置，如图 12-15 所示。单击 滤镜 按钮，打开“选择视频滤镜”对话框。

（4）在“选择视频滤镜”对话框中可对整个视频添加滤镜，在左侧的列表框中单击“特效”前的 ⊞ 按钮，展开特效，选择“影片杂波”选项，在右侧面板顶部的下拉列表中选择“灰尘和影片褪色选项”，设置老旧的影片效果，如图 12-16 所示，单击 确定 按钮返回“影片设置”对话框，

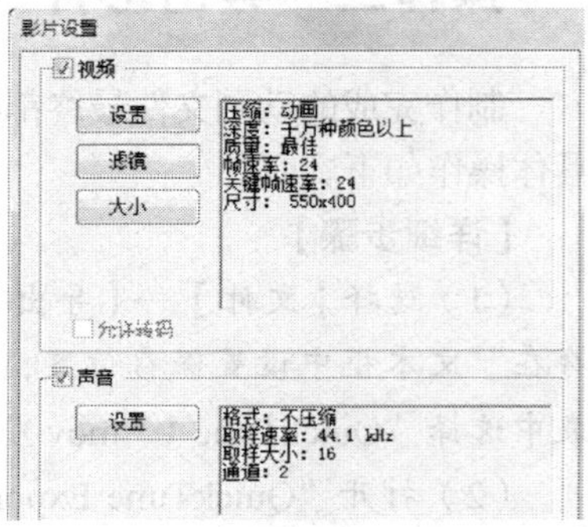

图 12-15　“影片设置”对话框

再次单击 确定 按钮，返回“QuickTime Export 设置”对话框，单击 导出(E) 按钮进行导出即可。

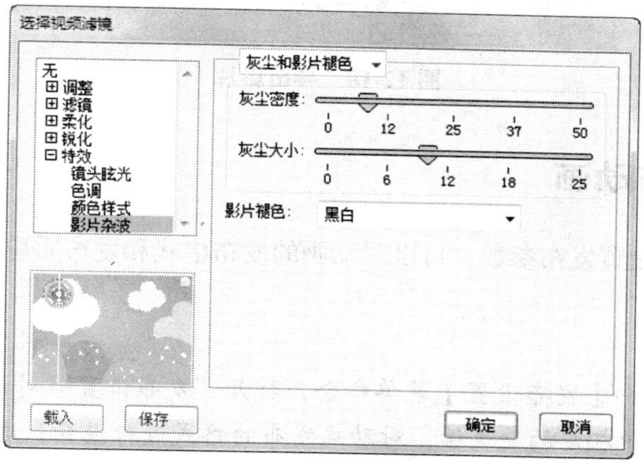

图 12-16　设置老旧影片效果

操作四　导出声音

下面介绍如何单独导出 Flash 中的声音文件，具体操作如下。

【详细步骤】

（1）选择【文件】→【导出】→【导出影片】菜单命令，打开“导出影片”对话框，在“保存在”文本框中选择文件保存位置，在“文件名”文本框中输入文件名称，在“保存类型”下拉列表中选择“WAV 音频（*.wav）”选项，单击 保存(S) 按钮，如图 12-17 所示，打开“导出 Windows WAV”对话框。

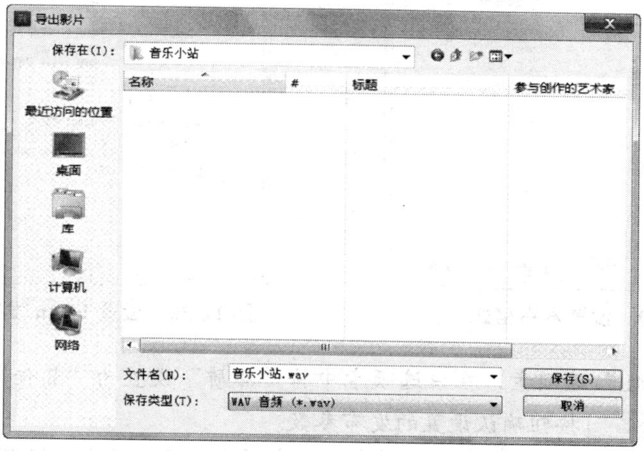

图 12-17　导出影片对话框

（2）在“导出 Windows WAV”对话框中单击 确定 按钮，即可开始导出文件，如图 12-18 所示。

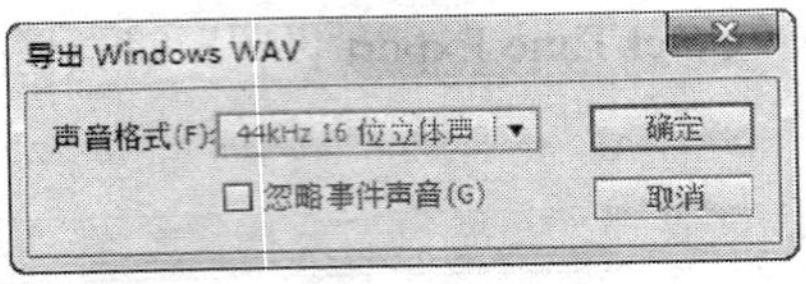

图 12-18 导出影片

操作五 发布动画

在 Flash CS5 中，设置发布参数，可以对动画的发布格式和发布质量等内容进行控制，具体操作如下。

【详细步骤】

（1）选择【文件】→【发布设置】菜单命令，打开“发布设置”对话框，如图 12-19 所示。在“格式”选项卡中选中相应的复选框，对动画发布的格式进行设置，这里保持默认。

（2）单击“Flash”选项卡，在该选项卡中对发布的 Flash 动画格式进行参数设置，如图 12-20 所示，这里保持默认。

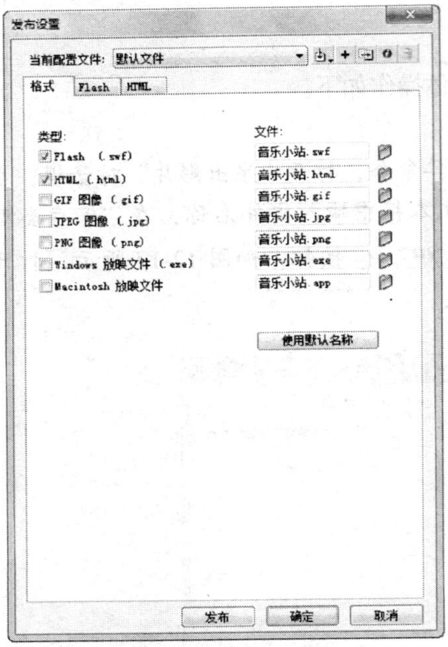

图 12-19 设置发布格式

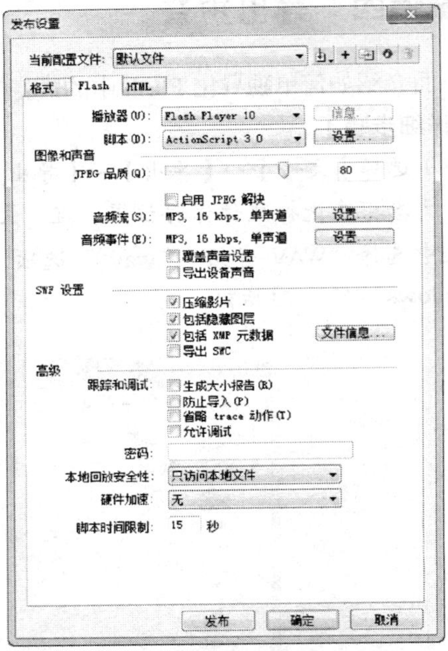

图 12-20 设置 Flash 发布格式的参数

（3）单击“HTML”选项卡，在该选项卡中将“品质”设置为“最佳”，如图 12-21 所示。设置完成后单击 确定 按钮确认设置的发布参数。

（4）选择【文件】→【发布预览】菜单命令，在弹出的子菜单中选择预览效果的文件格式，这里选择“Flash”，如图 12-22 所示。

（5）Flash CS5 将自动打开相应的动画预览窗口，在预览窗口中即可预览设置发布参数后动画发布的实际效果，如图 12-23 所示。

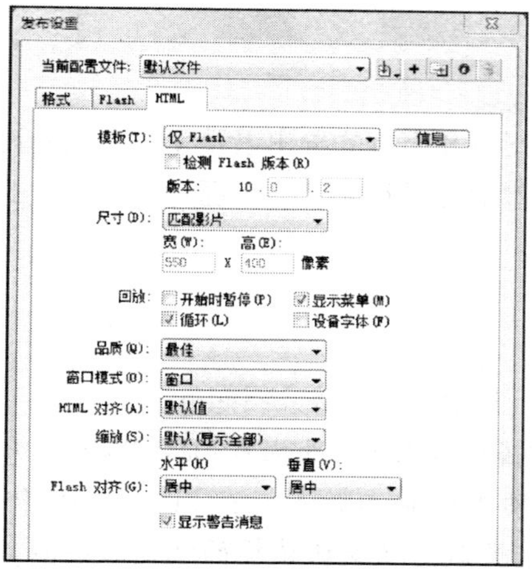

图 12-21　设置 HTML 发布格式的参数

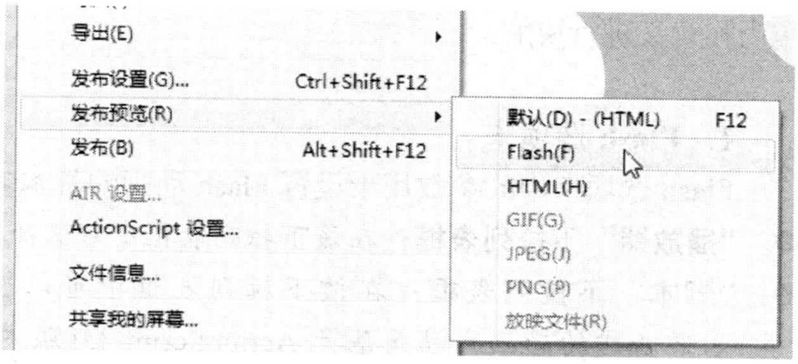

图 12-22　发布预览

图 12-23　预览发布效果

（6）选择【文件】→【发布】菜单命令，或在预览发布效果后按“Shift+F12”组合键也可快速发布动画文档，发布后将在文档所在位置自动生成一个 HTML 网页文件，如图 12-24 所示，双击该文件即可在打开的浏览器中观看发布的动画效果。

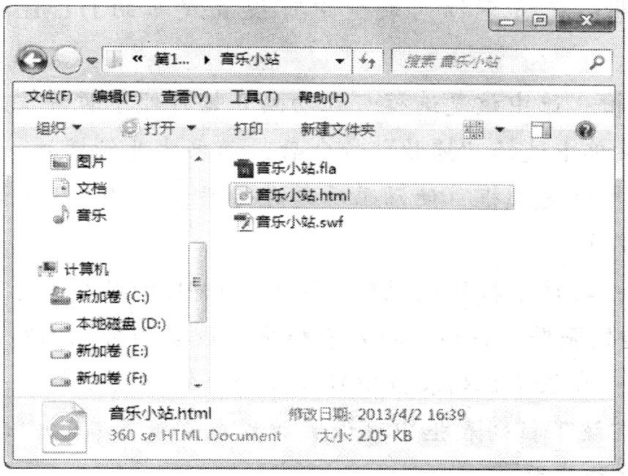

图 12-24　发布的 HTML 文件

知识回顾拓展

本任务主要介绍了动画中图片的导出、元素的导出、影片和声音的导出以及发布参数的设置等操作。在“发布设置”对话框中，并不是每一个参数都需要进行调节。下面对常用参数的作用和意义进行讲解。

1. Flash 选项卡

Flash 选项卡中的参数用于设置 Flash 动画的基本参数，其中常用参数介绍如下。

- **“播放器”下拉列表框：**在该下拉列表框中可选择一种播放器版本，默认为 Flash Player 10。
- **“脚本”下拉列表框：**在该下拉列表框中可以选择动画的脚本版本。在 Flash CS5 中，如果新建的动画文档是基于 ActionScript 3.0 版本的，那么这里默认选择的就是该版本的语言。
- **“防止导入”复选框：**若选中该复选框，将激活“密码”文本框，可以防止其他人对其进行编辑。
- **“省略 trace 动作”复选框：**若选中该复选框，会使 Flash 忽略当前动画中的跟踪动作，也不会在“输出”面板中显示来自跟踪动作的信息。
- **“允许调试”复选框：**若选中该复选框，将激活“密码”文本框。
- **“压缩影片”复选框：**若选中该复选框，会自动压缩动画的体积。
- **“密码”文本框：**选中“允许调试”复选框后，可以在“密码”文本框中输入密码，防止未授权的用户调试动画。
- **“JPEG 品质”栏：**用于控制导出的位图的压缩。图像品质越低，生成的文件就越小，反之越大。

2. HTML 选项卡

HTML 选项卡中的参数用于设置发布网页的参数，其中常用参数介绍如下。

- **“模板”下拉列表框：**在该下拉列表框可选择要使用的模板，单击右边的按钮可显示出该模板的相关信息。
- **“尺寸”下拉列表框：**在该下拉列表框中可设置发布的 HTML 文件中动画的宽度和高度值。
- **“开始时暂停”复选框：**选中该复选框，让动画开始时处于暂停状态。在动画中单击鼠标右键，在弹出的快捷菜单中选择“播放”命令后，动画才开始播放。
- **“循环”复选框：**选中该复选框，使动画反复进行播放，取消选中该复选框，则动画播放到最后一帧时将停止播放。
- **“品质”下拉列表框：**在该下拉列表框中可设置 HTML 的品质，包括 6 个选项。
- **“HTML 对齐”下拉列表框：**在该下拉列表框中可设置动画在浏览器窗口中的位置。
- **“缩放”下拉列表框：**在该下拉列表框中可设置动画的缩放方式。
- **“Flash 对齐”栏：**在该下拉列表框中可设置放置在浏览器窗口中动画的对齐方式，并在必要时对动画的边缘进行裁剪。

实训一 测试、优化并发布“月夜”动画

实训目标要求

本实训要求测试、优化并发布“月夜”动画，注意对下载速度和带宽进行设置，然后再对其中的动画元素和颜色进行优化，以实现用最小的文件大小获得最好的动画效果。本实训的参考效果如图 12-25 所示。

素材 素材文件\模块十二\月夜\“月夜”文件夹、月夜.fla
对应 效果文件\模块十二\月夜.html、月夜.swf

图 12-25 “月夜”效果

实训思路分析

完成本实训主要包括测试动画、优化动画，以及设置发布参数并进行发布等三步操作，最后可打开网页进行预览，具体操作思路如图 12-26 所示。

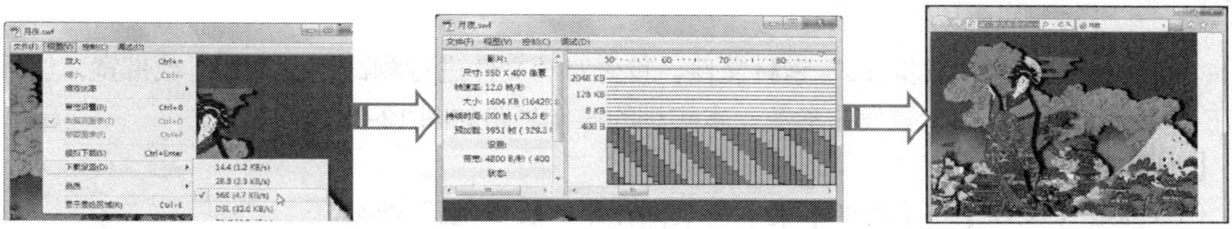

图 12-26 测试发布“月夜”的思路

【步骤提示】

（1）打开素材文件，按“Ctrl+Enter”组合键进行测试。在打开的测试窗口中选择【视图】→【下载设置】→【自定义】菜单命令，在打开的对话框中设置下载参数。

（2）选择【文件】→【发布设置】菜单命令，打开“发布设置”对话框，在“Flash”选项卡中选择播放器版本为“Flash Player 10”,JPEG 发布品质为“80”，音频事件发布品质为“MP3，16kbps，单声道”。

（3）在“HTML”选项卡中设置 HTML 品质为“高”，窗口模式为“窗口”,HTML 对齐为“顶部”，确认设置并发布即可。

实训二 发布“散步”动画

实训目标要求

本实训要求根据已提供的“散步 .fla”文件，对其进行测试和发布。本实训的效果如图 12-27 所示。

素材对应 素材文件\模块十二\散步\散步.fla
效果文件\模块十二\散步.swf

图 12-27 “散步”效果

实训思路分析

本实训已提供了“散步 .fla”素材文件，首先对该文件进行测试，设置其下载带宽，然后主要在“Flash”选项卡中设置发布参数。本实训的操作思路如图 12-28 所示。

【步骤提示】

（1）选择【文件】→【打开】菜单命令，打开“散步 .fla”动画。

（2）选择【控制】→【测试影片】命令或按“Ctrl+Enter”键，打开动画测试窗口，在窗口中仔细观察动画的播放情况，看其是否有明显的错误。

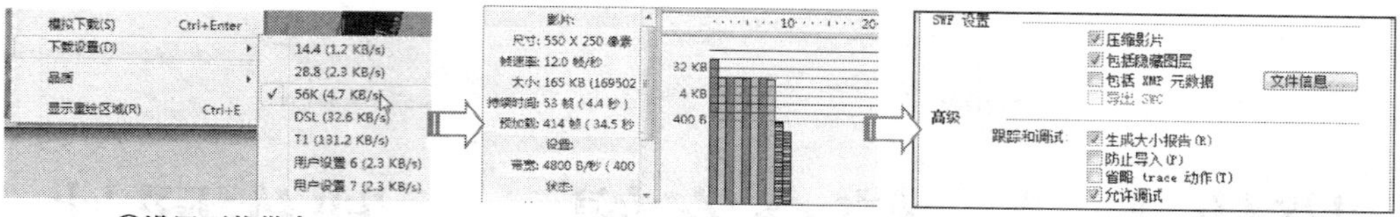

①设置下载带宽　　②查看数据流　　③设置发布参数

图 12-28　测试和发布“散步”文档的思路

（3）选择【视图】→【下载设置】菜单命令，并将模拟下载的类型设置为 56K。选择【视图】→【模拟下载】菜单命令，对指定带宽下动画的下载情况进行模拟测试。

（4）选择【视图】→【带宽设置】菜单命令，然后选择【视图】→【数据流图表】菜单命令，查看动画播放过程中的数据流情况。

（5）选择【文件】→【发布设置】菜单命令，打开“发布设置”对话框，然后在“格式”选项卡中取消对其他发布格式的选择，使动画只发布为 Flash 格式。

（6）单击“Flash”选项卡，在该选项卡中对动画发布的版本、加载顺序进行设置，并选中“生成大小报告”和“允许调试”复选框，使动画在发布时，同时产生相应的报告文件和调试文件并显示在“输出”面板中，以便用户对动画发布的具体情况进行了解。该动画中没有涉及声音的应用，因此将“音频流”和“音频事件”都设置为“禁用”。单击 确定 按钮关闭对话框并确认发布参数的设置

（7）选择【文件】→【发布预览】→【Flash】菜单命令，按照设置的发布参数，对动画发布的效果进行预览。

（8）确认无误后，选择【文件】→【发布】菜单命令，以 Flash 格式发布动画。

模块十三　综合案例——制作网站

模块简介

Flash 与 Dreamweaver 和 Fireworks 并称为网页三剑客，这 3 种软件之间可无缝合作，制作出效果丰富的网页，其中 Flash 主要用于制作动画。但由于 Flash 支持一些编程语言，因此在 Flash 中也可制作网页，并可通过添加脚本语句使其在各个页面间跳转，实现网页浏览功能。本模块将具体介绍如何在 Flash CS5 中制作网站。

学习目标

本模块的知识学习目标如下：

- 了解网站的制作流程。
- 熟练掌握使用工具栏中的各种绘制工具绘制网站背景界面的方法。
- 熟练掌握 Flash 中各功能面板的基本操作。

本模块的技能学习目标如下：

- 能快速地定制一套网站制作方案。
- 能根据定制的方案快速制作网站。
- 能举一反三地制作不同类型的网站。

综合任务　制作"旅游景点"网站

工作任务场景

经过这几个月的学习，晓雪已对 Flash CS5 的界面非常熟悉，并能快速找到各功能面板，制作效果丰富的动画。今天她刚到公司就被老张叫了过去，老张说她很努力上进，进步也相当快，但同时老张也说，这并不代表她就能完全发挥 Flash 的作用，这些还需她在以后的工作中慢慢体会。老张说，今天有个大任务，需要制作一个旅游景点的相关介绍网站。老张已经收集并整理好了素材，只需要进行制作即可，他把这项工作交给晓雪，希望晓雪综合练习 Flash 的使用，巩固所学的知识。

行业背景知识

随着计算机和网络的发展，构建网站的方式也多种多样。构建一个门户网站一般涉及页面设置、服务器的搭建与维护、数据的开发和程序的开发等方面。使用Flash构建网站，主要涉及网站常用的ActionScript脚本的应用、网站导航中按钮的事件类型和外部内容的处理等。

Flash网站的规划一般包括结构的规划、设计的规划和内容的规划等三个方面，这三方面缺一不可。规划结构可使网站的定位更加清晰，规划设计可统一网站风格，规划内容可方便网站的创建，节省制作时间。

网站创建的成功与否，还与网站的创意、设计和交互这三个元素息息相关。充满创意的网站能为用户打开一扇新的大门，让用户感觉愉悦；设计舒适的网站能为用户提供一个良好的浏览环境；简洁、高效性的交互网站可避免用户产生视觉疲劳。

工作任务分析

本任务的目标是创建旅游类Flash网站，首先应确定网站的风格和用户的目标。用户在访问网站时往往是带有目的性的，通过每次点击，将用户带领到他们的目的地，避免没有必要的介绍。然后对网站进行设计，提供合乎逻辑的导航和交互，保证用户正常流畅的使用。其次确定网站的内容，收集整理需要用到的素材文件，并对这些素材文件进行优化。最后开始创建网站，并在创建完成后进行测试和发布。

本任务的最终效果展示如图13-1所示。要实现该效果，需要掌握以下几个软件技术要点。

（1）了解网站的制作流程。

（2）掌握使用工具栏中的工具绘制界面背景。

（3）掌握Flash中各面板的基本操作和作用。

图13-1　旅游网站制作效果

素材对应 素材文件\模块十三\旅游景点\bg1.png、bg2.png、九寨.jpg……
效果文件\模块十三\旅游景点.fla

制作思路分析

完成本任务主要包括制作网页背景、在网页中添加文字说明、在网页中添加景点图片、添加交互按钮以便浏览图片、添加脚本以便在各个页面中跳转以及发布和测试等六步操作。具体思路如图 13-2 所示，操作要求如下。

（1）选取别墅图像，删除白色背景图像。

（2）复制并隐藏背景图层，将复制后的图层重命名为“别墅”。

（3）将素材图像拖动至别墅所在的图像窗口中，并调整图层的顺序。

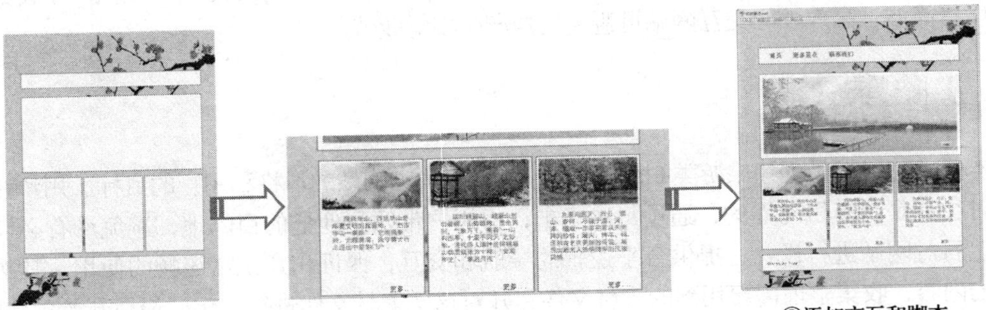

①制作背景　　②添加内容　　③添加交互和脚本

图 13-2　制作思路分析

操作一　布局网页背景

整理好素材并确定网站风格后即可开始创建网站，下面介绍如何布局网页背景。

【详细步骤】

（1）启动 Flash CS5，新建 AS3.0 文档，在文档“属性”面板的“属性”栏中单击 编辑... 按钮，打开“文档设置”对话框。

（2）在该对话框中设置尺寸为“768 像素 ×1024 像素”，背景颜色为“#CCCCFF”，单击 确定 按钮，如图 13-3 所示。

（3）选择【文件】→【导入】→【导入到库】菜单命令，将素材文件夹中的图片全部导入到库面板中。在“库”面板中将“bg1.png”和“bg2.png”图片拖曳到舞台中，调整其大小和位置。

（4）在时间轴中将“图层 1”重命名为“背景”，在工具栏中选择“矩形工具”，在其“属性”面板的“填充和笔触”栏中将笔触颜色设置为“#9966FF”，将笔触大小设置为“2.00”，将填充颜色设置为白色“#FFFFFF”。在舞台中绘制宽为“650.00”、高为“54.00”的矩形。

（5）选中绘制的矩形，在其“属性”面板中设置其 X 轴的位置为“59.00”，Y 轴的位置为“148.00”，如图 13-4 所示。

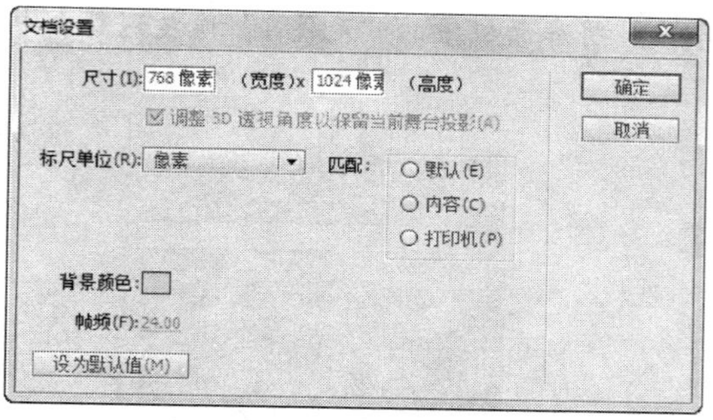

图 13-3　设置文档属性

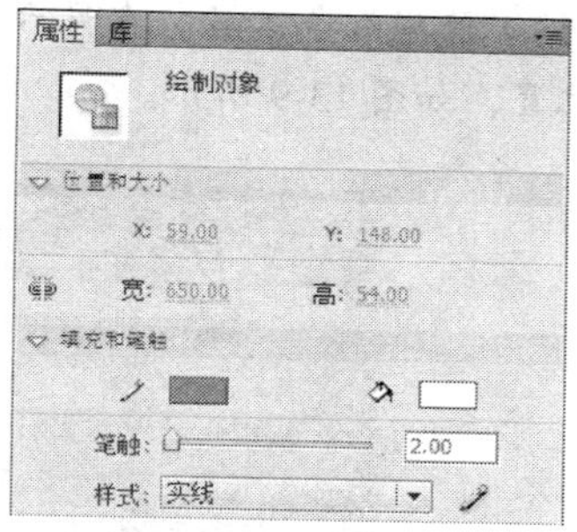

图 13-4　设置矩形位置

（6）按住“Alt”键不放，单击并拖曳绘制的矩形进行复制。选中复制的矩形，在其“属性”面板中将其 X 轴的位置设置为“59.00”，Y 轴的位置设置为“845.00”。

（7）再次使用矩形工具，绘制宽为“650.00”、高为“285.00”的矩形，并将其 X 轴的位置设置为“59.00”，Y 轴的位置设置为“236.00”，结果如图 13-5 所示。

（8）继续使用矩形工具，绘制宽为“210.80”、高为“285.00”的矩形，利用“Alt”键复制两个矩形，选中这 3 个矩形，单击“对齐”按钮，打开“对齐”面板，在“分布”栏中单击“垂直居中分布”按钮和“水平居中分布”按钮，如图 13-6 所示。

图 13-5　绘制矩形

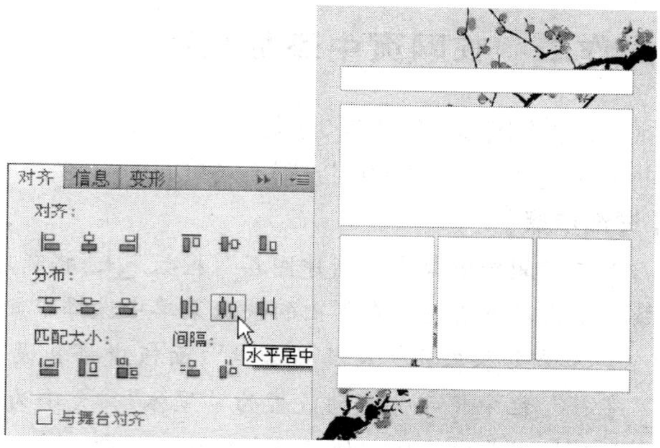

图 13-6　对齐矩形

（9）按“Ctrl+F8”组合键，打开“创建新元件”对话框，创建名为“元件 1”的图形元件。

（10）进入“元件 1”图形元件的编辑模式，将库面板中的“装饰.png”图片拖曳到工作区中，并进行复制，制作如图 13-7 所示的图形元件，单击工作区上的“返回”按钮，返回到场景中。

（11）在时间轴中单击选中“背景”图层的第 1 帧，按“Shift”键不放，单击选中最上和最下的矩形，按“Ctrl+C”组合键进行复制。单击选中第 4 帧，按“F7”键插入空白关键帧，在舞台中单击鼠标右键，在弹出的快捷菜单中选择“粘贴到当前位置”命令。

（12）使用基本矩形工具，绘制如图 13-8 所示的矩形，并设置为圆角。矩形的笔触颜色为白色，Alpha 值为“80%”，笔触大小为“5.00”，填充颜色为白色，Alpha 值为“60%”。

图 13-7　制作“元件 1”

（13）使用线条工具，在舞台中绘制一条线，将库面板中的“元件 1”拖曳到舞台中，并调整其位置，如图 13-9 所示。

图 13-8　在第 4 帧中绘制矩形

图 13-9　添加线条和元件

（14）单击选中第 5 帧至第 8 帧，按“F6”键插入关键帧。然后在第 7 帧和第 8 帧中，只保留最上和最下的两个矩形，删除其余的元素。

操作二　在网页中添加文字

下面开始制作文字，要求将文字分别放置在两个图层中，其中一个图层中放置始终会出现在界面上的文字，另一个图层放置不同页面中的文字。

【详细步骤】

（1）在时间轴中单击“新建图层”按钮，将新建图层重命名为“文字 1”，选中第 1 帧至第 8 帧，单击鼠标右键，在弹出的快捷菜单中选择“删除帧”命令。

（2）选择文本工具，在其“属性”面板中将其设置为“传统文本”，类型为“静态文本”，并在“字符”栏中将字体系列设置为“黑体”，大小为“13.0”点，颜色为“#006600”。在“消除锯齿”下拉列表中选择“使用设备字体”选项，如图 13-10 所示。

（3）单击选中第 1 帧，按“F7”键插入空白关键帧，在如图 13-11 所示的位置输入文本“design by Tina”。继续使用文本工具，将字体大小更改为“20.0”，继续输入文本“首页”、“更多景点”和“联系我们”。

（4）在舞台中选中“首页”文本，单击鼠标右键，在弹出的快捷菜单中选择“转换为元件”命令，将其以“shouye”为名，转换为按钮元件，并进入元件编辑模式。

（5）在时间轴中按住“Shift”键不放，分别单击“指针经过”、“按下”和“点击”帧，并按“F6”键插入关键帧，如图 13-12 所示。选中“指针经过”帧，在舞台中选中“首页”文本，在其“属性”面板的“字符”栏中将其颜色更改为“#006699”，然后选中“按下”帧，在舞台中选中文本，在其“属性”面板中将其颜色更改为“#996600”。

（6）单击工作区上的“返回”按钮，返回场景中，单击选中“首页”文本，在其“属性”面板中将其实例名称更改为“shouye1”，如图 13-13 所示。

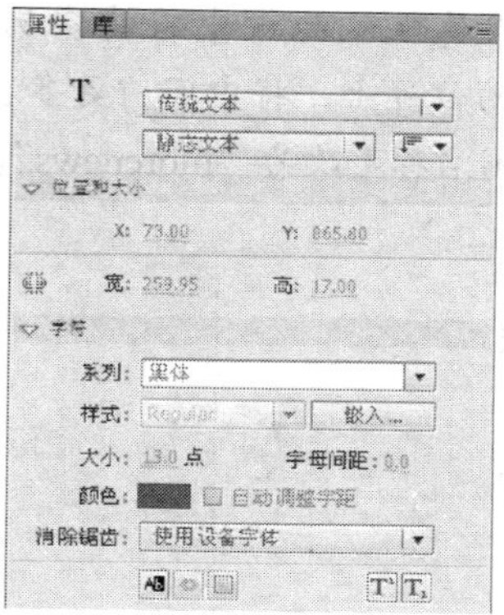

图 13-10　设置文本工具属性

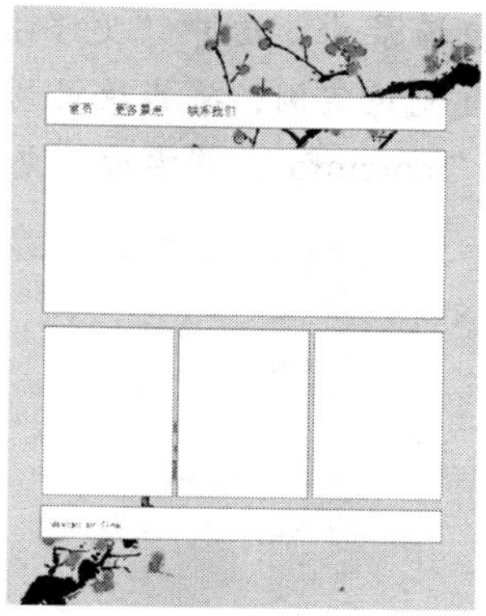

图 13-11　输入文本

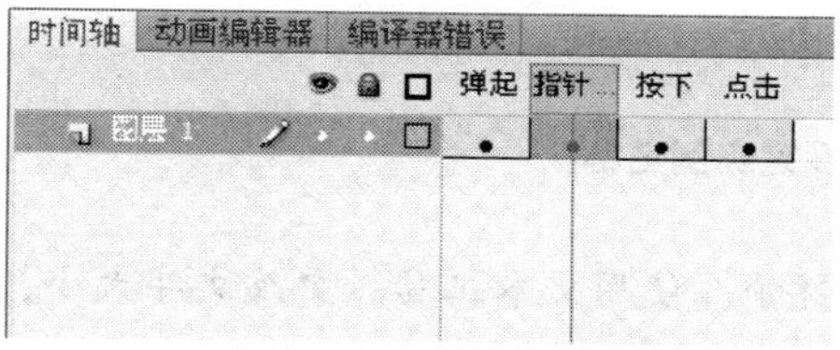

图 13-12　制作“首页”文本按钮

图 13-13　设置“首页”文本按钮实例名称

（7）使用同样的方法，将“更多景点”文本转换为名为“morescenics”的按钮元件，并设置指针经过等元素，然后将场景中的“更多景点”元件实例的名称更改为“morescenics1”。将“联系我们”文本转换为名为“contact”的按钮元件，并进行设置，然后将场景中的“联系我们”元件实例的名称更改为“contactus”。

（8）单击选中第 8 帧，按“F5”键延长帧，即可完成“文字 1”图层的创建。

（9）在场景中单击时间轴中的“新建图层”按钮 ，将新建的图层重命名为“文字 2”，利用“Shift”键单击选中第 1 帧至第 8 帧，单击鼠标右键，在弹出的快捷菜单中选择“删除帧”命令。

（10）单击选中“文字 2”图层的第 1 帧，按“F7”键插入空白关键帧。选择文本工具，将其大小设置为“13.0”，颜色设置为“#006600”，在舞台中输入如图 13-14 所示的文本。

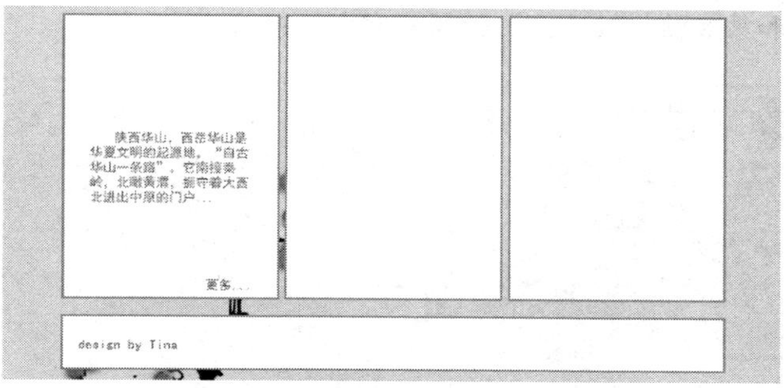

图 13-14　输入文本

（11）选中“更多 ...”文本，单击鼠标右键，在弹出的快捷菜单中选择“转换为元件”命令，将其转换为名为“more”的按钮元件，并参照步骤 5 的方法设置其“指针经过”、“按下”和“点击”帧。

（12）返回场景中，选中“更多...”文本，在其“属性”面板中将其实例名称更改为“morepage”，复制该实例，将其放置到如图 13-15 所示的位置上，将中间“更多...”文本的实例名称更改为“moreinfo”，将右边“更多...”文本的实例名称更改为“morenews”。

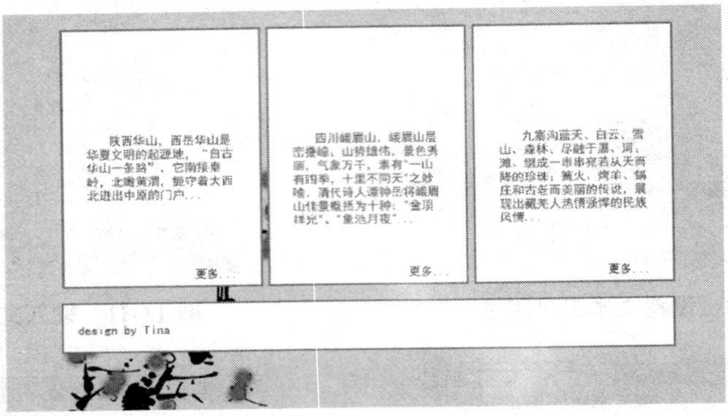

图 13-15　复制文本并设置实例名称

（13）单击选中第 4 帧，按“F7”键插入空白关键帧，使用文本工具，更改文字大小，输入如图 13-16 所示的文本。

图 13-16　在第 4 帧中输入文本

（14）单击选中第 5 帧和第 6 帧，按“F6”键插入关键帧，更改其中的文本，如图 13-17 所示。单击选中第 7 帧和第 8 帧，按“F7”键插入空白关键帧。

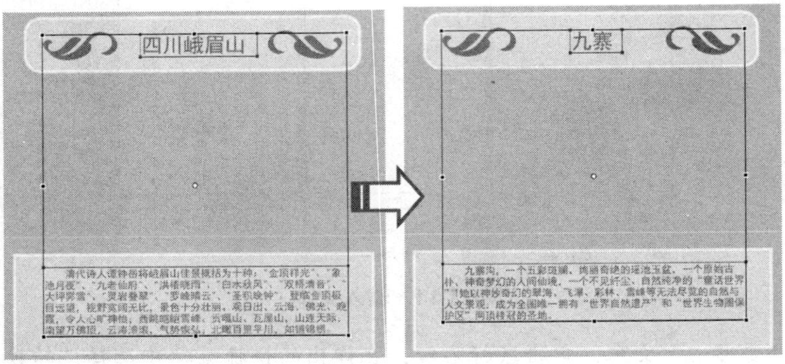

图 13-17　在第 5 帧和第 6 帧中输入文本

（15）单击选中第 8 帧，使用基本矩形工具，在舞台中绘制圆角矩形作为背景，然后使用文本工具，在该矩形上输入地址信息等文本，如图 13-18 所示。

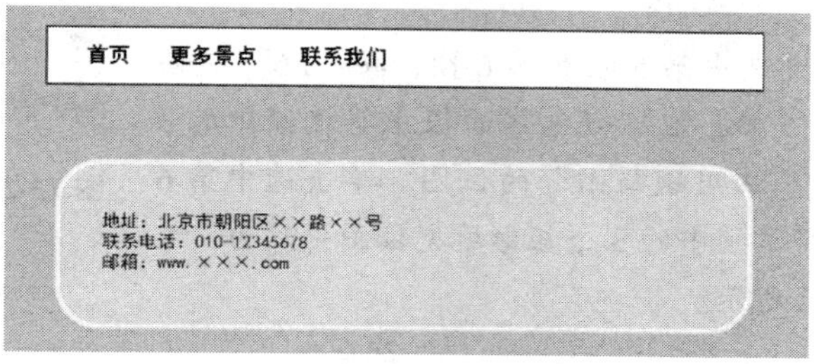

图 13-18　在第 8 帧中输入联系信息

操作三　在网页中添加图片

下面介绍如何添加图片，同文字一样，将图片分别放置在两个图层中，其中一个图层用于放置页面中不会进行改变的图片，另一个图层用于放置不同帧中的不同图片。

【详细步骤】

（1）在时间轴中单击"新建图层"按钮，将新建图层重命名为"图片 1"，选中第 1 帧至第 8 帧，单击鼠标右键，在弹出的快捷菜单中选择"删除帧"命令。

（2）在"图片 1"图层中单击选中第 1 帧，按"F7"键插入空白关键帧，使用矩形工具，在导航栏下的矩形上绘制一个较小的矩形。

（3）在面板组中单击"颜色"按钮，打开"颜色"面板，在"颜色类型"下拉列表中选择"位图填充"选项，将鼠标指针移至"西湖"图片上，当鼠标指针变为形状时进行单击，使用该图片填充矩形，如图 13-19 所示。

（4）单击选中"图片 1"图层的第 2 帧和第 3 帧，按"F6"键插入关键帧。选中第 2 帧，单击矩形图片，在面板组中单击"颜色"按钮，打开"颜色"面板，在其中将填充的位图更改为"东华泰山"，如图 13-20 所示。在第 3 帧中将填充的位图更改为"雅鲁藏布大峡谷"。

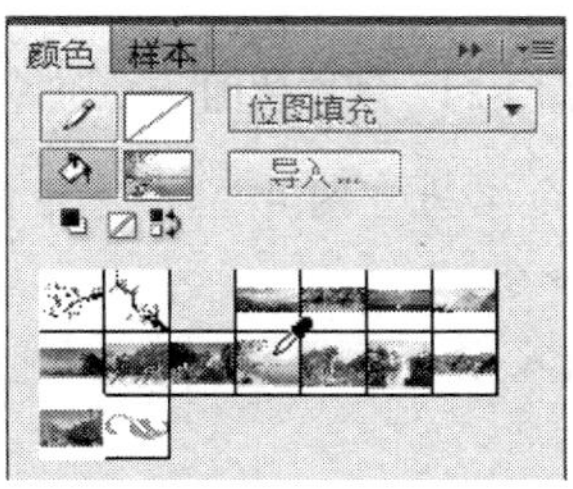

图 13-19　以位图填充图形

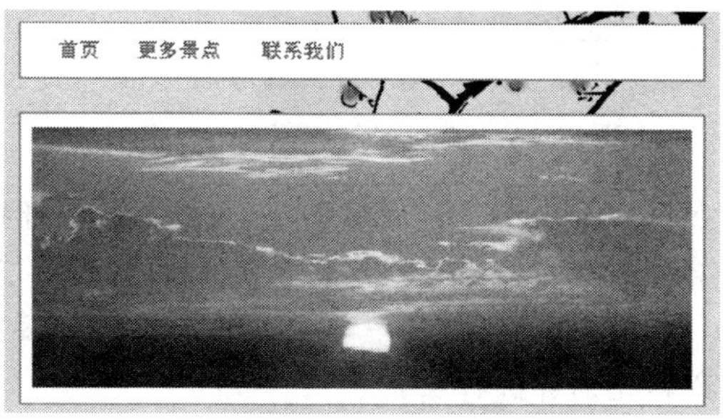

图 13-20　填充第 2 帧中的图形

（5）单击选中第 4 帧，按"F7"键插入空白关键帧，绘制 3 个矩形，设置矩形的大小等参数，以及层叠位置，然后单击"颜色"按钮，在"颜色"面板中将"颜色类型"更改为"位图填充”，在其下的图片列表中选择“陕西华山 2”，将这 3 个矩形均填充为“陕西华山 2”的位图，结果如图 13-21 所示。

图 13-21　在第 4 帧中填充图形

（6）使用“Shift”键选中第 5 帧和第 6 帧，按“F6”键插入关键帧。单击选中第 5 帧，在“颜色”面板中将该帧中的 3 个矩形填充位图更改为“四川峨眉山”的位图。单击选中第 6 帧，在“颜色”面板中将该帧中的 3 个矩形填充位图更改为“九寨”的位图，如图 13-22 所示。

图 13-22　填充第 5 帧和第 6 帧中的图形

（7）单击选中第 7 帧，按“F7”键插入空白关键帧，使用基本矩形工具，设置其参数并在舞台中绘制一个矩形作为背景，如图 13-23 所示。

（8）使用矩形工具，在舞台中绘制矩形，并进行复制，然后填充位置，结果如图 13-24 所示。

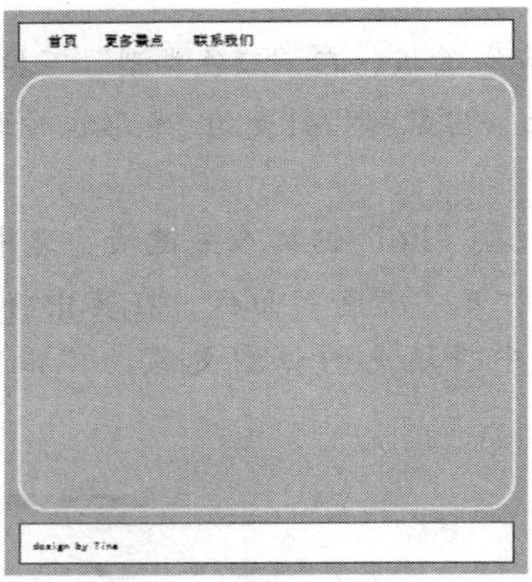

图 13-23　绘制圆角矩形

图 13-24　填充位图

（9）在时间轴中单击“新建图层”按钮，将新建图层重命名为“图片 2”，选中第 1 帧至第 8 帧，单击鼠标右键，在弹出的快捷菜单中选择“删除帧”命令。

（10）在“图片 2”图层中单击选中第 1 帧，按“F7”键插入空白关键帧，在如图 13-25 所示的位置绘制矩形并进行填充。

（11）单击选中“图片 2”图层中的第 3 帧，按“F5”键插入帧，如图 13-26 所示。

图 13-25　绘制矩形并填充位图

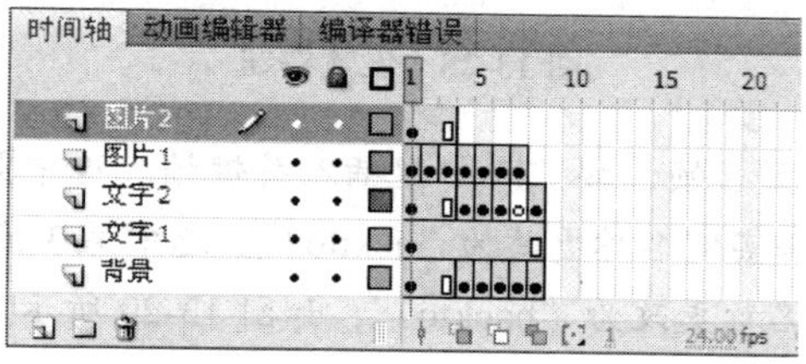

图 13-26　时间轴中的帧

操作四　在网页中添加交互按钮

下面介绍如何添加交互按钮，以方便用户浏览图片。

【详细步骤】

（1）在时间轴中单击“新建图层”按钮，将新建图层重命名为“按钮”，选中第 1 帧至第 8 帧，单击鼠标右键，在弹出的快捷菜单中选择“删除帧”命令。

（2）在“按钮”图层中单击选中第 1 帧，按“F7”键插入空白关键帧。在面板组中单击“组件”按钮，打开“组件”面板。

（3）在该面板中双击“User Interface”文件夹，将其展开，在其中将“Button”组件拖曳到舞台中，如图 13-27 所示。

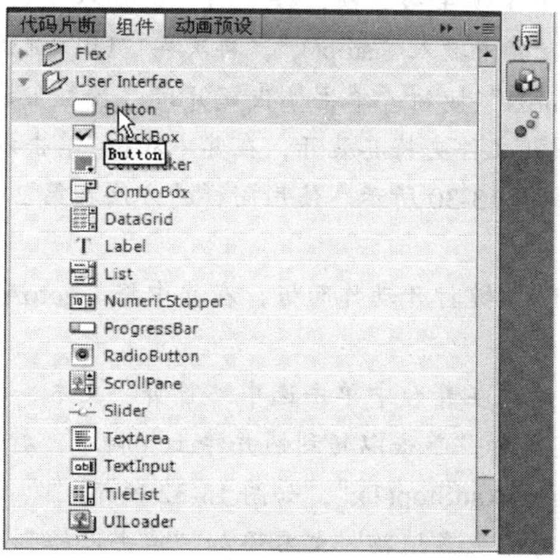

图 13-27　添加按钮

（4）在舞台中单击选中按钮，在其“属性”面板中将其实例名称更改为“nextto2”，在“组件参数”栏的“Label”文本框中将名称更改为“next”，并使用任意变形工具，调整按钮的大小，如图 13-28 所示。

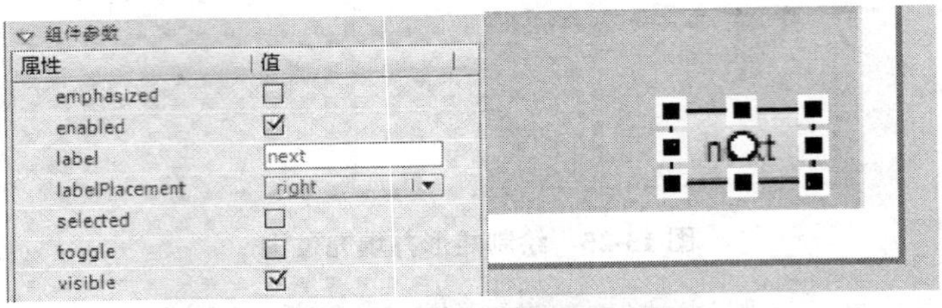

图 13-28　设置按钮

（5）单击选中第 2 帧和第 3 帧，按“F6”键插入关键帧。选中第 2 帧，在舞台中单击选中按钮，在其“属性”面板中将实例名称更改为“nextto3”。选中第 3 帧，在舞台中单击选中按钮，在其“属性”面板中将实例名称更改为“backto1”，如图 13-29 所示。

图 13-29　更改按钮实例名称

操作五　在网页中添加脚本

下面介绍如何添加动作图层，使网站中的各网页能相互跳转。

【详细步骤】

（1）在时间轴中单击“新建图层”按钮，将新建图层重命名为“actions”，选中第 1 帧至第 8 帧，单击鼠标右键，在弹出的快捷菜单中选择“删除帧”命令。

（2）按“Shift”键选中第 1 帧至第 3 帧，按“F7”键插入空白关键帧。单击选中第 1 帧，按“F9”键打开动作面板，在其中输入“stop();”，再次按“F9”键退出动作面板。

（3）在第 1 帧中选中“next”按钮，单击“代码片段”按钮，打开“代码片段”面板，在该面板中双击“时间轴导航”文件夹将其展开，在其中双击“单击以转到下一帧并停止”命令，将其附加给“next”按钮，如图 13-30 所示。使用同样的方法在第 2 帧和第 3 帧中为相应帧中的“next”按钮添加该跳转命令

（4）选中第 3 帧，按“F9”键打开动作面板，在其中将“gotoAndStop();”括号中的数值更改为“1”，如图 13-31 所示。

（5）将播放头移至第 1 帧，在舞台中单击选中“首页”文本，打开“代码片段”面板，在“时间轴导航”文件夹中为其添加“单击以转到帧并停止”脚本，打开动作面板，更改新添加的参数，将其跳转帧设置为“gotoAndStop(1);”，如图 13-32 所示。

（6）使用同样的方法，为“更多植物”文本添加“单击以转到帧并停止”脚本，在动作面板中将跳转参数设置为“gotoAndStop(7);”。

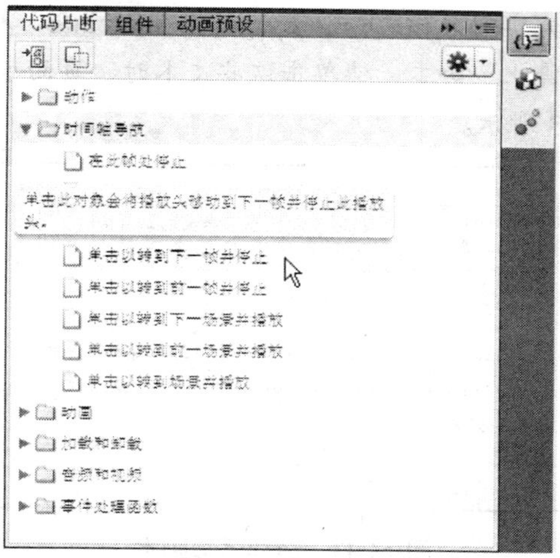

图 13-30　添加代码片段

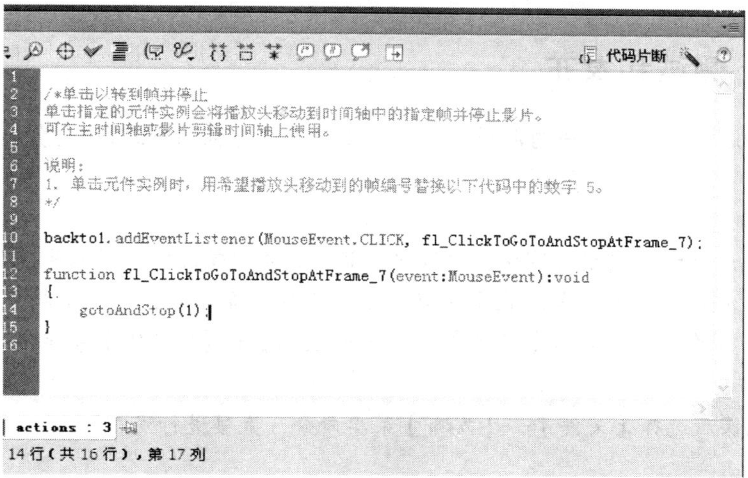

图 13-31　更改代码中的数值

图 13-32　为文本添加脚本

（7）使用同样的方法，为“联系我们”文本添加“单击以转到帧并停止”脚本，在动作面板中将跳转参数设置为“gotoAndStop(8);”。

（8）使用同样的方法，为实例名称为“morepage”、“moreinfo”和“morenews”的“更多 ...”文本添加“单击以转到帧并停止”脚本，使单击这些文本时，页面可分别跳转到相应的第 4 帧、第 5 帧和第 6 帧，如图 13-33 所示。

```
}

/*单击以转到帧并停止
单击指定的元件实例会将播放头移动到时间轴中的指定帧并停止影片。
可在主时间轴或影片剪辑时间轴上使用。

说明：
1. 单击元件实例时，用希望播放头移动到的帧编号替换以下代码中的数字 5。
*/

morenews.addEventListener(MouseEvent.CLICK, fl_ClickToGoToAndStopAtFrame_6)

function fl_ClickToGoToAndStopAtFrame_6(event:MouseEvent):void
{
    gotoAndStop(6);
}
```

图 13-33　继续添加脚本

（9）设置完成后关闭动作面板，按“Ctrl+S”组合键进行保存。

操作六　测试和发布

完成网站的制作后，即可进行测试并发布。下面介绍如何将网站发布为网页文件，并进行预览。

【详细步骤】

（1）按“Ctrl+Enter”键进行测试，通过单击其中的按钮或文本，测试页面跳转是否流畅。

（2）选择【文件】→【发布设置】菜单命令，设置发布参数，这里保持默认，在“格式”选项卡中设置发布的位置。选择【发布】→【发布预览】→【HTML】菜单命令，在浏览器中预览发布效果。

（3）确认无误后选择【文件】→【发布】菜单命令，直接进行发布即可。

知识回顾拓展

本任务介绍了制作网站的基本流程，涉及前期策划、网站规划等方面，包括使用矩形工具绘制网站中的矩形、在网站中添加文字和文本按钮以及添加图片、按钮和添加跳转脚本命令等操作。

下面介绍在制作网站时应注意的方面。

- **网站介绍：**简单明了的网站介绍，不仅能让人对网站的功能有个大致的了解，还能使访问者快速找到想要的东西。
- **网页命名要简洁：**网站有许多子页面，为了使这些页面有效地相连，需要给这些网页命名，简洁的名称既有助于管理网页，在向搜索引擎提交网页时更容易被搜索到。
- **每个页面都要有导航按钮：**避免用户使用工具栏中的向前和向后按钮。网站的设计应当使用户快速获取所需的信息。绝大多数好的站点在每一页同样的位置上都有相同的导航条，方便浏览者能够从每一页上访问网站的其他网页。

- **少用特殊字体**：计算机系统默认包含了一些字体，但一些特殊的字体并不包含在内。若使用一些特殊的字体制作网页，将网页发布后，若其他计算机上不包含该特殊字体，则会使网页在其他计算机上发生版面位移、字体更改等情况，使得原本美观的网页变得糟糕。为避免这类问题，建议使用默认字体制作网页。

实训一 制作“计算器”程序

实训目标要求

本实训要求制作电子计算器，要求包含最基本的加减乘除功能，并包含小数点功能。本实训的参考效果如图 13-34 所示。

素材对应 效果文件\模块十三\计算器.fla

图 13-34 计算器效果

实训思路分析

计算器包含标准型的简单计算器和复杂的科学型计算器，本实训制作的计算器属于前一类。实训内容主要包括按钮的制作、数字显示的制作和计算脚本的输入。制作思路如图 13-35 所示。

【步骤提示】

（1）新建文件，设置场景大小为“220×270”，在场景中绘制如图 13-35 所示的计算器背景图形。

（2）为计算器上的各按钮都制作一个按钮原件，并拖曳到场景中相应的位置，设置实例名称。

（3）新建“动作”图层，添加相应的脚本语句。

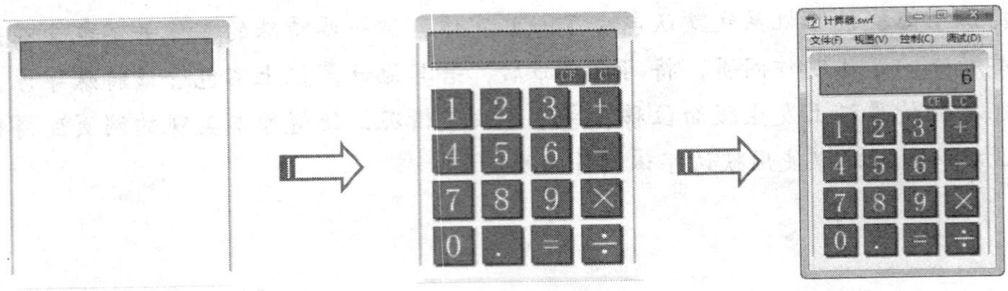

①制作背景 ②制作按钮 ③制作心形并添加文字

图 13-35 制作计算器的思路

（4）测试文件，并保存发布。

实训二 制作“招商网广告条”

实训目标要求

本实训要求根据提供的商务类图片，为一个网站制作商务类广告条。要求广告条中包含网站名称、招商热线以及进入该网站的点击按钮。本实训的参考效果如图 13-36 所示。

素材 素材文件\模块十三\招商网广告条\商务类（1）.jpg、商务类（2）.jpg……
对应 效果文件\模块十三\招商网广告条.fla

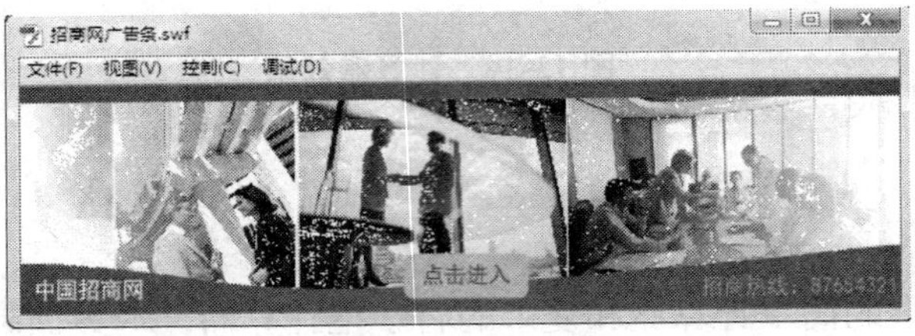

图 13-36 招商网广告条效果

实训思路分析

本实训已提供了几张商务类的图片，在广告条中需使这些图片随鼠标的移动而变换移动，这类效果需使用脚本完成。除此之外，还需制作按钮。

结合上面的目标和分析，本例的操作思路如图 13-37 所示。

①制作按钮　　②制作图片影片剪辑元件　　③添加脚本

图 13-37　制作招商网广告条的思路

【步骤提示】

（1）新建文件，设置场景大小为“600×160”，导入图片素材。

（2）新建影片剪辑元件，用于陈列图片，再新建按钮原件，设置不同帧中的效果。

（3）返回场景中，在不同的图层中放置对象，在脚本图层中打开动作面板输入脚本。

（4）测试效果，并保存发布。